集人文社科之思　刊专业学术之声

集 刊 名：郭沫若研究

主　　编：赵笑洁　蔡　震

副 主 编：李　斌

编　　委：冯　时　李　怡　李　斌　杨胜宽
　　　　　张　勇　张　越　周海波　赵笑洁
　　　　　彭邦本　蔡　震　魏　建

编辑部主任：李红薇

编　　辑：赵欣悦　徐　萌　陈　瑜

总第19辑

集刊序列号：PIJ- 2017-192

集刊主页：www.jikan.com.cn/ 郭沫若研究

集刊投约稿平台：www.iedol.cn

郭沫若研究

总第 19 辑

赵笑洁　蔡　震◎主编

李　斌◎副主编

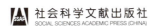

社会科学文献出版社

SOCIAL SCIENCES ACADEMIC PRESS (CHINA)

目　录

史学研究

文学研究

古文字研究

生平思想

海外研究

翻译研究

史料辨证

史迹寻踪

文献辑佚

关于郭沫若的杨朱研究考察

杨胜宽*

摘　要： 由于杨朱的言论在历史文献中的记载少而分散，历来研究者对其思想主张的根本内涵、杨朱生活的大致年代、杨朱学派的形成与传承、杨朱之言是否曾经流行一时等一系列问题产生各种疑问，得出分歧极大的研究结论。郭沫若虽然在对先秦诸子的系统研究中没有单独对杨朱及其学派进行"批判"，但在相关研究论著中却多有涉及，且在古代及现代学者对杨朱研究的基础上，提出了不少独特而有见地的观点，为揭开杨朱研究的诸多谜团，取得了新的进展，发挥了建设性的作用。

关键词： 杨朱　"为我"　轻物重生　稷下道家　杨朱学派

杨朱没有著述流传下来，正史中也没有其传记资料存世，所以后世的人们很难了解他的详细生平事迹。其散见于先秦诸子篇章及汉代部分著述中的片言只语，世人在解读和评价上也多有不同意见。以至于在现当代学者所撰写的哲学史、思想史著作中，明显存在用西方概念、现代观念简单套解杨朱思想理论的现象。[①] 即使在对杨朱其人及其思想主张予以学术性关注的研究者那里，他们得出的研究结论也往往歧见迭出，莫衷一是。然而，在《孟子》《庄子》《韩非子》《吕氏春秋》等先秦以及两汉的典籍中，杨朱及其学派却是声名显赫，社会影响非常巨大的，以与当时显学儒、墨相对垒而"其言盈天下"。杨朱及其学派由显学之一而走向衰亡，其主客观原因何在？这无疑应该成为现当代学界进一步加以深入探讨的问题。

郭沫若在 20 世纪 40 年代对先秦诸子学术及其思想流派进行了全面研

---

*　杨胜宽，乐山师范学院文学与新闻学院教授。

① 参见曹峰《二十世纪关于杨朱的研究——以蒙文通、郭沫若、侯外庐、刘泽华等人为中心》，《社会科学》2019 年第 9 期。

究，西汉刘向、刘歆父子《七略·诸子略》和东汉班固《汉书·艺文志》列出的诸子"九流""十家"学术派别，几乎都被他"批判"过。杨朱学派在他的研究中虽然没有被单列出来，但在与诸子各家相关的研究论述中，却多有涉及，主要体现在《青铜时代》收录的《先秦天道观之进展》及《十批判书》收录的《稷下黄老学派的批判》《庄子的批判》《名辩思潮的批判》等篇中。前一篇完成于 20 世纪 30 年代中期，后三篇完成于 40 年代前期。由于这些文章中的论述比较分散，且立论的角度又各有不同，故需要加以综合梳理和仔细辨析，才可以看出郭沫若关于杨朱其人、其思想、其学派构成和传承等研究结论是否成立与周洽。这样做，不仅能够更清晰地了解郭沫若对杨朱这一曾经显赫一时的重要学派的评价态度，而且对于改变被当今学术界严重边缘化了的杨朱思想学说及其学派的研究状况，也当不无助益。

一　杨朱的生活时代

杨朱在先秦诸子典籍中，还有"杨子""阳子""阳子居"等不同称谓。关于他的活动情况，《庄子》《荀子》《韩非子》和汉代刘向的《说苑》中有零星记载。依照其活动时间先后排列这些记载，最早的是有关他跟老子交往、向老子请教"明王"治道之事。公认为庄周本人所著的《庄子·内篇》，其中《应帝王》云：

> 阳子居见老聃曰："有人于此，向疾强梁，物彻疏明，学道不倦。如是者，可比明王乎？"老聃曰："是于圣人也，胥易技系，劳形怵心者也。且也虎豹之文来田，猿狙之便执斄之狗来藉。如是者，可比明王乎？"阳子居蹴然，曰："敢问明王之治？"老聃曰："明王之治，功盖天下而似不自己，化贷万物而民弗恃，有莫举名，使物自喜；立乎不测，而游于无有者也。"①

如果《庄子》书中的记载可靠，则杨朱的生活年代，应该比庄周、孟轲，甚至墨翟更早，而其年辈晚于老子。在郭沫若的相关论文中，没有直

---

① 郭庆藩：《庄子集释》卷三下，中华书局，1982，第 295~297 页。

接考证过杨朱的生活年代，但从其讨论其他学术问题所引用的材料及得出的结论，可以间接看出他对杨朱生活年代的倾向性观点。他在《名辩思潮的批判》一文里讨论"名家辩者"时，引用《孟子》所谓"距杨、墨，放淫辞"的言论，以及《庄子·外篇》"骈于辩者，累瓦结绳窜句，游心于坚白同异之间，而敝跬誉无用之言非乎，而杨、墨是已"①（《骈拇》）"钳杨、墨之口"——"知诈渐毒颉滑坚白解垢同异之变多，则俗惑于辩矣"②（《胠箧》）的两则材料，提出了他对于"杨派"盛行时间次第的判断：

> 宋钘、尹文、惠施、公孙龙之流属于杨派，墨家辩者自属于墨派。墨家于学后于儒，故并称儒、墨；而于辩则后于杨，故并称杨、墨。虽然只是一二字的序列，而是有着历史的层次在里面的。③

如此说来，郭沫若不仅认为杨朱的年辈要早于宋钘、尹文、惠施、公孙龙，而且其以名辩为特征的名家开派年代也要先于墨家。而儒、墨称谓的次第不仅表明孔子早于墨翟，而且早于杨朱。学术界已有的研究成果显示，孔子生于公元前551年，墨翟大约生于公元前476年。依照郭沫若上述观点，杨朱的出生年代及其创建学术派别的时间，应该介于孔子与墨翟之间，即在公元前551~前476年的70余年间，这个时段属于历史上的春秋末期。

而《庄子·杂篇》之《寓言》，也有关于杨朱道遇老子而向其请教的记载，杨朱称老子为"夫子"，自谓"弟子"。其言云：

> 阳子居南之沛，老聃西游于秦，邀于郊，至于梁而遇老子。老子中道仰天而叹曰："始以汝为可教，今不可也。"阳子居不答。至舍，进盥漱巾栉，脱屦户外，膝行而前曰："向者弟子欲请夫子，夫子行不闲，是以不敢。今闲矣，请问其过。"老子曰："而睢睢盱盱，而谁与居？大白若辱，盛德若不足。"阳子居蹴然变容，曰："敬闻命矣。"其往也，舍者迎将，其家公执席，妻执巾栉，舍者避席，炀者避灶。

---

① 郭庆藩：《庄子集释》卷四上，第314页。
② 郭庆藩：《庄子集释》卷四中，第359页。
③ 郭沫若：《十批判书·名辩思潮的批判》，《郭沫若全集·文学编》第2卷，人民出版社，1982，第284页。

其反也，舍者与之争席矣。①

在这段记载中，备见杨朱对老子的恭敬尊崇，不仅盥漱巾栉、脱屦膝行而前去求教，且听了老子的一番责备教训之言，非但没有不服动怒，反倒惭愧领教，幡然醒悟，其效果也立竿见影，去时威风八面，返时尽除自矜之态，"于是舍息之人与之争席而坐"（成玄英语）。② 郭沫若采信了《庄子·寓言》的这段资料记载，他评价说："杨朱的'舍者与之争席'，足见他化除了矜持，生活态度随便。"③ 学界一般认为《庄子·杂篇》系庄子后学所作，在这段关于杨朱向老子请教的文字中，应该有一些吹嘘夸饰的成分，目的在于抬高老子道家思想祖师的地位和影响。而其中关于杨朱求教于老子，以及老子向杨朱所阐述的基本思想主张，与《应帝王》具有相似性，似乎在庄子及其后学活动的年代，杨朱年辈略晚于老子，就成为一个被他们认定的基本事实，故相信二人有生活轨迹的交集以及学术思想方面的互动。

郭沫若采信了《庄子》书中多篇文章关于杨朱与老子交往的资料记载，并据此形成了杨朱生活年代在老子、孔子之后，且早于孟子、惠施、乃至墨翟的推测性结论。他指出：

> 在孟子口中所有道家都被称为杨朱派，所谓"杨朱、墨翟之言盈天下，天下之言不归杨则归墨"。……杨子是老聃的弟子，《庄子》里面屡次说到，我们不能认为通是"寓言"。……老聃仍然有其人，他是形而上的本体观的倡导者，孔子曾经向他请过教。杨朱是他的弟子，大抵略少于孔子而略长于墨子。④

然而，郭沫若的这种见解，与此前一些学者的研究结论是有所不同的。比如出版于 1930 年的冯友兰《中国哲学史》，是现当代此类著作中比较注重以学术方法审视杨朱学派的，该书上册第一篇《子学时代·战国时之"百家之学"》一章里，专论"杨朱及道家之初起"问题，冯友兰根据《孟子》《韩非子》《吕氏春秋》《淮南子》涉及杨朱学术思想的资料，

---

① 郭庆藩：《庄子集释》卷九上，第 962~963 页。
② 郭庆藩：《庄子集释》卷九上，第 964 页。
③ 郭沫若：《十批判书·稷下黄老学派的批判》，《郭沫若全集·历史编》第 2 卷，第 164 页。
④ 郭沫若：《十批判书·稷下黄老学派的批判》，《郭沫若全集·历史编》第 2 卷，第 160 页。

做出如下分析评述："《淮南子》所说（'全生保真，不以物累形'），尤可见孔、墨、杨、孟四人学说发生之次序。盖自孔子至于孟子，中间已插入墨、杨二家之学说。在孟子时儒、墨、杨已成为鼎足三分之势力。孟子欲上继孔子，故致力于'距杨、墨'也。"① 在冯友兰看来，杨朱学说的形成及其学派的盛行，显然已经处于战国时代；并且他认为，孔子、墨子、杨朱、孟子四人生活的先后次第，应该是杨朱在墨子之后，孟子之前。而根据已有的研究结论，孟子大约生于公元前372年，则杨朱的出生年代，就当处于公元前475～前372年，已经进入战国时期，其学术之建立以及学派的兴盛，自然是战国前期的事了。需要特别提及的是，冯友兰认为老子的生存年代晚于孔、墨，道家的初起自然就应该在战国时期。在他看来，杨朱的思想主张，对道家学派的初起发挥过积极作用，特别是在倾向于消极避世的"隐者"所奉行的独善其身之处事态度方面。他指出，自孔子时代起，隐居避乱逐渐成为风气，但在相当一段时期内，只有具体行动而缺乏思想理论的支持，"杨朱似始有一贯的学说，以为此等独善其身之行为之理论的根据"②。因此，他把杨朱的"贵己""全生"学说，与奉行出世主义的道家之兴起联系在了一起。

比较冯、郭二家的不同见解，尽管他们所依据的历史文献材料大致相同，却得出了不尽相同的研究结论。郭沫若根据《孟子》书中《滕文公下》《尽心上》《尽心下》等篇言及杨朱、墨翟，均以杨、墨之顺序称之，以为这里已经包含了他们的学说盛行先后之次第，故认为杨朱的生活年代当在墨翟之前，其向老子请教治道及为人处世之类的重大政治及人生问题，当然就可能是真实发生过的事情。而冯友兰根据《淮南子·氾论》篇所谓"夫弦歌鼓舞以为乐，盘旋揖让以为礼，厚葬久丧以送死，孔子之所立也，而墨子非之；……全性保真，不以物累形，杨子之所立也，而孟子非之"③ 的说法，判定杨朱之学流行于墨学之后、孟子之前，其时间已经到了战国时期。考赵岐注《孟子·滕文公下》"圣王不作，诸侯放恣，处士横议，杨朱、墨翟之言盈天下，天下之言，不归杨则归墨"等句云："言孔子之后，圣王之道不兴，战国纵横，布衣处士游说以干诸侯，若杨、

---

① 冯友兰：《中国哲学史》第一篇第七章，中华书局，1992，第170页。
② 冯友兰：《中国哲学史》第一篇第七章，第173页。
③ 何宁：《淮南子集释》卷十三，中华书局，1998，第939页。

墨之徒，无尊异君父之义，而以攒议于世也。"① 生活于东汉的赵岐认为，杨朱、墨翟学说的流行，皆在孔子死后，战国诸侯争霸、处士横议的时代。这或许是冯友兰认定杨朱、墨翟之学，皆为战国时代百家"子学"之一家的主要依据吧。

初版于 1935 年的钱穆《先秦诸子系年》有《杨朱考》一篇，其开首一段言："自《孟子》书言杨墨，曰：'杨墨之言盈天下'，又曰：'今天下不之杨，则之墨，能言距杨墨者，圣人之徒。'后世尽人读《孟子》书，因莫勿知有杨墨。墨为先秦显学，顾无论矣，至于杨朱，其事少可考见。先秦诸子无其徒，后世六家九流之说无其宗，《汉志》无其书，《人表》无其名。（梁氏《人表考》，梁书疑五等离朱乃杨朱字讹，谓等次时代皆相近。其实杨朱与梁惠王同时，今《人表》离朱在公输般下，尚出墨子前，与吴王夫差相次，绝非杨朱字讹可知。）则又恶见其为盈天下者？惟刘向《说苑》称杨朱见梁惠王而论治，《列子》书言杨朱友季梁，季梁先杨朱死。而季梁之死，在梁围邯郸后。则杨朱辈行较孟轲、惠施略同时而稍前。"② 其自注所指"梁书"，乃清代梁玉绳所著《人表考》。按照梁氏之说，"离"乃"杨"之字误，离朱即杨朱，其出生年代当与墨子相先后（载梁氏《人表考》卷五③）。梁氏此说，与郭沫若的看法相一致。只是不能确知郭沫若的观点是否受到梁氏之说的直接影响。但钱穆否定梁氏的看法，以为根据西汉刘向《说苑·政理篇》所载，杨朱曾与梁惠王论治道，其生活年代乃大约与孟子、惠施同时而略早。关于杨朱见梁王论治天下一事，除刘向《说苑》外，也见载于《列子·杨朱》，而《艺文类聚·兽部中》引用同样一段文字，"梁王"作"梁惠王"，④ 故钱穆据此认定杨朱乃与孟子、惠施大略同时代之人，才具备与梁惠王讨论天下治理话题的时间条件。

也许可以佐证钱氏观点的史料记载还有《列子·杨朱》的以下一条：

> 杨朱曰："伯成子高不以一毫利物，舍国而隐耕。大禹不以一身
> 自利，一体偏枯。古之人损一毫利天下不与也，悉天下奉一身不取

---

① 阮元校刻《十三经注疏·孟子注疏·滕文公章句下》，中华书局，1980，第 2714 页。
② 钱穆：《先秦诸子系年》八〇，商务印书馆，2001，第 284 页。
③ 梁玉绳等：《史记汉书诸表订补十种》，中华书局，1982，第 736 页。
④ 欧阳询：《艺文类聚》卷九十四，上海古籍出版社，1982，第 1631 页。

也。人人不损一毫，人人不利天下，天下治矣。"禽子问杨朱曰："去子体一毛以济一世，汝为之乎？"杨子曰："世固非一毛之所济。"禽子曰："假济，为之乎？"杨子弗应。禽子出语孟孙阳。孟孙阳曰："子不达夫子之心，吾请言之。有侵若肌肤获万金者，若为之乎？"曰："为之。"孟孙阳曰："有断若一节得一国，子为之乎？"禽子默然有间。孟孙阳曰："一毛微于肌肤，肌肤微于一节，省矣。然则积一毛以成肌肤，积肌肤以成一节。一毛固一体万分之一物，奈何轻之乎？"禽子曰："吾不能所以答子。然则以子之言问老聃、关尹，则子言当矣；以吾言问大禹、墨翟，则吾言当矣。"孟孙阳因顾与其徒说他事。①

这则材料被唐人陆德明《经典释文》用作认定杨朱生活年代晚于墨子的文献根据："杨朱，或云字子居，战国时人，后于墨子。杨朱与禽滑釐辩论，其说也爱己，不拔一毛以利天下，与墨子相反。"② 上文杨朱所称的伯成子高，在《庄子·外篇》的《天地》中保存有这样的一条记载："尧治天下，伯成子高立为诸侯。尧授舜，舜授禹，伯成子高辞为诸侯而耕。禹往见之，则耕在野。禹趋就下风，立而问焉，曰：'昔尧治天下，吾子立为诸侯。尧授舜，舜授予，而吾子辞为诸侯而耕，其故何也？'子高曰：'昔尧治天下，不赏而民劝，不罚而民畏。今子赏罚而民且不仁，德自此衰，刑自此立，后世之乱自此始矣。夫子阖行邪，无落吾事！'俋俋乎耕而不顾。"③ 庄子后学所作的《天地》同样记载此事，表明在历史上确曾有过不做诸侯而选择隐居耕作的人，被杨朱作为宣传其"贵己"思想主张的先贤偶像。杨朱以此来与禽滑釐进行辩论，认为大禹、墨翟摩顶放踵以利天下的思想和作为是不足取的。禽滑釐是墨子的重要弟子，杨朱与之辩论两派的不同理论主张，其年辈自然要比墨子稍晚。

综合来看，以上诸家的研究结论，从同样的史料里得出了不尽一致的研究结论，最关键的分歧集中体现在杨朱本人的生活年代以及杨朱学派的盛行年代这两个虽然互相关联但又必须区别开来的问题上。应该承认，历史文献最早记录杨朱事迹的《孟子》《庄子》，其距离杨朱生活的年代最

---

① 杨伯峻：《列子集释》卷七，中华书局，1985，第230~231页。
② 杨伯峻：《列子集释·杨朱篇》题解，第216页。
③ 郭庆藩：《庄子集释》卷五上，第423页。

近，可信度最高。《庄子》内、外、杂多篇提及杨朱求教于老子，以及其他史料所未见的有关杨朱行踪的珍贵记载，是我们考察杨朱生活年代及其生平事迹的重要依据；《孟子》中凡言及杨朱、墨翟者，均以杨、墨并称，郭沫若认为其中包含了两人生活年代的先后次第，具有一定合理性。他据此认定杨朱的生活年代晚于老子、孔子，而略早于墨子（墨子的主要活动年代已是战国前期，杨朱亦大略如此），虽然也是一种推测性结论，但应该是有相当文献依据和学理性逻辑的观点。而孟子所反复渲染的杨、墨之言盈天下，显然指的是杨朱学派壮大之后的情形。承担发扬光大杨朱学术思想任务的，是杨朱的弟子乃至再传弟子等后学，其年代已处于战国时代诸侯争雄、诸子百家之学互辩争鸣的历史文化背景之下，而齐威王（前 356—前 320 年在位）、齐宣王（前 319—前 301 年在位）这两位齐国君主，大力扶持学术，在稷下建立学宫，广揽天下学者云集于此，著书立说，交流争鸣，极大地促进了诸子百家学术的发展与繁荣。在此有利条件下，源于老子道家学派的思想主张，十分契合齐国君王扶持学术文化的政治需要，故而继承老子学说的杨朱学派得以迅速发展壮大，被立志弘扬儒家思想的孟子视为主要威胁，渲染"其言盈天下"，就是一个合乎历史发展逻辑的文化现象了。郭沫若指出：

> 　　老聃学派的产生自然有它的社会史的根源。那是在春秋末年，一部分的有产者或士，已经有了饱食暖衣的机会，但不愿案牍劳形，或苦于寿命有限，不够满足，而想长生久视，故尔采取一种避世的办法以"全生葆真"，而他们的宇宙万物一体和所谓"卫生之经"等便是替这种生活态度找理论根据的。这种理论，在它的本质上并没有多大的发展前途，因为它没有大众的基础；而小有产者的小众能够满足于这种生活态度的，依然还占少数的时候，也无从发展。故尔它在初期不能有孔、墨那样大的影响。然而这一派，一经齐国稷下制度的培植，它便立地蕃昌了起来，转瞬之间便弄到"天下之言不归杨则归墨"了。①

　　其中所言"全生葆真"，指的正是杨朱的思想学说，那时由于缺乏发

---

① 郭沫若：《十批判书·稷下黄老学派的批判》，《郭沫若全集·历史编》第 2 卷，第 162 页。

育生长的社会文化环境，所以没有发展起来，影响有限；而到了稷下学宫时代，它占尽了天时地利人和，在转瞬之间就发展壮大了，形成其言盈天下的繁盛局面。孟子之痛斥杨、墨，有客观事实的一面，也可能免不了一定程度的夸言之的诋斥用意。钱穆据此怀疑杨朱及其学派曾壮大一时的真实性[①]，多少显得有些轻率。

二　杨朱的学术思想

杨朱的思想主张，被孟子严词批评，影响到后世学者对其观点内涵的客观认识，及对其思想价值的公正评价。其中误解最厉害的，当是杨朱的"为我"主张。《孟子·滕文公下》："杨氏为我，是无君也；墨氏兼爱，是无父也。无君无父，是禽兽也。……杨、墨之道不息，孔子之道不著，是邪说诬民，充塞仁义也。仁义充塞，则率兽食人，人将相食。"朱熹解读孟子之意云："以明杨、墨道行，人皆无父无君，以陷于禽兽，而大乱将起，是亦率兽食人而人又相食也。"[②] 孟子骂杨、墨为禽兽，谓其道若行，则天下必大乱，人将食人。其实，杨朱、墨翟的思想学说，作为春秋战国时代诸子百家中的一家之言，有其产生的时代背景，也有其客观存在的合理性。孟子统统将它们斥为"邪说"，甚至说对民众产生了极为恐怖的极坏影响，这显然有些危言耸听，出于维护儒家仁义学说需要的显著目的。

郭沫若对于孟子的这番严词指责，虽然同意其所说的部分事实有合理性，但对其全盘否定杨、墨思想主张的态度，表达了不能赞同的明确立场，他说：

> 他（孟子）真是在那儿作鼓振金的大张挞伐。所谓"无父无君是禽兽"，自然是溢恶之辞；而如"率兽食人，人将相食"，也不免近于危辞恫胁。不过他说的"天下之言不归杨则归墨"，倒也确实是当时的情形。[③]

---

① 钱穆：《先秦诸子系年·杨朱考》，第 284～287 页。
② 朱熹：《四书章句集注》卷六，中华书局，1983，第 272 页。
③ 郭沫若：《十批判书·名辩思潮的批判》，《郭沫若全集·文学编》第 2 卷，第 266 页。

孟子何以要声色俱厉地诋毁杨朱？除了维护儒家学术思想的用意之外，应该还有一个不可忽视的重要因素，便是杨朱倡言"为我"，与孟子所极力鼓吹的"人性善"主张水火难容，故其对杨朱思想学说极度排斥，就不难理解了。明人章潢有鉴于此，故言："至战国处士横议，其纵横阖辟之谈不足与较，独杨子为我之义、墨子兼爱之仁、告子性无善无不善之论，似是实非，孟子不得不力诋之。"① 在孟子看来，杨朱"为我"的本质，就是极度的利己主义，跟人性善完全背道而驰。他说："杨子取为我，拔一毛而利天下，不为也。"朱熹注："取者，仅足之意，取为我者，仅足于为我而已，不及为人也。《列子》称其言曰：'伯成子高不以一毫利物'，是也。"② 朱熹对"取"字的解释是对的，而郭沫若以"子取"为杨朱字，且谓为"琚"之假借，作为杨朱（珠）字子琚的证据③，没有文献学根据，不免曲为之说。朱熹把孟子批评杨朱之"为我"，直接与伯成子高"不以一毫利物"相联系的依据揭示出来，其实依照《庄子·天地》及《列子·杨朱》的记载，"不以一毫利物"，乃是杨朱对伯成子高行为的评价，并不是他本人明确宣称的理论主张。在杨朱与禽滑釐的辩论中，禽滑釐问以一毫济世，杨朱愿为否，杨朱没有正面回答。这种"弗应"的心理反应，表明杨朱虽然十分赞赏"古之人损一毫利天下不与也，悉天下奉一身不取也"的行为，并且认为"人人不损一毫，人人不利天下，天下治矣"，但落实到他自己的态度与行为上，却不愿公然承认这一点。而孟孙阳对杨朱思想的进一步阐发，则更加贴近赞同"人人不损一毫"之语的本意，因为它的根本价值是，主要不在于一种个人利益得失的计算，而是要阐述一种天下求治的辩证哲理。从杨朱见老子专门请教"明王之治"的办法之举可以看出，杨朱并非一个只关心一己利害得失的独善其身主义者，而是一个积极关注和思考着天下何以为治之策略的思想家。故唐人成玄英对老子所阐述的"明王之治"，给出这样耐人寻味的解释："夫明王皆就足物性，故人人皆云我自尔，而莫知恃赖于明王。"④ 意即真正高明的天下治理者，不是把大小功劳都归于自己，而是善于激发每一个人的能动

---

① 章潢：《图书编》卷七十五，载纪昀总纂《四库全书·子部·类书类》，台湾商务印书馆，1986，第 971 册，第 198 页。
② 朱熹：《四书章句集注·孟子·尽心上》，第 357 页。
③ 郭沫若：《十批判书·稷下黄老学派的批判》，《郭沫若全集·历史编》第 2 卷，第 160 页。
④ 郭庆藩：《庄子集释》卷三下，第 297 页。

性、自觉性与自主性，把维护天下之治，防止天下乱当成自己的分内事，这样才是天下走向大治的根本途径。

著名哲学家冯友兰对杨朱学说之本意，以及孟子诋斥杨朱学说用意之不同进行了必要区分，指出："利之以天下而欲拔其一毛，杨朱不为，此乃杨朱之学说；拔其一毛可以利天下，而杨朱不为，乃孟子对于杨朱学说之解释。"① 其之所以作这样的区分，是因为《韩非子·显学》已经明确说过："今有人于此，义不入危城，不处军旅，不以天下大利，易其胫一毛。世主必从而礼之，贵其智而高其行，以为轻物重生之士也。"② 像杨朱这种人的生活态度，虽然并非作为法家的韩非所推崇的，但韩非承认他们能够受到诸侯君主的礼遇，是因为其有着过人的生存智慧和高尚的行为举止。冯友兰解释杨朱"贵己"思想的内涵称，在杨朱的思想观念里，"盖天下虽大，外物也；一毛虽小，亦己之形、己之生之一部分，故前者可轻，而后者可重也。"③ 重在辨析一己之身与天下外物孰轻孰重的关系。而郭沫若对杨朱"轻物重生"思想主张的看法，则在冯氏观点的基础上更进了一步，他指出：

> 他（杨朱）主张"全生保真，不以物累形"的为我主义，但却不是世俗的利己主义。他说过"行贤而去自贤之心，焉往而不美"，可见他倒是泯却小我的人。所谓"拔一毛而利天下不为"，事实上是"不以天下大利易其胫一毛"，也就是"不以物累形"的夸张说法。④

郭沫若进而把杨朱的为我主义与世俗的利己主义明确区分开来，认为按照《韩非子·说林上》《庄子·山木》所引述的杨朱之言，他是"泯却小我的人"。其实杨朱之言所包含的思想观念，跟上述老子对其所阐述的"明王之治"的理论极为相似。似乎杨朱自那以后，就开始接受了老子关于天下治乱的基本观念，极力倡导人人轻物重生，不要为了追逐身外的所谓大利而丧失自我，重视身体发肤的生命价值，不以一毛来换取之。如果

---

① 冯友兰：《中国哲学史》第一篇第七章"战国时之'百家之学'·杨朱及道家之初起"自注，第170页。
② 梁启雄：《韩子浅释》下册，中华书局，1982，第496页。
③ 冯友兰：《中国哲学史》第一篇第七章，第170页。
④ 郭沫若：《十批判书·稷下黄老学派的批判》，《郭沫若全集·历史编》第2卷，第160页。

世人都能够树立这样的人生观和价值观，那么天下之治就是易如反掌之事了。

郭沫若对于杨朱在往沛地途中遇见老子，被老子责备以后尽除"睢睢盱盱"的矜持之态而"舍者与之争席"一事做出积极评价，并且把杨朱的学术思想，与老子开辟的道家学派思想渊源直接联系在一起，他说：

> 杨朱的"舍者与之争席"，足见他化除了矜持，……这是他的无我精神，也就是他的为我主义。道家的无我乃正保全了大我。以前的人根据孟子的一骂，误解了杨朱，认为是一位绝端利己的"禽兽"。①

由此，郭沫若不仅对杨朱的为我主义做出了全新的解释，提出其"为我"就是道家主张的"无我"，是一种值得肯定的保全"大我"的可贵精神。他由此彻底否定了孟子认为杨朱学说是绝端利己的邪说，比之为禽兽的丑诋之辞。

然而，郭沫若把杨朱所言"行贤而去自贤之心，焉往而不美"之意，理解为"泯却小我"精神的体现，却多少有些牵强。《庄子·山木》云："阳子之宋，宿于逆旅。逆旅人有妾二人，其一人美，其一人恶，恶者贵而美者贱。阳子问其故。逆旅小子对曰：'其美者自美，吾不知其美也；其恶者自恶，吾不知其恶也。'阳子曰：'弟子记之，行贤而去自贤之行，安往而不爱哉？'"② 郭沫若对此的解读是："逆旅主人的爱其一妾，并不因为人不誉为美而不爱，反过来，他的不爱其另一妾，也并不因为人誉为美而爱。这似乎就是所谓'爱人非为誉也'了。"③ 这种理解，似乎更接近杨朱言论之原意。它与道家宋荣子"举世而誉之而不加劝，举世而非之而不加沮"的说法很相近，体现了超越世俗是非荣辱的独立自我意识，自己做内心认为正确的事情，至于别人的毁誉爱恶，是不必过于计较的。

此外，杨朱除了有独特的人生哲学思想，还有没有值得注意的政治思想观念？由于郭沫若倾向于认定杨朱是避世主义者，所以对杨朱政治思想方面的内容缺乏关注，没有做出具体分析，这是其杨朱思想研究的一个缺憾。其实，杨朱的人生哲学虽然是在春秋末战国初避世主义倾向抬头的社

---

① 郭沫若：《十批判书·稷下黄老学派的批判》，《郭沫若全集·历史编》第 2 卷，第 165 页。
② 郭庆藩：《庄子集释》卷七上，第 699~700 页。
③ 郭沫若：《十批判书·名辩思潮的批判》，《郭沫若全集·历史编》第 2 卷，第 299 页。

会背景之下形成的，但杨朱本人却并非完全追求避世退隐以求独善其身者。从杨朱见老子就请教"明王之治"看，他是关心政治、关注时代发展变化的人。在孟子生活的时代，号称"杨、墨之言盈天下""天下之言不归杨则归墨"，可见杨朱在极力推销其思想主张，以求产生广泛的社会影响，这中间无疑有着政治宣传的用意。而杨朱见梁王的一番对话，足以证明对天下治乱的关注，以及所表现出的治理天下的自信。刘向《说苑·政理》：

> 杨朱见梁王，言治天下如运诸掌然。梁王曰："先生有一妻一妾，不能治；三亩之园，不能芸。言治天下如运诸掌，何以？"杨朱曰："臣有之。君不见夫羊乎？百羊而群，使五尺童子荷杖而随之，欲东而东，欲西而西。君且使尧牵一羊，舜荷杖而随之，则乱之始也。臣闻之：夫吞舟之鱼不游渊，鸿鹄高飞不就污池，何则？其志极远也。黄钟大吕不可从繁奏之舞，何则？其音疏也。将治大者不治小，成大功者不小苛，此之谓也。"①

放言治天下如运诸掌，不唯出自杨朱之口，也曾出于孟子之口。孟子在与齐宣王关于治国的大段对话中，也有如此形象的说法。孟子对齐宣王说："挟太山以超北海，语人曰'我不能'，是诚不能也。为长者折枝，语人曰'我不能'，是不为也，非不能也。故王之不王，非挟太山以超北海之类也；王之不王，是折枝之类也。老吾老，以及人之老，幼吾幼，以及人之幼，天下可运于掌。"② 孟子劝说齐宣王，只要能够做到像对待自己的亲人一样对待别人及其亲人，治理好天下就是非常容易的事情。杨朱跟孟子比较起来，其参与政治的热情和自信似乎更高一些，认为自己是"治大者""成大功者"，有着鸿鹄之志，不屑于耘三亩之园和管理家庭妻妾之类的琐事。

然而，郭沫若在涉及杨朱的相关论述文字中，没有用到《说苑》的这条体现其政治诉求的材料，原因可能有二：一是这条材料未涉及杨朱政治思想方面内容的探讨，所以郭沫若未曾注意或者看到了却不便采用；二是

---

① 刘向：《说苑》卷七，上海古籍出版社，1995，第57~58页。
② 朱熹：《四书章句集注·孟子·梁惠王上》，第209页。

相信杨朱的生活年代早于墨子，当然就难以认可其能见到在战国中期做国君的梁惠王这一史实了。笔者以为，刘向《说苑》一书，又名《新苑》，乃是其领校中秘书时依据汇集了西汉以前史料而成的《说苑杂事》旧著编纂，他只不过对其加以分类标目编排而已，书中史料记载有所本源，去古未远，具有较高可信度。至于杨朱是否真与梁惠王有过上述关于治国理政的一番对话，需要更多关于杨朱准确生卒年代的确切史料加以认定，才能够判断这段史料的真实性和合理性。在这些工作没有完成之前，原本就稀缺的关于杨朱的文献资料，都可以适当使用，就像《列子·杨朱》尽管学界倾向于系晋人增纂之作，但其中仍然保存了不少有价值的珍贵史料一样，适当采用有利于为进一步深入研究提供启迪。

郭沫若说杨朱因为是避世主义者，力求与现实脱离，其学说才不为当世所重，以此来说明杨朱缺乏政治热情，这种看法恐怕缺乏历史依据和说服力。他认为：“老聃、杨朱本来是一种退撄的避世主义者，自己力求与现实脱离，故尔他们的学说不甚为世所重，没有像孔丘、墨翟那样，当世即显名于时，弟子徒属满天下，四处宣传，拜谒王公大人以求行道。”①但从杨朱见梁王论治道的行为看，杨朱并非追求独善其身的避世主义者，就他的“为我”“贵己”“全生保真”等理论主张而论，其根本目的仍然在于实现天下之治的政治理想。从其对伯成子高隐居而耕行为所作的发挥引申评价看，他是希望通过提倡人人重生而轻物，抑制世人对利益的索取争夺，认为这样才能实现天下的安定与和谐。《老子》有言：“贵以身为天下，若可寄天下；爱以身为天下，若可托天下。”②杨朱的贵己爱身思想，虽然可以从老子那里找到理论源头，但杨朱的言论与行为，更多地关注社会政治问题，对于《老子》的形而上之学，并无多少兴趣。这是杨朱继承老子思想中所体现出的一个值得注意的区别。

三 杨朱的学派归属及其思想传承

关于杨朱学术思想有所传承，其学派曾盛行一时的说法，钱穆对此持基本否定的态度。他说：“果使其言盈天下，则当时文运已兴，又胜孔墨

---

① 郭沫若：《十批判书·稷下黄老学派的批判》，《郭沫若全集·历史编》第 2 卷，第 161 页。
② 《二十二子·老子第十三章》，浙江书局辑刊缩印本，上海古籍出版社，1985，第 2 页。

之世，其文字言说，何至放失而无存，不又可疑之甚耶？余故知儒墨之为显学，先秦之公言也。杨墨之相抗衡，则孟子一人之言，非当时之情实也。"① 钱穆虽然没有说孟子之言是谎话，但明确认为杨朱学说盈天下并非当时发生过的客观事实。杨朱的学说没有完整地保留下来是事实，但称其言说放失无存，并不完全符合实际。进而怀疑孟子所言非当时的真实情形，以此来否定杨朱思想学说曾经流行一时及其学派的存在，其结论难免有些武断。况且早于钱穆《先秦诸子系年》面世的冯友兰《中国哲学史》已经对相关问题进行了深入探讨，且有较为丰富的史料作支撑，钱穆不知是未曾见到，还是根本不赞同其中的观点。

冯友兰在书中用一章来专门讨论战国时代的"百家之学"，第一节就以"杨朱及道家之初起"为题来考察杨朱的思想学说，表明是把杨朱作为诸子百家中的重要一家对待的。在冯友兰看来，该学术问题的重要性不仅在于杨朱学说本身有其合理价值，还在于其对道家的形成与发展，发挥过不可忽视的积极作用。冯氏既对孟子关于杨墨之言盈天下的说法予以采信，又仔细分辨了杨朱"为我"之说的原意，以及孟子带有明显诋斥意图的"解释"，认为二者之间内涵差异相当明显。在此基础上，冯友兰提出如下设问，为后文的进一步展开做铺垫："似乎杨朱之学说，在孟子时既如此之盛，何以以后少人提及之？在表面上观之，似乎杨朱之学，前无源，后无流，如昙花一现。于是有疑杨朱为庄周者。然其说缺乏依据，不能成立。且杨朱之学，亦非无源流可考者。"②

冯友兰通过对《论语》中记载的孔子师徒与一些当时"隐者"的接触及对话，分析在孔子生活的春秋末期，由于受到时局动乱的影响，且看到这种社会现实难于用个人的力量来挽救，故而采取一种"不肯干预世事"的消极人生态度，以求独善其身。孔子弟子子路批评荷蓧丈人"欲洁其身而乱大伦"，表明了儒家对这类避世隐身者秉持明确的反对立场。因为这种生活态度与儒家所倡导的社会群体伦理道德观念是完全不相符的。孟子把杨朱"为我"主张解释为只为个人安危得失着想的极端利己主义，把杨朱视为"欲洁其身而乱大伦"者的人生观念继承者，故骂杨朱是目中"无君"的禽兽。冯友兰认为，杨朱之前业已存在了"隐者"生活方式及社会

---

① 钱穆：《先秦诸子系年·杨朱考》，第284~285页。
② 冯友兰：《中国哲学史》第一篇第七章，第170~171页。

现象，杨朱因此提出"为我"的思想主张，其作用在于，把这种个人行为选择及社会潮流倾向归纳提升为"理论根据"，后来便成为堪与儒、墨三分天下的一种流行学术思想。

对于杨朱学术思想是否在身后突然消失的问题，冯友兰进行了详细的史料梳理，试图从其中找出一些草蛇灰线的思想痕迹。他在《吕氏春秋》的《重己》《本生》《贵生》《情欲》等篇中，发现一些与杨朱学术思想很相类似的言论，比如《重己》有云："今吾生之为我有，则利我亦大矣：论其贵贱，爵为天子，不足以比焉；论其轻重，富有天下，不可以易之；论其安危，一曙失之，终身不复得。此三者，有道者之所慎也。有慎之而反害之者，不达乎性命之情也。"① 这与杨朱"轻物重生"的思想观念完全一致。② 此外，《吕氏春秋》的《贵生》所引述的子华子言论，以及《审为》关于子华子与韩昭釐侯的对话，跟杨朱的上述思想观念也极为相近："韩魏相与争侵地。子华子见昭釐侯。昭釐侯有忧色，子华子曰：'今使天下书铭于君前，书之曰：左手攫之，则右手废；右手攫之，则左手废。然而攫之必有天下，君将攫之乎，亡其不与？'昭釐侯曰：'寡人不攫也。'子华子曰：'甚善。自是观之，两臂重于天下，身又重于两臂。韩之轻于天下远，今之所争者，其轻于韩又远，君固愁身伤生以忧之，戚不得也？'昭釐侯曰：'善。教寡人者众矣，未尝得闻此言也。'子华子可谓知轻重矣。"③ 这个故事，可以清楚看到杨朱与禽滑釐关于身体一毛与天下之利孰轻孰重之争的明显印记。冯友兰认为这位子华子，就当是杨朱一派的学者。④

冯友兰还列举《老子》《庄子》两书中关于"重生轻利"的言论，认为这些都是杨朱思想的"绪余之论"。⑤ 但他同时指出，老庄的思想学说，在杨朱"避世""隐身"办法之外，提出了既不"自伤"，又可以防止"他伤"的更加周全的为人处世策略，特别是庄子"齐生死，同人我"的世界观、人生观，较之杨朱有了很大的提升。冯友兰总结说："由此言之，则老子之学，盖就杨朱之学更进一层；庄子之学，则更进二层也。"⑥ 冯氏说老子的生活年代后于杨朱，并不为现当代学术界所公认，但其注意到

---

① 陈奇猷：《吕氏春秋校释》卷一，学林出版社，1984，第 33 页。
② 冯友兰：《中国哲学史》第一篇第七章，第 173~174 页。
③ 陈奇猷：《吕氏春秋校释》卷二十一，第 1454 页。
④ 冯友兰：《中国哲学史》第一篇第七章，第 173~174 页。
⑤ 冯友兰：《中国哲学史》第一篇第七章，第 175~176 页。
⑥ 冯友兰：《中国哲学史》第一篇第七章，第 179 页。

《老子》中有与杨朱"为我""重生"思想的关联性思想内容，为后来者清理杨朱学术思想及其学派形成与老庄学术思想的关系脉络，提供了进一步思考的路径。

郭沫若在 20 世纪 40 年代研究先秦诸子学术思想时，曾阅读过冯友兰的《中国哲学史》，有的见解似乎受到了冯氏研究成果的启发，其中最明显的，就是关于杨朱学派与道家思想源与流之关系的见解。但郭沫若并未采纳冯氏的杨朱生活年代先于老子、老子的人生哲学在杨朱"重生"思想观念基础上发展起来等观点。郭沫若针对疑古思潮兴起以后对老子其人存在的真实性持怀疑态度的倾向，他指出：

> 道家诸派均是以"道"为宇宙万物的本体，这个新的观念必然有他的倡导者，诸派中如上所述宋钘年事为较长，然而其他的人并不把他认为总老师。据《天下篇》，"田骈学于彭蒙，得不教焉；彭蒙之师曰：古之道人至于莫之是，莫之非而已矣"，则彭蒙年辈与宋钘相同，而彭蒙还有老师，也分明是道家。这位"彭蒙之师"应该是墨翟、子思同年辈的人物。然而他也只是彭蒙之师，而不是道家的总老师，可知"彭蒙之师"必然是更有其师的了。如此再推上一二代，便不能不承认有老聃这位人物的存在。①

郭沫若认为，老子在历史上真实存在，是不容抹杀的事实，而且是道家最早以"道"为本体观念的发明者与倡导者，自然成为此派的开派人物，是比彭蒙、宋钘等稷下学者还要早一二代，甚至比孔子、墨翟都要早的先秦重要思想家。郭沫若在论述庄子后学对于儒家、名家等诸子学派进行批评时注意到这样一个现象："他们非儒是以曾参为代表，而不伤及孔丘；他们非名家是以杨朱为代表，而不伤及老聃，老聃被他们视为'古之博大真人'。"②表明在庄子及其后学时代，老子就以比孔子、杨朱更早的有道者形象而存在着，被他们尊为先贤级别的"博大真人"。郭沫若与冯友兰的显著不同之处在于，认为春秋时期避世之士的隐退生活理论，最早是由老子，而非杨朱提出来的。他也考察了《论语》《庄子》《楚辞》里

---

① 郭沫若：《十批判书·稷下黄老学派的批判》，《郭沫若全集·历史编》第 2 卷，第 159 页。
② 郭沫若：《十批判书·庄子的批判》，《郭沫若全集·历史编》第 2 卷，第 197 页。

的隐士及其言行，并对此进行分析研判，指出：

> 世间既已经有这些"避世之士"，为什么不能有避世之论来做这
> 种生活的背景？……传说上的老聃是周室的守藏史，这种闲官而又有
> 书可看的人，和这些"避世之士"生活条件正相一致，超现实的本体
> 观和退隐的理论由他倡导了出来，没有什么不合理的理由。①

按照这样的逻辑来推论，杨朱的"为我""贵生"理论，并不是他自
己的独特发明，而是接受了老聃退隐理论的影响才得以形成的，由此，郭
沫若认为杨朱就是老子的弟子，他是老子所开启的道家学术思想的最早传
人，后来稷下道家的各个分支，以及名家代表人物，如宋钘、尹文、惠
施、公孙龙等，其学术思想多少都受到了杨朱的影响。比如《庄子·内
篇》的《逍遥游》里有云："故夫知效一官，行比一乡，德合一君，而征
一国者，其自视也亦若此矣。而宋荣子犹然笑之。且举世而誉之而不加
劝，举世而非之而不加沮，定乎内外之分，辩乎荣辱之境，斯已矣。彼其
于世未数数然也。"成玄英疏云："数数，犹汲汲也。宋荣子率性虚淡，任
理直前，未尝运智推求，役心为道，栖身物外，故不汲汲然者也。"② 郭沫
若认为，这位宋荣子就是宋钘，并且说，宋荣子"举世而誉之而不加劝，
举世而非之而不加沮"的思想观念，就是杨朱"为我"即"无我"精神
的嫡系。③ 又具体分析说：

> 宋钘大约是杨朱的直系吧。《庄子·徐无鬼篇》有庄周与惠施辩
> 论的一节，庄子说："儒、墨、杨、秉四，与夫子为五。"惠施也自
> 承："儒、墨、杨、秉且方与我为辩"。……秉是田骈之师彭蒙的彭的
> 音变，杨便当与宋钘、尹文一派了。韩非《显学篇》，"今有人于此，
> 义不入危城，不处军旅，不以天下大利易其胫一毛"，显然是暗指杨
> 朱。"不入危城，不处军旅"与宋钘、尹文的救攻寝兵的主张相符。
> "不以天下大利易其胫一毛"，正是宋子"举天下而誉之而不加劝"的

---

① 郭沫若：《十批判书·稷下黄老学派的批判》，《郭沫若全集·历史编》第 2 卷，第 159~
160 页。

② 郭庆藩：《庄子集释》卷一上，第 16~19 页。

③ 郭沫若：《十批判书·稷下黄老学派的批判》，《郭沫若全集·历史编》第 2 卷，第 160 页。

态度。又其主张"行贤而去自贤之心"，也正是"接万物以别囿为始"或"情欲寡浅"。①

郭沫若坚定认为，孟子所言"天下之言不归杨则归墨"，不能完全看成夸大其词或者无中生有，而是反映了当时杨朱、墨翟之学平分天下的实际情形。而儒家在孟子的时代，则处于"倒大楣"的境地：

> 当时属于杨氏的黄老学派，在齐国的稷下学宫里面最占势力，而此外又有列御寇、庄周、惠施、季真等助扬其波澜，杨氏势力张于东北。墨家钜子已正位于秦，深得秦惠王的信任，而此外还有"南方之墨者"及"东方之墨者"适秦，墨氏势力遍于西南。就这样，两家几乎把当时的中国中分了。在这时，儒家是最倒楣的时候……在孟子时代，尽管他本人有唯我独尊的抱负，尽管也"后车数十乘，从者数百人，以传食于诸侯"，然而跑齐、跑梁、跑宋、跑滕，都找不到一个适意的主子，而结果是终老牖下。②

郭沫若在对稷下黄老学派的分析中，也提出过类似的见解："在这时（笔者案：指孟子生活的时代）齐、秦两大强国保护两大学派，故尔杨、墨的势力中分天下，而儒家是最倒楣的时候。孟轲、荀况都只是寄人篱下。他们为什么要战斗，为什么要排斥杨、墨，一多半也是为的生存竞争而已。"③郭沫若通过这样的仔细分析和鲜明对比，合理解释了孟子为什么当时要与杨、墨之言激辩，甚至到了不惜破口大骂，恣意诋毁的程度。郭沫若还有一段分析论述，对于大骂杨墨的孟子而言，似乎极具讽刺意义：

> （道家）尽管它本是儒墨两家的先辈，但因脱离现实，陈义过高，在老聃、杨朱以至杨朱弟子的时代都还不曾蔚为一个学术界的潮流，但到了稷下先生时代，道家三派略有先后地并驾齐驱，不仅使先秦思

---

① 郭沫若：《十批判书·稷下黄老学派的批判》，《郭沫若全集·历史编》第 2 卷，第 163～164 页。
② 郭沫若：《十批判书·名辩思潮的批判》，《郭沫若全集·历史编》第 2 卷，第 266 页。
③ 郭沫若：《十批判书·稷下黄老学派的批判》，《郭沫若全集·历史编》第 2 卷，第 162 页。

想更加多样化，而且也更加深邃化了。道家墨家都受了他们的影响而发生质变，阴阳、名、法诸家更是在他们的直接感召之下派生了出来的。孟子说："逃墨必归于杨，逃杨必归于儒"（《尽心下》），逃墨归杨是暴露，逃杨归儒是护短，事实上就是孟子、荀子都已经不是纯粹的儒家，他们在精神上已经是半逃儒归杨了。①

而其认为名家的惠施、公孙龙也是杨朱学派嫡系，早在 20 世纪 30 年代就形成了这种见解，他从孟子骂杨朱、墨翟的话及《庄子·天下》的相关记述中得到启发，进而指出：

> 看孟子说"距杨、墨，放淫辞"，庄子把杨、墨同归于辩者之流，足见杨子的后学也和墨子的后学一样流入了坚白同异之辩的一班诡辩派。孟子说"杨、墨之言盈天下"，代表墨辩的有《墨子》书中的《经》《说》《大小取》诸篇，代表杨子的不会说没有人。在这儿我找着了一个根蒂，我发觉了惠施、公孙龙之徒本是杨子的嫡派。②

他根据惠施与孟子是同时代人，而《庄子·天下》对惠施学术所谓"惠施多方……惠施以此为大观于天下而晓辩者，天下之辩者相与乐之。……桓团、公孙龙辩者之徒，饰人之心，易人之意，能胜人之口，不能服人之心，辩者之宥（尤）也"的一段评述，③ 把这些历史文献记载作为认定这一派辩者皆是杨朱嫡派的依据。

经过冯友兰和郭沫若两家的深入考察研究④，战国时代曾显赫一时的

---

① 郭沫若：《十批判书·稷下黄老学派的批判》，《郭沫若全集·历史编》第 2 卷，第 163 页。

② 郭沫若：《先秦天道观之进展》，《郭沫若全集·历史编》第 1 卷，人民出版社，1982，第 364 页。

③ 郭沫若：《先秦天道观之进展》，《郭沫若全集·历史编》第 1 卷，第 365 页。

④ 曹峰《二十世纪关于杨朱的研究——以蒙文通、郭沫若、侯外庐、刘泽华等人为中心》认为，20 世纪对杨朱思想及其学术传承演变进行学术性梳理研究的主要学者为蒙文通、郭沫若两人，且叙述以此为先后。然而，事实未必如此。曹文说，蒙文通《杨朱考》《黄老考》发表于 40 年代，未具体明确为哪年。据施延俊《灵岩书院师生札记》的文字及照片资料，则知蒙文最早刊发于该书院的《灵岩学报》创刊号（1946）。而郭沫若对杨朱及其学派的关注，自 30 年代中期直至 40 年代前中期（1935~1945 年），最晚一篇《名辩思潮的批判》完成于 1945 年 1 月。可见蒙文通发表的研究成果晚于郭沫若，更晚于冯友兰、钱穆。曹文载于《社会科学》2019 年第 9 期。施文载于《蜀学》第 20 辑，巴蜀书社，2022。

杨朱思想学说及继承这一学术主张的一批稷下先生，他们共同构成了由老子开其端，杨朱承其绪，黄老学派的学者进一步发扬光大的老聃、杨朱学派，在稷下学宫中居于主流地位，且一度形成"天下之言不归杨则归墨"的鼎盛局面。南宋朱熹以为："列、庄本杨朱之学，故其书多引其语。"① 似乎杨朱的影响，甚至已经远远超出了稷下学宫的学术圈子。冯、郭二人的研究结论，证明钱穆对杨朱学派的存在及其重要影响的怀疑是难以成立的。正是因为杨朱的思想学说被其身后的道家、名家、墨家、法家、儒家等所分别吸收，且各自在原有的基础上进行不断的发挥、完善与拓展，杨朱原本完整的思想学说本身反倒被淹没在历史的尘封之中了。冯友兰说杨朱之名"为老庄所掩"，虽不尽然，但其指出"杨朱之言似消灭而实未消灭"，② 却是很有见地的重要学术判断。郭沫若在冯氏基础上对杨朱生活年代、杨朱思想内涵发覆、杨朱学派形成和发展源流的梳理分析等进一步研究，更加印证了冯氏观点的合理性与说服力。

---

① 黎靖德编《朱子语类》卷一百二十五，中华书局，1986，第2991页。
② 冯友兰：《中国哲学史》第一篇第七章，第173页。

郭沫若的殷商社会性质研究

任会斌[*]

摘　要： 郭沫若先生在近半个世纪的学术生涯中，一直对殷商社会性质这一中国古史分期领域的核心问题有着持续的关注。他将马克思主义理论与实证研究结合，凭借扎实的甲骨文献基础，提出诸多富有预见性的观点，起例发凡，影响深远。相关研究可以说代表了殷商奴隶社会说的基本理论体系和论证框架，同时充分证明了以唯物史观研究中国社会发展规律的可能性，极大地促进了中国历史学的科学化。新时期以来，殷商社会性质研究进一步拓展和深化，虽然观点不一，但相关工作无不是在郭沫若开创的"学术体系"之内展开。

关键词： 郭沫若　殷商　社会性质

殷商社会性质研究作为重构中国古史体系探索中的重要一环，一直以来都是古史分期领域的核心问题之一，社会性质问题之复杂与特殊在面对殷商时期时更是尤为明显。郭沫若先生作为中国近代史学的代表人物，在长达半个世纪的学术生涯中，对这一问题一直有持续的关注，其成果也极大地推动了相关研究的深化与拓展。

一

郭沫若虽然是殷商奴隶社会说的支持者，但其观点与研究也经历了长期的发展与探索。他在最初于 1930 年出版的《中国古代社会研究》中，就认为殷代尚处氏族社会末期，并将西周作为中国奴隶社会的开端。

《中国古代社会研究》为郭沫若第一部中国古代史研究专著，分五部

---

* 任会斌，中国社会科学院古代史研究所副研究员。

分，主要完成于 1928~1929 年。在最先完成的《〈周易〉的时代背景与精神生产》（后改名《〈周易〉时代的社会生活》）、《〈诗〉〈书〉时代的社会变革与其思想上之反映》两篇中，郭沫若从《周易》《诗》《书》入手，对商周时期社会生活进行了分析，指出夏、殷是经亚血族群婚的父系氏族社会"转换到奴隶制国家"的时代，① "奴隶制的社会组织是在周初才完成"，② 随之又在作为该书导论的《中国社会之历史的发展阶段》中，提出了他最初的古史分期观，认为"中国的历史是在商代才开幕，商代的产业是以牧畜为本位，商代和商代以前都是原始公社社会"。③ 研究过程中，郭沫若发现传世文献多真伪杂糅，于是将精力逐渐转至可真实反映殷商社会情形的卜辞之上，在系统研习日本东洋文库所藏甲骨学著作后，他用近一年时间，"稿成全部更易者亦四五次"，完成了《中国古代社会研究》中最富学术创新意义的《卜辞中的古代社会》一文。

《卜辞中的古代社会》借助甲骨材料，对商代生产状况进行了系统分析。他指出商代"产业状况已经超过了渔猎时期，而进展到牧畜的最盛时期"，"农业已经出现，但尚未十分发达"，商业行为虽然已存在，"然其事尚在实物交易与货币交易之推移中"，"商代是金石并用时代"。④ 继而又从婚姻、氏族、财产、阶级等方面对上层建筑社会组织做了分析，最终指出："殷代已到氏族社会的末期。"⑤ 文后另有附白，从文学、艺术、宗教等精神文化层面强调当时譬如艺术表现幼稚；文字尚未脱离原始状态；宗教颇有可观；历数则为外传而来等均为氏族社会表现。⑥

中国有无奴隶社会与"亚细亚生产方式"问题在 20 世纪初的社会史论战中被激烈讨论，殷商社会性质也成为焦点之一。⑦ 郭沫若虽未直接加

---

① 郭沫若：《〈诗〉〈书〉时代的社会变革与其思想上之反映》，《郭沫若全集·历史编》第 1 卷，人民出版社，1982，第 100 页。
② 郭沫若：《〈诗〉〈书〉时代的社会变革与其思想上之反映》，《郭沫若全集·历史编》第 1 卷，人民出版社，1982，第 127 页。
③ 郭沫若：《中国社会之历史的发展阶段》，《郭沫若全集·历史编》第 1 卷，人民出版社，1982，第 2 页。
④ 郭沫若：《卜辞中的古代社会》，《郭沫若全集·历史编》第 1 卷，人民出版社，1982，第 217 页。
⑤ 郭沫若：《卜辞中的古代社会》，《郭沫若全集·历史编》第 1 卷，人民出版社，1982，第 245 页。
⑥ 郭沫若：《卜辞中的古代社会》，《郭沫若全集·历史编》第 1 卷，人民出版社，1982，第 247~248 页。
⑦ 任会斌：《殷商社会性质问题讨论的回顾与反思》，《史学理论研究》2021 年第 2 期。

入论战，但他就殷商社会性质的研究也极大地影响了当时的讨论。①

　　郭沫若于 1929 年还完成《甲骨文字研究》一书，全书十七篇，内容如他 1952 年在"重印弁言"中所说："是想通过一些已识未识的甲骨文字的阐述，来了解殷代的生产方式、生产关系和意识形态。"② 譬如在《释祖妣》中通过对"祖""妣"分析探讨了殷商婚姻制度和社会形态；《释耤》中，指出"耤"字为人持耒耜操作状，反映了当时的农业耕作模式；而在《释臣宰》中，论证了"臣""民""宰"的构形本义，指出"臣民均古之奴隶，宰亦犹臣"，"奴隶本来自俘虏，故奴隶字多有缧绁之象"，证实了商代奴隶的存在及身份构成。③ 由于此前郭沫若将殷商定为原始氏族社会末期，书中考释及观点不免受此影响。本书作为郭沫若文字考释与史证研究结合学术理念的最初尝试，难能可贵，影响深远。此后，郭沫若围绕甲骨搜集与传布先后完成《卜辞通纂》（1933）、《殷契粹编》（1937）等专著，所收录卜辞均按内容分类编排，并附考释小结，其中对商代社会状况也多有阐发。④ 如在《卜辞通纂》"世系"类材料后指出："殷世于先妣特祭，兄终弟及之制，犹保存母系时代之孑遗，然其父权制度确已成立。每有专祭其所出之祖若妣而不及其旁系者，即其证。"⑤ 书中根据"食货"类卜辞内容说道："大抵殷人产业以农艺牧畜为主，且已驱使奴隶以从事于此等生产事项。"⑥ 以上与《卜辞中的古代社会》所说"殷人之社会尚为氏族组织"，社会经济以牧畜为主已有不同，但郭沫若在同时期发表的

① 论战中，认为殷商属氏族社会阶段的主要有：胡秋原（《略复孙倬章君并略论中国社会之性质》，《读书杂志》第 2 卷第 2、3 期合刊，1932 年 3 月）、陈邦国（《中国历史发展的道路》，《读书杂志》第 1 卷第 4、5 期合刊，1931 年 8 月）、王伯平（《〈易经〉时代中国社会的结构：郭沫若〈《周易》的时代背景与精神生产〉批判》，《读书杂志》第 3 卷第 3、4 期合刊，1933 年 4 月）、陶希圣（《中国社会形式发达过程的新估定》，《读书杂志》第 2 卷第 7、8 期合刊，1932 年 8 月）等；认为殷商为奴隶社会的主要有：吕振羽（《殷代奴隶制度研究》，《劳动季报》第 1 卷第 2 期，1934 年 7 月）、翦伯赞（《殷代奴隶制度研究之批判》，《劳动季报》第 1 卷第 6 期，1935 年 8 月）、邓拓（《论中国社会经济史上的奴隶制度问题》，《新世纪》第 1 卷第 3 期，1936 年 11 月）等。
② 郭沫若：《甲骨文字研究·重印弁言》，《郭沫若全集·考古编》第 1 卷，科学出版社，2002，第 7 页。
③ 郭沫若：《甲骨文字研究》，《郭沫若全集·考古编》第 1 卷，科学出版社，2002，第 19~65、79~83、65~79 页。
④ 陈梦家有相关总结评述，参见陈梦家《殷虚卜辞综述》，中华书局，1988，第 631~632 页。
⑤ 郭沫若：《卜辞通纂》，《郭沫若全集·考古编》第 2 卷，科学出版社，2002，第 360~362 页。
⑥ 郭沫若：《卜辞通纂》，《郭沫若全集·考古编》第 2 卷，科学出版社，2002，第 421 页。

《中日文化的交流》① 中仍持殷代为原始社会说。

伴随研究的深入，郭沫若对殷商社会性质的思考于20世纪40年代有了新的发展。1941年，他在《由诗剧说到奴隶制度》中说道："我从前把殷代视为氏族社会的末期未免估计得太低，现在我已经证明殷代已有大规模的奴隶生产存在了。"② 发表于1942年的《论古代社会》一文，对殷商为奴隶社会有更为具体的阐述："殷代的牧畜非常的繁盛。同时，农业又相当发达。""兵都用奴隶来当，作其他的事业用奴隶更无疑了。""从殷朝到春秋中叶，都是奴隶制度的社会。"③

关于这次转变，郭沫若后来说道："但从今天所有的材料看来，殷代已进入奴隶社会是不成问题的。这已明确地改正了本书（《中国古代社会研究》）中的一个大错误——认殷代为原始公社制的末期。"④ "好些错误已由我自己纠正。那些纠正散见于《卜辞通纂》《两周金文辞大系》《青铜时代》《十批判书》等书里面，尤其是《十批判书》中的《古代研究的自我批判》那一篇。"⑤

《古代研究的自我批判》完成于1944年，文章在反思以往的卜辞认识之后，从生产状况及生产者身份两方面，论证并指出殷商为奴隶社会。文中指出殷商时期"牧畜应该还是相当蕃盛的"，同时"农业却已经成为了主要的生产了"。祭祀多用酒鬯和殷人好酒也说明当时农业发达。⑥ 此外，卜辞中有大量"众""众人"从事劳动的内容，郭沫若根据西周中期铜器"曶鼎"铭文中所见"众""臣"同被用来赔偿的事例指出："可见'众'与'臣'是同性质的东西，是可以任意转移物主的什物。'众'或'众人'就在周穆王

---

① 郭沫若：《中日文化的交流》，《郭沫若全集·文学编》第18卷，人民文学出版社，1992，第80页。（文章发表于1935年10月16日上海《立报·言林》，为郭沫若1935年10月5日在东京中华基督教青年会上的演讲。）

② 郭沫若：《由诗剧说到奴隶制度》，《郭沫若全集·文学编》第19卷，人民文学出版社，1992，第153页。

③ 郭沫若：《论古代社会》，《郭沫若全集·历史编》第3卷，人民出版社，1984，第410、412、414页。

④ 郭沫若《中国古代社会研究·1954年新版引言》，《郭沫若全集·历史编》第1卷，人民出版社，1982，第4页。

⑤ 郭沫若：《中国古代社会研究·后记》，《郭沫若全集·历史编》第1卷，人民出版社，1982，第311页。

⑥ 郭沫若：《古代研究的自我批判》，《郭沫若全集·历史编》第2卷，人民出版社，1982，第16~17页。

以后都还是奴隶，在殷代的情形便可由这儿逆推了。"① 文中还强调殷商时期 "耕作的规模就原辞的气势上看来是相当宏大的"，"众" 从事生产，无疑是奴隶制下的强制集体劳动。② 郭沫若在此也首次论及殷代的田制，指出殷周同为井田制，而井田制无疑与大规模奴隶劳动密切相关。

郭沫若强调 "奴隶制度非有大规模的生产奴隶不可。欧洲希腊罗马的生产事业，都是利用奴隶的力量"③。因此，围绕 "众""众人" 身份的考证，是郭沫若殷商社会性质研究中的重要工作之一。20 世纪 30 年代，他就曾指出卜辞 "贞叀小臣令众黍" 中 "小臣即是奴隶，此为小臣所命令之 '众'，亦为奴隶无疑"。④《卜辞通纂》第 472、473、474 片中所见 "众""奚""仆" 等均指奴隶。⑤ 1942 年他在《论古代社会》中也指出 "王命小臣某以众人黍于某" 中 "众人就是生产奴隶"。⑥ 1950 年 2 月，郭沫若针对董作宾 1949 年 12 月发表的《殷墟文字甲编·自序》⑦，作《蜥蜴的残梦——〈十批判书〉改版书后》一文。文中说道："众" 字，"在甲骨文中是作日下三人形，殷末周初称从事耕种的农夫为 '众' 或 '众人'，正像农民在日下苦役之形，谁能说没有 '奴隶的痕迹'？"⑧ 后于《奴隶制时代》中又有进一步补充："再从发音上来说，童（僮）、种、众、农、奴、辱等字是声相转而义相袭的。"《尚书·盘庚》中所述 "劓殄灭之，无遗育，无俾易种于兹新邑" 等内容，则是表明将 "众""当做牲畜来屠杀了"，"可见这些

---

① 郭沫若：《古代研究的自我批判》，《郭沫若全集·历史编》第 2 卷，人民出版社，1982，第 18 页。

② 郭沫若：《古代研究的自我批判》，《郭沫若全集·历史编》第 2 卷，人民出版社，1982，第 19 页。

③ 郭沫若：《论古代社会》，《郭沫若全集·历史编》第 3 卷，人民出版社，1984，第 406 页。

④ 郭沫若：《卜辞中的古代社会》，《郭沫若全集·历史编》第 1 卷，人民出版社，1982，第 242 页。

⑤ 郭沫若：《卜辞通纂》，《郭沫若全集·考古编》第 2 卷，科学出版社，1982，第 421、425、557 页。

⑥ 郭沫若：《论古代社会》，《郭沫若全集·历史编》第 3 卷，人民出版社，1984，第 411 页。

⑦ 董作宾认为："甲骨文字，不能代表殷代文化"，"我们就不能根据甲骨文字来研究殷代的社会背景……臣、民两字，创造时的用意是否就是如此？即使如此，是否又经过了假借？而殷代的人民，也称 '人'，也称 '众'，众是一块地方，下有三人，又何尝又有奴隶的痕迹呢。"（董作宾：《殷墟文字甲编·自序》，《中央研究院历史语言研究所专刊之十三》《中国考古学报》第 4 册，1949，第 241、245~246 页。）

⑧ 郭沫若：《蜥蜴的残梦——〈十批判书〉改版书后》，《郭沫若全集·历史编》第 3 卷，人民出版社，1984，第 77 页。

人的身分是和牲畜一样的。"① 同时，在《关于周代社会的商讨》中也说到殷代的"众""众人"以及周代的"庶人""农夫"，"确实都是奴隶"。②

倘若"众"以奴隶身份参与作为殷商时期社会经济主要方面的农业生产，无疑为殷商奴隶社会说的重要论据支撑。郭沫若在其主编的《中国史稿》中也强调这一点："卜辞里面的'众'字作日下三人形，形象地说明他们是在田野里赤身露体从事耕作的奴隶。"③

二

新中国成立后，考古材料为郭沫若殷商社会研究注入了新的活力。郭宝钧于1950年1月29日致信郭沫若，介绍了殷墟发掘所见殉人情况。④ 郭沫若后将此信转录于《蜥蜴的残梦——〈十批判书〉改版书后》，并说道："关于殷代的社会制度，好些朋友一直到现在都还采取着很慎重的态度，不敢断定为奴隶社会。有了这项资料，我认为是毫无可以怀疑的余地了。"⑤ 同年3月19日，郭宝钧于《光明日报》发表《记殷周殉人之史实》一文。郭沫若继而写下《读了〈记殷周殉人之史实〉》，指出："这些毫无人身自由，甚至连保全首领的自由都没有的殉葬者，除掉可能有少数近亲者之外，必然是一大群奴隶。""如此大规模的殉葬，毫无疑问是提供了殷代是奴隶社会的一份很可宝贵的地下材料。"并在结论中明确表示："在我的理解中，殷、周都是奴隶社会，而奴隶社会的告终应该在春秋与战国之交。"⑥ 西周封建论在当时学界影响广泛，郭沫若观点一时产生较大反响，该文也被认为"拉开1949年后古史分期大讨论的序幕"。

---

① 郭沫若：《奴隶制时代》，《郭沫若全集·历史编》第3卷，人民出版社，1984，第22~23页。

② 郭沫若：《关于周代社会的商讨》，《郭沫若全集·历史编》第3卷，人民出版社，1984，第110页。

③ 郭沫若主编《中国史稿》第1册，人民出版社，1976，第174页。

④ 关于此信，郭沫若曾有说明："关于殷代殉人的情形，最初是由郭宝钧先生在中国科学院的一次座谈会上提出的。""听了那次报告，我当时便认为是殷代奴隶社会的绝好证据，怂恿报告者把它写出。因而便有一月二十九日他给我的一封信。"（郭沫若：《申述一下关于殷代殉人的问题》，《郭沫若全集·历史编》第3卷，人民出版社，1984，第84页。）

⑤ 郭沫若：《蜥蜴的残梦——〈十批判书〉改版书后》，《郭沫若全集·历史编》第3卷，人民出版社，1984，第75页。

⑥ 郭沫若：《读了〈记殷周殉人之史实〉》，《郭沫若全集·历史编》第3卷，人民出版社，1984，第80、82页。

　　结合新材料，郭沫若于 1950～1951 年，先后完成多篇古代社会性质及分期问题的研究专文，通过与不同历史分期主张的讨论，从更多角度论证了殷周奴隶社会说，文章在 1952 年以《奴隶制时代》为名结集出版。其中《申述一下关于殷代殉人的问题》《奴隶制时代》等围绕"殉人"等现象进一步探讨了殷商社会性质。文中指出："殷代的陵墓和宫室遗址中有大量的人殉，……这些惊人事迹的发现足以证明殷代是有大量的奴隶存在的。"[①] "要说殷墟的殉人'全不是奴隶'，实在是没有办法来说明。"[②] 事实上，郭沫若始终坚持"殉葬不消说正是奴隶制的特征"[③] 的论点，在两年的时间里，围绕殉人性质及其背后所反映的社会状况做了大量工作，可见对此问题的重视。

　　《奴隶制时代》中"殷代是奴隶制"一节也对殷商奴隶社会做了包括生产奴隶定性研究等在内的更为深入的阐述。文中指出："农业生产已经是殷代生产的主流。""殷代是在用井田方式来从事农业生产的……无疑是有大量的奴隶存在的。""殷人的王家奴隶是很多的，私家奴隶也不在少数。'当作牲畜来买卖'的例子虽然还找不到，但'当作牲畜来屠杀'的例子是多到不可胜数了。……故殷代是奴隶社会是不成问题的。"[④]

　　郭沫若在《奴隶制时代》中还进一步探讨了春秋战国社会变革、秦汉社会性质等问题，明确将奴隶社会下限定于春秋战国之交，形成了"战国封建论"的基本理论体系。该书作为郭沫若古史分期研究成熟的标志之作，在吸引大批学者参与讨论的同时，也延伸形成了以"五朵金花"为代表的对中国马克思主义史学重大历史理论问题的研究热潮。[⑤]

　　此后，虽然郭沫若围绕殷商社会性质的单独探讨不多，但也进行了部分细化具体的研究。如在《关于中国古代史研究中的两个问题》中通过商周"邑"的分析，阐释了中国奴隶社会的基本特征，指出：甲骨文有"邑"字，商周时耕种方式已变为奴隶劳动，"邑"的性质不再是"公社"，而是"变

---

① 郭沫若：《奴隶制时代》，《郭沫若全集·历史编》第 3 卷，人民出版社，1984，第 18 页。

② 郭沫若：《申述一下关于殷代殉人的问题》，《郭沫若全集·历史编》第 3 卷，人民出版社，1984，第 94 页。

③ 郭沫若：《〈诗〉〈书〉时代的社会变革与其思想上之反映》，《郭沫若全集·历史编》第 1 卷，人民出版社，1982，第 152 页。

④ 郭沫若：《奴隶制时代》，《郭沫若全集·历史编》第 3 卷，人民出版社，1984，第 19、25 页。

⑤ 张越：《新中国史学的初建——郭沫若与中国马克思主义史学主导地位的确立》，《史学理论研究》2020 年第 2 期。

成为奴隶主控制下的劳动集中营，变成行政机构了"。由此，中国古代的井田制，是"奴隶主贵族的土地所有制"。① 《安阳新出土的牛胛骨及其刻辞》一文则结合新见材料，指出所见卜辞中"牧"和"众"为奴隶，殷商时期"奴隶制度是相当森严的"。② 1972 年，郭沫若在《奴隶制时代》再版代序《中国古代史的分期问题》中对古史分期论争进行了回顾，指出："殷代祭祀还大量地以人为牺牲，有时竟用到一千人以上。殷王或者高等贵族的坟墓，也有不少的生殉和杀殉，一墓的殉葬者往往多至四百人。这样的现象不是奴隶社会是不能想象的。"③ 1976 年出版的郭沫若主编《中国史稿》中"奴隶社会的发展——商代"一章，则整体论述了殷商奴隶制国家的建立发展过程，体现了郭沫若商史研究的全面看法。文中指出："商代是一个比较发达的奴隶社会。""奴隶名目繁多，被投入各种社会生产和生活领域，是创造财富和创造文化的基本的阶级。""商代最重要的社会生产部门是农业，在农业生产中采取井田制。"④

自新中国成立至改革开放前 30 年间，古史分期研究基本以五种社会形态一元单线演进为理论框架，在肯定中国存在奴隶社会的基础上展开⑤，就殷商社会性质，虽有不同观点，⑥ 但在此背景下，殷商奴隶社会说无疑成为学界主流。⑦

---

① 郭沫若：《关于中国古代史研究中的两个问题》，《历史研究》1959 年第 6 期。

② 郭沫若：《安阳新出土的牛胛骨及其刻辞》，《考古》1972 年第 2 期。

③ 郭沫若：《中国古代史的分期问题》，《郭沫若全集·历史编》第 3 卷，人民出版社，1984，第 3 页。

④ 郭沫若主编《中国史稿》，人民出版社，1976，第 171、172、186 页。

⑤ 任会斌：《殷商社会性质问题讨论的回顾与反思》，《史学理论研究》2021 年第 2 期。

⑥ 由于对生产力水平、主要生产者身份、土地所有制形态、人殉人祭现象等认识不一，关于殷商社会性质除奴隶社会说外，主要观点还有：原始社会末期说，以尚钺、于省吾、赵锡元等为代表；原始社会向奴隶社会过渡说，以侯外庐、朱本源、孙海波等为代表；原始社会向封建社会过渡说，以童书业、范义田等为代表。

⑦ 支持殷商为奴隶社会者，除郭沫若外，其他主要代表学者及代表著作主要有：范文澜：《中国通史简编》第 1 编，人民出版社，1953；李亚农：《殷代社会生活》，上海人民出版社，1955；日知：《中国古史分期问题的关键何在》，《历史研究》1957 年第 8 期；田昌五：《中国奴隶制形态之探索》，《新建设》1962 年第 9 期；李埏等：《试论殷商奴隶制向西周封建制的过渡问题》，《历史研究》1961 年第 3 期；邓拓：《论中国历史的几个问题》，生活·读书·新知三联书店，1959；唐兰：《关于商代社会性质的讨论——对于省吾先生〈从甲骨文看商代社会性质〉一文的意见》，《历史研究》1958 年第 1 期；徐喜辰：《商殷奴隶制特征的探讨》，《东北师范大学科学集刊（历史）》，1956 年第 1 期；王玉哲：《试述殷代的奴隶制度和国家的形成》，《历史教学》1958 年第 9 期。详细论述可参见林甘泉、田人隆、李祖德《中国古代史分期讨论五十年》，上海人民出版社，1982，第 215~234 页。

三

殷商社会性质问题是中国古史分期研究的焦点和核心讨论的基础，郭沫若的研究可以说代表了殷商奴隶社会说的基本理论体系和论证框架，起例发凡，影响深远。事实上，认为中国存在奴隶社会的学者，除少数西周奴隶社会说者外，基本支持殷商为奴隶社会。

郭沫若的殷商社会性质研究，首先，最大特点也是相关成就取得的重要原因之一便是扎实的文献资料基础，郭沫若一直强调"没有史料是不能研究历史的"①。他关于殷商奴隶制的整套理论，无疑是建立在对甲骨文献全面研究之上的。

郭沫若 1928 年赴日后接触甲骨文，以罗振玉《殷墟书契考释》入手，"只有一两天工夫，便完全解除了它的秘密"。随后，"就在这一两个月之内，我读完了库（东洋文库）中所藏的一切甲骨文字和金文的著作，也读完了王国维的《观堂集林》"。② 在《卜辞中的古代社会》后，郭沫若又先后完成《甲骨文字研究》《卜辞通纂》《殷契粹编》等一系列卜辞研究著作。郭沫若并无甲骨发掘经历，"余于甲骨文字，除诸家拓影及摹录之外，与甲骨本身实少接触之机会"③，但他以对传世甲骨的潜心钻研，在资料著录、文字考释、分期断代、卜法文例、甲骨缀合、残辞互补等研究领域都深有造诣，晚年所主编的《甲骨文合集》，规模巨大，体例科学，更被誉为新中国古籍整理的最大成就之一。

如郭沫若本人所言："余之研究卜辞，志在探讨中国社会之起源，本非拘于文字史地之学。"④ 他的甲骨学研究，从未将视野局限于纯粹的集录和考释，而是大胆突破传统小学、史学限制，把文字考据提升为系统化的社会形态研究，透过卜辞，以字辨史，进而探寻殷商时期的生产方式、生产关系和意识形态。这既是郭沫若殷商社会研究的前提和"基本路径"，同时也促使中国马克思主义史学在诞生之初便形成了高度重视史料价值的

---

① 郭沫若：《关于目前历史研究中的几个问题——答〈新建设〉编辑部问》，《郭沫若全集·历史编》第 3 卷，人民出版社，1984，第 486 页。

② 闫焕东：《郭沫若自叙：我的著作生活的回顾》，山西教育出版社，1986，第 302 页。

③ 郭沫若：《甲骨文字研究·序录》，《郭沫若全集·考古编》第 1 卷，科学出版社，1982，第 13 页。

④ 郭沫若：《郭沫若书简——致容庚》，广东人民出版社，1981，第 5 页。

学术传统。①

其次，郭沫若强调运用和研究史料必须坚持科学的理论指导，"研究历史，和研究任何学问一样，是不能允许轻率从事的。掌握正确的科学的历史观点非常重要，这是先决条件"。② 而科学的观点，就是马克思主义唯物史观。

1924年4月，郭沫若离沪赴日，经由翻译河上肇的《社会组织与社会革命》开始系统接触马克思主义理论。1924年11月回国后，陆续阅读了马克思《资本论》《〈政治经济学批判〉序言》等作品。1928年2月再度赴日，对当时出版的马克思主义著作，均尽力搜求，潜心研读。此后海外十年，郭沫若不仅在甲骨文献研究整理上成就斐然，也完成了接受马克思主义唯物史观的指导，逐渐获得了科学分析中国古代社会的方法。

马克思继承发展了西方近代社会进化论史观，提出"亚细亚的、古代的、封建的和现代资产阶级的生产方式可以看作是经济的社会形态演进的几个时代"③。此亦为马克思主义唯物史观的最基本原理。郭沫若在"不否认中国社会发展的某种特殊性"④ 的同时，始终坚持中国历史发展符合马克思主张的人类社会发展基本进程："中国历代的生产方式，经过了原始公社制、奴隶制、封建制等，一直发展到现阶段，在今天是无可争辩的事实了。"⑤ 同时，郭沫若一直密切把握马克思主义社会经济形态学说，坚持运用生产力和生产关系相互关系的理论，去探寻殷商社会性质的真实面貌。《卜辞中的古代社会》中就明确指出："物质的生产力是一切社会现象的基础。……要研究商代的社会，第一步当然要研究商代的产业。"⑥ 并继而从渔猎、牧畜、农业、工艺、商贾等几个方面对殷商"社会基础的生产状况"进行了全面考察。可以说，郭沫若在最初研究中就已具备了较为完善的马克思主义理论框架。伴随材料的丰富，郭沫若也是对殷周社会生产

① 张越：《〈中国古代社会研究〉问世前后的学术史考察》，《天津社会科学》2022年第5期。
② 郭沫若：《中国古代社会研究·1954年新版前言》，《郭沫若全集·历史编》第1卷，人民出版社，1982，第4页。
③ 马克思：《政治经济学批判·序言》，《马克思恩格斯选集》第2卷，人民出版社，1995，第33页。
④ 郭沫若：《关于周代社会的商讨》，《郭沫若全集·历史编》第3卷，人民出版社，1984，第112页。
⑤ 郭沫若：《奴隶制时代》，《郭沫若全集·历史编》第3卷，人民出版社，1984，第14页。
⑥ 郭沫若：《卜辞中的古代社会》，《郭沫若全集·历史编》第1卷，人民出版社，1982，第196页。

力的发展水平作了重新估价，发现商已进入青铜时代，农业成为生产主流，且殷代农业中已使用大规模的奴隶劳动，现实生产力已为原始社会所不容纳，故而修正旧说，指出商代应是奴隶社会。

生产者与生产资料的结合方式，是马克思主义经济理论体系中划分不同社会经济形态的主要依据，① 郭沫若也强调仅有家内奴隶是不能构成奴隶制社会的。因此，利用甲骨材料，着眼于殷商社会生产主要承担者身份的论证，也一直是其研究中重点关注的。这一工作的集中反映是对"众""众人"性质地位的考察，相关论证不仅成为郭沫若殷商奴隶制的重要论据，也引发了围绕"众""众人"身份的持续探讨和论辩。② 虽然目前"众"为庶人和自由人的观点在学界有较大影响，但是如学者所言，就这一问题本身，以及由此延伸出的殷商主要农业生产者身份，"众"之外的农业生产者重要性，卜辞所见参与社会生产的"臣""妾""仆""奚""刍"等群体身份及所占比重等问题，尚无最终定论，相关研究仍在不断发展和充实。③

郭沫若是最早也是最有影响力的把马克思主义理论用于中国历史研究的学者之一，他曾形象地比喻说："有了史料如果没有根据辩证唯物主义和历史唯物主义的方法加以处理研究，好象炊事员手中有了鱼、肉、青菜、豆腐而没有烹调出来一样，不能算作已经做出了可口的菜。"④ 对马克思主义理论的全面接受和应用，不仅助力了他以甲骨文献整理为基础的殷商社会性质研究卓著成果的取得，也极大地促进了中国历史学的科学化。

此外，郭沫若的史学研究视野广阔、博采众家，他在殷商社会研究过程中也注意吸收多学科的研究方法，譬如对民族学材料的有力借鉴。1944年，《由周代农事诗论到周代社会》一文就征引了有关彝族社会的阶级组织与生产方式的内容，说道："了解得这些情形，回头再去读殷周时代的

---

① 马克思：《资本论》，《马克思恩格斯选集》第 2 卷，人民出版社，2012，第 309 页。

② 裘锡圭曾指出：广义的"众"应是众多的人，大概可以用来指除奴隶等贱民以外各阶层的人；而狭义的"众"相当于周代国人下层的平民。（裘锡圭：《关于商代的宗族组织与贵族和平民两个阶级的初步研究》，《文史》第十七辑，中华书局，1982。）此外，张政烺、斯维至、徐喜辰、陈福林、赵锡元、朱凤瀚、张永山、杨宝成、杨锡璋、晁福林、金景芳、于省吾等学者也反对"众"为奴隶。

③ 陈民镇：《奴隶社会之辩——重审中国奴隶社会阶段论争》，《历史研究》2017 年第 1 期。

④ 郭沫若：《关于目前历史研究中的几个问题——答〈新建设〉编辑部问》，《郭沫若全集·历史编》第 3 卷，人民出版社，1984，第 485 页。

典籍，有好些暧昧的地方也就可以迎刃而解了。"① 在《奴隶制时代·改版书后》中，郭沫若也对新中国成立后彝族社会情况的调查进行了介绍。② 他还将西周社会与古希腊、罗马奴隶制相比较，③ 指出殷之遗民或原属殷人的种族奴隶"颇与古代斯巴达的'黑劳士'和西亚北非其他古国的国家奴隶相类"④，在细节上对殷代奴隶社会说做了进一步巩固。

不可否认，郭沫若的殷商社会性质研究在理论、方法和观点上不可避免地存在一定不足。比如早期对马克思主义理论和概念的处理，就出现一定教条主义、公式化倾向："我的初期研究的方法，毫无讳言，是犯了公式主义的毛病的。我是差不多死死地把唯物史观的公式，往古代的资料上套。"⑤《中国古代社会研究》中对古希腊、罗马史实及恩格斯《家庭、私有制和国家的起源》等论述太过依赖，过于看重"铁"的证据，故而将殷商置于原始社会。事实上，马克思所说的决定生产关系、成为社会形态更替的终极原因的生产力，包括多种因素，其中，不但包括人和工具，而且还包括生产过程的社会结合、科学技术、自然条件和其他因素。⑥ 郭沫若后来也认识到中国和古希腊、罗马情况有所不同，并对中国历史上铁器出现的时间及作用，做出了新的论证和结论。与此同时，郭沫若对部分材料及时代性在研究中也有一定曲解，"在材料的鉴别上每每沿用旧说，没有把时代性划分清楚，因而便夹杂了许多错误而且混沌"⑦。

如前所述，对"殉人"的探讨是郭沫若殷商社会性质研究中的一个重要工作。而所谓"殉人"，很多情况下应分为"人殉""人牲"两类。人

---

① 郭沫若：《由周代农事诗论到周代社会》，《郭沫若全集·历史编》第 1 卷，人民出版社，1982，第 429~432 页。

② 郭沫若：《奴隶制时代·改版书后》，《郭沫若全集·历史编》第 3 卷，人民出版社，1984，第 248~252 页.

③ 郭沫若：《中国古代社会研究·追论及补遗》，《郭沫若全集·历史编》第 1 卷，人民出版社，1982，第 283~286 页；郭沫若：《古代研究的自我批判》，《郭沫若全集·历史编》第 2 卷，人民出版社，1982，第 32 页；郭沫若：《关于奴隶与农奴的纠葛》，《郭沫若全集·历史编》第 3 卷，人民出版社，1984，第 114~116 页；等等。

④ 郭沫若：《关于奴隶与农奴的纠葛》，《郭沫若全集·历史编》第 3 卷，人民出版社，1984，第 114 页。

⑤ 郭沫若：《我是中国人》，《郭沫若全集·文学编》第 13 卷，人民文学出版社，1992，第 357 页。

⑥ 林甘泉、黄烈主编《郭沫若与中国史学》，中国社会科学出版社，1992，第 288 页。

⑦ 郭沫若：《中国古代社会研究·后记》，《郭沫若全集·历史编》第 1 卷，人民出版社，1982，第 311 页。

牲"是把人作为祭祀时的牺牲而杀掉"。① "人殉的本质是随葬品，用生前服务死者的人，如妻妾、侍卫等陪葬，以便死者在另一个世界依然可以享受到服务。"② 郭沫若虽然认识到有"少数亲近"和"大群奴隶"之别，但自始至终未将此笼统地称为"殉人"的说法，有个加以区别的说明。③ 此外，按恩格斯理论，"人的劳动力所能生产的东西超过了单纯维持劳动力所需要的数量；维持更多的劳动力的资料已经具备了；使用这些劳动力的资料也已经具备了；劳动力获得了价值。……战俘获得了某种价值，因此人们就让他们活下来，并且使用他们的劳动。这样……奴隶制被发现了"。④ 在殷商为"比较发达的奴隶社会"⑤ 前提下，无疑已具备以上条件，这与大量殉人遗迹所反映"生产未发达，人的使用价值未被重视之前，人是多多当成牺牲使用的"⑥ 情况不相符。就此，郭沫若从意识形态角度有所阐释。⑦ 事实上，就殷商时期所见大规模"人殉""人牲"，学界一直有所讨论，⑧ 目前多数观点认为"人牲""人殉"均出现于阶级社会之前，不能简单视为对奴隶的肆意杀害，两种现象与标志经济基础的社会制度之间的关系还需要做进一步的研究。

郭沫若对殷商社会阶级成分的复杂化认识也显不足，把商代社会的阶级结构看得过于简单，对奴隶主和奴隶之间中间阶层的探讨有所忽略。早在《中国古代社会研究》中，他便提出："在国家初始成立的时候是纯粹的一种奴隶制"，"那时候的阶级可以说就只有贵族和奴隶的两种"。⑨ 虽然

---

① 姚孝遂：《"人牲"和"人殉"》，《史学月刊》1960 年第 9 期。

② 杨弃、朱彦民：《"人牲""人殉"辨——兼谈安阳后冈圆形葬坑的性质》，《社会科学战线》2018 年第 12 期。

③ 杨升南：《论郭沫若解放以来有关中国奴隶社会的研究》，载《郭沫若研究》（第 10 辑），文化艺术出版社，1992。

④ 恩格斯：《反杜林论》，《马克思恩格斯选集》第 3 卷，人民出版社，2012，第 560 页。

⑤ 郭沫若主编《中国史稿》，人民出版社，1976，第 171 页。

⑥ 郭沫若：《关于周代社会的商讨》，《郭沫若全集·历史编》第 3 卷，人民出版社，1984，第 98 页。

⑦ 郭沫若曾指出奴隶祭祀"有两层的作用，一层是供死者在地下使用，另一层是贿赂地下的神鬼，免得为害于死者的家属或损耗更多的财产"。（郭沫若：《申述一下关于殷代殉人问题》，《郭沫若全集·历史编》第 3 卷，人民出版社，1984，第 84~96 页。）

⑧ 赞成人殉、人牲对象为奴隶观点的学者主要以吕振羽、郭宝钧、李亚农、胡厚宣、杨锡璋、杨宝成、童恩正、杨升南、翦伯赞、尚志儒等为代表，持反对意见者主要有于省吾、赵锡元、姚孝遂、张广志、顾德融、黄展岳等。

⑨ 郭沫若：《中国社会之历史的发展阶段》，《郭沫若全集·历史编》第 1 卷，人民出版社，1982，第 16 页。

在他后来的著作中不再有这样的提法，但相关论证中"似乎再无别的阶级"①。同时，对涉及"众""众人"来源等问题的商代奴隶社会的形成和发展过程的研究也有所欠缺。此外，郭沫若关于商周时期"种族奴隶制"的观点从逻辑及事实角度也有可商榷之处。

以上种种，有个人原因，更有特殊的社会环境和学术环境的局限，郭沫若作为马克思主义理论与历史研究结合的开创者，很多情况下，是没有经验可资借鉴的，不可避免地存在一定缺憾，这也是学术发展的必然和规律。事实上，他的研究，也是一直"不断地在追求材料，也不断地在澄清自己"②。"只要有新的材料，我随时在补充我的旧说，改正我的旧说。"③伴随理论方法的成熟和材料的丰富，伴随对史料文献理解的不断修正，伴随对生产方式、土地制度、生产工具的深入理解，郭沫若在殷商社会性质领域的研究也是不断在调整和完善，一直在向着科学理性的方向和更高的学术水准推进。

结　语

总之，郭沫若凭借扎实的甲骨文献基础，将马克思主义理论与实证研究方法结合，对殷商时期的生产方式、生产关系和意识形态及与之对应的社会性质进行了全面的论证，近半个世纪不断求索，提出诸多富有预见性、创新性的重大问题和观点，无论从理论上还是实践上都极大地推进了殷商社会性质研究的深化和扩展，"把甲骨学研究'全面发展时代'的商史研究推向了新的高峰"④。同时，郭沫若对这一问题的探讨也是以唯物史观研究中国社会发展规律可能性的有力证明，其意义与影响远远超出了问题本身。

改革开放以来，新材料不断涌现，在借助马恩经典阐释，继续"三论五说"讨论的同时，学界也开始反思五阶段社会形态理论对中国历史的适用性，中国社会形态特殊性研究逐渐被重视，社会形态的界定标准及形成

---

① 林甘泉、黄烈主编《郭沫若与中国史学》，中国社会科学出版社，1992，第293页。
② 郭沫若：《关于周代社会的商讨》，《郭沫若全集·历史编》第3卷，人民出版社，1984，第113页。
③ 郭沫若：《关于周代社会的商讨》，《郭沫若全集·历史编》第3卷，人民出版社，1984，第107页。
④ 谢济：《〈甲骨学一百年〉评介郭沫若在甲骨学发展史上的重要地位和影响》，《郭沫若学刊》2000年第3期。

条件和途径的认识也逐渐深化，诸多学者围绕殷商社会性质提出了许多新的观点。① 包括一些支持殷商奴隶社会说的学者，也在研究中深化了相应的理论概念。此背景下，殷商社会性质研究的讨论空间和深度得到进一步拓展和加深，虽然诸家观点不一，但相关研究无不是沿着郭沫若开出的"草径"继续前进，基本没有突破《中国古代社会研究》所创建的学术体系。②

---

① 任会斌：《殷商社会性质问题讨论的回顾与反思》，《史学理论研究》2021 年第 2 期。
② 谢保成：《郭沫若与〈中国古代社会研究〉》，《光明日报》2007 年 11 月 29 日。

郭沫若的"人民本位"思想与新农战史研究的应有取向[*]

赵现海[**]

摘　要： 我国著名马克思主义文学家、史学家郭沫若先生，很早便在文学创作与史学研究中，提出并一直贯彻了"人民本位"思想。郭沫若之所以很早便形成了十分成熟的"人民本位"思想，与他出生在沙湾这一商贸码头的庶民社会，郭氏家族属于中等地主兼商人阶层，并非精英家族，从而在"民本"思想现代转化的历史潮流中，在马克思主义的启示之下，很快便将"民本"思想转化为"人民本位"思想密切相关。郭沫若在长期的文学创作与史学研究中，不断阐述与发展，构成了 20 世纪我国人民思想发展脉络的重要内涵。在《甲申三百年祭》一书中，郭沫若从马克思主义史学家的人民立场出发，审视历史上治乱成败和得失民心的深层关系，开拓性地推动了马克思主义中国农民战争史研究的新进展。当前的农民战争史研究，应从中国古代民众生存环境的整体视角出发，展现全面而立体的农民战争史整体图景，推动中国农战史研究走向新的学术境界。

关键词： 郭沫若　"人民本位"　《甲申三百年祭》　新农战史

　　我国著名马克思主义文学家、史学家郭沫若先生，很早便在文学创作与史学研究中，提出并一直贯彻了"人民本位"思想。对此，众多研究都开展了相关分析。徐国利认为"人民本位"史观"是以马克思主义人民史观为指导，对儒家民本思想加以批判性继承的产物，有浓厚的儒家民本思想意蕴"。[①]本文尝试在前人研究的基础上，揭示郭沫若"人民本位"思想

---

　*　本文系中国社会科学院研究阐释中华民族现代文明重大创新项目"中华文明'五个突出特性'的历史维度、内在逻辑和发展脉络研究"（项目批准号：2023YZD036）阶段性成果。

**　赵现海，中国社会科学院古代史研究所研究员。

　①　徐国利：《郭沫若的"人民本位"史观及儒家民本思想意蕴》，《河北学刊》2018 年第 5 期。

的历史渊源、现代转化，并由《甲申三百年祭》中所呈现"人民本位"思想出发，指出未来的新农战史研究，仍应从民众群体所生存于其中的地理环境、国家体制、经济方式、社会结构、思想文化出发，揭示农民战争史产生的整体背景与深层根源。

一 郭沫若"人民本位"思想的
"民本"渊源

早在 1921 年，郭沫若在《我国思想史上之澎湃城》一文中，就已经有了"以人民为本位"的表述。

> 我国传统的政治思想，可知素以人民为本位，而以博爱博利为标准，有不待乎唐虞之禅让，已确乎其为一种民主主义 Democracy 矣，至唐尧更决定传贤之制度，我国哲人政治之成立，乃永为历史上之光荣；不幸乃有野心家之夏禹出现而破坏之也！[①]

可见，郭沫若是将远古时代的"哲人政治"，视为"人民本位"的政治制度。由于地缘环境的不同，中西政治思想呈现"神本""民本"的取向差异。

欧洲、西亚、北非环绕而成的地中海世界，构成了古代"西方"的地理范畴。虽然处于不同的位置，文明各有起源，取向存在差异，但埃及、巴比伦、希腊却共同环绕地中海，很早便不断交往、密切联系、相互影响、彼此渗透，从而不仅各自形成了具有鲜明特色的文明体系，而且共同塑造了内部虽然多元，但文明取向一致的西方文明。西方文明一方面由于内部存在众多政治区位，从而难以完成统一；另一方面由于各个政治单元生存空间都存在先天不足，或者沙漠遍布，或者山岭纵横，于是都只能不断向其他政治单元扩张，从而获取更多资源。一部西方文明史，便是一部内部不断竞争、彼此扩张的历史。西方文明由此而呈现"发散型"文明格局。在相对不足的地缘空间中，西方世界各文明体系形成了依托各自神灵，寻求信仰与对外扩张的历史取向，这也便是所谓的"神本"思想。

---

① 郭沫若：《我国思想史上之澎湃城》，《学艺》第 3 卷第 1 期，1921；载王绵厚、伍加伦、肖斌如编《郭沫若佚文集（1906—1949）》，四川大学出版社，1988，第 77 页。

相对于其他文明，中华文明具有较好的发展空间。在相对封闭的东亚大陆，古代中国形成了相对独立的历史脉络，借助于黄淮平原、长江中下游平原的核心地带，发展起世界上最先进的农业经济，对周边山脉、戈壁、沙漠、海洋、丘陵等边缘地带较为原始的混合经济，形成了明显的经济优势，中国历史从而长期保持了"内聚性"特征。华夏与汉民族的对外开拓、周边族群的不断内进，共同推动了中国古代逐渐走向统一的局面。而居于核心地区的中原王朝，就其经济性质而言，长期保持了农业政权的根本属性，农民构成了我国古代政权的主体。虽然周边族群不断对中原王朝构成了严峻的挑战，但来自内部农民的威胁更为直接。受此影响，中国古代很早就产生了政权是由民众而非所谓神灵决定的"民本"思想，并深刻影响了中国古代历史的整体进程。

在"民本"思想影响下，中国古代很早就形成了政权由能够抚恤民众的有德者居之的政治思想。记载两周史事的《逸周书》指出，商汤在放逐夏桀之后，召集三千诸侯，指着天子之位说："此天子位，有道者可以处之！天子非一家之有也，有道者之有也，故天下者唯有道者理之，唯有道者纪之，唯有道者宜久处之。"① 周灭殷商，也标榜同样的观念。《逸周书》又载姜太公也称："夫天下，非一人之天下也；天下之国，非一人之国也。莫常有之，唯有道者取之。"②

春秋战国时期，诸子百家为在学说竞争之中获胜，都致力于托古立言，通过构建与本派学说相契合的远古图景，从而赋予本派学说以正统性与合理性。值得注意的是，众多学派在学说推衍中，都呈现相当的"民本"思想色彩。

在诸子百家之中，道家是形成较早的一种学说体系与思想流派。在周天下秩序分崩离析、社会动荡不安之时，一些感怀时世而不满与苦恼的学者，径而采取了一种极端的方式，倡导回归自然，消解社会秩序，从而保障民众利益。老子认为天、地、人来源于自然世界，自然世界来源于"无"。"'无'，名天地之始。"③ 天地、人类既然从自然世界而来，相应也应遵循、

---

① 黄怀信、张懋镕、田旭东撰，黄怀信修订，李学勤审定《逸周书汇校集注》（修订本）卷九《殷祝解第六十六》，上海古籍出版社，2007，第1045页。
② 《逸周书汇校集注》（修订本）附录一《佚文》，第1145页。
③ 陈鼓应：《老子注译及评介》（修订增补本），中华书局，2009，第53页。

效法自然规则。"人法地，地法天，天法道，道法自然"①，既然天源于无，那么人类社会之治理，相应也应返璞归真，不应以构建庞大而繁杂的政治体系为目的，"不为而成"②，从而契合于自然秩序。因此，真正优秀的统治者，治理国家时完全站在民众的立场。"圣人常无心，以百姓心为心。……圣人在天下，歙歙焉，为天下浑其心，百姓皆注其耳目，圣人皆孩之。"③ 满足于"小国寡民"的政治状态。

与道家倡导归于自然秩序不同，从西周负责祭祀与卜筮的"巫"官嬗变而来的儒家，④ 呈现遵循政治秩序的立场，⑤ 是诸子百家中较多保留周代官学色彩的一个学派。儒家主张复归三代理想秩序，也就是所谓的"王道"。作为儒家的创始者，孔子主张"德政"。《论语·为政》篇首便是："子曰：为政以德，譬如北辰，居其所而众星共之。"⑥ 可见孔子认为德行在政治中占据着核心地位，治理国家应该用道德教化，而非严刑峻法。"道之以政，齐之以刑，民免而无耻；道之以德，齐之以礼，有耻且格。"⑦ 而德政得以实行的前提，是具有"仁"之品格的君子主持政事。"仁"不仅是孔子阐述的关于君子修养的标准，而且是从政者政治能力的标尺。"如有王者，必世而后仁。"⑧ "德政"的制度形式与外在表现是"礼治"。"能以礼让为国乎？何有？不能以礼让为国，如礼何？"⑨ 将孔子学说进行大幅改造并发扬光大的是孟子与荀子。孟子、荀子在孔子思想的基础上，分别提出具有操作性、实践性的"仁政"与"礼治"政治方式。"仁政"偏重于君主以道德教化天下，"礼治"主张则搭建起规模庞大、组织严密的制度体系。孟子、荀子不仅从民众的角度，分别阐述"仁政"与"礼治"，而且直接表述了民众相对于君主的主体地位。孟子告齐宣王说："君之视臣如手足，则臣视君如腹心；君之视臣如犬马，则臣视君如国人；君之视臣如土

---

① 《老子注译及评介》（修订增补本），第 159 页。

② 《老子注译及评介》（修订增补本），第 241 页。

③ 《老子注译及评介》（修订增补本），第 246 页。

④ "儒家者流，盖出于司徒之官，助人君顺阴阳明教化者也。"（汉）班固撰，（唐）颜师古注《汉书》卷三〇《艺文志》，中华书局，1962，第 1728 页。

⑤ 杨伯峻译注《论语译注·学而篇第一》，中华书局，1980，第 2 页。

⑥ 《论语译注·为政篇第二》，第 11 页。

⑦ 《论语译注·为政篇第二》，第 12 页。

⑧ 《论语译注·子路篇第十三》，第 137 页。

⑨ 《论语译注·里仁篇第四》，第 38 页。

芥，则臣视君如寇仇。"① 荀子说："诛暴国之君，若诛独夫。"②

与道家、儒家一样，墨家也在对春秋战国乱世加以批判的基础上，推衍出自身的政治理论，设定出理想的政治秩序。不过与二者及其他学派从官方立场出发，虽注重民众利益，但却是为了维护政权统治不同；墨家从平民立场与视角出发，演绎、构建出独具特色的思想内涵与理论框架，反映在这一动荡时代中，平民的政治诉求与理想愿望。墨家政治思想的核心内涵是无差别的爱即"兼爱"，为此墨家将反对侵略战争，也就是"非攻"，作为自身战争观念的核心内容。

除此以外，其他诸家也都从不同视角，阐发了"民本"思想。比如反映兵家思想，成书于战国时期的《六韬》，假托姜太公名义说："天下非一人之天下，乃天下之天下也。同天下之利者则得天下，擅天下之利者则失天下。"③这一观念也被战国末年对诸家具有集大成取向的《吕氏春秋》所继承。④

秦汉统一中国之后，"民本"思想逐渐成为我国古代的主流思想。汉谷永说："臣闻天生烝民，不能相治，为立王者以统理之，方制海内非为天子，列土封疆非为诸侯，皆以为民也。垂三统，列三正，去无道，开有德，不私一姓，明天下乃天下之天下，非一人之天下也。"⑤ 唐杜佑说："夫天生烝人，树君司牧。是以一人治天下，非以天下奉一人。"⑥ 明末清初黄宗羲说："为天下，非为君也；为万民，非为一姓也。"⑦

二 "民本"思想的现代转化

值得注意的是，"民本"思想一方面反映了中国古代人文主义的发达；另一方面由于中国古代属于君主型政体，"民本"思想归根究底是为了维护君主利益，而非为了保障民众。也即"民本"思想究其属性而言，是工具性的，而非目的性的。历代政权在建立之初，对于前代覆灭教训具有直接感触的开国君臣，出于对农民战争的戒惧，能够自觉地从"民本"思想

① 杨伯峻译注《孟子译注》卷八《离娄章句下》，中华书局，1960，第186页。
② 梁启雄：《荀子简释》第十八篇《正论》，中华书局，1983，第234~236页。
③ 唐书文：《六韬译注》卷一《文韬·文师》，上海古籍出版社，2006，第16页。
④ 许淮通撰，梁运华整理《吕氏春秋集释》卷一《贵公》，中华书局，2009，第25页。
⑤ （汉）班固撰，（唐）颜师古注《汉书》卷八五《谷永传》，第3466~3467页。
⑥ （唐）杜佑：《通典》卷一七一《州郡一·州郡序》，中华书局，2016，第4435~4436页。
⑦ （清）黄宗羲：《明夷待访录·原臣》，北京古籍出版社，1955，第4页。

出发，制定一系列护农、重农、惠农措施，从而有效地改良前朝弊政，促使政治清明、经济发展、社会安定的所谓"太平盛世"的出现。但伴随王朝逐渐走入中后期，对前朝覆灭教训已无切身感触的守成君臣，放任懈怠下来，"民本"思想逐渐变得有名无实。伴随于此，政治腐败、土地兼并、社会动荡、民众流离失所的现象再次出现，王朝从而再次走向动荡失序。当政权对民众的压迫突破一定极限时，民众便会再次在"民本"思想影响下，发动农民战争，推动政权的更迭变换，从而构成了中国古代王朝周期律的长期存在。

有德者而居之的"民本"政治思想，一方面有助于促进中国社会阶层流动与保持活力，另一方面也带来天命无常，因德运而转移的政治观念，为政权内部的转让、① 政权外部的"革命"，提供了政治舆论。② 中国古代不仅有政权禅代之事，而且普通民众更时常在"王侯将相宁有种乎"③ 的政治心理之下，不断发动起义，以至于有"发如韭，剪复生；头如鸡，割复鸣；吏不必可畏，小民从来不可轻"④ 的感慨。历代农民战争的政治口号一直渗透着朴素的大同理想色彩。东汉黄巾起义用《太平经》作为宣传武器，主张"此财物乃天地中和所有，以共养人也"⑤。"天地施化得均，尊卑大小皆如一，乃无争讼者，故可为人君父母也"⑥。唐末王仙芝自称"天补平均大将军"⑦。北宋王小波、李顺起义的口号是"吾疾贫富不均，今为汝均之"⑧。

---

① 比如曹魏代汉，仿照远古时期，举行禅让仪式，汉献帝便下诏："昔者帝尧禅位于虞舜，舜亦以命禹，天命不于常，惟归有德。"（晋）陈寿撰，（宋）裴松之注《三国志》卷二《魏书·文帝纪》，中华书局，1964，第 62 页。

② 武则天时期，起居舍人卢藏用著《析滞论》，主张："且皇天无亲，唯德是辅，为不善者，天降之殃。"（后晋）刘昫等：《旧唐书》卷九四《卢藏用传》，中华书局，1976，第 3002 页。

③ （汉）司马迁：《史记》卷四八《陈涉世家》，中华书局，1959，第 1952 页。

④ 东汉崔寔鉴于当时流行的一则民谣，"发如韭，剪复生；头如鸡，割复鸣"，评论称："吏不必可畏，从来必可轻？奈何欲望致刑厝乎"，表达重视吏，加强刑罚的观念。清代严可钧将崔寔的评论改动为上引文部分，从而一转而成为重民思想的表达，因为十分契合中国古代的民本思想，从而得以广泛认同。关于这一演变脉络，参见曹娜《论东汉末年"发如韭，剪复生"的一则民谣》，《南都学刊》（人文社会科学学报）2017 年第 2 期。

⑤ 王明编《太平经合校》卷六十七《六罪十治诀》，中华书局，1960，第 247 页。

⑥ 《太平经合校》卷一百一十九《道祐三人诀》，第 683 页。

⑦ （宋）司马光编辑，（元）胡三省音注，（明）严衍补，王伯祥断句《资治通鉴补》卷二五二《唐纪六十八·僖宗惠圣恭定孝皇帝上之上》，中华书局，2013，第 12929 页。

⑧ （宋）李攸：《宋朝事实》卷一七《削平僭伪·李顺》，《历代笔记小说集成·宋代笔记小说》第 11 册，河北教育出版社，1995，第 706~707 页。

方腊起义提出:"是法平等,无有高下。"① 南宋钟相、杨么起义的口号是"法分贵贱贫富,非善法也。我行法,当等贵贱,均贫富"②。元末农民起义领袖彭莹玉发誓"摧富益贫"③。明末李自成起义,提出"均田免粮"④的口号。太平天国运动在《天朝田亩制度》一书中,提出了"有田同耕,有饭同食,有衣同穿,有钱同使,无处不均匀,无人不饱暖也"⑤ 的全面主张,标志着农民群体大同理想发展的巅峰。

"民本"思想需要完成现代转化,才能克服既有的内在局限,从而与现代政权相结合,焕发出更为长久有力的政治能量。而马克思主义的传入中国,提供了这一历史契机。资本主义崛起于西欧,是西欧历史道路的产物,并不具有普世性。马克思主义针对资本主义的众多弊端,在批判地继承和吸收人类关于自然科学、思维科学、社会科学优秀成果的基础上,在 19 世纪 40 年代创立,并在实践中不断地丰富、发展和完善了无产阶级思想的科学体系。相应地,马克思主义是超越了西欧历史局限的现代思想体系,更加能够与世界其他地区文明形成契合,展开深层互动与交融,推动世界范围内的现代化进程。马克思主义之所以在中国长期保持着巨大活力,便缘于其与中华文明具有内在的契合,二者的深相结合,是推进马克思主义中国化,不断产生新的思想体系,推动中华民族实现伟大复兴的重要源泉。

马克思主义站在无产阶级的立场之上,批判资产阶级剥削无产阶级的本质与资本主义社会的实质,指出资产阶级的灭亡和无产阶级的胜利都是必然的,无产阶级终将登上历史的舞台,实行无产阶级专政。《共产党宣言》已经明确提出作为社会最下层的无产阶级,将会发动暴力革命。"至今发生过的一切运动都是少数人的运动,或者都是为少数人谋利益的运

---

① (宋)庄绰撰,萧鲁阳点校《鸡肋编》卷上《事魔食菜教》,唐宋史料笔记丛刊,中华书局,1983,第 12 页。

② (宋)徐梦莘:《三朝北盟会编》卷一三七《炎舆下帙三十七·建炎二年二月十七日》,上海古籍出版社,2019,第 996 页。

③ (明)邢址、(明)陈让纂修《(嘉靖)《邵武府志》第二卷《地理·城池·郡人黄镇成撰碑》,天一阁藏明代方志选刊影印明嘉靖刻本,上海古籍书店,1982。陈高华对这一史事最早进行了研究。参见陈高华《元末起义农民的思想武器》,《光明日报》1965 年 12 月 1日《史学》。

④ (清)查继佐:《罪惟录》传卷三一《叛逆列传·李自成传》,浙江古籍出版社,1986,第 2709 页。

⑤ 《天朝田亩制度》,载中国史学会主编《太平天国》第 1 册,上海人民出版社,1957,第321 页。

动。无产阶级的运动是绝大多数人为绝大多数人谋利益的独立自主的运动。无产阶级是现代社会的最下层，它如果不摧毁压在自己头上的、由那些组成官方社会的阶层所构成的全部上层建筑，就不能抬起头来，挺起腰来。"① 在《1848 年至 1850 年的法兰西阶级斗争》一书中，马克思明确提出"推翻资产阶级！工人阶级专政"② 的口号。而在 1852 年 3 月给魏德迈的书信中，马克思进一步提出"阶级斗争必然要导致无产阶级专政"③ 的观点。马克思指出无产阶级推翻资产阶级的统治后，将会取代资本主义社会虚假的共同体，建立起"自由人联合体"，也就是共产主义社会。可见，马克思主义站在人口占据绝大多数的无产阶级立场之上，勾勒出一个更为公平与合理的社会。

马克思主义及其所倡导的共产主义，与我国传统的"民本"思想及在此基础上形成的"大同"社会理想，具有内在的契合。有鉴于此，马克思主义传入中国之初，便被国人拿来与"民本"思想进行比附，加以认知与诠释。1898 年，胡贻谷将英国人克卡朴著《社会主义史》一书翻译为《泰西民法志》。相似的是，1899 年，李提摩太、蔡尔康翻译了英国人颉德著《大同学》一书，也把"社会主义"译为"安民新学"，把共产主义社会比拟"大同"社会。

中国共产党同样从中华文化立场出发，推进马克思主义的接受与传播。毛泽东将"民本"思想与马克思主义相结合，发展出"人民民主专政"与"为人民服务"的思想。不仅如此，他还将大同社会与共产主义进行比拟。"这样就造成了一种可能性：经过人民共和国到达社会主义和共产主义，到达阶级的消灭和世界的大同。康有为写了《大同书》，他没有也不可能找到一条到达大同的路。……以此作为条件，使中国有可能在工人阶级和共产党的领导之下稳步地由农业国进到工业国，由新民主主义社会进到社会主义社会和共产主义社会，消灭阶级和实现大同。"④

---

① 〔德〕卡尔·马克思、〔德〕弗里德里希·恩格斯：《共产党宣言》，载《马克思恩格斯全集》第 4 卷，人民出版社，1958，第 477 页。

② 〔德〕卡尔·马克思：《1848 年至 1850 年的法兰西阶级斗争》，载《马克思恩格斯全集》第 7 卷，人民出版社，1959，第 37 页。

③ 〔德〕卡尔·马克思：《马克思致约·魏德迈（1852 年 3 月 5 日）》，载《马克思恩格斯全集》第 28 卷，人民出版社，1973，第 509 页。

④ 毛泽东：《论人民民主专政》，载《毛泽东选集》第 4 卷，人民出版社，1991，第 1471～1476 页。

三　郭沫若的成长背景与"人民本位"
思想的不断阐发

在"民本"思想现代转化的潮流中，郭沫若较早实现了转变。之所以如此，应与他成长在大渡河流域具有强烈庶民特征的商贸社会有关。在《我的童年》一书中，郭沫若细致地描绘了他少年时期的生活场景。他的故乡沙湾，位于嘉定府城西南约85里的沙湾。与很多同一时期的文人记述自己的家乡时，总离不开名胜古迹不同，在郭沫若的笔下，除了绥山与沫水，沙湾再无所谓的名胜古迹。事实上，沙湾是由于水运发达而形成的一个商贸码头。

> 沙湾的市面和大渡河两岸的其他的市镇一样，是一条直街。两边的人家有很高而阔的街檐，中间挟着一条仅备采光和泄水用的窄窄的街心。每逢二、四、七、十的场期，乡里人负担着自给的货物到街上来贩卖。平常是异常清净的街面，到这时候两边的街檐便成为肩摩踵接的市场了。①

在浓厚的商贸氛围之中，沙湾科举并不发达。"本是极偏僻的一个乡村，当然不能够要求它有多么美的人文的表现，但那儿也有十来颗秀才的顶戴，后来在最后一科还出过一位恩赐举人。"② 完全是一个庶民社会。"乡里人的主要营业是糟房、茶店、烟馆，这些个是都只要有利可寻，便把生命都置诸度外的吗？"③ 甚至被视为"土匪的巢穴"。

> 铜河沙湾——土匪的巢穴！
> 嘉定人一提起我们沙湾，差不多没有不发生出这个联想的。原因是嘉定的土匪大多出自铜河——大渡河的俗名，而铜河的土匪头领大多出在我们沙湾。我们沙湾的土匪头领如徐大汉子、杨三和尚、徐三

---

① 郭沫若：《我的童年》，光华书局，1929，载《郭沫若全集·文学编》第11卷，人民文学出版社，1992，第8页。
② 《我的童年》，载《郭沫若全集·文学编》第11卷，第11页。
③ 《我的童年》，载《郭沫若全集·文学编》第11卷，第12页。

和尚、王二狗儿、杨三花脸，都比我大不上六七岁。有的我们在小时候还一同玩耍过的。①

来来往往的商贸社会，充满了各种流动人群。如同沙湾很多人一样，郭氏祖先同样是由于赤贫，为了糊口而从福建迁移过来。"我们的祖先是从福建移来的，原籍是福建汀州府宁化县。听说我们那位祖先是背着两个麻布上川的。在封建时代弄到不能不离开故乡，当然是赤贫的人。"② 到了郭沫若祖父这一代，郭家才成为当地中等地主兼商人的家族。"听说我们的家产是在曾祖父的一代积累起来的。"③ "我们家里在我有记忆的时候，已经是一个中等地主，虽然土地好像并不那么多，但在那偏僻的乡窝里，也好象很少有再多过我们的。"④

即使如此，郭氏家族财富仍然十分有限，在郭沫若父辈一代，已经无法安心学业。"在我们祖父一代，家里人好象才开始读书。我们的三叔祖、大伯父，都是进了学的。但是行二的我们三伯父，行三的我们父亲，因为家业凋零，便再没有读书的余裕了。"⑤ 而郭沫若的母亲，是一位破家殉国的州官庶出之女，已并无任何地位，嫁入郭家之后，一直承担着繁重的家庭劳动，和普通妇女大致仿佛。"一手要盘缠，一手还要服务家庭，令人倍感着贫穷人的一生只是在做奴隶。"⑥ 只是由于郭沫若的父亲对于教育十分重视，郭氏兄弟才获得了较好的家庭教育和学校教育。"父亲自己虽然失学，但他在我们儿辈的教育问题上是很费了一番苦心的。"⑦

因此，郭沫若虽然由于父亲重视教育，获得了较好的文化教育，但与同一时代的众多知识分子相比，郭沫若的自身家庭与成长环境，仍然在相当程度上，呈现庶民性而非精英性的特征。这促使他从来都将自身视为普通民众的一员，平等互视而非自上而下地俯视。从"民本"思想转变为人民思想，对于众多精英知识分子而言，需要一定甚至艰难的转变。而对于郭沫若而言，这一界限与障碍根本就不存在，一切都是自然而然的发展

---

① 《我的童年》，载《郭沫若全集·文学编》第 11 卷，第 12 页。
② 《我的童年》，载《郭沫若全集·文学编》第 11 卷，第 15 页。
③ 《我的童年》，载《郭沫若全集·文学编》第 11 卷，第 21 页。
④ 《我的童年》，载《郭沫若全集·文学编》第 11 卷，第 20 页。
⑤ 《我的童年》，载《郭沫若全集·文学编》第 11 卷，第 23 页。
⑥ 《我的童年》，载《郭沫若全集·文学编》第 11 卷，第 24 页。
⑦ 《我的童年》，载《郭沫若全集·文学编》第 11 卷，第 34 页。

结果。

与同一时期众多的知识分子一样，郭沫若也将儒家思想与社会主义进行比拟。1925 年 6 月，郭沫若专门写作了《王阳明礼赞》一文，指出王阳明所主张的"去人欲而存天理"，是"废去私有制度而一秉大公了"，他由此找到了"王阳明学说中与近世欧西的社会主义"的一致之处。① 郭沫若不仅在这篇文章之中指出苏联政治制度所行便是孔子所倡导的"王道"，而且在半年之后，专门创作《马克斯进文庙》一文，指出马克思所倡导的共产主义，和孔子所主张的"大同世界"不谋而合。② 而在回应对于《马克斯进文庙》的质疑文章中，郭沫若明确说道："孔子是王道的国家主义者，也就是共产主义者，大同主义者。"③

在郭沫若看来，儒家思想的核心便是"仁义"。1943 年 1 月，郭沫若创作的历史剧《虎符》即将上演，他直抒胸臆地指出创作该剧的目的便是要揭示战国时期儒家仁义思想打破时代束缚的划时代意义。"战国时代是以仁义的思想来打破旧束缚的时代，仁义是当时的新思想，也是当时的新名词。"④ 但郭沫若对于仁义思想的解读，已并不局限于传统立场，而呈现了从"人民本位"立场出发的特征。在他看来，所谓仁义思想，便是把人当成人。"这种所谓仁道，很显然的是顺应着奴隶解放的潮流的。这也就是人的发现。每一个人要把自己当成人，也要把别人当成人，事实是先要把别人当成人，然后自己才能成为人。"⑤ 1945 年 5 月，经历《甲申三百年祭》的洗礼之后，郭沫若进一步将仁义思想概括为"人民本位"思想。

> 便是以人民为本位的这种思想。合乎这种道理的便是善，反之便是恶。我之所以比较推崇孔子和孟轲，是因为他们的思想在各家中是比较富于人民本位的色彩。荀子已经渐从这种中心思想脱离，但还没

---

① 郭沫若：《王阳明礼赞》，载《郭沫若全集·历史编》第 3 卷《史学论集》，人民出版社，1984，第 298~299 页。

② 郭沫若：《马克斯进文庙》，上海《洪水》半月刊第 1 卷第 7 期，1925 年 12 月 16 日，载《郭沫若全集·文学编》第 10 卷《豕蹄》，人民出版社，1985，第 164~165 页。

③ 郭沫若：《讨论〈马克思进文庙〉》，《洪水》半月刊第 1 卷第 9 期，1926 年 1 月，载《郭沫若佚文集（1906—1949）》，第 153 页。

④ 郭沫若：《沸羹集·献给现实的蟠桃》，大孚出版公司，1947 年 12 月，载《郭沫若全集·文学编》第 19 卷，人民文学出版社，1992，第 342 页。

⑤ 郭沫若：《十批判书·孔墨的批判》，群益出版社，1945，载《郭沫若全集·历史编》第 2 卷，人民出版社，1982，第 91 页。

有达到后代儒者那样下流无耻的地步。①

如果分析郭沫若的文学创作历程，可以发现他很早便不断发展了"人民本位"思想，并且十分难能可贵地体现出与工农群众完全平等互视、你我不分的意识自觉。早在 1920 年郭沫若发表的《地球，我的母亲！》一诗中，便流露出对工农大众的深厚感情。

　　地球，我的母亲，我羡慕你的孝子，田地里的农人，他们是全人类的褓母，你是时常地爱抚他们。
　　地球，我的母亲！我羡慕你的宠子，炭坑里的工人，他们是全人类的普罗美修士，你是时常地怀抱着他们。②

1925 年，在《文艺论集》一书的自序中，郭沫若透露了愿为大众请命与牺牲的强烈愿望。"但在大众未得发展个性、未得享受自由之时，少数先觉者倒应该牺牲自己的个性，牺牲自己的自由，以为大众人请命，以争回大众人的个人与自由！"③ 1928 年，郭沫若出版了诗集《恢复》，其中收录的多篇诗文，都表达了对工农大众的真挚情感。1944 年 1 月，在为《浮士德》题辞时，表达了为最大多数人谋幸福的思想立场。"个性不能消泯，亦不能偏废，但须立一标的，以定其趋向。为最大多数人谋最大幸福。"④ 1945 年 1 月，郭沫若发表《向人民大众学习》一文，提出了"人民的世纪"的概念。"在目前民主运动的大潮流当中，'人民的世纪'更加把它自己的面貌显豁起来了。人民大众是一切的主体，一切都要享于人民，属于人民，作于人民。文艺断不能成为例外。"⑤ 1945 年 2 月，郭沫若发表《文艺与民主》一文，对中国古代的正统文学史进行了全面批判，指出文

---

① 《十批判书·后记》，载《郭沫若全集·历史编》第 2 卷，第 482 页。
② 郭沫若：《地球，我的母亲！》，上海《时事新报·学灯》，1920 年 1 月 6 日，载《郭沫若全集·文学编》第 1 卷《女神》，人民文学出版社，1982，第 80 页。
③ 郭沫若：《文艺论集·序》，光华书局，1925，载《郭沫若全集·文学编》第 15 卷，人民文学出版社，1990，第 146 页。
④ 郭沫若：《人乎，人乎，魂兮归来！——题〈浮士德〉新版，福建永安《联合周报》，1944 年 4 月 8 日，载《郭沫若全集·文学编》第 19 卷《沸羹集》，第 411 页。副标题后改为《新版〈浮士德〉题辞》。
⑤ 郭沫若：《向人民大众学习》，重庆《文哨》月刊第 1 卷第 1 期"五四"文艺节创刊号，1945 年 1 月，载《郭沫若全集·文学编》第 19 卷《沸羹集》，第 534 页。

艺作品应该描绘下层生活，自觉地服务于人民。"作家自己宰制着自己，掌握着思想的舵轮，使自己的一枝笔或其它工具专为人民服务，从属于人民，高瞻远视，运用自如。"① 1945 年 4 月，郭沫若再次系统阐发了人民文艺的观点，指出："人民文艺不断地在抬头，不断地和庙堂文艺斗争。一部文艺史也就是人民文艺与庙堂文艺的斗争史。"② 1946 年 6 月，郭沫若从"人民本位"立场出发，明确提倡人民文艺。

> 今天是人民的世纪，一切价值是应该恢复正流的时候。一切应该以人民为本位，合乎这个本位的便是善，便是美，便是真，不合乎这个本位的便是恶，便是丑，便是伪。我们要制造真善美的东西，也就是要制造人民本位的东西。这是文艺创作的今天的原则。③

1947 年 3 月，郭沫若撰写了《新文艺》发刊词，进一步强调要做"人民至上主义的文艺"④。1948 年 5 月，郭沫若进一步划分了"正动文艺""反动文艺"，区分两种文艺的标准，即是否秉持人民本位的立场。⑤ 由此可见，郭沫若很早就拥有并且一直在发展"人民本位"思想，推动其逐渐走向成熟。

四 《甲申三百年祭》的"人民思想"
与历史地位

20 世纪 20~40 年代，兴起了一股"晚明热"，弥漫所及，不仅影响到史学界，还影响到政界。明朝政权的崩溃、农民起义的兴亡、清军的入主

---

① 郭沫若：《文艺与民主》，重庆《青年文艺》双月刊，1945 年 2 月，载《郭沫若全集·文学编》第 19 卷《沸羹集》，第 516 页。
② 郭沫若：《人民的文艺》，重庆《大公报》，1945 年 4 月 29 日，原有副标题《纪念"文协"七周年暨第一届"五四"文艺节》，载《郭沫若全集·文学编》第 19 卷《沸羹集》，第 542 页。
③ 郭沫若：《天地玄黄·走向人民文艺》，载《郭沫若全集·文学编》第 20 卷，人民文学出版社，1992，第 88~89 页。
④ 郭沫若：《人民至上主义的文艺》，上海《文汇报》，1947 年 3 月 3 日，载《郭沫若全集·文学编》第 20 卷《天地玄黄》，第 254~255 页。
⑤ 郭沫若：《斥反动文艺》，《大众文艺丛刊》第 1 辑，生活书店，1948，载《郭沫若全集·文学编》第 16 卷《集外》，人民文学出版社，1989，第 288 页。

中原，构成了一幅错综复杂的历史图景，使 20 世纪前期的人们，依稀看到了与自己时代相似的林林总总。意大利史学家克罗齐说："一切真历史都是当代史。"① 人们都是从现实出发，审视历史。不同的党派，不同的学者，从不同的立场出发，对晚明形成了截然不同的看法。当时的政论文章，经常拿晚明历史作比附。

1943 年，抗日战争正处于焦灼的时期，国际局势纷繁复杂。这一年，共产国际宣布解散。一直把共产党视为心腹大患的国民党当局，开始散布解散共产党的社会舆论，蒋介石命令胡宗南包围了陕甘宁边区。为加强反共的舆论宣传，蒋介石撰写了《中国之命运》，把中国在近代以后落后的根源，追溯到清朝签订的不平等条约，并进一步指责导致清军入关的，是明末农民战争，从而借古讽今，把矛头指向在陕北建立根据地的中国共产党，竭力宣扬他的一个党、一个主义的主张，指责中国共产党领导的革命力量是最大的危害。国民党当局控制下的报刊舆论，也纷纷宣扬这种论调。

针对国民党当局的反共舆论宣传，毛泽东两次专电八路军驻重庆办事处的董必武，指示要发动宣传反击。根据这一指示精神，1944 年 1 月，翦伯赞、乔冠华等人在郭沫若家中研究决定，开展纪念甲申三百年的活动，反击国民党当局。乔冠华最初致函明史研究专家柳亚子："大家都一致认为你是南明史泰斗，纪念明亡，非你开炮不可。"② 但因为柳亚子正在患病，"开炮"的任务就落在了郭沫若身上。

此时的郭沫若，正在撰写《十批判书》和《青铜时代》。他充分搜集了当时所能看到的《剿闯小史》《明季北略》《明史》等十余种史料，深深地为这个悲剧般的时代所打动。"明末农民革命的史实以莫大的力量引起了我的注意。"③ 最终用时两个月，写出了脍炙人口的《甲申三百年祭》。

在马克思主义指导下，郭沫若在《甲申三百年祭》中，彻底扭转了以往史籍对农民战争的负面评价，阐述了农民革命是推动历史前进动力的观点，指出明王朝灭亡是执政者自身腐败，失去民心所造成的。这篇史论也成为中国马克思主义史学关于中国农民战争史研究的开拓之作。

---

① 〔意〕克罗齐：《历史学的理论和历史》（修订版），田时纲译，中国社会科学出版社，2018，第 4 页。

② 柳亚子：《纪念三百年前的甲申》，《群众》第 9 卷第 7 期。

③ 《十批判书·后记》，载《郭沫若全集·历史编》第 2 卷，第 475 页。

值得注意的是，郭沫若在文章里，不只是批评明政权失去民心导致灭亡，同样也批评了李自成农民军在短暂获得胜利后，"纷纷然，昏昏然，大家都象以为天下就已经太平了的一样"①，脱离人民群众，走向腐化堕落，丧失对危机的警惕，导致起义最终失败。可见，郭沫若在立足点上，已不局限于反击国民党当局，而是从马克思主义史学家的人民立场出发，审视历史上治乱成败和得失民心的深层关系，揭示历史上"帝王思想与人民思想的斗争"②，从而以史为鉴，发出对时代的拷问。

《甲申三百年祭》发表后，引发了国共两党完全不同的反应。《甲申三百年祭》对于明政权覆灭原因的总结，不仅没有引起国民党当局的警醒，反而被认为是影射自己作战失败，于是组织各方力量，进行围攻。与国民党当局形成鲜明对比的是，毛泽东同志发现了《甲申三百年祭》对于时局的警醒意义，将之作为整风运动的重要文献，并在全国解放前夕，向全党同志强调"两个务必"，提出了著名的"赶考论"。《甲申三百年祭》由此成为中国共产党历史上，长期对广大党员干部开展警示教育的经典教材。

《甲申三百年祭》的巨大影响，促使其成为此后中国古代农民战争史研究的代表性、示范性著作。在马克思主义指导下，中国农民战争史研究沿着该书所开辟的研究路径，不断整理相关史料、拓展研究领域、深化研究认识，取得了令人瞩目的研究成就，成为新中国成立后我国历史学研究"五朵金花"中最耀眼的一朵。

五　新农战史研究的应有取向

农民战争史的研究，也长期受到各种政治运动的干扰。20 世纪 80 年代后期以来，西方理论思潮冲击了整个中国学术，催生了大量新的研究领域、问题意识与研究方法，中国农民战争史研究逐渐步入沉寂，不仅研究人员、研究成果数量急剧缩水，甚至这一问题本身，也开始受到冷落、批评。

在世界历史上，虽然农民战争长时期普遍地发生，但中国却是爆发最为频繁、规模最大、受其影响最巨者。农民战争相应构成了中国古代的长时段、结构性问题。对于中国历史的整体理解，离开农民战争史，将无法

---

① 郭沫若：《甲申三百年祭》，《历史人物》，海燕书店，1947，载《郭沫若全集·历史编》第 4 卷，人民出版社，1982，第 195 页。

② 郭沫若：《历史人物·序》，载《郭沫若全集·历史编》第 4 卷，第 5 页。

想象。作为以农民为主体的战争形式，农民战争史研究自然应站在农民而非统治者的立场，开展自下而上的整体研究。当前的农民战争史研究，应从中国古代民众生存环境的整体视角出发，深入揭示农民战争与包括地理环境、国家体制、经济方式、社会结构、思想文化等在内的时代背景的全方位、深层次关系。

以《甲申三百年祭》所研究的明末农民战争为例，便可看出整体研究的必要性与必然性。郭沫若已在这篇史论中指出，陕西旱灾、蝗灾之下，官府不仅不救济民众，反而严为催科，最终造成了农民战争的爆发。本文在此基础上，尝试进一步展开分析。

明末农民战争爆发于明代九边重镇之一的延绥镇。与九边其他军镇相比，延绥镇肩负着正面阻截河套蒙古的重责，战争十分频繁，镇兵战斗力十分强悍，甚至被认为是九边诸镇中最强者。"延绥一镇，天下最精兵处，奴酋之所畏也！"[1] 明代榆林长城防御体系是一种立体纵深军事防御体系，承担防御职责的便不仅是边疆前沿的士兵，还包含腹里的民众。为建立抵御河套蒙古的长期有效机制，明朝将整个陕北社会发动了起来，征召民众进入军队、驿站等军队体系，并倡导民众修筑民堡，实行自卫，从而导致陕北社会形成高度"军事化"的社会。明代九边招募土兵制度，便起源于成化二年（1466）的延绥镇。

> 土兵之名，在宋尝有之，本朝未有也。成化二年，延绥守臣言营堡兵少，而延安、庆阳府州县边民多骁勇耐寒，习见胡骑，敢于战斗。若选作土兵，练习调用，必能奋力，各护其家，有不待驱使者。兵部奏请敕御史往，会官点选，如延安之绥德州、葭州、府谷、神木、米脂、吴堡、清涧、安定、安塞、保安、庆阳之宁州、环县，选其民丁之壮者，编成什伍，号为土兵。原点民壮，亦改此名。其优恤之法，每名量免户租六石，常存二丁，贴其力役。五石以下者，存三丁。三石以下者，存四丁。于时得壮丁五千余名，委官训练听调。此陕西土兵之所由始也。[2]

---

[1] （明）《明熹宗实录》卷一〇，天启元年五月乙卯，"中研院"历史语言研究所校印本《明实录》，1962，第 520 页。

[2] （明）陆容：《菽园杂记》卷七，中华书局，1985，第 91~92 页。

延绥镇不仅招募土兵，而且还修筑民堡。成化六年（1470）三月，延绥镇巡抚王锐在奏疏中指出，榆林军民位于边疆前沿地带。"榆林一带地方，既添兵以分守，又设险以御寇。然其军民所处，多临边塞。"① 难以保障自身安全，因此奏请修筑民堡。"乞敕所司，就于居民所聚之处，相度地宜，筑为砦堡，务为坚厚。量其所容，将附近居民聚为一处。"以便在战争发生时，能够躲进民堡，保障安全。"无事之时，听其耕牧；遇有声息，各相护守。则寇盗无从剽掠，地方可保无虞。"② 由于添设民堡正可弥补以往军堡强调军事防御，忽略坚壁清野、保障居民物资的不足，明宪宗同意了这一建议。"添筑城堡，正系守边急务。其令镇守等官参酌举行，务期成功。"③ 成化八年（1472），郭镗进一步建议增筑民堡。"又旧令遇冬迁民避寇，但城堡狭隘、人畜难容。不若就令所司，于近村便地，或古寨深崖，百家相依，共修一堡。无事则四散耕牧，有警则入堡敛藏。"④ 并选出负责人作为民堡首领，从而推进民众的组织化。"仍推举二丁，立为总甲，得相号召，保障一方，杀获功次，如例升赏，止属有司拊循，不许军职干预。"明朝同意了这一建议。⑤ 成化十年（1474），明朝已招募数千陕西土兵。⑥

伴随土兵的大量征召、民堡的普遍修建，整个陕北社会已被深深卷入军事体制中，在长期的战争熏陶中，深染武风，慷慨激昂。"榆关而西，极乎大同，其民小悍。延绥、灵、朔、环、庆之区，其民大悍。庄浪渡河，甘、凉、洮、岷之间，其民小悍。皆家丁子弟之闻于天下者也。"⑦ 也就是说，陕北社会呈现十分浓厚的"军事化"色彩，是一个高度的"军事化"社会。

但与之相比，陕北是九边之中生态环境最为恶劣、经济发展最为落后者。榆林地区由于地处黄土高原，完全靠天吃饭，缺乏有利的灌溉条件，无论从作物种类，还是耕作方式而言，都只能开展十分原始的农业种植。

---

① 《明宪宗实录》卷七七，成化六年三月辛卯，第1492页。
② 《明宪宗实录》卷七七，成化六年三月辛卯，第1492页。
③ 《明宪宗实录》卷七七，成化六年三月辛卯，第1492页。
④ 《明宪宗实录》卷一一〇，成化八年十一月己酉，第2146页。
⑤ 《明宪宗实录》卷一一〇，成化八年十一月己酉，第2147页。
⑥ 《明宪宗实录》卷一二七，成化十年夏四月甲申，第2431页。
⑦ （清）王夫之著，夏剑钦点校《黄书》卷三《宰制》，载王夫之《船山全书》第12册，岳麓书社，2012，第517页。

不仅如此，在明代"小冰河期"气候的影响下，旱灾、蝗灾时常发生，不断冲击本来已经十分薄弱的农业经济。除此之外，榆林北部地处毛乌素沙地南缘，沙化十分严重，进一步缩小了榆林地区的农业空间。嘉靖十一年（1532），兵部王宪便指出："延镇孤悬河套，四面飞沙，地不耕稼，而又数岁荒歉，宜饬当事诸臣，乘道路无梗，亟备糗粮待用。"① 《（万历）延绥镇志》便指出由此产生了严重的财政危机。"今榆沙深水浅，耕无畜获，渔无钓饵，百不一产，障二千里之长边，拥数十万之大众，费之不赀，如填溪壑，倍蓰他镇。"②

在榆林长城防御体系构筑不久的成化末年，延绥镇已是北疆诸镇中财政最为困窘者。成化二十年（1484），都察院经历李晟便在奏疏中指出榆林处于严重的财政危机中，存在爆发动乱的隐患。"榆林一带去京师四五千里，供馈浩繁，州县纷扰，不惟外患难支，抑恐内忧或起。苟事不预图，机不早决，有不胜意外之忧者矣。"③ 成化二十二年（1486），右副都御史黄绂巡抚延绥镇，便目睹了这一现象："绂偶出，望见川中饮马妇片布遮下体。"于是提前拨付士兵军饷："大惭，俯首叹息曰：'我为延抚，令健儿家贫至此，何面目坐临其上？'亟令豫出饷三月。"④ 从而改善了榆林士兵的生存条件，增强了榆林军队的战斗力。"延绥人又素忠朴，至死无怨言。闻绂惭叹，军中人人感泣，愿出死力为黄都堂一战。寇闻风不敢至。俄有诏毁庵寺，绂令汰尼僧，尽给配军之无妻者。及绂去，咸携子女拜送道傍。"⑤

不仅如此，陕北财政还进一步受到了官僚群体的克扣与盘剥。明朝一方面如同其他中原王朝一样，努力加强对地方财政的控制；另一方面鉴于王朝国家疆域辽阔，为减少交通运输所耗费的巨大人力物力，因而在个别交通不便、战争频发、发生灾荒的地区，实行截解的方式，将物资留于当地，以解决该地区的财政问题。但截解政策却会导致另一隐患，即由于中央减少了监管，地方官员趁机从中贪墨。"截解似两便于国民，而不知其适为两害也。财用出纳消息之权，必操之朝廷而后张弛随宜，裕于用而民

---

① 《明宪宗实录》卷一三七，嘉靖十一年四月乙巳，第 3232~3233 页。
② （明）郑汝璧等修，（明）刘余泽等纂，陕西省榆林市地方志办公室整理《（万历）延绥镇志》卷二《钱粮上·边饷》，上海古籍出版社，2011，第 127 页。
③ 《明宪宗实录》卷二五二，成化二十年五月丁亥朔，第 4258 页。
④ （清）谭吉璁：《（康熙）延绥镇志》卷一之三《名宦志下·明》，四库全书存目丛书影印北京大学图书馆藏清康熙乾隆增补本，齐鲁书社，1996，第 374 页。
⑤ 《（康熙）延绥镇志》卷一之三《附记》，第 374 页。

不困。为苟且之术者，规一时之简易，而卤莽灭裂之祸不可言。"① 嘉靖时期，明朝为解决河套蒙古的连年威胁，便在包括陕北在内的陕西广大地区，实行截解政策，随之便产生了相应的隐患。

> 如嘉靖间因吉囊、俺答之患，陕西三边用兵孔棘，遂将陕西一应钱粮尽行截作三边之饷，不足则截四川盐课补充。当时在民则免解京之难而利解边之近，在户部则免接济不及之咎，以委之总制之自为催督，而以速济边事、减省路费为辞。乃自此而后，户部付西边之有无于度外，至甘肃一镇经数十年而无斗粟一镪之给，宁夏、延绥亦仅有给者，收支无可稽考，托于未解以匿为中饱者多矣。②

在王夫之看来，这是明末农民战争爆发的财政根源。

> 兵数损而士心离，起而为盗，所必然也。催督之权一归总制，任非其人，则胥吏威行于郡邑，令牌、令箭驰突官府，动以军兴相恐喝，民日死于催科桁杨之下，水旱流离，莫能告缓，故激而为流寇。流寇之独盛于关陕者，非秦人之乐为寇也，截解之催督使然也。完欠支放，朝廷无从稽核，百姓无可控告，以陕西委陕西而求其不叛，庸可得乎！③

在严重的财政危机下，榆林军队保持了强大的战斗力，由于牺牲士兵甚多，以至于形成了每逢节日，榆林妇孺都要相哭门外、祭悼家人的习俗，这一风俗直到清代仍然存在，令人倍感凄惨。"榆人每逢佳节，妇子相向而哭于门外。盖百战之后，遣戍者多，而阵亡亦众也。"④ 但值得注意的是，陕北社会的"军事化"机制使延绥镇拥有强大的战斗力的同时，也使这一社会始终如处危卵之上。

与榆林北部的正规军队无论如何，尚有一定的粮饷供应以保障生存不同，榆林南部、延安地区民众一定程度上被纳入军事系统而尚保持农民身份的普通民众，在遭受自然灾害冲击时，却难以得到粮饷的正常供应。而

---

① （清）王夫之著，夏剑钦点校《噩梦》，载王夫之《船山全书》第 12 册，第 583 页。
② 《噩梦》，载王夫之《船山全书》第 12 册，第 583～584 页。
③ 《噩梦》，载王夫之《船山全书》第 12 册，第 584 页。
④ 《（康熙）延绥镇志》卷一之二《天文志·岁时》，第 287 页。

陕北地区偏偏又是容易发生自然灾害的地区。这样，榆林南部、延安地区社会面对的崩裂风险，便远高于榆林北部。"兵民参半，以饷为命，家无但石，稍稍水旱，辄肆攘窃，为隐忧焉。"① 明末陕北发生大规模旱灾，延绥镇正规军队尚有军饷可以暂时支撑，而大量准军事人口却面临前所未有的生存危机。明朝为应对财政危机，缩减开支，大规模裁减延绥镇军队体系的外围部分，包括驿卒李自成、士兵张献忠在内的大量榆林居民揭竿而起，铤而走险，一呼而天下应，成为灭亡明朝政权的主体力量。明末农民战争主体与领导者，大都是榆林南部、延安地区被纳入军事系统的人群。比如李自成出身米脂县铺户，张献忠出身定边县南部士兵。明末农民战争队伍之所以具有很强的军事组织性与战斗力，与明中后期陕北社会结构呈现"军事化"特征，农民军长期熏染武风密切相关。

结　语

郭沫若成长在大渡河流域的沙湾，沫水岸边的这一商贸码头，呈现典型的庶民社会特征。郭沫若家族属于中等地主兼商人阶层，无论从经济层面，还是文化层面，都并非传统意义的精英家族。在这一成长背景影响下，在"民本"思想现代转化的历史潮流中，郭沫若在马克思主义的启示之下，很早便自觉地将"民本"思想转化为"人民本位"思想，在长期的文学创作与史学研究中，不断阐述与发展，构成了 20 世纪我国"人民"思想发展脉络的重要内涵。在 20 世纪 40 年代引发"轩然大波"的史论名篇《甲申三百年祭》中，郭沫若从马克思主义史学家的人民立场出发，审视历史上治乱成败和得失民心的深层关系，揭示历史上"帝王思想和人民思想的斗争"，开拓性地推动了马克思主义中国农民战争史研究的新进展，引领了此后中国农民战争史研究的学术潮流。当前的农民战争史研究，应从中国古代民众生存环境的整体视角出发，深入揭示农民战争与包括地理环境、国家体制、经济方式、社会结构、思想文化等在内的时代背景的全方位、深层次关系，从而展现全面而立体的农民战争史整体图景，推动中国农战史研究走向新的学术境界。

---

① 《（康熙）延绥镇志》卷一之三《地理志·风俗》，第 306 页。

在述评与推介之间：郭沫若1945年苏联之行的"战时中国的历史研究"讲演

张　煜[*]

摘　要：郭沫若在1945年苏联之行期间，受邀到苏联科学院和苏联对外文化协会以"战时中国的历史研究"为题展开讲演。此时郭沫若正在将《十批判书》结集出版，这些讲演实际上正是他在完成《十批判书》写作之后，对近八年中国历史研究演进状况进行的总结。讲演的主要受众是苏联学界，这使得郭沫若不仅是在述评抗战时期中国历史研究的状况，更是在将中国马克思主义史学发展的最新成果推介给苏联学界。通过讲演，郭沫若把中国马克思主义史学阵营作为一个整体加以呈现，体现出他对中国马克思主义史学的发展有着更高层次的全局打量。

关键词：《战时中国历史研究》　郭沫若　中国马克思主义史学

1945年6月，值苏联科学院建院二百二十周年之际，郭沫若受邀前往苏联参加庆典大会，并在苏联游历近五十天。在此期间，郭沫若受邀在苏联科学院和苏联对外文化协会等处举行了多次讲演，涉及彼时中国的史学研究、文学创作、文艺活动等领域。[①] 其中，围绕中国史学研究的讲演以"战时中国的历史研究"为主题，彼时郭沫若正在将《十批判书》结集出版，因此这些讲演实际上正是他在完成《十批判书》写作之后，对近八年中国历史研究演进状况进行的总结。叶桂生将此讲演稿视为一份重要的资

---

[*]　张煜，中国社会科学院古代史研究所助理研究员。

① 除了展开各类学术讲演以外，郭沫若在苏联期间还参加了许多其他活动。李斌曾基于《苏联纪行》对郭沫若在苏联的一些活动进行了考察，力图呈现郭沫若对战后苏联进行的观察和思考。参见李斌《郭沫若1945年对苏联的观察与思考》，《文艺理论与批评》2018年第4期。

料，认为它在中国史学史上具有一定的价值，并简略提出至少可以从讲演稿的鼓舞性、中国史学发展历程以及抗战以来中国新史学的发展状况三个方面来对讲演稿加以审视。[①] 这些讲演的主要受众是苏联学界，因此郭沫若不仅是在述评抗战时期中国历史研究的状况，更是在将中国马克思主义史学发展的最新成果推介给苏联学界，以促进国际交流。本文将从这种二重性入手，探讨"战时中国的历史研究"讲演所具有的特殊价值及其历史意义。

一　讲演的背景、经过及基本情况

1945 年 5 月 28 日，郭沫若收到苏联科学院建院二百二十周年纪念大会的邀请，丁西林也收到邀请。此次大会召开时间为 6 月 16 日 ~ 6 月 28 日，为期近半个月。对此，郭沫若在《苏联纪行》中写道，在收到邀请之后，"朋友们都替我庆贺，开会欢送，设宴饯别，整整忙了十天"[②]。可见，郭沫若及其同仁都将此次苏联之行视为一件大事。

6 月 8 日，中苏文协、全国文协、全国戏协等文化团体二百余人以文化沙龙形式为郭沫若举行欢送大会。会上，茅盾致辞道："郭先生是代表了中国人民，是以人民大使的身份参与盟邦苏联的这一盛会的。"[③] 侯外庐则称："郭先生是中苏文协的领导者之一，郭先生在中国学术上的成就是没有能出于其右的。"[④] 而次日出版的《新华日报》则在标题中用"文化使节"来定义郭沫若此行的身份，[⑤] 也表明文化界普遍认为郭沫若此次苏联之行担负着重要的文化交流职责。对此，郭沫若在会上谦虚地说道："中国人民和诸位文化界人士都是主人，好比是我的君，我实是一个'差使'而已，但愿能够'使于四方，不辱君命'就好了。"[⑥] 显然，郭沫若也对自己身上担负的使命有着清晰的认识。这种认识正是他在苏联之行中

---

① 叶桂生：《重印郭沫若在苏联莫斯科的演说》，《北京农业工程大学社会科学学报》1994 年第 2 期。
② 郭沫若：《苏联纪行》，《郭沫若全集·文学编》第十四卷，人民文学出版社，1992，第 265 页。
③ 《中苏文协等三团体欢送文化使节郭沫若》，《新华日报》1945 年 6 月 9 日第 2 版。
④ 《中苏文协等三团体欢送文化使节郭沫若》，《新华日报》1945 年 6 月 9 日第 2 版。
⑤ 《中苏文协等三团体欢送文化使节郭沫若》，《新华日报》1945 年 6 月 9 日第 2 版。
⑥ 《中苏文协等三团体欢送文化使节郭沫若》，《新华日报》1945 年 6 月 9 日第 2 版。

进行系列讲演的重要出发点。

6月25日，郭沫若几经辗转终于抵达莫斯科，随即在列宁格勒、莫斯科等地展开学术活动。7月3日，时任苏联科学院历史研究所所长伏伊丁斯基赴郭沫若在莫斯科的住处拜访，抗战时期任苏联驻华使馆二等秘书、驻北平总领事的苏联科学院院士齐赫文斯基也一同前来，"约于后日往历史研究所作报告，我答应了，并求齐同志作翻译，他也慷慨地答应了"①。由此，伏伊丁斯基的来访敲定了郭沫若在苏联科学院历史研究所进行学术报告的计划。

7月4日，郭沫若开始准备次日在历史研究所的报告。"晨起准备明天的报告，《战时中国的历史研究》，十二时顷刻完成。"② 以"战时中国的历史研究"作为报告的主题，是郭沫若自己的想法，还是伏伊丁斯基的建议，抑或二人共识的产物，已经难以厘清。但不可否认的是，郭沫若对自己拟定的这个讲演主题显然是早已有了很深的思考。他在接到邀请的次日，仅仅花了一上午便完成了报告准备，这说明他对报告中的很多内容早已有了较为成熟的看法，并形成了基本的逻辑和判断。相较于郭沫若在作"战时中国的文艺活动"讲演前对文稿进行的多次润色，③ 以"战时中国的历史研究"为主题的讲演文稿显然更具有一蹴而就的特点。

7月5日，郭沫若先是与齐赫文斯基细致商讨了讲演文稿的俄文译稿，后又同赴历史研究所。此次讲演由历史研究所伏伊丁斯基所长主持，他"先把研究所的业绩简单地陈述了一遍，关于东方的历史主要的是研究近代史。太平天国的运动、辛亥革命、太平洋问题等，是各位研究员的中心问题"④。在伏伊丁斯基介绍完历史研究所的基本情况后，郭沫若开始了自己的讲演。

　　我主要的说到抗战以来的历史研究，通史的酝酿，古代社会的争

---

① 郭沫若：《苏联纪行》，《郭沫若全集·文学编》第十四卷，人民文学出版社，1992，第342页。

② 郭沫若：《苏联纪行》，《郭沫若全集·文学编》第十四卷，人民文学出版社，1992，第343页。

③ 1945年7月7日，郭沫若晨起完成了"战时中国的文艺活动"讲演的草稿，又于8日对文稿进行润色，至20日上午继续在住所中润色讲稿，直到27日晚上在苏联对外文化协会作题为"战时中国的文艺活动"的报告。参见郭沫若《苏联纪行》，《郭沫若全集·文学编》第十四卷，人民文学出版社，1992，第347、349、384、400页。

④ 郭沫若：《苏联纪行》，《郭沫若全集·文学编》第十四卷，人民文学出版社，1992，第346页。

辩，历代农民革命运动的关心，封建制长期停滞的探源。我说得很简单，但包括的范围相当广泛。我读我的原稿，齐先生读他的译稿。听讲者将近四十人，似乎都还感觉兴趣。①

　　以上为郭沫若在《苏联纪行》中对此次讲演所进行的描述。虽然历史研究所同仁的研究重心主要是在近代史方面，但显然郭沫若认为自己所谈及的古代史研究相关问题，同样能够引起了他们的兴趣。从讲演的形式来看，因为有需将报告内容提前转译为俄文的限制，郭沫若应当基本上是按照准备好的文稿进行讲演的，而没有过多进行临场发挥，因此此次讲演所涉及的内容应当就是郭沫若提及的"通史酝酿""古代社会争辩""历代农民革命运动""封建制长期停滞"等方面。

　　除了历史研究所同仁在场聆听以外，苏联对外文化协会东方部长栗文松也在讲演现场。对此，郭沫若写道："讲完之后，栗文松告诉我，希望把这同一报告，在文化协会再作一次，日期和时间决定后通知。我自然乐意接受了。"② 于是，郭沫若接受了苏联对外文化协会的邀请，将继续以"战时中国的历史研究"为主题进行一次讲演。这次讲演的时间最后定在了约一个月后的 8 月 3 日。

　　郭沫若在苏联对外文化协会进行的讲演仍由齐赫文斯基进行翻译。"听讲者五十人左右，威丁斯基、费辛科博士等均在座。历一小时完毕，有种种质问，均为之作答。"③ 在苏联对外文化协会进行讲演之前，郭沫若"将前次在历史研究所中所作报告略略加了一些补充"④。虽然他并没有提及这些补充包含哪些方面，但可以预计的是，这场讲演与在历史研究所进行的讲演相比，在总体框架上不会出现很大的变化，只是在一些具体内容上存在差别。

　　以郭沫若在苏联对外文化协会所作讲演内容为蓝本，苏联《历史问

① 郭沫若：《苏联纪行》，《郭沫若全集·文学编》第十四卷，人民文学出版社，1992，第346页。

② 郭沫若：《苏联纪行》，《郭沫若全集·文学编》第十四卷，人民文学出版社，1992，第346页。

③ 郭沫若：《苏联纪行》，《郭沫若全集·文学编》第十四卷，人民文学出版社，1992，第418页。

④ 郭沫若：《苏联纪行》，《郭沫若全集·文学编》第十四卷，人民文学出版社，1992，第418页。

题》杂志在是年 12 月号上刊登了《战时中国历史研究》的俄文译稿的节略稿。1946 年，文雄又基于《历史问题》杂志所刊俄文稿，将文稿译成中文，并刊载在 8 月出版的《中国学术》杂志创刊号上。这便是现在留存的《战时中国历史研究》一文。对此，在《中国学术》杂志刊载的文稿中，译者特别注明：

> 本文系郭先生于去年八月三日在莫斯科苏联对外文化协会历史哲学组所作之讲演。此系根据去年十二月号苏联《历史问题》杂志所刊载之节略稿译出。①

结合前文梳理郭沫若在苏联科学院和苏联对外文化协会进行讲演的经过，我们可以还原目前所见的这篇《战时中国历史研究》的成文过程。郭沫若在写成讲演初稿后，会同齐赫文斯基将该版文稿译为俄文，作为在苏联科学院历史研究所进行讲演的内容。而后，郭沫若在讲演初稿的基础上又进行了一些内容补充，形成了讲演二稿，并会同齐赫文斯基将该版文稿再次译为俄文，作为在苏联对外文化协会讲演的内容。苏联《历史问题》杂志很可能正是对这一版俄文译稿加以节略并予以刊载的。而文雄则根据这份俄文节略稿来译回《战时中国历史研究》一文。

此后，《战时中国历史研究》一文并未得到研究者的较多关注。1986 年《郭沫若研究》第 2 辑编者便注意到该文在"《郭沫若全集》《沫若文集》，以及全国解放后出的有关集子，均未收入"②。故编者对其加以整理，并在《郭沫若研究》上刊载了《战时中国历史研究》一文，以期作为相关研究的补充资料。编者将该文与郭沫若在《苏联纪行》中所述在苏联科学院历史研究所的讲演内容进行对照，并指出："这里再次发表的节略稿，与郭沫若本人在《纪行》中所说的内容相比，多了关于先秦哲学和古代思想史的研究，缺了'历代农民革命运动的关心'。原因何在？待考。"③ 与郭沫若在《苏联纪行》中的叙述相比，《战时中国历史研究》一文确实在一些内容上有所出入。1994 年，叶桂生又将《战时中国历史研究》一文"重印"于学术刊物上，并对文稿中个别需要纠正的地方提出了自己的见

---

① 郭沫若：《战时中国历史研究》，《中国学术》1946 年第 1 期。
② "编者按语"，《郭沫若研究》第 2 辑，文化艺术出版社，1986，第 340 页。
③ "编者按语"，《郭沫若研究》第 2 辑，文化艺术出版社，1986，第 340 页。

解，他还呼吁"《战时中国历史研究》作为一篇宝贵的资料，我们应该好好保存，这也是一份历史遗产"①。

由于从郭沫若完成讲演内容初稿到《战时中国历史研究》的节略稿刊载之间经历了较长的过程，而郭沫若在苏联对外文化协会进行讲演前又对文稿内容进行了补充，故这种内容上的出入确与实际状况相符合。相较于在苏联科学院历史研究所展开的讲演，郭沫若在苏联对外文化协会进行的讲演主要面向该协会历史哲学组的研究人员。考虑到讲演的受众变化，很可能他便在讲演中增加了涉及先秦哲学和古代思想史研究的内容。此外，在《战时中国历史研究》一文中有"历史学家们开始研究了整个中国历史上所常见的农民革命"② 等话语，但篇幅相较于其他问题仅是一笔带过，似乎表明对这部分内容有所节略，而讲演词原稿或许在这方面会有更加详细的论述。

二　讲演内容的特殊价值及历史意义

通过梳理郭沫若以"战时中国的历史研究"为题在苏联科学院和苏联对外文化协会进行讲演的情况，以及《战时中国历史研究》一文的形成过程，我们可以基于《战时中国历史研究》一文来探讨郭沫若在讲演中都表达了什么样的观点，进行了怎么样的评述，以及做了什么样的推介。

郭沫若在讲演中大致提及了三个层次的问题。一是抗战时期中国历史学家的工作以及历史研究的总体情况；二是在此期间郭沫若自己所做的一些最新研究，以及对以往观点的批判和修正；三是这一时期其他马克思主义史学家具有代表性的研究成果。他既将这三个层次的问题统一到近三十年来研究"人民历史"的主线上，又具体落脚到对通史书籍编写、古代社会分期争辩、先秦哲学思想形态、封建社会长期停滞等具体研究的评述上。

抗战时期的客观条件对科学研究工作造成了极大困难。对历史学家而言，史料的获取是展开一切研究的基础。郭沫若在述及这一时期开展学术

---

① 叶桂生：《重印郭沫若在苏联莫斯科的演说》，《北京农业工程大学社会科学学报》1994年第 2 期。

② 郭沫若：《战时中国历史研究》，《中国学术》1946 年第 1 期。

研究的困难时，将"必要的史料不可能获得"视为严重的限制。① 而另一个严重的限制则是研究成果印刷出版所面临的困难。"由于这一切的原因，战时中国历史科学的活动在效果上就和战前有重大区别。"② 此处郭沫若所言效果的区别，或是在将这一时期与 1927~1937 年中国社会史论战时期的研究活动进行了比较。但他也强调，"中国历史学家在抗战时期从未停止过自己的工作，放下过自己的手"③。抗战时期的历史研究活动实际上承接中国社会史论战时期对相关问题的激烈争辩，马克思主义史学家们也在进一步阐明自己的研究观点。这是郭沫若在讲演中对这一时期历史研究状况的总体判断和认识。

继而郭沫若认为，自 20 世纪初中国"新史学"发端以来，历史学家逐渐将过去处于附属地位的社会制度、人民生活、文化及科学进步等问题置于重要的位置。他指出：

> 近三十年来，中国历史学家的智意是用在解决基本的问题之上，就是如何在中国历史资料当中找出历史发展的法则，并根据这些法则指明各个历史时代的人民、文化、科学和艺术应该放在重要的位置，从而在这个基础上重新创造中国的历史。④

在这个基础上郭沫若指出，这一时期历史学家在通史著述方面的工作取得了很大进展，他在讲演中特别推介了两部通史著作。"一部叫做《中国历史简编》，是延安的历史学家范文澜、吕振羽和尹启明合写的"，"另一部书是翦伯赞的《中国史纲》"。⑤ 前者即范文澜所著《中国通史简编》⑥，此时尚未完全出版，但其部分内容已经刊载于杂志上。⑦ 如《中国文化》杂志在 1940 年、1941 年分三期陆续刊载了是书"原始公社到中央集权的封建

---

① 郭沫若：《战时中国历史研究》，《中国学术》1946 年第 1 期。
② 郭沫若：《战时中国历史研究》，《中国学术》1946 年第 1 期。
③ 郭沫若：《战时中国历史研究》，《中国学术》1946 年第 1 期。
④ 郭沫若：《战时中国历史研究》，《中国学术》1946 年第 1 期。
⑤ 郭沫若：《战时中国历史研究》，《中国学术》1946 年第 1 期。
⑥ 郭沫若：《战时中国历史研究》，《中国学术》1946 年第 1 期。
⑦ 参见《中国通史简编之一》，《中国文化》1940 年第 2 卷第 3 期；《中国通史简编之二》，《中国文化》1940 年第 2 卷第 4 期；《中国通史简编之三》，《中国文化》1941 年第 2 卷第 5 期。

制度"的第一章至第三章。后者即翦伯赞所著《中国史纲》，此时各卷尚未全部完成，其中第一卷和第二卷正在印刷中。

当时这两部通史著述都仅有部分章节内容面世，在国内也尚未完全出版发行，苏联学界更是难以知晓这些研究的最新进展。因此郭沫若的讲演不仅是在向苏联学界推介范文澜、翦伯赞等人的最新研究成果及其具体观点，更是在提炼中国马克思主义史学家重写中国历史的实践经验。他强调这两部通史著作"都能从中国历史材料中引出确定的历史趋势，使材料本身系统化"①，并对古代社会分期、中国奴隶制经济形态等问题有了进一步的阐述，由此引发了对奴隶社会等问题的再一次论争。

郭沫若也参与了这一时期的论争，因此他在讲演中也阐述了自己从1929 年《中国古代社会研究》问世到 1944 年《古代研究的自我批判》写成之间的理论观点变化。他并未回避在此之前自己与吕振羽、翦伯赞等人的观点分歧，"上述二书的作者——吕振羽和翦伯赞等——当时都反对我的理论，并给予批判"②。但他更着重于将此时自我修正后的理论和一些新见解介绍给苏联学界，并对形成这些新观点的论据做了简单陈述。

在此基础上，郭沫若又论及自己在《十批判书》中对周秦时代各种哲学学派的批判研究。由于该书此时尚未出版，他比较全面地在讲演中叙述了自己在这些研究中得出的具体观点，并引申到对中国古代思想史的见解层面。他坦言这些见解"不仅和胡适、冯友兰的见解，而且和现代历史学家和侯外庐、范文澜、翦伯赞等的见解有实质区别"③，但他并未过多放大与侯外庐等人的观点差异。

郭沫若虽然述及这一时期他与侯外庐在中国思想史研究领域的许多问题上有着本质分歧，但更着重于推介侯外庐的相关研究成果。他认为，"在研究这一时期的哲学问题及其思想形态问题的中国历史学家当中，侯外庐占了最显要的地位"④，"对于研究思想史问题，侯外庐的能力是很强的"⑤。对此，他特别提及了侯外庐的三本著作《中国古代社会史论》、《中国古代思想学说史》和《中国近世思想学说史》。由此可见，在述评不同研究观点的基

---

① 郭沫若：《战时中国历史研究》，《中国学术》1946 年第 1 期。
② 郭沫若：《战时中国历史研究》，《中国学术》1946 年第 1 期。
③ 郭沫若：《战时中国历史研究》，《中国学术》1946 年第 1 期。
④ 郭沫若：《战时中国历史研究》，《中国学术》1946 年第 1 期。
⑤ 郭沫若：《战时中国历史研究》，《中国学术》1946 年第 1 期。

础上，郭沫若意在向苏联学界介绍中国马克思主义史学家在不同研究领域产出的优秀成果，而阵营内部的一些观点分歧则并非讲演的重点。

基于对以上问题的研究述评，郭沫若以"中国封建社会的时期为什么这样长久？中国自己为什么不能从封建制度过渡到资本主义？"这一引起历史学家普遍注意的老问题作为讲演的收尾。[①] 他认为这一问题实际上也正是研究中国农民革命问题的核心关怀，是同一个问题的不同方面。"中国农民革命为什么不曾得到胜利，这问题也就是中国封建制度为什么不能自行产生资本主义的问题。"[②] 关于这个一体两面的问题，郭沫若提出封建制度下的农业生产特点、中国家庭的财产继承制度、中国西部的山地和沙漠的地形阻隔等五个方面的状况，是造成中国生产力停滞不前的原因。因此，"中国社会不变化的基本原因，是在于生产方法未曾变化"[③]。而中国马克思主义史学家们的努力，正是在使"中国历史要从'帝王家谱'的时代进到'人民历史'的时代"[④]。

总之，郭沫若在以"战时中国的历史研究"为主题的讲演中，虽然谈及很多自中国社会史论战以来历史学家便一直激烈论争的问题，但其讲演的核心和重点并不是放在这些论争本身或者是参与论争上。在他的讲演中存在着一条串起各部分内容的主线，即中国马克思主义史学家如何将"人民历史"的观念落实到自己的研究之中，并形成了怎样的研究成果。正是由于有这样一条逻辑主线的存在，郭沫若在讲演中并没有回避自己在一些具体的研究问题上与吕振羽、范文澜、翦伯赞和侯外庐等人的观点分歧，他既讲述了自己在相关问题上的观点、判断和看法，也推荐了吕振羽、范文澜、翦伯赞和侯外庐等人所做的研究工作及其著述成果。

作为被中国文化界寄予厚望的"文化使节"，郭沫若在面对苏联学界同仁进行学术讲演时，并没有忘记自己所担负的使命和责任。具体到历史研究领域，他选择把包括自己在内的中国马克思主义史学研究的最新成果介绍和推荐给苏联学界。他更注意突出吕振羽、范文澜、翦伯赞和侯外庐在各自的研究领域所取得的成就，并将他们的最新著作或代表作品推介给苏联学界。或许并不是巧合，此后郭沫若与这四人一道被并称为"马克思

① 郭沫若：《战时中国历史研究》，《中国学术》1946 年第 1 期。
② 郭沫若：《战时中国历史研究》，《中国学术》1946 年第 1 期。
③ 郭沫若：《战时中国历史研究》，《中国学术》1946 年第 1 期。
④ 郭沫若：《战时中国历史研究》，《中国学术》1946 年第 1 期。

主义史学五老"。可见，郭沫若不仅对这一时期的相关研究成果极富洞察力，也对中国马克思主义史学的发展状况有着清晰的认识。可以说，郭沫若在"战时中国的历史研究"讲演中所展现出的敏锐洞察力和精准认识，为讲演赋予了有别于其他学术述评和争鸣文章的特殊价值和历史意义。

余 论

研究者普遍将 1927~1937 年中国社会史论战时期视为中国马克思主义史学崛起和开始形成的时期。[①] 全面抗战时期中国马克思主义史学则进一步发展，且苏联模式是抗战时期中国马克思主义史学转向的重要影响因素。[②] 因此，当郭沫若 1945 年在苏联开展学术活动时，中国马克思主义史学已经积累了不少研究成果，马克思主义史学阵营也逐步建立起来。这既是郭沫若进行"战时中国的历史研究"讲演不可忽视的背景，亦使得着重推介中国马克思主义史学家及其研究成果成为其讲演的题中之义。此外，当郭沫若在苏联开展讲演时，正是其《十批判书》结集出版之际。研究者将《十批判书》视作 20 世纪三四十年代中国马克思主义史学内部论战的产物，并据此强调郭沫若与其他马克思主义史学家的学术分歧与"隔空对话"。[③] 但从"战时中国的历史研究"讲演所呈现的内容来看，当面对着苏联学界的同仁时，郭沫若在承认与其他中国马克思主义史学家存在学术分歧的基础上，更着意于推介他和其他马克思主义史学家在这一时期的研究工作和观点成果。这实际上是在将中国马克思主义史学阵营作为一个整体呈现给苏联学界，也表明在阵营内部的学术论争以外，郭沫若对中国马克思主义史学的发展有着更高层次的全局考量。

[①] 相关研究参见叶桂生、刘茂林《中国社会史论战与马克思主义历史学的形成》，《中国史研究》1983 年第 1 期；张越《社会史大论战与中国马克思主义史学建立论析》，《陕西师范大学学报》（哲学社会科学版）2015 年第 4 期；张越《中国马克思主义史学的形成与社会史论战》，《近代史研究》2021 年第 5 期；左玉河《中国社会史论战与马克思主义史学的崛起》，《历史研究》2022 年第 2 期；程鹏宇《后社会史论战时期的学术转向与中国马克思主义史学的形成——以陶希圣、郭沫若、侯外庐为例》，《近代史研究》2022 年第 3 期；等等。

[②] 陈锋：《中国马克思主义史学的域外渊源再估量》，《史学集刊》2021 年第 4 期。

[③] 李孝迁：《〈十批判书〉的写作语境与意图》，《历史研究》2021 年第 4 期。

郭沫若创作《孔雀胆》及故事原型元朝梁王

乌云高娃　刘泽元*

摘　要：历史剧《孔雀胆》以元末云南行省平章政事段功和梁王的权力之争为背景，描写了段功和阿盖公主的爱情故事。为完成剧本创作，郭沫若通过各种渠道，广泛搜集资料。杨亚宁从云南地方史籍中抄录并考证了诸多相关的史事，进行了实地考察，为《孔雀胆》的修改与完善提供了重要信息。孔雀胆的故事最早见于《南诏源流纪要》，而源头应为白族的民间传说。有关孔雀胆有剧毒的知识具有鲜明的佛教背景。这一故事与元末农民起义密切相关，《明氏实录》则从这一角度补充了事件的背景。

关键词：郭沫若　孔雀胆　元朝　梁王

1942 年 9 月 3 日郭沫若开始创作历史剧《孔雀胆》，历时五天半时间完成四幕六场的悲剧《孔雀胆》。《孔雀胆》以元末云南梁王和平章政事段功之间的权力之争中，梁王的女儿阿盖公主[①]因丈夫段功被害，悲愤自杀的事件为切入点，讲述了梁王之女阿盖公主和段功之间的凄美爱情故事。

一　历史剧《孔雀胆》的创作及修改过程

郭沫若创作《孔雀胆》之时，正值中国著名的历史学家翦伯赞在重庆

---

* 乌云高娃，中国社会科学院古代史研究所研究员；刘泽元，中国社会科学院大学历史学院博士研究生。

① 阿盖公主的名字在历代文献中写法不一，《滇载记》《南诏野史》等明代史籍均写作"阿禤"，此后亦有写为"阿盖"者。《孔雀胆》剧本均书作"阿盖"，本文亦统一采用此种写法，引文则依据原貌不作更改。

担任冯玉祥的"中国通史"教师。翦伯赞受郭沫若之邀在郭沫若主持的文化工作委员会讲中国通史。其中，翦伯赞所讲的中国古代史部分对郭沫若创作历史剧《孔雀胆》有一定的影响。按照郭沫若自己的话说，翦伯赞是创作《孔雀胆》的助产师。1942 年 12 月 5 日夜晚，郭沫若致信翦伯赞，谈到历史剧《孔雀胆》时说道："事实您是一位助产者。经过了好几番的润色，算勉编成了定稿。您说您愿意以历史家的立场来说一番话，我极希望您能够即早执笔。"①

创作《孔雀胆》之后，郭沫若对历史剧所依据的古代文献史料进行考证，并与杨亚宁、杨树达、翦伯赞、阳翰笙、周恩来、邓颖超等书信往来或见面谈《孔雀胆》的创作，并听取修改意见，经过二十多天的修改最终完成全剧。

为了完成剧本创作，郭沫若广泛搜集各种材料。由于身处大后方，即使是二十四史这样常见的文献资料也难以获取，这无疑对剧本创作造成了许多不便。就在创作《孔雀胆》后的 1942 年 9 月 22 日，郭沫若向翦伯赞借阅"《宋史·忠义传》及《元史·宪宗本纪》"，"希望在炎热之中写一部火烈的剧本也"，② 史料搜集之不易可见一斑。

在这样艰难的情况下，郭沫若仍尽己所能，利用各种方式搜集相关史事文献，他在《〈孔雀胆〉的故事》中说："我所根据的主要材料是《明史》《元史》《新元史》尤其是这些书里面的《明玉珍传》《巴匝拉瓦尔密传》《阿盖公主传》《顺帝传》《云南土司》等篇，还有就是上面举出的雪生所辑《脉望斋残稿》及法国学者多桑所著的《蒙古史》《马可波罗游记》等。"③ 剧本写作仅用了五天半时间，"但改却差不多改了二十天"④。在修改过程中"送给好朋友们看过，也念给朋友们听过几次，……采纳了好些宝贵的意见。主要的添改是对于段功的加强，对于阿盖的内心苦闷的补充，对于车力特穆尔的罪恶暴露的处理"⑤。

---

① 《郭沫若同志给翦伯赞同志的信和诗》，《北京大学学报》（哲学社会科学版）1978 年第 3 期，第 6 页。

② 《郭沫若同志给翦伯赞同志的信和诗》，《北京大学学报》（哲学社会科学版）1978 年第 3 期，第 5 页。

③ 《〈孔雀胆〉的故事》，《郭沫若全集·文学编》第 7 卷，人民文学出版社，1986，第 257 页。

④ 《〈孔雀胆〉二三事》，《郭沫若全集·文学编》第 7 卷，第 265 页。

⑤ 《〈孔雀胆〉二三事》，《郭沫若全集·文学编》第 7 卷，第 265 页。

话剧公演之后，郭沫若接到昆明杨亚宁信，指正《屈原》剧本的错字。即复信，并托其查找"段功、梁王等的遗事。"① 同日，作《〈孔雀胆〉的故事》，发表于9月28日重庆《新华日报》，将与《孔雀胆》历史剧所依据的古文献做了考证。郭沫若追忆"知道有阿盖的存在应该是三十多年的事"，"有时候也起过这样的念头，想把阿盖的悲剧写成小说。但要写小说时，最大的困难是我没有到过昆明和大理，地望和土宜对于我是一片空白，因此没有胆量敢写。我终于偷巧，采取了戏剧的形式"。② 而杨亚宁在接到郭沫若回信之后，开始尽力搜集相关资料。他先是查阅已有的《滇系》《云南备征录》《大理府志》及杨慎《南诏野史》等书籍，又通过各种方式借阅了李中溪《云南通志》、王文韶《续云南通志稿》和《云南府志》《昆明县志》《滇考》等书，逐一查找其中有关梁王的史事。在查考文献之余，杨亚宁还前往昆明附近进行实地考察，走访了进耳山、通济桥、东寺等古迹，并考察当地民俗。最后，他将文献资料与走访发现进行汇集整理，做成史料汇编，并附加了详细的按语进行考证。③ 郭沫若收到这些资料后，非常激动，认为"就让我亲自到昆明去，也不见得能得到这么丰富的收获，而且我在这资料的丰收之外，还得到一位实心实意的神交的朋友，尤其是一种极可宝贵的精神财产"。还专门在信上作诗留念："亚宁盛意至可感，助我完成《孔雀胆》。来件珍藏在玉函，传之百世足观览。"

郭沫若、杨亚宁二人素昧平生，但为了《孔雀胆》剧本的修改，他们来信殷勤，下了很大的精力，这既说明了这一历史剧作的广泛社会影响，也体现了郭沫若对待创作谦虚谨慎、精益求精的风格。1942年9月27日，郭沫若与阳翰笙、冯乃超等人在赖家桥文化工作委员会听周恩来、邓颖超讲国内外形势，并与周恩来、邓颖超谈《孔雀胆》的创作。周恩来对文化工作委员会近来在城乡两地大倡讲学之风，给予充分的肯定。讨论到《孔雀胆》的创作时，对于阳翰笙"不主张在元统治中国快要崩溃的时候，来谈蒙汉团结，并在团结中来对付从民族运动中起来的明玉珍"，"把段功处

---

① 《〈孔雀胆〉资料汇辑——昆明杨亚宁先生提供之函件》，《郭沫若全集·文学编》第7卷，第281页。
② 《〈孔雀胆〉的故事》，《郭沫若全集·文学编》第7卷，第257页。
③ 杨亚宁搜集资料的情况，可见他与郭沫若的四封来信，收录于《〈孔雀胆〉资料汇辑——昆明杨亚宁先生提供之函件》，《郭沫若全集·文学编》第7卷，第281~302页。

理得过分的忠勇而毫无矛盾"的意见，郭沫若表示诚恳地接受。[1] 1942 年9 月 30 日，郭沫若作《〈孔雀胆〉后记》。发表于桂林《野草》月刊 1943年 3 月 1 日第 5 卷第 3 期，记述《孔雀胆》的写作和修改过程。《孔雀胆》单行本由重庆群益出版社 1943 年 12 月初版发行，后收《沫若文集》第 4卷，现收《郭沫若全集·文学编》第 7 卷。

历史剧《孔雀胆》完成之后，相继在重庆、成都、昆明、上海等地演出，票房成绩不错。1943 年 1 月 1 日，《孔雀胆》由中华剧艺社在重庆国泰大戏院首次公演，由应云卫导演，周峰、格炼、路明、金淑芝、耿震等主演，连续演出 8 天。[2] 首演之后，周恩来等人提出了一些修改意见，郭沫若对剧本进行了润色。同年 8 月 30 日，《孔雀胆》又在成都上演，每天演出两场，之后又赴内江、自流井、泸县、乐山、流华溪、五通桥等地演出。[3] 1944 年 10 月 25 日，《孔雀胆》首次在故事诞生的云南昆明公演，王人美、陶金分饰阿盖公主、段功。演出每日两场，观众反应热烈。昆明市总工会为筹募劳工福利基金，又邀请剧社于 11 月续演四场，昆明行营政治部国防剧社亦在同一时期公演了该剧。[4] 抗战胜利之后，《孔雀胆》又于1946 年 5 月 17 日由上海剧艺社在光华戏院上演，阿盖公主由路明、上官云珠饰演。[5] 新中国成立之后，《孔雀胆》又被相继改编为越剧和川剧。历史剧《孔雀胆》一直由著名导演和著名的演员执导和演出，长期受到演艺界和人民群众的喜爱和好评，反响很大。

二 《孔雀胆》的故事原型：段功、梁王
与明玉珍攻大理

郭沫若创作的历史剧《孔雀胆》的主角是元朝在云南的最高统治者梁王和云南行中书省平章政事段功。故事原型梁王是元世祖忽必烈第五

---

[1] 《阳翰笙日记选》，四川文艺出版社，1985，第 76 页。

[2] 彭竹：《回忆〈孔雀胆〉的首次演出》，《南国戏剧》1980 年第 1 期；廖永祥、陶月初《从〈新华日报〉、〈群众〉周刊看抗战时期的郭沫若》，《郭沫若学刊》1990 年第 1 期，第 45 页。

[3] 林甘泉、蔡震主编《郭沫若年谱长编（1892—1978 年）》，1943 年 8 月 30 日条，中国社会科学出版社，2017，第 1006 页。

[4] 雨辰：《〈孔雀胆〉在昆明演出补正》，《郭沫若研究》第 1 辑，文化艺术出版社，1985。

[5] 林甘泉、蔡震主编《郭沫若年谱长编（1892—1978 年）》，1946 年 8 月 24 日条，第 1166 页。

子云南王忽哥赤的后裔。云南行中书省平章政事段功是大理国王段兴智的后裔。

1252 年大蒙古国第四代大汗蒙哥命其弟忽必烈南征大理国。1253 年忽必烈统兵征大理，刘秉忠、姚枢跟随忽必烈出征。忽必烈兵分三路，以迂回包抄南宋之计，借道吐蕃，渡过大渡河，抵达金沙江。1254 年忽必烈攻克大理城，忽必烈听从刘秉忠和姚枢的建议，下令禁止杀戮。大理国王段兴智投降，大理国灭亡。忽必烈征大理之后，蒙哥汗对大理段氏采取怀柔政策，命段兴智继续管理大理。忽必烈即位之后，派宗王出镇，1267 年派其子忽哥赤为云南王。忽必烈在云南设立行省之前，起初派云南王忽哥赤出镇云南，掌握兵权替朝廷镇戍边疆、与段氏政权共同治理边疆。不久，云南王忽哥赤被都元帅宝合丁等杀害。忽必烈在云南设行省，置平章政事和丞相，与宗王分权治理云南。元朝著名的回回人赛典赤，于 1274 年出任元朝在云南行省的第一任平章政事，并将省会从大理迁到昆明。由此形成元朝宗王、行省分权管理云南的局面。1290 年忽必烈派其孙甘麻剌为梁王，出镇云南。梁王的权力超过云南王，成为一等王，握有兵权。梁王甘麻剌、松山、王禅等的权力逐渐压制行省平章政事的权力。到了元末形成梁王专权的局面①，进一步压制云南行省官员的权力，云南行省平章政事和丞相的权力被弱化。元末梁王与云南行省平章政事段功的权力之争在郭沫若的历史剧《孔雀胆》中表现得淋漓尽致。

郭沫若基于元末梁王与段氏第十任平章政事段功的权力之争，生动地表现了这一时期宗王与段氏家族的权力之争和种种矛盾，并塑造行省丞相车力特穆尔这一人物，表现了元末梁王、云南行省平章政事和丞相等复杂关系。

而就在梁、段相争，矛盾日趋激烈之际，轰轰烈烈的元末农民大起义已经席卷全国。先是红巾军兵分三路北伐，一度攻破上都开平，并且深入高丽。高丽助军与元朝军队一起迎战红巾军。元顺帝因听从奸臣谗言，将与红巾军激战的丞相脱脱军前罢免，使元朝百万大军一夜之间溃散。红巾军势如破竹，占领全国很多地方。其中，明玉珍所率部队占领重庆以后，明玉珍称帝，建立大夏政权，进而向西南进攻云南昆明。统治云南盘踞昆明的梁王不敌明玉珍所率军队，逃至楚雄。在大兵压境的情况下，梁、段两人搁置矛盾，段功前来救援，击退明玉珍部下万胜和明二部队，保住了

---

① 李治安：《元代行省制度研究》，中华书局，2011，第 562 页。

昆明。梁王把匝剌瓦尔密将女儿阿盖公主嫁给段功。

历史剧《孔雀胆》通过讲述梁王之女阿盖公主和云南行省平章政事的政治联姻，本想表达蒙汉团结，但是，通过塑造梁王把匝剌瓦尔密和丞相车力特穆尔形象，抨击了破坏民族团结的行径。段功立下了赫赫战功，却因小人的谗言，无端命丧于岳父梁王之手，这自然引起了云南各族人民的深切同情。因此，多种云南本地的文献都对这一事件有所记载。特别是以孔雀胆毒杀的情节，尤为惊心动魄，得到了广泛的演绎与传播。明清时期的云南地方文献大都记载了梁王与段功的相关事迹，且出现了"层累堆积"的现象，时代越后，情节越丰富，这表明了历代民众与文士对于《孔雀胆》故事的理解与感情。洪武十七年（1384），明太祖朱元璋派遣大将傅有德攻打云南，虽然促进了多民族国家统一的进程，却也有计划地焚烧了大批珍贵的文献典籍，大理及元朝统治时期云南的史事多遭湮没，也使得此前梁、段相争的事迹变得模糊不清。因此，考察《孔雀胆》有关史事的源流，颇具意义。

关于这一问题，前人已经做了许多工作。① 概而言之，目前所见有关孔雀胆的记载均不见于元代文献，是明代后期云南地方文人虚构的故事。最早或出自嘉靖年间蒋彬所撰《南诏源流纪要》，"其后，杨慎《滇载记》、倪辂《南诏野史》、诸葛元声《滇史》、屠寄《蒙兀儿史记》、柯劭忞《新元史》都依据《南诏源流纪要》演绎'孔雀胆'的故事"②。这一结论大致可信。但《南诏源流纪要》成书于明嘉靖十一年（1532），距离元末已经一百多年，蒋彬又是从何处采撷到这一故事的呢？他在《南诏源流纪要序》中谈到了本书的材料来源："始予至兹地，从《郡志》寻南诏颠末，而世系支派先后，互矛盾漏误相因，仍反覆之而不得其说也久矣。乘暇乃本之《通鉴纲目》，暨《汉书》《唐书》地理志，《一统志》，及参

---

① 相关的专题研究成果有方龄贵《阿�公主诗中夷语非蒙古语说》（《思想战线》1980 年第 4 期，第 57~60 页）、张锡禄《"孔雀胆"故事及有关诗文考释》（见氏著《元代大理段氏总管史》第六章第五节，云南民族出版社，2006，第 182~191 页）、胡静《"孔雀胆"事件前后的元代云南政治社会状况》（《思想战线》2008 年人文科学专辑第 34 卷）、田玲《〈孔雀胆〉：虚构的故事与历史的真实》[《云南民族大学学报》（哲学社会科学版）2017 年第 6 期，第 137~141 页]。此外，如段玉明《大理国史》、方慧《大理总管段氏世次年历及其与蒙元政权关系研究》等通史性著作中亦有论及有关史事，兹不赘述。

② 田玲《〈孔雀胆〉：虚构的故事与历史的真实》，《云南民族大学学报》（哲学社会科学版）2017 年第 6 期，第 137~138 页。

以致仕判杨君鼎旧所藏抄录《南诏纪》《白古记》者，互为考订，足信者存之，怪且疑者去之。正其误，补其漏，折衷其同异。"① 落款时间为嘉靖十一年正月。由此可见，《南诏源流纪要》的史源为《郡志》、《通鉴纲目》、《汉书》、《唐书》、《一统志》、《南诏纪》与《白古记》。《通鉴纲目》与汉、唐书其意自明，纪事均在元朝之前。而《一统志》所指当为天顺年间李贤主持编纂的《大明一统志》，其中并无有关梁王的事迹。即使蒋彬得以寓目流传甚稀的《大元一统志》，这本最终完成于元成宗大德年间的地理总志也不会记载元末史事。因此，可以将《孔雀胆》的史料来源，确定在《郡志》、《南诏纪》和《白古记》上。

所谓《郡志》，有学者认为就是指《白古通记》（也作《白古记》）。② 至于《南诏纪》，蒋彬言为"致仕判杨君鼎"旧藏，方国瑜认为即杨鼐《南诏通纪》。③ 万历《云南通志》载杨鼐为举人，"授黄州府通判，以廉明称。致仕归里四十余年，无老、少、贤、不肖皆称为长者，所著有《南诏通纪》，寿百岁乃卒"④。与"致仕判"同，又现存成化年间的大理地区碑刻记载杨鼎为"大理府儒学生员""庠生"，嘉靖五年（1526）碑刻中又有"乡贡进士致仕通判杨鼎撰""致仕通判杨鼎书"的文字，可与嘉靖、隆庆两《云南通志》所载《南诏通纪》的作者杨鼐勘同。⑤ 由于"鼎""鼐"字形相近，且存在多处旁证，因而方国瑜等人的看法可以信从。此书今已不存，但多为他书征引。从佚文的情况看，内容应当主要出自《白古通记》。⑥ 由此，可以把《孔雀胆》故事的史源，确定在《白古通记》上。这是一本以白族语言写成，记述云南史事的著作。

由于《白古通记》早已亡佚，这一结论难以获得确凿的证明。不过，也存在着一些旁证。《孔雀胆》故事虽首见于《南诏源流纪要》，但最终成型于杨慎的《滇载记》。书中增附了许多细节，如元军与明夏红巾军交战

① 《南诏源流纪要序》，蒋彬：《南诏源流纪要》，载和生弟、王水乔主编《大理丛书·史籍编》卷2，云南民族出版社，2012，第134~135页。

② 侯冲：《白族心史——〈白古通记〉研究》，云南人民出版社，2011，第30页。

③ 方国瑜：《云南史料目录概说》，中华书局，1981，第367页。

④ 邹应龙修，李元阳纂《（万历）云南通志》卷11《人物志七》，1934年龙氏灵源别墅重印本。

⑤ 此说见侯冲《〈南诏通纪〉的作者、卷数、影响及评价》，《学术探索》2004年第4期，第88页。

⑥ 侯冲：《〈南诏通纪〉的作者、卷数、影响及评价》，《学术探索》2004年第4期，第91页。

的过程，段功原配夫人高氏和阿盖公主二人的诗作三首。晚出的著作大抵依据《滇载记》的叙事架构。那么，这些后起的情节又源自何处？杨慎在书末称："余婴罪投裔，求蒙段之故于图经而不得也，问其籍于旧家有《白古通》《玄峰年运志》，其书用僰文，义兼众教，稍为删正，令其可读其可载者，盖尽书此矣。"① 所谓《白古通》和《玄峰年运志》也就是《白古通记》，如果按照杨慎的说法，《滇载记》就是将白文《白古通记》翻译为汉文并稍加修改的结果。不过，这一说法不可尽信，方国瑜认为"杨慎以博识著名，亦以伪造著名，《滇载记》非从白文译出，亦非出自杨慎手笔也，不能以杨慎本所说而轻信之"。但这一论断是针对杨慎亲自翻译《白古通记》而言，据考，杨慎系由张云汉处得到《白古通》，张云汉则得之于姜龙，"则原本《白古通》用白文，屡经译述，转为汉文。姜龙所得，即已译述为汉文之本，惟其词鄙，经杨慎芟薙芜陋，括以文章家法而已"。总而言之，《滇载记》虽非杨慎从《白古通记》中直接译出，但内容多本之，又经过了一定的修改和添补。②

而单就《孔雀胆》的故事而言，所增益的内容或可分为两部分，一是有关红巾军与梁王、段功的战争情况，二是段功与妻子之间的互动。后者包括一首奇特的"夷语"诗，据称为阿盖公主悼念段功所作："吾家住在雁门深，一片闲云到滇海。心悬明月照青天，青天不语今三载。欲随明月到苍山，误我一生踏里彩。吐噜吐噜段阿奴，施宗施秀同奴歹。云片波鳞不见人，押不芦花颜色改。肉屏独坐细思量，西山铁立霜潇洒。"③ 诗中混杂了一些非汉语的词语，且用小字注明含义，如"踏里彩"为"锦被名"、"吐噜"为"可惜"，"歹"为"不好"等。前人大都以公主为元室宗亲，而断定这些词语出自蒙古语。而方龄贵参以《元朝秘史》《华夷译语》诸书，认为它们均不能在蒙古语中找到对应单词。④ 王敬骝则逐一考察了诗中出现的七个非汉语词语的来源，认为都是当地通用的白语，而小字所标

---

① 杨慎：《滇载记》，收入方国瑜主编、徐文德，木芹纂录校订《云南史料丛刊》第四卷，云南大学出版社，1998，第 765 页。引文标点有调整。

② 关于《滇载记》的史源，见方国瑜《滇载记概说》，《云南史料丛刊》第四卷，第 752~755 页。

③ 杨慎：《滇载记》，《云南史料丛刊》第四卷，第 763 页。

④ 见方龄贵《阿禣公主诗中夷语非蒙古语说》，《思想战线》1980 年第 4 期，第 57~60 页。

明的含义则大都系不懂白语之人望文生义的产物，并非正确的翻译。① 因而，《滇载记》所增益的《孔雀胆》故事，亦与白族存有联系。而大理段氏也正出身白族。② 这些迹象表明，《孔雀胆》应当出自元明之际流传于白族内部的民间故事。

上述《南诏源流纪要》《滇载记》《南诏野史》诸书中保存了许多大理国和段氏家族的史事，而这些内容大都与《白古通记》有关。而在此之外，在云南方志中是否保存有《孔雀胆》的记载呢？明代云南方志数量较多，成书时间早于《南诏源流纪要序》的有《（洪武）云南志》、《（景泰）云南图经志书》、《（弘治）云南总志》及《（正德）云南志》等数种。其中，洪武志早已不存，景泰志是目前所见最早的较为完整的云南志书。其中记载了一些梁王的事迹，但全无《孔雀胆》的痕迹。直到晚出的《（隆庆）云南通志》中，才出现了这一故事，且内容与《滇载记》大略相同。由此可见，目前所见所有《孔雀胆》史事的记载，均与白族密切相关。

经由以上考察，可得出结论，《孔雀胆》的故事，最早以民间故事的形式在白族社会流传。此后，蒋彬、杨慎等人在撰述云南地方史籍时，广泛采用了记载白族史事的《白古通记》，从而使得《孔雀胆》的故事进入了士人阶层的视野。此后，这一故事进入了官修方志之中，直到《大清一统志》将其编入，从而成为一种权威的历史叙事。《孔雀胆》的故事缘何有如此的影响力？它表明了云南各族同胞对于段功与阿盖夫妇的深切同情。

三　胆中剧毒何处来：知识史视野下的孔雀胆

作为全剧的标题，孔雀胆究竟为何物，毒性又从何而来？在上述诸种南疆史籍中，都只有孔雀胆之名，而对于其形貌特征则无一语提及。剧作则以"铜绿的粉末"来描述孔雀胆的形态。③ 这种说法是否存在依据呢？

① 王敬骝：《〈孔雀胆〉中的阿盖公主诗考释》，《中央民族大学学报》1995 年第 5 期，第 72~78 页。

② 关于段氏的族属，学界说法不一，段玉明认为其族出西北（见段玉明《大理国史》第一章第二节《段氏势力的崛起》，云南民族出版社，2003，第 9~18 页），而张锡禄则认为是土著白族（见张锡禄《元代大理段氏总管史》第二章第二节《大理国段氏家族源流考》，第 41~46 页），孰是孰非，难以定论。但据段玉明研究，段氏由西北南迁的时间不晚于北魏末年，距离大理国建立相隔数百年，应当同化于当地士族之中。

③ 见郭沫若《孔雀胆》第二幕，《郭沫若全集·文学编》第 7 卷，第 183 页。

《孔雀胆》单行本最早由重庆群益出版社于 1943 年 12 月出版，但初版今日无从查阅。而同样由群益出版社 1946 年出版的《郭沫若文集》第一辑中收录此书，只是说"这是孔雀胆"，并无铜绿色之说。[①] 1943 年 12 月，郭沫若在《华西晚报·艺坛》发表《关于〈孔雀胆〉》，文中专门谈到了孔雀胆的情况："关于孔雀胆的意义，泽民目前考得即是孔雀石（Melachite），天然界中产之；在化学上即盐基性碳酸铜（Basic Copper Carbonate），分子式为 $CuCO_3Cu(OH)_2$——普通之铜绿与此同，相有□，其色青绿，殆如孔雀之羽，复如其胆，故孔雀石乃有孔雀胆之名，颜料中有孔雀绿者亦此石之粉末也。此点可供释名之用，故录示。"[②] "泽民"应为当时在文化工作委员会任职的程泽民。根据他的考证，孔雀胆也就是孔雀石，即一种青绿色的矿石，这一看法可在佛教典籍中得到印证。唐人段成式在《酉阳杂俎》中说："释《僧祇律》：'涅槃印者，比丘作梵王法，破肉，以孔雀胆、铜青等画身，作字及鸟兽形，名为印黥。'"[③] 而翻检《摩诃僧祇律》，其中确有此条。[④] 这里所说的孔雀胆与"铜青"并列，可以用来"画身作字"，应当就是一种青色颜料。以孔雀命名，或许是二者颜色相近的缘故。

但是，这些内容无法证明孔雀胆具有毒性。目前所见最早关于孔雀胆有剧毒的说法，出自南宋时人周去非所著《岭外代答》，其云："孔雀，世所常见者，中州人得一则贮之金屋，南方乃腊而食之，物之贱于所产者如此！胆能杀人，以胆一滴，沾于酒盏之臀而酌以饮人，亦死。前志谓南方有大雀，五色成文，为鸾凤之属，孔者大也，岂是物与？"[⑤] 按照周去非的说法，将孔雀胆汁滴入酒中，饮酒之人沾之则死。这一说法在晚出的文献中也有踪迹可寻。杨武泉注云："《本草纲目》四九孔雀条引《冀越集》云：'孔雀虽有雌雄，将乳时，登木哀鸣，蛇至即交，故其血、胆犹伤人。'同条又云：'时珍曰，熊太古言，孔雀与蛇交，故血、胆皆伤人。'

① 郭沫若：《孔雀胆》，群益出版社，1946，第 69 页。
② 转引自林甘泉、蔡震主编《郭沫若年谱长编（1892—1978 年）》，第 1017~1018 页。
③ 段成式撰，许逸民校笺《酉阳杂俎校笺》前集卷 8《黥》，中华书局，2015，第 652 页。按："涅槃印者"，整理者据《僧祇律》改为"印瘢者"，但这一改动并无版本依据，此处仍按原文。
④ 见法显译《摩诃僧祇律》卷 23，《大正新修大藏经》第 22 册，第 419 页。
⑤ 周去非著，杨武泉校注《岭外代答校注》卷 9《禽兽门·孔雀》，中华书局，1999，第 367~368 页。

孔雀与蛇交，非实。孔雀胆能杀伤人，未详。"①《冀越集》将孔雀胆具有毒性的原因，归结为孔雀哺乳时"与蛇交"，也就是说孔雀胆之毒来自蛇。此书是由元人熊太古所作，《四库总目》云其为江西丰城人，官至江西行省郎中，"生平足迹半天下、北涉滦河、西泛洞庭、东游浙右、南至交广、故举南北所至，以'冀越'名其集。杂记见闻、亦颇赅博"。是故《冀越集》多收录见闻，但"记载每不甚确"。②熊太古既然"南至交广"，与《岭外代答》所涉及的区域有所重合，那么两处孔雀胆，或许有共同的知识来源。但是，这里的孔雀胆确实为孔雀身上之胆，与释典中的青色矿石迥乎不同，两者是否存在关联？佛教提供了一种可能。

有学者指出，元代有关孔雀胆的知识应当来自西藏。在西藏传统中，孔雀被认为是一种食物。在西藏医书《四部医典》中，孔雀被列为药材之一，肉和羽毛都可以入药，唯独胆中有剧毒。而在另一部药典《晶珠本草》则记载孔雀肉和胆在单独服用时毒性极强，但与其他食物混在一起，却有解毒的功效。但是，孔雀不能生活在寒冷的雪域高原，因此，藏医中关于孔雀胆的知识，应当来自邻近的印度地区。③《岭外代答》纪事范围为南海至印度洋，也为佛教流行的区域。由此，动物和矿物两种孔雀胆都指向了佛教这个背景。在此背景之下，孔雀还有着特殊的含义。"在佛教中，孔雀明王、阿弥陀佛的坐骑均为孔雀，且孔雀明王与穰麌梨童女第二手均执三五茎孔雀尾。无论是孔雀座还是执孔雀尾都与孔雀能食毒虫有关。"孔雀虽然能够服食毒虫，但也可以化解百毒。④而云南同样是佛教兴盛之处。因此，虽然难以断言故事中的孔雀胆系矿石还是动物，但关于胆中含毒的知识与佛教密切相关，当无疑问。

四 红巾军攻云南："孔雀胆"
与元末农民战争

《孔雀胆》这一历史剧的元素丰富、内涵深刻，而剧本又创作于抗战

---

① 周去非著，杨武泉校注《岭外代答校注》卷9《禽兽门·孔雀》，中华书局，1999，第367~368页。
② 永瑢等：《四库全书总目》卷143子部小说家类存目一，中华书局，1965，第1218页。
③ Rebecca Shuang Fu and Xiang Wan, "The Peacock's Gallbladder An Example of Tibetan Influence," in *Late Imperial China*, *Imperial China and Its Southern Neighbours*, pp. 268-290.
④ 李兰芳：《孔雀考》，《形象史学》2021年第4期，第253页。

时期，这自然引起了多方面的评论与解读。作者自陈写作的动因是"因为同情阿盖与段功。在写作时当然也加上了一层作意，现代人所说的主题，我是企图写民族团结"①。而杨亚宁则认为应更多地体现"蒙汉合作"的氛围。② 也有人从其他角度对主旨加以阐发。例如一位署名"剑尘"的评论者认为剧中的段功体现了"忠于职责"的现代军人的品质，而剧本整体则充满了"忠贞之气"，堪比文天祥《正气歌》。③

倘若把《孔雀胆》的主题定义为民族团结合作，那么他们所对抗的明夏农民军自然也就成了敌对者，这也引起了一些争议。阳翰笙就"不主张在元统治中国快要崩溃的时候，来谈蒙汉团结，并在团结中来对付从民族运动中和农民运动中起来的明玉珍"④。郭沫若接受了这一意见，对剧本进行了修改。由此可见，由万胜率领的进攻云南的军队，在历史剧中同样占据了重要的角色，不能简单地视为反面角色。但是，前人在论及此事时，大都把关注点放在元朝一边，对起义军的行为着墨较少。此处结合相关材料，对此事稍加考察。

至正二十三年（1363），占据四川的明玉珍派部下万胜率"红军"进攻云南。明人可《明氏实录》专记明夏史事，是反映这一事件的第一手史料。但今本《明氏实录》系由《国初群雄事略》抄录而成，"性质上相当于《明氏实录》的一种文字不太准确的辑本"，缺乏独立的史料价值。⑤ 而钱谦益《国初群雄事略》卷 5《夏明玉珍》辑录了《明氏实录》等相关文献，以下将《国初群雄事略》所引《明氏实录》和《平夏录》摘引如下：

> 复遣司马万胜等率兵攻云南。胜兵由界首入，司寇邹兴由建昌入，指挥芝麻李由八番入。胜兵不满万，皆以一当十。至正二十三年癸卯（天统二年三月），万胜兵至云南，梁王孛罗帖木儿（一名把都）及云南行省廉访司官先二日弃城走，退保金马山（一曰皆走楚威），

---

① 《〈孔雀胆〉二三事》，《郭沫若全集·文学编》第 7 卷，第 279 页。
② 《〈孔雀胆〉资料汇辑——昆明杨亚宁先生提供之函件》，《郭沫若全集·文学编》第 7 卷，第 286 页。
③ 剑尘：《万人展望〈孔雀胆〉》，《大观楼旬刊》1943 年第 3 卷第 4 期，第 3 页。
④ 《阳翰笙日记选》，1942 年 9 月 22 日，四川文艺出版社，1985，第 76 页。
⑤ 杨晓春：《今本〈明氏实录〉出自〈国初群雄事略〉考》，《中华文史论丛》2020 年第 1 期，第 119~155 页。

胜入城据之。三月初八日，胜兵抵云南屯兵金马山，邹、李皆不至。梁王孛罗、云南省廉访司官先二日皆走。胜遣使四方告谕招安，继日赍宣牌面纳降，降者不可枚举。邹、李兵不至，胜遣使四出招谕，降者日至，即遣侍中杨源表闻，获其众以献。表曰："圣德孔昭，诞受维新之命，王师所至，宜无不服之邦。大军既发于三巴，逾月遂平乎六诏。穷祇交贺，远迩同欢。恭惟皇帝陛下，勇智如汤，文明协舜，既念中华之贵，反为左衽之流。矧在位之贪残，致生民之困踣。恭行天罚，遂平定乎多方；礼顺人情，即进登于五位。兹南诏，邻彼西戎。藩公挟便宜行事之文，专任金壬，滋其饕餮；守宰无恻怛爱民之意，肆为虐政，害彼黔黎。下诏扬庭，出师讨罪。初临乌撒，蛮酋纳欵以供输；继次马隆，敌众望风而奔溃。遂由驿路，踏入滇池。士民冒雨以争降，官吏叩头而请罪。一毫不染，万室皆安。胜等愧以庸才，钦承威命，凡此大勋之集，断非小器之能，皆圣人大庇之洪休，抑诸将效劳于忠力。深入不毛，臣愧偶同于诸葛；诞敷文命，帝德齐美于有虞。"……四月，梁王下王傅官大都领兵来攻城，万胜领兵回哨援之，胜败于关滩。时招安元帅姬安礼被执至行邸，问："兵多寡？"曰："八千。"于是，大都命集于大理。是役也，胜以孤军不可深入，士多战伤，乃留逮水元帅府千户聂瑾率领八千人与大都拒守，遂引兵还重庆。[①]

由此可知，明玉珍派司马万胜等人兵分三路攻打云南，初期进展顺利，元军一触即溃，投降者不计其数。梁王收拢残兵于大理，击败了孤军深入的万胜。这一记载补充了明玉珍一方行军进攻的情况，也反映了万胜南征对于明夏政权的影响，这些都足以补滇省史籍之缺。

不过，根据《明氏实录》的记载，至元二十三年前后镇守云南的梁王名叫孛罗帖木儿，也称作把都。但据《明史》记载，当时的梁王却是把匝剌瓦尔密，也就是在明军攻入云南之后的末代梁王，《明史》为他特设专传云：

① 以上见钱谦益撰，张德信、韩志远点校《国初群雄事略》卷之五《夏明玉珍》，中华书局，1982，第120~122页。原书在句末以小字注明出处，引文中一并删去。

> 梁王把匝剌瓦尔密，元世祖第五子云南王忽哥赤之裔也。封梁王，仍镇云南。顺帝之世，天下多故，云南僻远，王抚治有威惠。至正二十三年，明玉珍僭号于蜀，遣兵三道来攻，王走营金马山。明年以大理兵迎战，玉珍兵败退。①

言之凿凿地说击退明玉珍的梁王确系把匝剌瓦尔密，民国时期柯劭忞《新元史》亦秉持此说，此后的研究者也大都因袭二书。此说与《明氏实录》孰是孰非？《明氏实录》成书于明初，距元末时代较近，而《明史》则系清代纂修，在史料的原始性上颇有折扣。此外，《明太祖实录》也附录有明玉珍小传：

> 癸卯冬，复遣司马万胜等率兵攻云南。胜由界首，司徒邹兴由建昌，芝麻李由八番，三道并进，胜兵不满万人。甲辰春三月，胜兵至云南，元梁王孛罗帖木儿及行省廉访司官弃城退保金马山，胜入城据之。夏四月，胜引兵还重庆。胜兵之入云南也，邹兴、芝麻李兵尚未至，梁王孛罗帖木儿不意胜兵奄及，故弃城遁。及梁王之傅大都率兵出侦敌，获胜部将姬安礼。问胜兵几何，曰八千。于是大都会大理段平章兵击胜，杀伤者过半。胜以孤军深入，约兵未至，而战士多中伤，难以久驻，遂引兵还。所过暴掠为民患，玉珍不能制。②

内容与《明氏实录》多有相近之处，同样明言当时的梁王是孛罗帖木儿。两者时代均远早于《明史》，是故当以孛罗帖木儿为是。《明史·把匝剌瓦尔密传》将至正二十三年明玉珍攻云南，梁王退据金山一事误植于把匝剌瓦尔密名下。张岱玉《〈元史·诸王表〉补正及部分诸王研究》也指出，孛罗帖木儿在至正二十八年（1368）七月明军攻克通州的战役中被俘，把匝剌瓦尔密应当是在此后才被封为梁王。③

---

① 《明史》卷 124《把匝剌瓦尔密传》，中华书局，1974，第 3719 页。
② 《明太祖实录》卷 19，丙午年二月庚辰，"中央研究院"历史语言研究所校印，1962，第 268～269 页。
③ 张岱玉：《〈元史·诸王表〉补正及部分诸王研究》，内蒙古大学博士学位论文，2008，第 40～41 页。

　　表面上看，《孔雀胆》讲述了段功和阿盖公主二人的爱情故事，但这个故事之后却有着宏大壮阔的时代背景。元末的南疆土地上，蒙古统治者和本地贵族间的关系日益紧张，农民起义军又大兵压境，这几方势力之间形成了多重的矛盾冲突。同时，孔雀胆的宗教色彩与故事的白族背景为剧作增添了一些地方风味，这些使得《孔雀胆》这一历史剧的情节极富张力。

女性主体性搭建及其限度

——从《女神》到《蔡文姬》的女性塑形[*]

卓 娜 田 泥^{**}

摘 要：通过塑造一系列"情、爱、国"三者合一的女性形象，郭沫若建构起其诗学、史学、政治学相交融的现代化的叙述模式。从《女神》到《蔡文姬》的女性形象嬗变可看出，创作于 20 世纪 20 年代的《女神》为 40 年代郭沫若浪漫主义历史剧创作理论的成熟奠定了基础，于 50 年代创作的《蔡文姬》则是"情、爱、国"高度合一的最佳阐释，不仅展示了女性在历史中的生命图景与主体性搭建姿态，更展现出历史事件的内在逻辑和历史进程的现代化演变。

关键词：郭沫若 《女神》 历史剧 《蔡文姬》

新文化运动后，无数爱国的热血青年受到了感召，远在日本留学的医学生郭沫若也不例外。这位青年人将满腔的热血与激情转化为蓬勃的诗情，他以特有的火山喷发式文风迅速席卷文坛，引起极大的震动。而这种极具感染力、生命力和富有激情的创作状态基本贯穿了郭沫若的生命始终。早在 20 世纪 20 年代，诗集《女神》塑造了一系列有担当、有责任感、饱含家国情思的女性形象，开启了中国"新诗"的新纪元，这既是自晚清以来"新女性观"影响下的得力之作，也是近现代知识分子寻求个性解放和自我独立意识的文化载体。待到 40 年代，郭沫若迎来创作的第二次高峰期。抗战期间他创作了《棠棣之花》《屈原》《虎符》等六部大型历史剧，其中以《屈原》中的婵娟、南后和《虎符》中的如姬作为女性形象代表。这一时期的女性形象构建相较于《女神》，更富有女性自主意识，

---

  * 本文是 2022 年度四川省教育厅人文社会科学重点研究基地项目"当代视域下的郭沫若性别观研究"（项目编号：GY2022A01）的阶段性成果。

  ** 卓娜，广州美术学院助教；田泥，中国社会科学院文学研究所研究员。

这也是郭沫若的创作日趋成熟的体现。而创作于 50 年代的《蔡文姬》则是郭沫若浪漫主义历史剧创作理论成熟的标志，蔡文姬是其笔下最具诗性的，"情、爱、国"高度合一的现代式样的女性形象。

从早期的新诗到极负盛名的历史剧创作，郭沫若皆善于从历史的深处挖掘题材，并赋予其瑰丽的想象，且在不违背历史精神的真实的前提下，大胆构设更细致的历史剧情。他笔下创造的新人物、人物关系的排列组合等，均能与历史发展脉络无缝衔接，且贴合时代精神与社会发展潮流。不得不说，郭沫若的创作确实给当时的文坛带来了巨大的冲击与震撼力。因此，他笔下的女性形象十分值得关注，她们穿过历史尘埃透出了现代革命精神之光；而激荡着作家现代的诗心和情心，在今天仍然能够引起我们无限的遐思与想象。

一　创造光明的"缪斯"

1892 年出生的郭沫若能切身感受到封建传统社会秩序的松动与瓦解，还有世纪之交国际环境的动荡起伏以及西方先进思想的涌入，这些无不影响着郭沫若那一代青年的人格塑造和思想形成。早慧的郭沫若无法接受父母包办式婚姻，尤其对方还是旧社会缠足女子。大婚之后他毅然决然远走他乡，赴日留学。毋庸置疑，这一人生经历成为他创作《女神》的反叛力量与精神源泉。在阅读《女神》的时候，我们能看到一个个敢于打破传统、肩负民族重任的女性，她们与无数有识之士一同站在时代的风口，她们是女神，是同盟，更是至亲，具有高度的辨识性和现代性。这一组群像集中出现在《女神之再生》《湘累》《棠棣之花》《煤中炉》中。《女神》的《序诗》则提前预告了这位顶天立地的女神的再生，颇具歌德诗歌里西方神话的韵味，更显中国古老神话与传说的内核，仿佛沉睡两千多年的大地之母刚刚于朦胧中苏醒，让福音降临人间：

> 女神哟！
> 你去，去寻那与我的振动数相同的人；
> 你去，去寻那与我的燃烧点相等的人。
> 你去，去在我可爱的青年的兄弟姊妹胸中，
> 把他们的心弦拨动，

　　把他们的智光点燃吧！①

　　《序诗》中的女神已迫不及待要去完成唤醒民众的历史使命，而《女神之再生》则呼唤着新中国的诞生。这一组诗剧以《共工怒触不周山》的东方古老神话为底本，创造了一位具有西方地母神话色彩的女性形象，她要替姊妹们/中国人民"创造个新鲜的太阳"，创造新的光明，"旧了的皮囊"已无法容受"新的热与光"。② 这幅神采奕奕的女性画像与新文化运动倡导的"破旧立新"不谋而合，同时也是郭沫若自身爱国情感的外化，是其寻求自我认同和民族身份体认的重大举措。诗剧《湘累》《棠棣之花》中劝诫屈原的女须，还有给聂政送行的聂嫈也是如此，无不彰显着母性的光辉与对民族振兴的企盼。《煤中炉》中的女郎甚至是祖国的化身，在异域生活的郭沫若将对祖国的眷恋熔铸到一首首诗歌当中去。在这一时期，郭沫若的女性形象书写与建构，基本上是作为一个家国情怀的文化符号和元素出现的，而这样一种构建肇始于郭沫若早期短篇小说《牧羊哀话》。

　　在《女神》诗集（1921 年）诞生前，郭沫若创作了短篇小说《牧羊哀话》（1918 年）。小说以朝鲜亡国为背景，展示了一个域外的故事。"我"来到朝鲜的原因本是想一睹"金刚山万二千峰的山灵"，却意外听闻了闵、尹两家的悲剧。闵家闵崇华原是朝鲜李氏王朝的子爵，因与朝堂政见不合、大势已去，便携家归隐金刚山下的小村落。不料其继配夫人李氏和家臣尹石虎联手想向日本宪兵告发闵崇华。尹石虎却误杀了其子尹英，尹英为保护闵家父女而死。早已和尹英相恋的闵小姐佩荑，从此以后便在金刚山上接管尹英生前看管的羊群，这便是《牧羊哀话》。看似是朝鲜故事，实则是郭沫若借此影射中日关系。作为一名官费留日学生，郭沫若不能公开发表涉及中日关系的言论，只能隐晦地表述。他通过《牧羊哀话》这个爱情悲剧，抨击日本帝国主义对朝鲜人民的戕害。家园破碎，恋人已逝，徒留闵小姐肝肠寸断地在山脚下独吟：

　　羊儿！羊儿！
　　你莫悲哀；

---

　　① 郭沫若：《女神·序诗》，人民文学出版社，1977，第 1 页。
　　② 郭沫若：《女神·女神之再生》，人民文学出版社，1977，第 5 页。

有我还在，

虎豹不敢来。

虎豹它纵来，

我们拼了命，

凭它衔去哉！

羊儿！羊儿！

你莫悲哀！①

　　闵小姐继承恋人的遗愿，向侵略者发出掷地有声的控诉，其形象之高大、品性之高洁，宛如金刚山上一位神圣不可侵犯的女神，这不正是《女神》的前身吗？其实，在郭沫若看来，"朝鲜沦为日本殖民地的命运更像是中国的一个镜像"，"并非是用来直接警示中国的平面镜，而是一个被扭曲了的镜面，其镜像所呈现的正好是在'中国不曾建立民国而被日本殖民'的假设下所会发生的人性悲剧"，这背后正是"对中华民国这样一个现代民族国家的强烈认同和对民国政府的极大信心"。② 1912 年中华民国成立，1914 年才东渡日本求学的郭沫若，见证了两千多年封建帝制的终结和中华民国的诞生。1916 年孙中山恢复《中华民国临时约法》，全面阐释了"主权在民"的思想。从国号"中华民国"来看，"民"之于国家建设的重要性不言而喻。从《牧羊哀话》中尹英的选择，我们也可看出郭沫若针对"民"在国家建构中如何发挥主观能动性这一问题进行了深入思考：尹英拿到李氏写给尹石虎的密信没有选择告知闵崇华子爵，而是慷慨赴义。显然，郭沫若的处女作《牧羊哀话》，"不仅是郭沫若小说发表的起点，更是他国家意识转型的起点，通过对朝鲜进行书写，郭沫若从镜像中看到了中国的出路在于人民的觉醒"，而"改变时下中国社会的唯一途径"，在于"唤起每一位国民对自身与国家之间关系的认知"。③ 应该说，身处域外的郭沫若真正体味到"弱国子民"的悲哀与屈辱，借异邦之事来抒自我爱国之情，他开始真正有了革命性的国家意识形态与中华民族崛起

---

① 郭沫若：《牧羊哀话》，载果麦编《伟大的中国短篇小说》，花城出版社，2023，第 15 页。

② 吴辰：《留学日本期间郭沫若的国家意识及其转变——以〈牧羊哀话〉为中心》，《新文学史料》2008 年第 3 期。

③ 吴辰：《留学日本期间郭沫若的国家意识及其转变——以〈牧羊哀话〉为中心》，《新文学史料》2008 年第 3 期。

的意识。但对闵小姐等女性形象的塑造，尚显得稚嫩。

1919 年第一次世界大战结束后，巴黎和会否决了中国提出的取消日本对华"二十一条"的要求，作为战胜国的中国却仍然被欺侮，这成为五四运动爆发的导火索。怀揣着强烈爱国热情的郭沫若虽在日本，却密切关注着国内的动态，通过投稿的方式声援国内的五四反帝爱国运动。他对五四以后的中国充满希冀，期盼古老的中国能重新焕发青春与活力。此时，极度隐晦的《牧羊哀话》已无法承载郭沫若内心此时涌动的诗意。在他看来，文学本就是"反抗精神底象征，是生命穷促时叫出来的一种革命"①。但"戏剧小说的力量根本没有诗的直切"②。因此，继《牧羊哀话》发表之后，在 1919~1921 年，他以气贯长虹的气势，创作了中国新诗史上的奠基之作《女神》，塑造了一个个肩负民族重任的女神形象，她们是开启民智、创造光明的缪斯，呼唤着新时代的到来，主动承担起"民"的责任，积极响应时代的号召。

另外，《女神》不仅是五四精神的产物，也是晚清"新女性观"的一种延续。"没有晚清，何来五四"③，晚清"新女性观"毫无疑问是五四"人"的觉醒的先声。自戊戌变法后，"男女平等""男女平权"等口号在社会上流行开来，中国女学堂、女子协会、《女学报》等也随之问世。女界革命由此轰轰烈烈展开。"欲新中国，必新女子；欲强中国，必强女子"④ 等诸多论断无不强调了女性对于国家命运有根本的决定权，晚清先进知识分子将救亡图存的理念与"女子世界"的理想构建结合起来，"女子身体解放的私人性一面往往被忽略，而与国家利益相关的公共性一面则被凸显出来和刻意强调"⑤。不过，被宏大叙事遮蔽的以女性视角作为切口的社会舆论，并非毫无结果，对女性觉醒与进步还是起到了一定作用，例如缠足风气有所松动，也出现了秋瑾这样大义凛然的女性，她在《勉女权》《女子歌四章》中，有"女子亦国民"、"国民女杰"和"男女平等，同担责

① 郭沫若：《〈西厢〉艺术上之批判与其作者之性格》，载谢保成、魏红珊、潘素龙编《中国近代思想家文库·郭沫若卷》，中国人民大学出版社，2014，第 73 页。

② 郭沫若：《写在〈三个叛逆的女性〉后面》，载谢保成、魏红珊、潘素龙编《中国近代思想家文库·郭沫若卷》，中国人民大学出版社，2014，第 193 页。

③ 王德威：《没有"晚清"，何来五四》，载王德威、宋明炜编《"五四"@100：文化，思想，历史》，上海文艺出版社，2019，第 21 页。

④ 金一：《〈女子世界〉发刊词》，《女子世界》第 1 期，1904 年 1 月。

⑤ 夏晓虹：《晚清女性与近代中国》，北京大学出版社，2004，第 95 页。

任"等明确的表述。但晚清女性观中传统的力量依然占绝对优势，其变革主张的深层次精神内核，还是中国传统士大夫寻求救亡图存的心理。

待到五四，《女神》应运而生，并呈现时代召唤出《女神》特有的激情呼喊、正义凛然的气质。不难看出这是晚清"新女性观"创作的延续，但《女神》当中种种温柔、呼喊、寻觅已然是近现代知识分子追求个人主义的表现，女神的"欧化"色彩即艺术精神的"欧化"，也正是年轻一代知识者在受到新世界、新文化冲击之后所做出的回应，他们感受到前所未有的心灵解放，对未来有无限的憧憬与期许。"二十年代是一个童年稚气的时代，更是一个正成长着的少年浪漫时代。"① 如在《凤凰涅槃》中郭沫若自我宣泄式的呼喊，在今天看来稍显幼稚，但却有具有极高的文学史价值，也具备一定的审美价值。

> 啊啊！
> 生在这个阴秽的世界当中，
> 便是把金钢石的宝刀也会生锈！
> 宇宙啊，宇宙，
> 我要努力地把你诅咒：
> 你脓血污秽着的屠场呀！
> 你悲哀充塞着的囚牢呀！
> 你群鬼叫号着的坟墓呀！
> 你群魔跳梁着的地狱呀！
> 你到底为什么存在？②

相较于小说，新诗可以更为直接地对当下历史做出反应，在郭沫若的浪漫抒情的表述中，洋溢着"一代有一代之文学"的艺术气质和精神风貌——"开口宇宙，闭口人生，表面上指向社会，实际上是突出自己"③。这不正是五四青春洋溢的风貌吗？除此以外，《凤凰涅槃》中还有对封建旧社会的控诉与哀怨："帆已破/墙已断/楫已飘流/柁已腐烂/倦了的舟子

---

① 李泽厚：《中国现代思想史论》，三联书店，2008，第234页。
② 郭沫若：《女神·凤凰涅槃》，人民文学出版社，1977，第36页。
③ 李泽厚：《中国现代思想史论》，三联书店，2008，第238页。

只是在舟中呻唤/怒了的海涛还是在海中泛滥"①。这一声声呼唤如同惊雷
一般唤醒了整个时代，感应时代的发展潮流。即便在今天看来这些思想不
够深刻，却有一股强大的生命力。郭沫若是时代的巨人，他立在地球边上
"不断的毁坏，不断的创造，不断的努力"② 的 "放号"，寻求的是构建现
代民族国家的路径。他以激情和意志反映了当时所有爱国青年人对旧时代
的诅咒与对新时代的渴望，至今仍具有震撼人心的艺术力量。

虽然新诗的艺术探索之路还处于萌芽阶段，新的艺术标准和规范尚未
形成，但《女神》在诗歌的形式上已打破中国传统旧体诗的格律要求，这
是郭沫若新诗最大的贡献之一。相较于新文化运动发难者胡适之的《尝试
集》（1920），郭沫若的《女神》（1921）无论是在形式上还是在内容上都
更显纯熟。1923 年，闻一多发表了两篇文章评论《女神》，准确评判其得
与失。在《〈女神〉之时代精神》一文里，他认为郭沫若的新诗《女神》
最能体现 "时代的精神——二十世纪底时代底精神"③。这也成为日后《女
神》被赋予极高文学史地位的重要评价依据，但作为友人的闻一多也没有
回避郭诗存在的艺术问题。另外一篇《〈女神〉之地方色彩》正是侧重于
对郭诗文学价值的探讨，"《女神》不独形式欧化，而且精神也十分欧化的
了"④。新文学发展初期，青年人一边极力摆脱封建传统的束缚，一边转而
向西方外来思想学习，直接移植还未仔细审视过的外来文化。郭沫若也不
例外，像鲁迅这样的思考巨人毕竟是少数。

由此可见，成功塑造一系列肩负民族重任的女性形象的《女神》，既
是晚清 "新女性观" 影响下的得力之作，也是近现代知识分子寻求个性解
放和自我独立意识的文化载体，如今已成为中国五四时期的一个符号和象
征。显然，郭沫若早期创作中的弊端也不容忽视，如此高昂、喷发式的爱
国情感表达，更像是一种弱国子民遭受民族歧视后的一种情绪输出，缺乏
深沉、理性的反思。即便如此，诗集《女神》的诞生仍旧标志着郭沫若浪
漫主义创作风格在诗歌领域的成熟，同时为 20 世纪 40 年代郭沫若浪漫主
义历史剧创作理论的成熟奠定了基础。显然，那一个个有担当、有责任
感、饱含家国情思的女神不满足只驻足在诗歌领域，她们继续追随郭沫

---

① 郭沫若：《女神·凤凰涅槃》，人民文学出版社，1977，第 38 页。
② 郭沫若：《女神·立在地球边上放号》，人民文学出版社，1977，第 72 页。
③ 闻一多：《〈女神〉之时代精神》，载《闻一多全集》，上海人民出版社，1982，第 216 页。
④ 闻一多：《〈女神〉之地方色彩》，载《闻一多全集》，上海人民出版社，1982，第 226 页。

若，一同将这一份浪漫彻底延宕开来，奏响时代之音。

二　从叛逆到归来

五四高潮时期的郭沫若久居国外多年，还未有过多的磨难和阅历，诗集《女神》中对构建新中国的美好憧憬难免带有一丝空泛，以及过于天真的浪漫，尽管空泛和感伤本来就是浪漫主义创作容易产生的弊端。郭沫若也意识到了自身创作的弱点，尤其是对《女神》中的《湘累》《棠棣之花》表露过强烈的不满。他认为诗是灵感的迸发，诗比戏剧、小说直切，直抒胸臆的《凤凰涅槃》创作仅耗时三十分钟，而创作诗剧《棠棣之花》时几度弃稿、易稿。① 待到五卅运动之后，经历北伐战争的郭沫若终于有了真正的革命实感。以诗剧《棠棣之花》为底本的历史剧《聂嫈》应运而生，且获得了广泛的社会支持与反响。郭沫若给予主演陆才英极高的赞誉，称她为"中国新女性的战斗者"②。其实，《聂嫈》（即 20 世纪 40 年代《棠棣之花》的最后两幕）无论是在艺术结构上还是内容上，显然都还不是成熟的，但是五卅惨案、北伐战争接连发生，人们的情绪急需一个宣泄口，社会需要极具号召性的文艺来反映现实生活。当时，广州血花剧社直接把《聂嫈》和发表在《女神》中的诗剧《棠棣之花》合并起来进行公演，郭沫若认为结构上累赘，此种做法也不合理，结果演出却获得了好评。③ 他本人也十分错愕，将浪漫主义创作原则运用到戏剧领域的公演竟能如此成功。这极大地鼓舞了郭沫若的创作信心，意味着创作个人的"情""爱"与"国家""民族"融合的历史剧的可行性，其不失为一种符合当时社会需要的有效的写作策略。但此时的郭沫若还没有形成一套完整的历史剧创作理论，只能将这一时期的摸索简单归结为"叛逆"。

1926 年，郭沫若将《卓文君》《王昭君》《聂嫈》三则历史剧结集为《三个叛逆的女性》，提出"三不从"原则，即"在家不必从父，出嫁不必从夫，夫死不必从子"的新性道德。郭沫若在集子后记中写道：

---

① 郭沫若：《写在〈三个叛逆的女性〉后面》，载谢保成、魏红珊、潘素龙编《中国近代思想家文库·郭沫若卷》，中国人民大学出版社，2014，第 187 页。
② 郭沫若：《写在〈三个叛逆的女性〉后面》，载谢保成、魏红珊、潘素龙编《中国近代思想家文库·郭沫若卷》，中国人民大学出版社，2014，第 195 页。
③ 郭沫若：《我怎样写〈棠棣之花〉》，载谢保成、魏红珊、潘素龙编《中国近代思想家文库·郭沫若卷》，中国人民大学出版社，2014，第 201 页。

啊，如今是该女性觉醒于时候了！她们沉沦在男性中心的道德之下已经几千年，一生一世服从得个干干净净。她们先要求成为一个人，然后再能说到人与人的对等的竞争……她们是不肯服从男性中心道德的叛逆的女性，她们不是因为才力过人，所以才成为叛逆。是他们成了叛逆，所以才力才有所发展的。①

这里"人"的概念仍旧是作为五四启蒙者对"人"的发现。在五四运动的浪漫与激情的感染下，诸多写作者热衷于将其作品的主旨尽可能引申至宇宙、人生、人类等这类重大命题，但内容却缺乏思辨性、哲理性，郭沫若也不例外。尤其是这三部早期的历史剧，浸透着作者个人太多的主观情绪和想象，比如《王昭君》这部剧本的构造大部分出自作者的想象②，刻意描写汉元帝的变态性欲，以此来凸显王昭君彻底反封建的叛逆性格。除了过度的想象，郭沫若早期历史剧中的人物性格过于追求"现代化"，这些叛逆的女性基本是五四"新女性"的化身。《聂嫈》中的酒家女对士兵说："我们生下地来同是一样的人，但是做苦工的永远做苦工，不做苦工的偏有些人在我们的头上深居高拱。我们的血汗成了他们的钱财，我们的生命成了他们的玩具。"③ 而工人阶级论的引入过于突兀，破坏了历史真实和艺术虚构二者的平衡性。剧本《卓文君》相对来说还算中规中矩，卓文君高举"人"的旗帜，发表"人"的宣言："我以前是以女儿和媳妇的资格对待你们，我现在是以人的资格来对待你们了。"④ 但这里所谓的"叛逆"的"人"更像是一个对现实不满、离家出走的青春少女，还没有具备"娜拉出走，何去何从"这一议题的深度和广度。所以《聂嫈》的公演如此成功是作者意想不到的，郭沫若也意识到调整历史真实和艺术虚构之间关系的重要性。

1927 年大革命彻底失败后，郭沫若被迫流亡日本。"郭沫若在流亡日

---

① 郭沫若：《写在〈三个叛逆的女性〉后面》，载谢保成、魏红珊、潘素龙编《中国近代思想家文库·郭沫若卷》，中国人民大学出版社，2014，第 188 页。
② 郭沫若：《写在〈三个叛逆的女性〉后面》，载谢保成、魏红珊、潘素龙编《中国近代思想家文库·郭沫若卷》，中国人民大学出版社，2014，第 190 页。
③ 郭沫若：《三个叛逆的女性》，上海光华书局，1926，第 40 页。
④ 郭沫若：《三个叛逆的女性》，上海光华书局，1926，第 23 页。

本的十年间共完成了十四种关于中国古代社会史和金文、甲骨文研究的论著。"① 这样一来，郭沫若便累积了深厚的史学素养，并有了系统的历史整体发展观。除了学术研究外，本质上是现代浪漫主义诗人的郭沫若，此时却由新诗转向了旧体诗的创作，开始了对传统文化的回归，并写了大量旧体诗，这在一定程度上为他日后创造大量具有诗性的历史剧人物，积累了宝贵的创作经验。

待到 1937 年抗日战争全面爆发时，国内民族意识空前高涨与喷发，紧张的战争时代气氛再次激发了郭沫若的创作激情和革命热情，郭沫若最终毅然选择"别妇抛雏"，回国积极响应"抗日救亡"的号召，并参与了关于民族形式的论争。毛泽东要求抗战时期的文艺作品要把国际主义的内容和民族形式结合起来，创作有中国精神、中国气派的文艺作品。1938 年在武汉成立的"中华全国文艺界抗敌协会"，呼吁文艺工作者联合起来完成救亡图存的历史使命。最终，作为左翼文化旗手的郭沫若不负众望，迎来了第二次创作爆发期。他以惊人的才思在 1941～1943 年贡献了《棠棣之花》《屈原》《虎符》《高渐离》《孔雀胆》《南冠草》六部大型历史剧。这些历史剧的背景集中在战国以及元末和明末社会矛盾尖锐的时期，"在这样的时代，人民和代表历史发展方向的进步人物，为了实现国家的独立和统一，曾经进行过可歌可泣的斗争，有的终于作出了悲壮的献身，这是值得后人继承的传统美德，也是现实所需要的精神力量"②。因而，郭沫若强调历史剧要灌溉现实的土壤，并不是历史事迹的简单再现，在把握历史精神的同时，对接时代需求，唤起国民意识，激发民众抵抗意志，才是他创作的出发点和落脚点。《虎符》中帮助信陵君窃符救赵的如姬临死前的独白，可以说是郭沫若这一历史剧创作观的最佳注脚：

> 信陵君，他就是维持公道和正义的人。我接触了他的光辉才增加了我做人的勇气。……他是太阳，万一我要走近了他的身边，我就会焦死。我会要遮掩了他的光。我只好是一颗小小的星星，躲在阴暗的夜里，远远的把他望着。③

① 张勇：《20世纪30年代郭沫若的另一解读——以郭沫若流亡日本十年翻译活动为例》，《郭沫若学刊》2017年第1辑。
② 王瑶：《郭沫若的浪漫主义历史剧的创作理论》，《文学评论》1983年第3期。
③ 郭沫若：《虎符》，上海群益出版社，1949，第130页。

　　如姬在窃符事发之后面临着生死抉择，唯一的生路是去邯郸投靠信陵君，然而她最后没有选择前去，在绝望中自行了断，来维护信陵君的光辉。如此悲壮的自杀以及这样大义凛然的独白，全部是郭沫若的匠心独运与主观性的投射。其实历史上并未有如此详尽的记载，但"揆诸战国时期以人的道德理性之自觉为核心的人本主义思潮和剧中人物所处的具体环境，作者的这些描写与刻画并非凭空生造，而乃对历史和人性之所应有和能有的深入抉发"①。从早期历史剧本《三个叛逆的女性》到 20 世纪 40 年代的历史剧，郭沫若终于找到了让历史真实和艺术虚构完美结合的最佳路径，从而使个人情感、历史精神和时代需求圆满和谐地统一起来。

　　由此观之，20 世纪 40 年代的女性形象构建相较于《女神》《三个叛逆的女性》也更富有女性自主意识，她们不再是从混沌中刚刚苏醒的女神，而是一个个主动承担历史使命、立场坚定、敢于冲锋的女战士，如在《屈原》中的侍女婵娟与南后郑袖，同样面对时代的急剧变化，二人却做出了不一样的选择，婵娟义无反顾地追随屈子，南后郑袖为了个人私利不惜污蔑屈原。当屈原蒙冤入狱，众人避之唯恐不及，只有婵娟坚定不移地追随着屈子的光辉，孜孜不倦地寻找屈子的下落，最后误饮郑詹尹给屈原的鸩酒而中毒身亡。就在这样一种诗意的追寻中，婵娟化为屈原精神的一部分，极富戏剧感染力，有力地表现了抵御外敌、团结救亡、反对求和的时代主题。无论是《虎符》中选择帮助魏公子信陵君偷符救赵的如姬，还是《棠棣之花》中不顾性命安危认亲的聂嫈，无不是在回应着救亡图存、反对分裂的时代主题。她们主动并自觉地为推动民族国家统一的进程而竭尽全力，这些女性形象都是郭沫若的独创，与历史原貌有所差别，倾注了作家强烈的革命理想主义色彩，展现着在马克思主义历史进步论指引下的抗战必胜的时代风貌。

　　这些女性并不是作为相对于男性而言的"他者"出现，而是以入侵者为参照，作为中华民族的一员，主动承担起民族国家兴亡的重任，令人为之动容，很难不让人想起大义凛然的秋瑾。自抗日战争全面爆发后，"中华民族被迫中断了寻求自我现代化的历史进程中，被迫卷入另一种现代性

---

① 解志熙：《历史的悲剧与人性的悲剧——抗战时期的历史剧叙论》，《中国现代文学研究丛刊》2007 年第 2 期。

的历史旋涡之中，那就是民族的自由、独立与解放"①。郭沫若之所以反复书写这类女性形象，其背后正是对中华民族的强烈认同以及实现民族独立、自由的极大信心，同时也是对中国文学与文化中"诗骚传统"的继承，展现出了对古典人文精神和中国文脉的接续。

实际上，"战国"在《屈原》《棠棣之花》《虎符》当中不仅是时代的背景，更是当下追求民族独立、统一的中国的一个镜像。分裂割据的"战国"时期与处于抗日战争时期的中国有共通的精神内涵。在作为镜像的战国背后，隐藏的是郭沫若对女性形象构设的转变。早期仅停留在叛逆层面、强调个性的女性意识消失殆尽，取而代之的是与民族精神、时代主题高度结合起来的女性自主意识。而从表现自我到强调"人民本位"②的转变，显示出郭沫若的创作理论经历了一个发展的过程。再加上郭沫若采取浪漫抒情的表达方式，使得他的历史剧充溢着强烈的抒情诗韵味，这何尝不是面对外敌入侵时，知识分子对中国传统文化的有意识回归呢？

因此，从最初的《三个叛逆的女性》到20世纪40年代这六部历史剧，从叛逆到归来，通过女性形象的建构，郭沫若终于将自己的心路历程和历史人物相似的命运选择融为一体，最后形成其独特的话剧美学风格，有了兼具革命浪漫主义和理想主义色彩的战争时代的艺术生成。以至于后来在50年代写《蔡文姬》之后，1959年5月16日，郭沫若在《人民日报》上宣称："蔡文姬就是我！"

三 流亡者之歌

1959年的《蔡文姬》是新中国成立后郭沫若最重要的历史剧创作之一，标志着郭沫若浪漫主义历史剧创作理论的成熟。虽然"文姬归汉"的故事家喻户晓，但郭沫若秉持历史研究要"实事求是"、史剧创作是"失事求似"的创作理念，赋予了蔡文姬别样的女性想象，这一想象不仅承载着民族复兴的强烈自豪感，还寄托着对中国共产党领导下建立的社会主义国家的坚定拥护和信心。

---

① 阿瑞夫·德里克：《现代主义与反现代主义》，邓正来译，载萧廷中主编《在历史的天平上》，中国工人出版社，1997，第219页。

② 郭沫若：《走向人民的文艺》，载谢保成、魏红珊、潘素龙编《中国近代思想家文库·郭沫若卷》，中国人民大学出版社，2014，第179页。

相较于 20 世纪 20 年代的新诗、40 年代的历史剧，这一时期的女性形象塑造，被安置在一个更为广阔的历史时空背景中，洋溢着对中华民族崛起的无限期盼和信心。即便如此，新中国成立后话剧家郭沫若依旧不可避免地回应现实政治问题：如何在空间转移与身份想象这二者的紧张关系中建构有效的女性叙事？如何借助一个流浪在家国之外的女性故事，来表达新中国、新时代的精神？如何在新生政权的语境里继续用女性叙事探索话剧民族化？

显然，蔡文姬"别儿抛女"回汉朝撰写《续汉书》的经历，与郭沫若于 1938 年"别妇抛雏"归国抗战虽极其相似，但不同的是，蔡文姬的故事充满了被动性的政治与情感纠葛。早在 1926 年《三个叛逆的女性》的后记中，郭沫若就谈到了创作《蔡文姬》的想法，直到 1959 年才实现这一创作，因为在此前郭沫若尚未想清楚，如何将爱情悲剧转换成中国人民喜闻乐见的"大团圆"模式。据郭沫若考证，从蔡文姬《胡笳十八拍》中"胡人宠我兮有二子"来看，在未被曹操赎回之前，蔡文姬与胡人结合后是有爱情的。[①] 而爱情的破灭正在于当曹操想把赎回时，胡人居然想将她卖掉，昔日的"宠"一下子被无情揭穿，她才下定决心离开。

早在 1926 年郭沫若就认定，蔡文姬就是一个古代的"诺拉"，一个叛逆者形象。而郭沫若个人的情感生活是琴瑟和谐的，1938 年的"别妇抛雏"实属无奈之选择。待到 1959 年，郭沫若也不再是为寻求民族独立、解放，需要与众多反动势力周旋的"叛逆者"，而是作为信仰坚定的共产党员，见证了新中国的建设与成长。时隔三十多年之久，他创作的动机和心境都有所改变。最重要的是，因为爱情破灭归汉的历史真实，无法和谋求民族团结、繁荣富强的时代主题链接起来，也不符合"郭沫若一贯重视的时代精神和现实意义的创作意图"[②]。郭沫若认为"历史剧作家不必一定是考古学家"，如果以纯正的历史家的立场来创作，"戏剧活动乃至一切文艺活动都不能成立"。[③] 因此，郭沫若对"文姬归汉"的历史原因进行了改动：胡人支持蔡文姬归汉，将冲突转移至胡人质疑曹操的目的，不是将蔡

---

① 郭沫若：《写在〈三个叛逆的女性〉后面》，载谢保成、魏红珊、潘素龙编《中国近代思想家文库·郭沫若卷》，中国人民大学出版社，2014，第 192 页。

② 王瑶：《郭沫若的浪漫主义历史剧的创作理论》，《文学评论》1983 年第 3 期。

③ 郭沫若：《我怎样写〈棠棣之花〉》，载谢保成、魏红珊、潘素龙编《中国近代思想家文库·郭沫若卷》，中国人民大学出版社，2014，第 203 页。

文姬赎回而是诈兵，于是才心生龃龉。这样一来，蔡文姬面临的是个体命运与国家大义、小我和大我的抉择问题，而不是"爱情破碎"的必然选择。郭沫若正是由此建构起《蔡文姬》的有效女性叙事。对于流亡在匈奴十几年的蔡文姬来说，不可避免地会面临更为直接的认同危机和身份焦虑，但在郭沫若的历史剧《蔡文姬》里边，蔡文姬的痛楚更多时候是因为她作为母亲的身份，从始至终并没有对她的汉人身份表示过一丝质疑和游离，甚至胡人也对汉人充满敬仰之情。那么，在郭沫若的意识里边，面对"不谓残生兮却得旋归，抚抱胡儿兮泪下沾衣"的命运捉弄，一个流亡在家国之外的女性此时该何去何从呢？

郭沫若的"别妇抛雏"完全是主动选择的结果，而历史上蔡文姬的命运悲剧，是历史与时代的局限性造成的，无论是流落至匈奴还是回归汉朝，女性没有自主选择命运的权利。但基于表现时代精神和现实意义的浪漫主义历史剧创作原则，这就必须在历史真实的基础上进行艺术虚构，甚至可以"幻假成真"，如在《棠棣之花》中，郭沫若"让剧中人说出了和现代不甚出入的口语，让聂嫈唱出了五言诗，游女唱出了白话诗等"[1]。综观《蔡文姬》全剧，可以确定，郭沫若是基于现实需要与历史史实，对历史进行了更为具象化、形象化的艺术再创造。我们也不难发现剧中的蔡文姬，不仅才华横溢，而且深明大义，俨然是一个相对自由的现代女子。更引人深思的是左贤王与蔡文姬两情和谐，毫无"男尊女卑"之感，相反相敬如宾。面对汉朝使者和左贤王之间的误会，左贤王也能听取蔡文姬的建议。蔡文姬虽思乡情切，却割舍不了对儿女的情感，而她的一对儿女对汉朝却有着无比向往和崇拜。就连赵四娘在家中也提及希望"匈奴和汉朝真正成为一家"的心愿。左贤王最后被董祀的劝说打动，同意蔡义姬回汉。最终在曹操的感召下，蔡文姬不惜别夫抛子，毅然回汉继承父业，撰写《续汉书》。看似简单的剧情延展，隐藏在叙述背后的是对朝气蓬勃、欣欣向荣的汉朝的期待，一如郭沫若当年对祖国的精神皈依，以及对新时代所做出的政治选择与回应。

颇为戏剧性的是，虽然《蔡文姬》原本是为曹操翻案而作，但最终曹操的形象却被模糊化处理。反倒是一个在汉代低吟《胡笳十八拍》的不幸

---

[1] 郭沫若：《我怎样写〈棠棣之花〉》，载谢保成、魏红珊、潘素龙编《中国近代思想家文库·郭沫若卷》，中国人民大学出版社，2014，第203页。

女性借助新时代的力量，在文学的世界里获得了新生并成为永恒的经典形象。正如雪莱所说，浪漫主义艺术应该"在我们的人生当中替我们创造另一种人生"①。"四时万物兮有盛衰，惟我愁苦兮不暂移"的蔡文姬的一生彻底被改写了，全剧最具感染力的反而是母子再度在汉相逢的一幕，感人至深。郭沫若在另一个时空实现了蔡文姬的心愿，《蔡文姬》也让郭沫若再次抵达艺术创作的新境界。

其实，郭沫若的叙事方式自 20 世纪 20 年代以来都是对男性写作传统的延续，无论是借助女性视角传达个人的情志，还是借历史的酒杯浇现实的块垒，均是在书写"大我"。不得不说，蔡文姬是高度叠合了"情""爱""国"的精神形象，这种以女性视角建构"大我"的叙事策略在《蔡文姬》中达到巅峰。虽然，40 年代的历史剧《屈原》《虎符》等也是郭沫若自我集"情""爱"和"家""国"为一体的融合之作，但这一时期他笔下的女性还存有一定的女性自主意识，这是因为"战争导致生存情势的威迫，但也会生成一些'空隙'，有可能探索与生活、与艺术的多种连结方式，使艺术体验深度的加强有了可能"②。40 年代对话剧民族化的探讨是以战争为背景展开的，追求"人的现代化"和"民族国家解放"，是这一时期文艺创作的中心主题。化身诗意灵魂追随屈子的婵娟（《屈原》）、发出近乎哈姆雷特式"生还是死"长篇独白的如姬（《虎符》），均在战争这块大幕布前演绎属于她们个人的选择，也是无数个秋瑾的选择。面对家仇国恨，这一选择具有了合理性和光辉性。而 50 年代后，随着主流文艺思想强调的是"文学写作的题材、主题、风格等，形成了应予遵循的体系性'规范'"③。此时对话剧民族化的探讨都要朝着为文学"一体化"的目标努力，郭沫若也在调适自己的创作路径。因此在《蔡文姬》的第三幕中，蔡文姬陷入与儿女分离的巨大哀痛中，在月夜抚琴独吟，而这种哀痛被董祀一番"先天下之忧而忧，后天下之乐而乐"的言论轻易遮掩过去。蔡文姬发誓道："我从今以后要听你的话，尽量减少个人的悲哀。"④ 不得不说，这实在是削弱了蔡文姬创伤性的这一女性形象的立体

① 雪莱：《为诗辩护》，载刘若端编《19 世纪英国诗人论诗》，人民文学出版社，1984，第156 页。
② 洪子诚：《中国当代文学史》，北京大学出版社，2007，第 6 页。
③ 洪子诚：《中国当代文学史》，北京大学出版社，2007，第 5 页。
④ 郭沫若：《蔡文姬》，载郭沫若《屈原》，人民文学出版社，1997，第 153 页。

性。其实，重心应从为曹操翻案转到为蔡文姬立传上来，让其显示出在历史中的女性主动性，展示她纠结痛苦之后的选择，为了中华母体文化的传播，舍弃个人情感、利益与家庭，容纳中华文化复兴、人类精神文化共同体的构建，理应是这样一个深刻的主题表达与故事设置。而郭沫若遵循着文学服务于政治与时代的原则，这其实与他独创的浪漫主义历史剧创作理论也是一脉相承的。自然，一首极尽苍凉的流亡者之歌，在浓郁的国家意识及多民族融合的主题演进中，就成为一首多元一体的中华民族颂歌。

从《女神》到《蔡文姬》的女性形象嬗变也可看出，郭沫若一直念兹在兹的是"献给现实的蟠桃"[1]，且艺术虚构成为历史真实的必要条件。无论是早期新诗集《女神》，还是后来的历史剧，郭沫若通过对女性形象的塑造，建构起诗学、史学、政治学三者合一的叙述模式。他以激情、浪漫的表达方式，将女性神话化、政治化，这本质上还是男性主流写作传统的延续。他所关注的不仅是在寻求民族国家独立过程当中，女性应如何对历史做出回应；更强调了作为中华民族的一员的女性，个人的命运应当和时代的命运时刻紧密相连。因而，在任一历史巨变时期，郭沫若都能"创造个新鲜的太阳"。

结　语

如果我们以现代性与经典性的视角来审视郭沫若的文本，就会发现他基于社会现实的女性想象，贴合在具体的历史语境与历史情境中，完成了自洽性的女性形象书写与建构。而这种近乎"功利性"的对接时代精神需要的书写，更多的是体现了文学作为自我情感依托与精神心理支撑，也是介入社会的革命性的文化景致与革命的实践性，彰显自我与国家及中华民族的张力。具体而言，文学不仅承担了唤起自我与群体的革命性，也成为塑形自我精神意志的凭借，更是中华母体与新中国塑形的有效革命性媒介。

郭沫若从觉醒者，到逐渐选择了共产主义乃至后来将其作为自己的终身信仰，这种思想变化也都在其文本中有着合理的逻辑演进。可以说，郭沫若通过对女性群像的塑造，建构起诗学、史学、政治学三者合一的叙述

---

[1]　郭沫若：《沫若文集》第 13 卷，人民文学出版社，1961，第 56 页。

模式；同时也亮出了女性书写的逻辑起点，即作为个体如何参与中华民族与家国的建构，这也体现了现代性的文化思想与社会实践。事实上，郭沫若不仅从现实中去发掘革命的精神力量，也从历史中发掘改变家国的革命性力量，尤其是他笔下的女性形象作为载体，承载了自我精神探索与国家命运发展的共生思考。但不可回避的是，在现实与历史场景中，郭沫若笔下的女性从家庭结构或个人领域中走出，在走向社会公共领域的过程中，往往被嫁接在其所崇拜、追随并臣服于男性理想人物的身上，导致女性在革命现代性道路上的悖反性，即一方面要冲出家庭与社会的合围，另一方面又难以冲破禁锢性的传统性别秩序。他借古代历史中的女性人物，寄托其保守而激进的男性自我的理想。因此，梳理郭沫若笔下女性形象的衍变，不仅能够凸显郭沫若的创作内在逻辑转变与主体性构建，也能够厘清女性在历史中的生命图景与主体性搭建姿态及其限度，更能够展现出历史事件的内在逻辑和历史进程的现代化演变。

《女神》中感叹词的使用及其审美阐释[*]

咸立强[**]

摘　要：《女神》中的诗篇，句首与句尾爱用"啊""呀""哟"等感叹词，这些感叹词与新式标点符号惊叹号一起，形成了新诗创作中最能表现"五四"时代狂飙突进精神的呼告体。新诗创作中的呼告体，是热情奔放的诗人表达个人强烈情感的方式，是现代个体意识觉醒的标志，是洋溢着青春气息的反叛的呼声。学界对《女神》感叹词使用的阐释，表现了语言审美性别化差异的演变。

关键词：《女神》　感叹词　哟　性别审美

在新诗创作中频繁地使用现代感叹词，开拓新诗创作呼告体，最有成就的当属郭沫若。代表性诗集，就是《女神》。《女神》中的诗篇，句首与句尾爱用"啊""呀""哟"等感叹词，这些感叹词与新式标点符号尤其是惊叹号一起，形成了新诗创作中最能表现"五四"时代狂飙突进精神的呼告体。新诗创作中的呼告体，是热情奔放的诗人表达个人强烈情感的方式，是现代个体意识觉醒的标志，是洋溢着青春气息的反叛的呼声。睡梦中人好细语，权贵门第爱哼哑，沉默中爆发的底层青年唯有呐喊与怒吼，我以为最恰切地表现"五四"青年精神的就是新诗创作中的呼告体，故而《女神》也最受新青年们的喜爱。有趣的是，《女神》中语气词的使用经常与男性／女性、阳刚／阴柔联系起来。女性主义的研究已充分给我们揭示了语言中蕴涵着的性别意识，我们究竟应该如何认识和评价郭沫若新诗创作语言中的语气词，尤其是语气词所呈现的男性／女性、阳刚／阴柔问题？这是本文试图探讨和解决的主要问题。

---

　* 本文是广东省哲学社会科学规划 2022 年度重点项目（立项批准号：GD22CZZ02）的阶段性成果。

** 咸立强，华南师范大学文学院教授。

一 "哟" 与 "阴气过重" 评价的炼成

最早公开地论及郭沫若新诗创作感叹词使用特点的，据笔者所见，似是 1933 年《国语周刊》第 98 期 "国语漫谈" 栏目刊发的署名 "老谈" 的《郭沫若哟！哼！汪精卫》。文章不长，抄录如下："如果'文如其人'这句语不错，一个名人所爱用的'叹词'，似乎也很有研究的价值；至少，由此可以想见其的'说话'的语气；再多一点，更可以由其语气想见其神情，态度；充了其量，还可以研究他的心理，以至于他的'一切的一切'。然而兹事体大，非哥伦比亚心理博士不能为也。为老谈止于谈；研究？谈不到！郭公沫若，文学家，政治家（因为他作过政治部主任，故云），而兼国古家也，平生无论创译，都极爱用'哟'，但亦只于文学作品或译品中见之。于此可见：'哟'者，文学叹词也。汪院长精卫，政治家，革命家，而兼诗人也（有集为证），最善用'哼'，用得虽比不上郭'哟'那么多，却用得很是劲儿；但亦只于政治论文或演说辞中见之。于此可见：'哼'者，政治叹词也。谓予不信，请一翻《少年维特之烦恼》与《汪精卫先生演讲集》，便知分晓。"郭沫若爱用文学叹词 "哟" 是事实，而将这个叹词与郭沫若联系起来，成为郭沫若的代名词，大概始于 "老谈" 此文。只是不知为何 "老谈" 请读者去翻《少年维特之烦恼》，而不是读《女神》，大概 "老谈" 不喜欢读新诗，却喜欢读郭沫若的翻译小说。

1935 年 7 月 26 日，沈从文在《我们怎样去读新诗》一文中述及李金发时说："仿佛是有时因为对于语体文字的生疏，对于表示惊讶，如郭沫若、王独清所最习惯用过的'哟'字或'啊'字，在李金发却用了'吁'或'嗟乎'字样"，又说，"要明白关于形式措词的勇敢，是《女神》同《渡河》"。[①] 沈从文的文章与 "老谈" 的漫谈相隔不到两年，若说两篇文章对郭沫若感叹词 "哟" 的评说乃是不约而同，则更说明当时的文坛已较为普遍地注意感叹语气的表达问题。沈从文没有专论郭沫若诗中的感叹词，但是却也揭示了郭沫若诗语的两个特色：第一，感叹词的熟悉使用及语体化；第二，用词的勇敢。就感叹词的使用来说，李金发惯于使用文言词汇，陆志韦的《渡河》不以感叹见长，而被称为 "后期创造

---

① 沈从文：《我们怎样去读新诗》，《沈从文文集》第 12 卷，花城出版社，1984，第 100 页。

社三个诗人"① 之一的王独清，新诗创作晚于《女神》诗篇多年，是以使用语体感叹词"哟""啊"等的开拓者，现代诗人还是首推郭沫若。

1948 年 9 月 16 日，《论语》第 161 期刊发署名"一丁"的短文《郁啊郭哟稚晖呸》："郭沫若郁达夫早年为文均有特殊习惯，郭文喜用'哟'字，如'天哟'！'女神哟'！郁文好加'啊！啊！'两字，又吴稚晖早年为文喜连用'呸！呸！呸！'三字，某君诗以咏之曰：'各有新腔惊四海，郁啊，郭哟，稚晖呸！'""老谈"和"一丁"的文字都是漫谈，不是有关郭沫若文学语言的论文；沈从文的文章虽然专业严肃，却只是捎带着谈及郭沫若诗中的感叹词问题。从"老谈"到沈从文，再到"一丁"，人们对郭沫若喜用感叹词"哟"这一语言特征的认知越来越清晰，论断也越来越简洁。整体上来看，上述三人都认为郭沫若好用语气词"哟"，态度基本上倾向于肯定。"勇敢""惊四海"这样的语词虽然也可以从反面予以理解，窃以为就上述所引三位作者的文字来看，还是以正面理解为宜。

正面肯定还是语带嘲讽，这中间的界限有时非常模糊。因为立场角度的差异，有些人以为赞美的，另一些人却会视同嘲讽。其间，还伴有时间这个大杀器，往往使得一些文字在传播的过程中发生变形，革命的大勇气在人们的记忆里往往褪色，变得和愣头青的鲁莽很相似。署名"一丁"的那篇文字被后人拿去演绎了一下，题目仍为《郁啊郭哟稚晖呸》，具体字句稍有修改："郭沫若、郁达夫两个人所写的文章，热情奔放，而又各有特点。郁达夫喜欢在文中运用'啊啊'二字，郭沫若则较多使用'哟'字，如'妻哟'、'仿吾哟'之类。拿他们两个人的作品检验，几乎无页不可得到例证。民国的另一枝笔吴稚晖，文笔尖酸，也有一个习惯，爱好在文章中连用'呸呸呸'三字，让读者感觉声情并茂。有人曾作谐诗一首，最后二句曾传颂一时：'各有新腔惊俗众，郁啊郭哟稚晖呸。'"② 所谓"有人曾作谐诗一首"，"有人"是谁，不知；谐诗共有几行，不知。这往往是流言散播的典型方式，遮遮掩掩，貌似还有其他海量信息不方便透露，实际遮掩的不过是对别人文字改头换面后的恶意传播。之所以说是恶意传播，乃是因为文字原出处并无嘲讽之意，而改头换面后的文字却大不同。所谓原出处者，即"一丁"之文。此外，"孤陋寡闻的我们实在未曾

---

① 朱自清：《导言》，《中国新文学大系·诗集》，良友图书印刷公司，1935，第 8 页。
② 苏生：《民国名流轶事》，广东旅游出版社，1990，第 112 页。

听见过，亦未知有何出典也"①。若如本文揣测，苏生此文乃"一丁"那篇文字的演绎，不能不让人觉得这演绎乃是"黑化"郭沫若的时代趋势的表现。以"惊俗众"取代"惊四海"，"惊"的只是"俗众"，似乎高雅之士皆为之不屑似的，与之相应的，则是以"'妻哟'、'仿吾哟'"取代"'天哟'！'女神哟'"，似乎想借助与妻、友等相关的字眼引导读者将郭沫若新诗创作中语气词的使用与家长里短、儿女情长联系起来，以此彰显其俗。"妻"与"女神"皆属阴，皆频繁地出现在郭沫若的文字中。"女神"在天为神，郭沫若在诗中用"她"指代太阳。《女神》中的"女神"自然不俗，虽属阴却又不能说是阴气过重，苏生的文字欲从俗的层面演绎郭沫若新诗中的感叹语气，自然要去"女神"而取"妻"。"妻"带孩子做家务，在男权社会里，强调诗人总是咏叹带着烟火气的妻，多少会带给人俗或"阴气过重"的感觉，当年田汉就因郭沫若在家里帮着妻子做家务而嫌弃其俗。

　　将郭沫若的感叹词与"阴气过重"联系起来的是当代诗人伊沙。伊沙在轰动一时的名文《抛开历史我不读——郭沫若批判》中说："一口一个'哟'一口一个'呀'，这是郭氏最基本的抒情语式"，"郭氏的阴气过重还不光停留在感叹词的使用上"。② 将伊沙"阴气过重"的判断与苏生的文字联系起来，是因为《易经》代表的传统文学将妻/女等视为阴，夫/男视为阳，一个诗人在自己的诗篇中总是"妻哟""妻哟"，或许就会给人"阴"的感觉。但这只是推测，伊沙"阴气过重"的判断或许别有深意。读到伊沙的"一口一个'哟'一口一个'呀'"，对比苏生的"几乎无页不可得到例证"，不论伊沙是否读过苏生的文章，或与苏生书中文字相似的文章，他对郭沫若语气词"哟"使用频率的描述给人一脉相承的感觉。这感觉是否正确尚有待证实，但一个不争的事实是，从现代到当代，从苏生到伊沙，人们谈到郭沫若语气词的使用时，似乎越来越倾向于夸张地强调其使用的频率。这样说也不准确，因为夸张式的强调只出现在当代人的笔下，现代文人如"老谈""一丁"，用的虽然是笔名，写的不过是逸闻趣事，并无夸饰之词，且"老谈"在文末还特别表明自己对不起读者，因为

① 周作人：《专斋随笔》，《周作人自编集·看云集》，北京十月文艺出版社，2011，第 145 页。
② 伊沙：《抛开历史我不读——郭沫若批判》，《十诗人批判书》，时代文艺出版社，2001，第 27 页。

"并没有统计出 Percent"，即将叹词"哟"所占的百分比统计出来。没有统计过，所以只说"极爱用"，不夸张地说什么"一口一个"或"无页不可得"，这是老实人的说话方式。然而，眼球经济青睐好夸饰者，老实人的说话方式不受欢迎，"阴气过重"之说愈演愈盛，我将这个转变的过程称为"阴气过重"评价的炼成。

几十年转眼过去，赖先刚教授做了"老谈"没有做的事情，对叹词"哟"的占比进行了统计，不过研究的不是郭沫若翻译的《少年维特之烦恼》，而是郭沫若的诗集《女神》，动因则是为了驳斥伊沙的观点。赖先刚在《郭沫若早期诗作"阴气过重"吗?》一文中，以具体的统计数据告诉人们："《女神》凡 57 篇中，不用和偶用（指篇中仅偶尔出现 1~2 个）'呀'或'哟'的 46 篇（其中通篇不用的 30 篇），共占总篇数的 80.7%"，"伊沙所谓'一口一个'哟'一口一个'呀'，这是郭氏最基本的抒情语式'这一结论，恐怕下得有点浮躁武断吧。"① 以统计数据说明伊沙的判断实为"浮躁武断"，这是有说服力的，但是从另一个方面看，这个统计也证实了人们一直强调的事实：郭沫若喜欢用感叹词"哟"。所以，伊沙说的"一口一个'哟'一口一个'呀'"虽然不正确，但是喜用感叹词"哟"和"呀"，且认为构成了"郭氏最基本的抒情语式"，这个判断却符合事实。

二 新诗的语气与性别

读伊沙的文字，让我感兴趣的不是他对郭沫若抒情语式"一口一个'哟'一口一个'呀'"的判断，这种夸张式的叙述看看就好，但是他将感叹词的使用与"阴气过重"联系起来，却是发人之所未发，让我肃然起敬，起码我的《女神》阅读从无"阴气过重"的感觉。我向来觉得一千个读者就应该有一千个哈姆雷特，不一定非要以自己的阅读感觉为是。何况，所谓阴阳，往往也是相对照而言。郭沫若称太阳为"她"，阴阳观似乎与普通国人不同，郭沫若虽然未必有想要颠覆中国传统文化阴阳观的意思，但他的文字表述很容易扰乱既有的阴阳认知。此外，除了极阴与极阳，阴阳轻重的判断，需要看比照的对象，比照的对象不同，结论往往迥异。考虑到"一丁"将情感最强烈的感叹词"啊"给了郁达夫，郭沫若喜

① 赖先刚：《郭沫若早期诗作"阴气过重"吗?》，《郭沫若学刊》2002 年第 3 期，第 51 页。

欢用的"哟"与之相比似乎阴气重了些？但是，读了赖先刚教授的文章后我却发现自己的这个设想恐怕不正确。

赖先刚分析郭沫若为什么在表强烈感情的语气词中多选用"哟、呀"时说："乐山话中的叹词'哟喂'，'哟喂呀'，常用于表示各种强烈的感情"，这些方言叹词"足以影响作者多选用语气词'哟'和'呀'来表示强烈的感情"。郭沫若诗中的语气词"哟"大量地被用于"表示强烈的感情。而普通话中的'哟'却没有这一意义和用法"①。赖先刚从方言的角度阐述郭沫若诗中的语气词"哟"表示的是强烈的情感，而不是弱情感，以此否定伊沙"阴气过重"的指摘。伊沙认为频繁地使用表示强烈情感的"呀"，也是"阴气过重"的征象，而不是像以前的论者那样单说郭沫若诗中的"哟"。"哟""呀"同论，这是伊沙的首创。我认为伊沙对郭诗"呀"字的强调，应来自郑敏。"郭沫若的《女神》据说是受到惠特曼的非格律诗的影响，出现时确曾使不少诗人睁开了眼睛，惊奇地赞叹，今天读来觉得在语言上他开了一个不太好的风气，就是一种松散、表面的浪漫主义口语诗，好像只要在每行上加上一个'呀'字就能表达多少激昂的感情。"②

伊沙和赖先刚两人对郭沫若诗中语气词与"阴气"关系的看法迥然不同，但是所使用的逻辑却大体相似。首先，他们区分了表示强烈情感的语气词与表示柔弱情感的语气词；其次，他们认为表示强烈情感的语气词带有"阳气"，而表示柔弱情感的语气词则带有"阴气"；最后，过多地使用语气词是带"阴气"的一种表现。这种逻辑的深层根基是男权话语。男性刚健稳重，轻易不会大呼小叫，反之则是女性化的带"阴气"的表现。因为逻辑相同，所以赖先刚教授要以数据统计的方式表明郭沫若的诗篇并没有那么频繁地使用语气词"哟"，即便是频繁地使用语气词"哟"，这语气词"哟"也不能视同为普通话里的"哟"。

专研语言学的赖先刚教授的分析鞭辟入里，但是读完之后却给我留下了奇怪的感觉，就是从来不曾认为郭沫若诗歌创作"阴气过重"的我，反而感觉到郭沫若诗篇中似乎真有那么一些"阴气"。毕竟，我从来没有接触过乐山方言，阅读和理解郭沫若《女神》的背景都是普通话。我想，能够用乐山方言阅读和理解《女神》的读者占比恐怕非常小。如果没有乐山

---

① 赖先刚：《郭沫若早期诗作"阴气过重"吗?》，《郭沫若学刊》2002 年第 3 期，第 52 页。
② 郑敏：《世纪末的回顾：汉语语言变革与中国新诗创作》，《文学评论》1993 年第 3 期。

方言的知识，《女神》的阅读和接受是否就会带来"阴气过重"的感觉？吊诡的是在阅读这些专家从语气词角度对郭沫若诗篇进行解读的文字之前，我从来没有感到其中"阴气过重"的问题，因为在我个人的思想里，男性对感叹词的使用似乎也应该随心所欲，但是现在我却对自己先前的思想有了疑问，似乎那是懵懂的自己，现在则意识到语言本是约定俗成，众口所说，不管自己认同与否，都有其存的理由。若是我们认为普通话范畴里的语气词"哟"的频繁使用会带来某种"阴气"，承认郭沫若诗歌创作中有这方面的倾向有何不可？其实，在我看来，以现在人们对普通话中"啊""哟"情感强度表达的区别审视郭沫若的诗歌创作，这是时代错位情形下的误读。回首"一丁"的短文《郁啊郭哟稚晖呸》，在普通话系统成型之前，似乎没有人觉得郁达夫的"啊"是男性阳刚之气的表现，而郭沫若的"哟"是阴气过盛的表现。

余光中在《猛虎和蔷薇》中将英国诗人西格夫里·萨松（Siegfried Sassoon）的诗句"我心里有猛虎在细嗅蔷薇"（In me the tiger sniffs the rose）视为象征诗派的代表，"表现出人性里两种相对的本质，但同时更表现出那两种相对的本质的调和"。然后以柳永、王维、济慈、雪莱等诗人为例，指出许多人欣赏和自己气质不同的人，根本原因就在于人性里多少含有相对的两种气质。"完整的人生应该兼有这两种至高的境界。"[1] 只要用心寻找，许多诗人的诗作中都可以找出男性的气质，也可以寻出女性的气质，男性气质与女性气质在诗歌中的表现并不像一些学者所想象的那般泾渭分明。

1921 年 10 月 5 日，郭沫若创作了新诗《重过旧居》，先抄寄田汉，后发表在 1922 年 5 月 1 日出版的《创造季刊》第 1 卷第 1 期上。全诗共 8 节，其中有两行诗用到了"泪浪滔滔"。徐志摩批评说："我记得有一首新诗，题目好像是重访他数月前的故居，那位诗人摩按他从前的卧榻书桌，看看窗外的云光水色，不觉大大地动了伤感，他就禁不住'……泪浪滔滔'。固然做诗的人，多少不免感情作用，诗人的眼泪比女人的眼泪更不值钱些，但每次流泪至少总得有个相当的缘由。踹死了一个蚂蚁，也不失为一个伤心的理由。现在我们这位诗人回到他三个月前的故寓，这三月内

---

[1]　余光中：《猛虎和蔷薇》，《茱萸之谜：余光中经典散文》，山东文艺出版社，2018，第154~156 页。

也不曾经过重大的变迁，他就使感情强烈，就使眼泪'富裕'，也何至于像海浪一样的滔滔而来！我们固然不能断定他当时究竟出了眼泪没有，但我们敢说他即使流泪也不至于成浪而且滔滔——除非他的泪腺的组织是特异的。总之形容失实便是一种作伪，形容哭泪的字类尽有，比之泉涌，比之雨骤，都还在情理之中，但谁能想象个泪浪滔滔呢？"① "泪浪滔滔"构成了新诗批评史上的一个不大不小的事件。郭沫若的《重过旧居》发表在《女神》出版之后，评的不是《女神》，且徐志摩的批评也大失水准，② 但是从另一个方面看，徐志摩的批评影响深远，他所说的"诗人的眼泪比女人的眼泪更不值钱些"，我以为当是郭沫若诗歌创作带有女性气质、带有"阴气"的最早的表述，是当代诗人伊沙等人相关批评的先驱。徐志摩的这个批评，其实是男权社会世界范围里较为普遍地存在着的认知。

《理想国》中，苏格拉底对格劳孔说："当我们在自己的生活中遇到了不幸时，你也知道，我们就会反过来，以能忍耐能保持平静而自豪，相信这才是一个男子汉的品性，相信过去在剧场上所称道的那种行为乃是一种妇道人家的行为。"所谓剧场上的行为，指的就是诗人"长时间地悲叹或吟唱，捶打自己的胸膛"。③ 美国戏剧理论家斯坦纳叙及此段文字时说："苏格拉底批评诗人笔下的英雄面临灾难和悲剧时哭哭啼啼的，毫无男子汉气概。"④ 也就是说，人们普遍认为因遭遇不幸就哭哭啼啼是女性特征，男子汉就应该保持平静。《重过旧居》这样的诗篇，不仅表现出女性的特征，且"诗人的眼泪比女人的眼泪更不值钱些"，徐志摩的审美判断并非只是个人的阅读感觉，实有根源。新月派文人推崇新人文主义，主张理性节制情感，他们的精神导师是白璧德，与倡导回归自然的人文主义导师卢梭相对立。徐志摩的诗评，隐含着新人文主义与人文主义思想的碰撞，触及的问题是情感的节制与放纵。

诗集《女神》和诗篇《重过旧居》给人的感觉，都像苏格拉底所说的那种诗人的表现："长时间地悲叹或吟唱，捶打自己的胸膛。"在这个层面上，我觉得郭沫若的新诗创作的确表现出"阴气"盛的特质。但是，就诗集《女神》中"哟"的使用来说，我认可赖先刚学者提出的带有男性气质

① 徐志摩：《坏诗·假诗·形似诗》，《努力周报》第 51 期，1923 年 5 月 6 日。
② 咸立强：《郭沫若之"泪"与新文学的想象力》，《现代中文学刊》2012 年第 5 期。
③ 〔古希腊〕柏拉图：《理想国》，郭斌和、张竹明译，商务印书馆，1997，第 405 页。
④ 〔美〕乔治·斯坦纳：《悲剧之死》，陈军、昀侠译，浙江工商大学出版社，2018，第 4 页。

的观点，只是与他从乐山方言的角度进行解读不同，我觉得王光祈提出的"男性句尾"更有利于说明郭沫若新诗创作的男性气质。

王光祈曾谈到诗词韵尾的使用与"男性的美"的关联问题。王光祈是郭沫若的中学同学，郭沫若回忆说："此外如王光祈、魏嗣銮、李劼人、周太玄诸人都是我们当时的同学，前三位是丙班的同班。在当时都要算是同学中的佼佼者。"① 王光祈在《中国诗词曲之轻重律》中说："盖平韵收束，系一种'男性的美'；仄韵结尾，则为'女性的美'；二者各有其长。西洋诗用'轻音'结句者，谓之'女性句尾'……用'重音'结句者，谓之'男性句尾'。"② 王光祈认为西洋诗中的重音相当于汉语诗歌中的平韵，轻音相当于汉语诗歌中的仄韵。按照王光祈的见解，"哟"这个语气词应该算作那一类句尾？《新华字典》③ 中，"哟"有两个读音：yō 和 yo。读 yō 时为叹词，表示惊讶或疑问；读 yo 时，①助词，用在句末或句中停顿处，②歌词中做衬字。人们一般都将郭沫若诗中的"哟"视为叹词，按照字典读音应为 yō，按照赖先刚教授的见解，方言中表示强烈的情感，这种情况下读音应该怎么标注？赖先刚教授没有明言。就王光祈的看法而言，似乎还是应该选择读 yō，即平声更适合表达强烈的情感。不管郭沫若用"哟"这个词表达的情感意蕴与《新华字典》中的解释是否吻合，只要确定"哟"在郭沫若诗中应该读 yō，表明郭沫若诗歌乃是以平韵收束，也就表现出王光祈所说的"男性的美"。这样谈论郭沫若诗中"哟"字的男性气质只能算是聊备一格，汉语诗歌中平韵收束与男性的美、仄韵收束与女性的美之间似乎并没有必然关联。苏轼的《念奴娇·赤壁怀古》押入声韵，李清照的《声声慢·寻寻觅觅》也押入声韵，前者为豪放词，洋溢着男性的阳刚之气，后者为婉约词，别具一种女性的美。所以，关键似乎还是应该看诗句中与语气词相关的其他语词的使用。

当代作家张炜说："男人之所以成为男人，因为，他们用歌唱而不是用眼泪去对待困苦。"④ 男性的坚韧与女性的柔媚似乎构成了人类文化的主导，德国社会主义运动领导者卢森堡希望自己的墓志铭上写着下面躺的是

---

① 郭沫若：《反正前后》，载《郭沫若全集·文学编》第 11 卷，人民文学出版社，1992，第 206 页。
② 王光祈：《中国诗词曲之轻重律》，山西人民出版社，2015，第 10 页。
③ 《新华字典》双色本第 11 版，商务印书馆，2011，第 598~599 页。
④ 张炜：《男人的歌唱》，《张炜自选集·融入野地》，作家出版社，1996，第 304 页。

男人，阿伦特认为卢森堡 1914 年 1 月面对刑事法庭的法官们所作演说"其中的'男子气概'在德国社会主义运动中是无出其右的"①。郭沫若对卢森堡并不陌生，他在自传体小说《骑士》中，曾将相熟的一位革命女青年比作卢森堡："我们顶顶革命的万超华同志，东方的乐沙·鲁克森堡。"② 乐沙·鲁克森堡就是卢森堡。《女神》中的诗篇虽然多写泪，泪的意象非常丰富，但是与"哟"相关的诗句，大都是歌唱而非哭泣。《凤凰涅槃》中"凰歌"："五百年来的眼泪倾泻如瀑""流不尽的眼泪"，③ 虽然也流着眼泪，却不是用眼泪对待困苦，不是用柔弱无为的哭泣面对浮生与囚牢般的世界，而是歌唱，"凤歌""凰歌""凤凰同歌""凤凰更生歌"等诗章的标题无不明确地表现了这一点。以歌唱面对困苦并不是男性的专利，张炜的说法却也为我们讨论郭沫若新诗创作的性别审美提供了一种解读方式。此外，《女神》中的诗句如"我要往图书馆里去挖煤去哟"，"好幅壮丽的北冰洋的情景哟"，"力的诗歌，力的 Rhythm 哟"，"大自然的雄浑哟"，"Hero-poet 哟"，"沉雄的和蔼，神秘的渊默，浩荡的爱海哟"，在中国文化中，这些诗句中的"哟"字关联的核心意象都是男性/阳/雄一类的，"哟"所呈现的审美自然也规范到男性之美的领域。

在我看来，《女神》是男性气质的歌唱，也是女性崇拜的颂歌；《女神》有阳刚强健暴躁近乎"吼"的狂歌，也有柔美清丽平和的浅吟低唱的诗篇。有阴必有阳，有阳刚雄健的男性歌唱，也有阴气秀丽的女性轻吟，阴阳和谐，在一种动态的变化中呈现"一的一切"与"一切的一"，或许这才是郭沫若诗集《女神》的正解。这样评说郭沫若的《女神》虽有讨巧之嫌，却辩证全面，更重要的是超越了男女性别的拘囿和偏见，显示出中国新诗真正的开端《女神》的"人学"价值。瑞安谈到 1917 年的里尔克时说："这时里尔克开始思考'女性气质'是人类应该培养的一种气质，应该把人类从男女两分的不幸的两极分化中拯救出来。"④ "通过拟人化表达抽象概念的做法，如果不是更早的话，至少在古希腊已经开始了。正

① 〔美〕汉娜·阿伦特：《罗莎·卢森堡（1871—1919）》，载〔德〕罗莎·卢森堡著，傅惟慈等译《狱中书简》，花城出版社，2007，第 304 页。
② 郭沫若：《骑士》，载《郭沫若全集·文学编》第 10 卷，人民文学出版社，1985，第 51 页。
③ 郭沫若：《凤凰涅槃》，载《郭沫若全集·文学编》第 1 卷，人民文学出版社，1982，第 38 页。
④ 〔美〕朱迪思·瑞安：《里尔克，现代主义与诗歌传统》，谢江南、何加红译，上海人民出版社，2011，第 25 页。

义、胜利、自由等抽象概念的化身通常为女性。在文艺复兴时代出版的一本插图词典，即切萨雷·里帕《图像学》中，甚至连'阳刚之气'这一概念也表现为女性。"① 里尔克在给一位青年诗人的信中说，"艺术体验是如此不可思议地接近于性体验"，很多人"只是作为男人去爱，而不是作为人"，"受创作者本性所迷醉，这种力量就会向性的方面发展，不过它并没有找到所需的那个相当纯粹的人。那不是一个成熟而纯洁的性的世界，因为没有足够的'人性'，而只有一个'男性'的世界"。② 在男性和女性之外，里尔克提出诗人创作应该追求更完满的"人性"。郭沫若有男性气质的歌唱，也有尊崇女性的表述，在王昭君等绝世女子面前，一干男子都显得黯然失色，非要执其一端以证明郭沫若的男权或女权思想，就会偏离郭沫若对完满"人性"的思想追求，最后的结论就会失之偏颇。

三 《女神》与现代新诗呼告体

我将《女神》视为现代新诗呼告体的发端，而不是像一些学者那样称之为宣告式的诗歌，原因主要在于宣告主要是宣示，将自己的思想情感告诉别人，就像一种单向度的演讲，虽有听众，却只想他们听见自己的声音。呼告与宣告不同，带有同声相应、同气相求的性质。呼告体新诗本质上不是沉思的诗，更像是山歌对唱，渴望共情。

对于强调笑不露齿，追求含蓄美的中国人来说，郭沫若诗作中到处都是的"啊""呀""哟"等感叹语，使郭沫若的诗给人一种喊出来的感觉。诗人直接将个人的情感"吼"出来，而不是让读者通过咀嚼回味得到，这种诗意情感的抒发与获取方式和途径与中国传统诗歌美学迥然不同，这也就使得"最习惯"使用"哟"或"啊"等感叹词的郭沫若，受到一些读者的嫌弃，认为其情感抒发太过夸张，如夏志清就觉得《女神》中的诗有"惊叹句的滥用"的问题，而这显示出诗人"缺乏诗才"。③ 如何才算是恰当使用惊叹句或叹词？郑培凯认为"啊呀也是诗"，作为例证的有《上邪》中的"上邪"、《茅屋为秋风所破歌》中的"呜呼"、《蜀道难》中的"噫

① 〔英〕彼得·伯克：《图像证史》，杨豫译，北京大学出版社，2018，第88页。
② 〔奥〕里尔克：《给一个青年诗人的十封信》，张帆译，上海外语教育出版社，2010，第20页。
③ 〔美〕夏志清：《中国现代小说史》，刘绍明等译，复旦大学出版社，2005，第70页。

吁戏"、《后赤壁赋》中的"呜呼噫嘻"。郑培凯并没有讨论"啊呀"如何才成为诗，而是指出这些千古名篇中出现的语气词都很俗，最后的结论就是："用字俗白，也不一定坏。"郑培凯写这篇文字意在驳斥一些人对现代诗的批评，"总是有人批评现代诗，说用字太俗，太白话，不够典雅。批评者心目中早有了先入为主的观念，有一个清楚的典范，那就是古典诗词的修辞，平仄对仗的规律"。① 夏志清对《女神》的批评是否也是这些原因？"啊""呀""哟"等感叹语多了，就会让人觉得"太俗，太白话，不够典雅"，何况郭沫若的诗在感叹词外，还大量地使用惊叹号。惊叹号是现代的产物。李洱介绍现代文学馆里著名的"逗号石"时说："只有逗号，始于现代文学，它是一个重要的标志。"② 其实，始于现代文学的，还有惊叹号。与表示永无止境的逗号不同，惊叹号代表的是激情洋溢的呐喊与呼告，它是与"五四"时代精神最为匹配的一个标点符号。但是大量地使用惊叹号，有时也会让人感觉诗人诗才不足。究竟是诗才不足，还是文化转型期出现的对情感的诗意抒发进行的新的探索，这是评判郭沫若新诗创作"啊哟"问题的关键。

推崇沈从文的夏志清，虽然生活在美国，却极少谈惠特曼代表的狂放的美国式浪漫主义，而对中国传统的田园牧歌式的文学创作情有独钟，这在某种程度上体现了夏志清的文学审美倾向，表现了中国文学审美传统对华人知识分子的强大影响力。然而，这里所说的中国文学的审美传统，其实是一种变化了的审美传统，即热烈奔放的情感表达转变为含蓄蕴藉后逐渐沉淀下来的审美传统。因此，当我们说郭沫若诗歌"吼"的情感抒发与中国诗歌传统不同，就是以含蓄蕴藉作为文学传统的审美标准。就情感的抒发方式而言，在含蓄蕴藉的审美标准之外，还存在另外一种文学传统的审美标准。郭沫若将中国文学传统分为动的艺术与静的艺术，"语"是动的艺术，"文"是静的艺术。"诗歌过分的追求静美，会完全流而为散文，而宣告诗歌的告终正寝。"③ "吼"与呼告体就是恢复诗歌的"语"的传统，将其从静的艺术拉回到动的艺术。

中国传统文学中，不乏呼天抢地表达情感的文学作品，虽然没有现代

---

① 郑培凯：《啊呀也是诗》，《雅言与俗语》，广西师范大学出版社，2014，第 67~68 页。

② https：//mp.weixin.qq.com/s/dda7i-fX7-hmJYFeXcpqgA，2022 年 1 月 6 日 22：06 访问。

③ 郭沫若：《序〈念词与朗诵〉》，载《郭沫若全集·文学编》第 19 卷，人民文学出版社，1992，第 343~344 页。

的表示感叹的标点符号，叹词却不缺乏。《马氏文通》云："凡虚字以鸣人心中不平之声者，曰叹字。文中遇有哀乐不平之感喟，因用虚字以肖其声。如《书经》中之'都''俞''吁''咈'，诸书中之'呜呼''噫嘻'，皆无义理，惟以鸣心中所发哀乐之声，故曰叹字。"[1] 文言文的读音，历来变化较大。以《马氏文通》所举感叹词来说，以当下读音读之，元音为 u 与 i，为合口呼与齐齿呼。但是，现在发 u 音的叹词，在古代都属于"鱼"部，发的是 a 的音。王力《汉语史稿》叙及"鱼"在上古是开口呼的原因，"上古外来语的音译，如 buddha 译为'浮屠'等"。[2] 也就是说，从上古到当下，表示感叹语气的元音，主要使用的都是开口呼，元音 a 用得最多。但是，随着中国语言的发展，明清以来逐渐形成的四呼，先前发 a 音的一些叹词，现在却变成了 u 音。导致汉语叹词音变的原因很多，就情感的表达来说，便是那种呼天抢地激烈的情感表达能力的丧失。文学，成了贵族的玩物，有利于统治阶级的温柔敦厚的发音方式备受青睐，表达强烈的憎恨情感的叹词则逐渐被改造得温和起来。

郭沫若说："东方人于文学喜欢抒情的东西，喜欢沉潜而有内涵的东西，但要不伤于凝重。那感觉要像玉石般玲珑温润而不像玻璃，要像绿茶般于清甜中带点涩味，而不像咖啡加糖加牛乳。音乐的美也喜欢这种涩味。一切都要有沉潜的美而不尚外表的华丽。喜欢灰青，喜欢忧郁，不是那么过于宏伟，压迫得令人害怕。"[3] 蒋勋谈到唐诗时说："诗很像一粒珍珠，它是要经过琢磨的。我们的口腔、舌头、牙齿、嘴唇在互动，像蚌壳一样慢慢、慢慢磨，磨出一粒很圆的珍珠。有一天，语言和文字能够成为一首华美的诗，是因为经过了这长期的琢磨。"当我们把诗比作珍珠的时候，也就意味着温柔敦厚风格的形成，呼天抢地的感情因子磨去了撕心裂肺的部分，终于变得温润如玉。我们知道，珍珠的出现是因为有异物进入蚌的外套膜内，蚌无法排除异物，于是分泌碳酸钙将其包裹起来，天长日久形成珍珠。所以，当宝石级别的珍珠形成时，蚌的自我疗治也就宣告成功。人们喜欢珍珠，却不喜欢蚌自我疗治过程中的痛苦。痛苦的蚌自然要呼天抢地，宝石级的珍珠形成后，也就没有了这些痛苦的呼喊。许多读者不喜欢郭沫若的诗，觉得情感夸张，其实是不能或不愿欣赏撕心裂肺的情

① 马建忠：《马氏文通》，商务印书馆，1983，第 23 页。
② 王力：《汉语史稿》，中华书局，2004，第 94 页。
③ 郭沫若：《契诃夫在东方》，载《沫若文集》第 13 卷，人民文学出版社，1961，第 167 页。

感表达。蒋勋说："我们平常讲话的时候，'吗'或者'呢'这些字不见得会读那么重，可当它们变成文字的时候，会特别触目。'触目'的意思是说，在讲话的时候，'你吃饭了吗'当中那个'吗'，可能只是带出来的一个音，但一变成文字就跟'吃饭'这两个字同等重要了。在听觉上，这个'吗'只是一带而过；而在视觉上，它却有了很高的独立性。"① 我想，郭沫若新诗创作中大量使用的感叹词，其中一个很重要的意义便是恢复了它们的独立性。对于情感非常强烈的人来说，当他们非常高兴或悲伤时，情感的表达往往没有具体的文字，就是连续性的感叹词，甚至具体的感叹词也没有，就是无意义的高音，而这音本身就是真的情感和真的意义。在这时候，文字与语言之间不是对等的，字、音、声之间也不是对等的，只有理解这种不对等，才能真正欣赏郭沫若新诗中的感叹词，理解郭沫若新诗创作的开放性。

谈到郭沫若新诗创作中的感叹词，准确的表述应该是：《女神》时期的创作最习惯使用感叹词"啊"，《女神》结集出版后则"哟"字渐多，最终形成"啊""哟"争雄之势。所谓"郁啊郭哟稚晖呸"，只是相比较而言，仅就新诗创作而言，此类感叹词的使用只有郭沫若一人称雄。郭沫若"最习惯"使用"啊""哟"等感叹词，喜欢多用惊叹句，这些情感抒发方式，遣词造句的特征，在中国文学传统的历史长河中并非无迹可寻，而是有众多先行者都在使用发"a"音的一些叹词，感叹句的使用也并不少。只是随着历史的发展，这些感叹词的发音越来越弱化。"a"音四声可表达征求、追问、惊讶、赞叹、应答等意思，若是用在疑问句、反问句末尾，反而能够起到缓和整个句子语气的作用。② 综观《女神》中的"啊"，在使用上最常见的占主导地位的自然是感叹句，而后是陈述句。在后来的版本修改中，修改最多的，便是陈述句中的"啊"。

郭沫若新诗创作，其实可以视为对某种被遮蔽了的中国传统诗学审美传统的激活，而这种激活客观上是以外源的方式实现的。当然，整体上来说，中国传统文学个人审美意识较弱，个人情感的张扬或强烈的抒发较少，文人追求温柔敦厚，呼天抢地的民间声音得不到表达的机会，"啊""哟"等叹词的使用相对来说较少，而郭沫若的新诗创作则大量使用这一

① 蒋勋：《蒋勋说唐诗》，中信出版社，2014，第 3 页。
② 吕叔湘主编《现代汉语八百词（增订版）》，商务印书馆，1999，第 20 页、第 46 页。

类的叹词，从使用的频率和数量来说，郭沫若是密集化使用的先行者和开创者。在这一点上，郭沫若不仅是激活了某种被遮蔽的叹词审美传统，更是拓展了这一审美，开创了现代新诗的呼告式的表达体系。

现代呼告式的诗意表达之所以能够被国人接受，成为新诗创作中不可忽视的发展脉络，主要原因大概有二。首先，诗人心有不平，是以不得不鸣。郭沫若的诗呈现给读者的是 20 世纪动的反抗的精神，而这动与反抗，反映的主要是个人与社会之间的紧张关系。其次，呼告式的诗意表达其实是对新的社会的预言与呼唤。预言与呼唤新的社会的文学，叶维廉称之为"过早乐观的文学""憧憬的文学"："把将来的希望视作仿佛已是眼前的现实，视白云在空中的怒涌，视海中滚滚的洪涛，视大都会的脉搏，视一切眼前的互动……都在肯定地、有力地、律动地、不断地创造新的幕景，充满光明、希望、和谐、统一、崇高，语态是属于颂赞式，庆典式，激动的情绪左右着事物、事件本身客观的展露，事实上，事物、事件完全处于被动的地位，它们之被唤起，完全是为了流露诗人的激动的情绪，所以语言经常充斥着顿呼之声，很多惊叹号！"[1] 叶维廉的分析在某种程度上揭示了郭沫若作为预言诗人的特色。郭沫若不是一个冷静的预言诗人，而是一个狂热的为预言中的世界呼告的诗人。

郭沫若引瓦格纳的话说："生活能如意时，艺术可以不要。艺术是到生路将穷处出来的。到了无论如何都不能生活的时候，人才藉艺术以鸣，以鸣其所欲。"[2] 在郭沫若看来，艺术不是象牙塔里自娱自乐的东西，乃是源自不平则鸣。不平则鸣的情感表达方式从来不是温文尔雅的，温文尔雅与生活不如意的情感表达格格不入。郭沫若的艺术观及其创作实践，都注重强烈情感的火山爆发式的宣泄。当郭沫若开始新诗创作的时候，当他想要用汉字表达自身如火山般爆发的思想情感时，他重新找到了 a 这个元音，开口呼"啊""哟"等叹词频繁出现在郭沫若的笔下，使他的诗篇在情感的抒发上显得有些"泛滥"。"泛滥"的叹词的使用冲破了叹词发音弱化的藩篱，召唤并强化了语气强烈的诗歌表达的呼告体。从情感表达上来说，这种强烈的呼告体，是不平则鸣的外在表现，是现代个体意识觉醒的标志，是反叛的呼声，也是男性的话语形态。拉马钱德伦（V. S. Ramachandran）认为："可能有一

---

[1] 叶维廉：《中国诗学》，生活·读书·新知三联书店，1992，第 217 页。

[2] 郭沫若：《〈西厢〉艺术上之批判与其作者之性格》，《西厢》，上海泰东图书局，1921，第 9 页。

些神经元……所代表的是圆润的、带来感官愉悦的女性形体，而另外的一些则相反，代表的是棱角分明的、硬朗的男性体态。"① 美学风格的男性女性差异，并不只是文化的产物，可能植根于更神秘的人类的神经活动。

有评论者觉得郭沫若新诗中屡屡出现"啊""哟"等叹词，是因为郭沫若虽有诗意，却不能通过文字将其细腻地表达出来。表不出，所以就用叹词混过去，这在现实生活和某些艺术修养不足的作家那里并不罕见。没有受过教育的人，往往无法细腻地表达自身的思想情感，因而经常使用呼告式的情感表达方式。但是，若因此就将郭沫若的呼告式新诗视为表达匮乏的征象，则是偏见。能够细腻地表达自身思想情感的人，当强烈的情感袭来的时候，不能言是常态，呼告则是情感表达的正常表现，这时候还能流畅而细腻地表达自身的情感，反而说明表达者自身情感有所缺失。

郭沫若选择了呼告式的情感表达，也就意味着必然会选择第一人称"我"作为主语。第一人称才有利于表达主体自身的强烈情感，而第二人称或第三人称的呼告更有利于表达客观化的情感。叶维廉说："白话的兴起，表面上看来是说文言已经变得僵死无力，事实上，它的兴起是负有任务的，那便是要把旧文化旧思想的缺点和新思想的需要'传达'到更多的人。""白话兴起的使命既是把新思潮'传达'给群众，这使命反映在语言上，是'我有话对你说'，所以'我如何如何'这种语态便顿然成为一种风气。"② 丁西林在《一只马蜂》中借吉士之口说："她们因为有几千年没有说过话，现在可以拿起笔来，做文章，她们只要说，说，说，连她们自己都不知道说的些什么。"又说："她们都是些白话诗，既无品格，又无风韵。旁人莫名其妙，然而她们的好处，就在这个上边。"③ 说的是女性，其实用之于发端期的现代文学也合适。诗意的表达，有时候不必追求什么深意，说者之说自身便成其为诗。从含蓄蕴藉的传统走来，最为引人注意的陌生化的新诗表达形式就是呼告体，呼告与发声是现代主体宣示自我诞生的方式和途径，诗意自足，无须另求。

---

① 〔英〕史蒂芬·贝利：《审丑：万物美学》，杨凌峰译，北京联合出版公司，2020，第 46 页。

② 叶维廉：《中国诗学》，生活·读书·新知三联书店，1992，第 216 页。

③ 丁西林：《一只马蜂》，载《丁西林剧作全集》（上），中国戏剧出版社，1985，第 7 页。

四 《女神》版本修改视野里的叹词"哟"

在近乎迷狂的状态下，郭沫若给新诗坛贡献了《女神》中"在别人看来虽嫌其暴"的诗篇。《女神》中诗篇的首刊本向读者展示了抒发强烈的内心情感的新途径和新方法。这里之所以强调是《女神》诗篇的首刊本，乃是因为《女神》中诗篇的首刊本里"啊"字最为频繁，而首刊本在某种程度上也最能体现诗人创作的初始追求。

郭沫若在《我的作诗的经过》一文中说："我自己本来是喜欢冲淡的人"，"在'五四'之后我却一时性地爆发了起来，真是象火山一样爆发了起来。这在别人看来虽嫌其暴，但在我是深有意义的，我在希望着那样的爆发再来"。[①] 本是喜欢冲淡的人，在惠特曼等诗人的影响下才走向了雄浑奔放的诗歌创作道路。冲淡与奔放，两种极端的性情纠缠在一起，构成了郭沫若精神世界的不同面相，使《女神》时期的郭沫若的诗歌创作呈现出丰富的多样化。郭沫若的自选诗集《女神》虽然也选用了一些情绪平和的诗，占据主导地位的却是情感粗暴的诗篇。从《女神》中篇目的编排次序来看，情感粗暴的诗篇占据的位置更为醒目。《女神》诗篇的编选及次序排列，表现了郭沫若对自身新诗创作的定位，以及对粗暴的诗篇的偏爱。

《女神》与《女神》里的诗篇不是同一概念，由于郭沫若频繁修改自己的诗作，版本差异也让人们对《女神》中语气词的认知不尽相同。我们以《郭沫若全集·文学编》中《女神》第二辑里的诗篇为例，使用分词软件统计词频，并选取分词软件所得到的出现频率最高的十个词是为了控制样本量进行有效分析。前十个词的出现次数都在 40 次以上，具有代表性。郭沫若《女神》文本中出现频率前十的词见表1，通过归纳分析转换得到图能清晰看到诗歌中出现的高频词类是代词、动词、名词（见图1）。

---

① 郭沫若：《我的作诗的经过》，载《郭沫若全集·文学编》第 16 卷，人民文学出版社，1989，第 220 页。

表 1　《女神》中出现频率前十的词

词	词性	次数	词频
我	代词	326	0.083675565
你	代词	170	0.043634497
呀	语气词	114	0.02926078
是	动词	92	0.023613963
我们	代词	55	0.014117043
哟	语气词	44	0.011293634
便是	动词	43	0.011036961
你们	代词	41	0.010523614
他	代词	40	0.01026694
太阳	名词	40	0.01026694

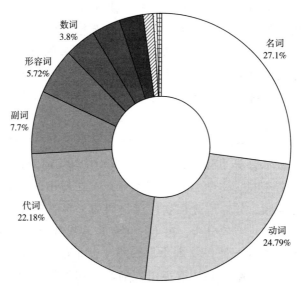

图 1　《女神》中各词类占比

从表 1 可知代词中"我"的出现次数 326 次，词频约为 8.3676%，是郭沫若诗歌中当之无愧的高频印记词，"你"以 170 次排在高频词第二位。"是"则以 92 次霸占动词榜首，词频约为 2.3614%。而名词"太阳"则以 40 次位居名词榜首，词频约为 1.0267%。除此之外，语气词"呀""哟"分别以114次与44次出现在郭沫若诗歌高频词中。让人惊讶的，郭沫若最常使用的语气词不是"啊"，也不是"郁啊郭哟"里的"哟"，而是"呀"。

在编选《女神》的过程中，郭沫若也对收入集中的一些诗篇进行了修改，修改主要集中在感情粗暴的诗篇上，出现了令后来的读者们觉得情感表达弱化的倾向。《女神》版本修订中的感叹语气的弱化，具体表现在两个方面。首先，以多样化的语气词取代原先版本中单一的感叹语气词；其次，以感叹语气稍弱的词语替换先前版本中感叹语气强烈的词语。就语气词的使用来说，整首诗单一化地使用"啊"等强烈的感叹词，在表达上自然会显得比较单调，但是却也因这种单调性的重复而强化了语词自身所表达的情感和语气强度。修订后的版本，语气词的使用变得多样化，因为有变化，语气不再集中在少数焦点上，也就削弱了语气表达的强度。下面是全集版《无烟煤》的最后一个诗节：

> 云衣灿烂的夕阳
> 照过街坊上的屋顶来笑向着我，
> 好象是在说：
> "沫若哟！你要往哪儿去哟？"
> 我悄声地对她说道：
> "我要往图书馆里去挖煤去哟！"①

《无烟煤》共有四个诗节。首刊本《无烟煤》，全诗共使用了六个句尾语气词，皆为"呀"；初版本《无烟煤》，第二和第四诗节中的四处句尾语气词"呀"被改成了"哟"，只保留了第三诗节中的两处"呀"。"哟"，用于句尾表示轻微的惊异；"呀"，表示惊叹，或为"啊"受前一个字韵母的影响发生的变音。也就是说，"呀"所表示的语气强度要高于"哟"。从第四诗节的语词表达看，既然是"好象是在说""悄声"，就意味着声音必然不是非常响亮清晰，即便是表示惊讶，与"悄声"相连的也应该是轻微的惊异，用"哟"自然要比"呀"更为合适。然而，诗人并不因此处的"悄声"问题而将诗中的语气词全部改为"哟"。通过语气词的版本修订，

---

① 郭沫若：《无烟煤》，载《郭沫若全集·文学编》第1卷，人民文学出版社，1982，第60页。

可以见出这样两个问题：首先，郭沫若在版本修改中逐渐完善诗歌本身的内在逻辑；其次，语气词的弱化处理说明郭沫若对语气词的情感表达把握得更为精准。但是，诗不是论文，用语逻辑上的准确与情感表达上的饱满有时候并不完全一致，《女神》首刊本中语气词的使用，更能体现浪漫诗人雄奇奔放的诗风。换言之，创作时的语气词使用，有时虽稍显夸张显得不合常理，却最能呈现诗人自我的内在情感，版本修改后的语气词使用，虽然更吻合语气词的使用规范，与诗歌自身表达的思想相吻合，但同时也在一定程度上湮灭了诗人自身独特的狂放气质。

《女神》版本修订中"呀"与"哟"等感叹词之间的置换，在《笔立山头展望》一诗中也存在。初版本《笔立山头展望》开篇："大都会的脉搏呀！／生的鼓动呀！"1928 年版本改为："大都会的脉搏哟！／生的鼓动哟！"1953 年版本及全集版全都采用初版本的"呀"。当我们说《女神》语气词的修改存在一个弱化的倾向时，是以首刊本、初版本为基点，与后来的各种版本进行对照。对照的时候，并不是修订日期越靠后的版本语气词的强度越弱。以《笔立山头展望》为例，与初版本相比，1928 年版本的修改中，语气词有所弱化；但若以 1928 年版本与 1953 年版本甚或全集本相比较，则又变成了语气词的强化。这种情况的出现，与多次修改时大多都以初版本为底本，有时却又未能参照已有的其他修订版本所致。但是，就《女神》版本修订的整体发展趋势而言，语气词的使用存在着弱化的倾向。首刊本《夜步十里松原》中，第四个诗行为："啊啊！天空！怎么这样地高超，自由，宏敞，清寂！"诗句中两个"啊"字连用，同时连续使用了三个感叹号，强烈的抒情气息扑面而来。在初版本中，诗人将其改为："哦，天空！怎么那样地高超，自由，雄浑，清寂！"连续的"啊"不见了，代之以低吟式的语气词"哦"，同时感叹号也变成了逗号，语气的强度明显减弱了。

在《立在地球边上放号》一诗的修订中，许多诗行的句尾语气词"呀"也被改为了"哟"。首刊本如下：

> 无数的白云在空中怒涌，
> 啊啊！好幅雄壮的北冰洋的情景呀！
> 无限的太平洋提起全身的力量来要把地球推倒。
> 啊啊！我眼前来了的滚滚的洪涛呀！

啊啊！不断的毁坏，不断的创造，不断的努力哟！

啊啊！力呀！力呀！

力的绘画，力的舞蹈，力的音乐，力的诗歌，力的律吕呀！

初版本与全集版完全相同，全诗如下：

无数的白云正在空中怒涌，

啊啊！好幅壮丽的北冰洋的情景哟！

无限的太平洋提起他全身的力量来要把地球推倒。

啊啊！我眼前来了的滚滚的洪涛哟！

啊啊！不断的毁坏，不断的创造，不断的努力哟！

啊啊！力哟！力哟！

力的绘画，力的舞蹈，力的音乐，力的诗歌，力的律吕哟！①

在这首《立在地球边上放号》的首刊本中，郭沫若非常密集地使用了"啊"和"呀"两个语气词，而在初版本中，诗人将"呀"统一改为了"哟"。如前文所述，"呀"是"啊"的变音。首刊本许多诗行首尾皆有表示强烈感叹的语气词，在情绪的表达上一直处于非常强烈的程度，这与"内在律"所追求的情绪的节奏不相符。将"呀"改为"哟"，如此一来，"啊"都处于诗行的开端位置，而"哟"则处于诗行的末尾，语气由强到弱，就有了变化，情绪上有了松弛，也就构成了情绪上的节奏。

在《论节奏》一文中，郭沫若曾以《立在地球边上放号》为例分析诗歌的节奏。"先扬后抑的节奏，便沉静我们。先抑后扬的节奏，便鼓舞我们。这是一定的公例。钟声是先扬后抑的，初扣的时候顶强，曳着的裊裊的余音渐渐微弱下去。海涛的声音是先抑后扬，初起的时候从海心渐渐卷动起来，愈卷愈快，卷到岸头来，'拍'的一声打成粉碎。"《立在地球边上放号》开篇的诗行都比较长，尤其是中间的诗句"无限的太平洋提起他全身的力量来要把地球推倒"，本来已经是罕见的长诗句了，郭沫若在修改时还加上了诗句中的"他"字。就像郭沫若分析节奏时所说，变长的句子，"从海心渐渐卷动起来"，直到力量积聚到最为深厚的时候，"啪"的

---

① 郭沫若：《立在地球边上放号》，载《郭沫若全集·文学编》第1卷，1982，第72页。

一声打成粉碎，这个最长的诗句之后出现的诗句，都成了断句，而且是一个诗行中存在多个断句，就像长句被"粉碎"了一般。于是，位于诗行起始位置的"啊"，就仿佛海涛拍到岸头时发出的声响，而位于诗行结尾处的"哟"，则像是"粉碎"后的浪花。节奏"便是由我们的感情之紧张与弛缓交互融合处所生出的一种特殊的感觉"①。每个诗行都在重复由强到弱的节奏，仿佛是浪花不断地拍打在海岸上。

首刊本《雪朝》第一、第三诗节：

> 啊！雪的波涛！
> 一个白银的宇宙！
> 我全身心好像要化为了光明流去，
> Open-secret 呀！
>
> 啊啊！大自然的雄浑呀！
> 大自然的 Symphony 呀！
> Hero-poet 呀！Proletarian poet 呀！②

初版本改为：

> 雪的波涛！
> 一个白银的宇宙！
> 我全身心好像要化为了光明流去，
> Open-secret 哟！
>
> 哦哦！大自然的雄浑哟！
> 大自然的 Symphony 哟！
> Hero-poet 哟！
> Proletarian poet 哟！

---

① 郭沫若：《论节奏》，载《郭沫若全集·文学编》第 15 卷，人民文学出版社，1990，第 354~359 页。
② 郭沫若：《雪朝》，《时事新报·学灯》1920 年 1 月 10 日。

对照首刊本和初版本，可以发现《女神》诗篇的修订过程中最为明显的改变就是语气词的弱化。语气的弱化最明显的表现为三个方面的修订：首先，是语气词的替换；其次，是语气词的删除；最后，是感叹号的减少。《雪朝》中"啊"被删掉或改成了"哦"，"呀"则被改成了"哟"，以两个感叹词取代另外两个感叹词，更多的是感叹的程度弱化了。若是将"呀"视为"啊"的变音，"哦"和"哟"的使用，也可以视为丰富化的一种努力，将其放在《女神》中，上述修改无疑丰富了《女神》的语气表达。《辍了课的第一点钟里》第一诗节第二诗行首刊本为："我的灵魂拍着手儿叫道：好！好！"① 初版本则将两个"好"字中间的感叹号删掉了。

《新阳关三叠》首刊本：

> 哦，你要叫我跟你同去吗？太阳呀！//……咳，可惜我不能跟你同路去呀！太阳呀！②

初版本改为：

> 你要叫我跟你同去吗？太阳哟！//……我恨不能跟你同路去哟！太阳哟！

《巨炮之教训》初版本："为自由而战哟！/为人道而战哟！/为正义而战哟！""哟"字在首刊本中均为"呀"。《司健康的女神》初版本首句："Hygeia哟！""哟"在首刊本中为"呀"。《新月与白云》初版本："哦，我也被你斫到了！""哦"在首刊本中为"啊"。《火葬场》初版本："哦，你是哪儿来的凉风？""哦"在首刊本中为"啊"，且"啊"后用的是惊叹号。《霁月》初版本："你渊默无声的银海哟"，"哟"在首刊本中为"呀"。

《太阳礼赞》首刊本："哦哦，光芒万丈地，将要出现了呀——新生的太阳！"③ 初版本改为："光芒万丈地，将要出现了哟——新生的太阳！"这一诗句的修改，典型地代表了整首《太阳礼赞》的修改特点：第一，去掉了句首位置的感叹词"哦哦"；第二，感叹词"呀"一律改为"哟"。也

---

① 郭沫若：《辍了课的第一点钟里》，《时事新报·学灯》1919 年 11 月 24 日。
② 郭沫若：《新阳关三叠——此诗呈宗白华兄一》，《时事新报·学灯》1920 年 7 月 11 日。
③ 郭沫若：《太阳礼赞》，《时事新报·学灯》1921 年 2 月 1 日。

有一些"呀"被直接删掉了。整首诗最后一个诗行，首刊本为："太阳呀！彭湃着在呀！彭湃着在呀！我心海中的怒涛！"初版本改为："太阳哟！你请永远倾听着，倾听着，我心海中的怒涛！"首刊本中两个连续的"彭湃着在呀！"被改成了一般陈述句。连续两个"倾听着"，诗句以"着"这个轻声字结尾，整个诗句的情感基调在修改中都倾向于轻柔化。更具体地分析，则是这个诗行中间位置的语气被弱化了，诗行开端部分则是稍微弱化，诗行结尾处的感叹句式没有任何变化。通过上述修改，初版本中的诗行在语气的表达方面不再是一味强烈地感叹，而是有了变化。以郭沫若《论节奏》中的观点看，这种变化就构成了诗行内在的韵律。

激情四射的诗集《女神》初版问世后，紧接着问世的诗集《星空》表现的主要是彷徨低沉的情思。似乎硬不可久，刚不可持，激情爆发后总要复归沉寂。《女神》时期之后，郭沫若虽然"希望着那样的爆发再来"，事实上却已不可能。从《女神》走向《星空》，爆发式的情感逐渐消歇了，郭沫若在诗歌创作中虽然也还经常用到叹词、惊叹句，但是使用的频率及其表达的情感强度越来越弱。诗集《女神》，也是每修订一次，叹词的使用及感叹语气多少都会被弱化一些。与《女神》中诗篇创作时的激情相比，此后的版本修订，诗人面对曾经的诗作，激情只会越来越弱，冷静的理性却只会越来越强，写诗终于让位于作诗。情感冷静下来的诗人，修订情感爆发时创作的诗篇，一般都会使得诗篇在形式上越来越精美，越来越合乎诗歌经典化的规范。

激情的消歇，语气词使用的弱化，在郭沫若的新诗创作及诗集修订中皆有所表现。然而，《女神》版本修改中"啊"字减少，"哟"字增加，我以为并非是情感表达弱化的表现，情感强度依旧，只是情感的表达由个体化转向了对象式。1921 年 5 月 26 日，郭沫若为自己编成的《女神》创作了《序诗》，其中有这样的句子："《女神》哟！/你去，去寻那与我的振动数相同的人；/你去，去寻那与我的燃烧点相等的人。"① 如果说《女神》时期的诗歌创作只是为了抒发内心强烈的情绪，将自己的情感告诉世界，从而呈现鲜明的个体化的呼告式情感表达特征。编纂《女神》时的郭沫若开始寻求世界的应和，仿佛民间情歌对唱中的"哟"，带有邀约的意思。邀约式的呼告，要求共情共振，共情共振下的感叹，绝不比个体化的

---

① 郭沫若：《序诗》，《时事新报·学灯》1921 年 8 月 26 日。

呼告情感强度低，音波叠加，只有更强。我以为邀约式呼告的强化，隐藏着郭沫若从小我向着大我转变的钥匙。

时代在变，诗人在变，语气词的修订在某种程度上呈现了这一变化的轨迹，从诗歌作者自身审美变化的角度审视《女神》诗篇中语气词的修订，远比从优劣好坏的角度进行评判更为恰切。至于阴性阳性气质，若非男权/女权主义者，我想也不会看到某些词就会想到阴气，看到另一些词又想到阳气。人的性情千差万别，个人化的阅读体验自有好坏优劣的判定，不必与文学史的价值判断相同，有些读者定要读出阴阳雌雄之别，作为个人兴趣爱好，实不必强求一致。陈望道说："我们曾见宋人李耆卿在所著的《文章精义》中说'欧阳永叔《五代史》，赞首必有呜呼二字，固是世变可叹，亦是此老文字遇感叹处便精神！'大约马建忠氏也和我们一样地想不通，为什么叹词可以任意用作起承转结之用，为什么起首必有呜呼二字便算是文字有精神！"[1] 马建忠和陈望道都想不通的地方，正表明语言使用的个体性与约定俗成之间的契合与背离。约定俗成是历史的必然要求，其根基却是表达的个体性。对一个作家文学创作中感叹词使用的审美判断，也需要从个体性与约定俗成性两个方面进行考虑，方能有望不致过于有失偏颇。但是，阴阳雌雄的分别植根于文化传统，传统文化又将刚健有生机的审美追求视为阳、雄，当人们不是在性别层面上区分阳、雄，而是在刚健与生机的层面上谈论相关问题时，我以为应该有一个大致的判断标准，而且要承认郭沫若的新诗创作大部分都是刚健有生机的。"大厦巍峨立道中，/庶民今日有雄风。/阿房长乐今何在？/唯见红旗映日红。"郭沫若这首《游西安》（《旅行家》1957年第1期）诗中的"雄风"，便是一种美好的向往，代表的就是刚健有生机的审美追求。

---

① 陈望道：《修辞学发凡》，复旦大学出版社，2008，第117页。

郭沫若早期诗歌中的地理要素分析

成赛男[*]

摘　要： 本文意在考察地理环境对诗歌创作的影响，通过提取郭沫若早期诗歌中的地理要素，笔者认为其地理要素表达具有丰富多元、格局广阔、底蕴深厚的特征。从创作过程来看，郭沫若对地理要素的运用和表达具有明显的阶段性特征。究其原因，无论是郭沫若的地理感知、知识建构还是思想转变过程，都与"故土"和"异域"这个主题密不可分。总之，郭沫若诗作中的地理要素不仅体现出鲜明的个人特色和时代特征，还具有东方的、本土的深层渊源。

关键词： 地理要素　诗歌创作　故土　异域

郭沫若作为我国杰出的作家、诗人、戏剧家、马克思主义历史学家和古文字学家，同时也是革命的思想家和政治家，其生命历程经历了波澜壮阔的社会变革和个人思想的巨大转变，种种外在环境变化与内在思想转折都会反映在其创作过程中。郭沫若的诗歌创作和研究是中国现代文学研究中最充分、最深入，成果也是最丰富的领域之一。[①] 前人已对郭沫若诗歌创作中的"艺术与自然"[②]、思想理论[③]等问题进行了讨论。在此基础上，

---

[*]　成赛男，中国社会科学院古代史研究所助理研究员。

[①]　刘勇、李春云：《郭沫若研究述评》，《北京师范大学学报》（人文社会科学版）2001 年第4 期。

[②]　早期研究较多，如王秀明《简论郭沫若早期的自然诗》，《乐山师专学报》1922 年第3 期；杨胜宽《领悟自然：郭沫若与中国诗歌传统研究系列之一》，《郭沫若学刊》1996 年第2 期；何凤鸣《浅谈郭沫若〈女神〉中的自然抒情诗》，《郭沫若学刊》1997 年第2 期等。近年的研究对笔者启发较大的有：李怡《骚动的"松"与"梅"——留日郭沫若的自然视野》，《兰州学刊》2015 年第8 期。

[③]　如孙玉石《郭沫若关于艺术与自然关系的思考（上）》，《郭沫若研究》第3辑，文化艺术出版社，1987；孙玉石《郭沫若关于艺术与自然关系的思考（下）——一个浪漫主义诗人的艺术沉思》，《郭沫若研究》第4辑，文化艺术出版社，1988。　　　（转下页注）

近年研究不断深入：蔡震从《女神》创作的艺术风格，分析了郭沫若"先后生活、浸润于其中的那两种地域的、人文的文化环境，对于他的诗歌创作产生过怎样的影响"①。藤田梨那系统梳理了郭沫若在日创作的作品并分析了写作的时代背景，认为"风景"的发现为郭沫若新诗创作提供了一个突破口。② 上述研究表明，学者在不断深化对郭沫若"创作"过程中"自然""景观"等问题认识。

近年，文学地理学逐步兴起，邹建军等提出"地理意象"③"地理基因"④ 等概念，对本文具有重要借鉴意义。历史地理学者张伟然指出，文学创作与地理环境的关系讨论，是文学领域的研究。它具体指：文学作品中有哪些内容、哪些思维、哪些智慧来自地理环境的刺激，地理环境以一种怎样的方式参与了文学作品的创作过程？⑤ 郭沫若的诗歌创作运用了大量丰富的地理要素，其创作不可避免受到自然与人文环境的复杂影响，其中，地理要素发挥了什么作用，通过怎样的方式发挥作用值得探究。

在前人研究基础上，笔者希望以郭沫若不同体裁的诗歌创作为主体，从文本出发去认识地理要素在郭沫若诗歌中的表达，进而分析地理环境如何对创作产生影响。为了避免"地理环境决定论"的倾向，笔者的思路并非直接讨论"地理环境对郭沫若创作的影响"，而是从文本和过程中理解郭沫若诗歌对"地理要素"使用的变化、背后所体现的创作思想改变及其动因。

一　对郭沫若早期诗歌中地理要素的提取

郭沫若的诗歌创作十分丰富，笔者能力有限，难以贯通考察。幸而，郭沫若对自己"诗"的创作阶段有重要评价。1924 年 8 月 9 日，郭沫若在

（接上页注③）又如谭继和《郭沫若与欧洲自然主义的中国化》，《郭沫若学刊》2000 年第 2 期；李卫涛《中国现代视野中"自然"的发生和"自然之死"——以五四时期郭沫若的"自然"观念为例》，《当代文坛》2009 年第 4 期。

① 蔡震：《〈女神〉对大自然的诗性感悟与日本文化》，《郭沫若学刊》2005 年第 2 期。

② 〔日〕藤田梨那：《郭沫若的异域体验与创作》，人民出版社，2019，第 2 页。

③ 邹建军、周亚芬：《文学地理学批评的十个关键词》，《安徽大学学报》（哲学社会科学版）2010 年第 2 期。

④ 邹建军：《关于文学发生的地理基因问题》，《世界文学评论》2012 年第 1 期。

⑤ 张伟然口述，于淑娟整理《张伟然谈跨学科视野下的文学与地理》，上海书评，2018 年 4 月 29 日。

致成仿吾信中提到自己的马克思主义信仰，并指出："我把我从前深带个人主义色彩的想念全盘改变了。……以前没有统一的思想，于今我觉得有所集中。以前矛盾而不能解决的问题，于今我觉得寻着关键了。或者我的诗是从此死了。但这是没有法子的，我希望它早些死灭罢。"① 再者，1928年 2 月间，郭沫若在《离沪之前》中写道，拟作《我的著作生活的回顾》，包括"诗的修养时代""诗的觉醒期""诗的爆发""向戏剧的发展""向小说的发展""思想的转换"几部分。② 鉴于作者的认知对个人创作具有直接影响，而笔者希望从"诗创作的发生和过程"的角度分析，因此本文对郭沫若诗歌中地理要素提取的时间限于 1924 年 8 月之前，包含了郭沫若诗的修养、觉醒和爆发的整个过程，如此，也就包括郭沫若早期创作的旧体诗和新诗。与旧体诗相较，郭沫若的新诗体现了突出的时代精神，较传统诗歌在形式、内容与思想上都有巨大的突破。那么，郭沫若新、旧体裁的诗作中对地理要素的运用有什么特征，这些特征背后的动因如何，都值得探究。

为了便于分析，笔者首先对郭沫若早期诗歌中的地理要素进行提取（见表 1）。地理要素没有明确定义，与之密切相关的概念为"地理意象"。文学地理学领域中，"地理意象"的提出与文学的发生学有着一定的联系③；历史地理学者强调特定文化内涵的类型化意象④。不同学者在研究过程中对"意象"的选取各有倾向性。⑤ 需要指出的是，本文分析重点不在"意"与"象"而在于"地理"，因此采用了"地理要素"这样一个普通的表达。

本文的"地理要素"是指与诗歌创作关系密切的自然与人文地理要素："天"、"地"、"人"外加"其他"共四大类。"天"指天空的景象，包括日月星辰和各类天气现象；"地"指山川河流与地名；"人"在这里特指人文景观、人造景观。此外，还有部分抽象的、无法具体定位但在我国

① 郭沫若：《孤鸿——致成仿吾的一封信》，载《郭沫若全集·文学编》第 16 卷，知识产权出版社，2004，第 8~9 页。
② 林甘泉、蔡震主编《郭沫若年谱长编（1892—1978 年）》第 1 卷，中国社会科学出版社，2017，第 422 页。
③ 刘洁：《地理意象的构成及其审美价值》，《社会科学动态》2019 年第 1 期。
④ 张伟然：《文学中的地理意象》，《读书》2014 年第 10 期。
⑤ 有些研究认为"天地之物"皆为地理意象，有些则认为"河流山川等地名"才属于地理意象，如邹建军《诗歌中的地理意象及其来源——以新发现的四川越溪清代诗人吴绍游为个案》，《中华文化论坛》2021 年第 1 期。

表 1 郭沫若早期诗歌中的地理要素

文本体裁	天	地	人	其他
旧体诗	皎日、云翳、月、秋风、秋雨、风雪、雨、野马尘、巴山雨、秋月春风、天、柳风梅雨、雨滴、风色、白雪、檐冰	嘉州、锦江、西岭、茶溪、峨眉（峨岭、眉岭）、苏溪、临邛、凌云[山]、岳宗、龟山、衡阳、武陵、南荆、渤濑、关山、楚越、波兰、玉京、西北、安阳、朔方、俄蒙、缅越、高丽、罗浮[山]、浙江湖、渤濑汪洋、昆仑、贺兰山、漠北洮南	古佛洞、江楼、苏迹、怡园、金古、平泉、劫灰（烽燧）、丛祠、杜陵	天涯
对联	夜月、春风、晴光、春光、宇宙、落日、春色、月夜、风云、东风、雨、风、枪榕、青天	东亚、新世界、美澳、东海、昆仑、西欧、大江、扶桑、二十八省山河、武陵、锦城、幽燕、西北二藩、沐水、峨眉、牛溪、西蜀、北邙（邙山）	东郭门	桑田沧海、八荒、祖国、旧中华、江山、神州、地球

续表

文本体裁	天	地	人	其他
新诗：《女神》	月（儿）、月轮、满月、残月、风、晨风、微风、太阳、夕阳、光（明）、天地、（黑）夜、日月星辰、风云雷雨、雷霆、天、雪、烟雨、甘霖、雪、丝雨、浮云、暗云、白云、火云、旭光、日火、烈日、夕阳、乌云、明星、天、橘溜、青天、苍昊、天霞、朝阳、海、云岛、云霞、天火、凌冰、清露、甘露、海光	不周山、（大）海、光海、天海、山（岭）、海山、山岳、黄河、洞庭湖、君山、江、河、火山、湘水、沅水、扬子江、山岳、海洋、九嶷山、濮阳、丹穴山、海湾、海浪、波（涛）、涛、海涛、海潮、海岸、（大）平原、沙原、（枯）草原、俄罗斯、帕米尔、喜马拉雅、Bengal、恒河、印度洋、大红海、尼罗河、比利时、爱尔兰、太平洋、（洲）、大西洋、新大陆、北冰洋、扶桑、岛国、东国、荷兰、印度、西比利亚、西伯利亚、加里弗尼亚、原、西比利亚、贝加尔湖、四林湖、至乐山、洲、瀑布、嘉州、青衣江、松林、森林、泉（水）、十里松原、英格兰、爱尔兰、涟漪、博多湾、旭川桥、黄浦江口、尔克市、首阳山、西湖、西蜀、山崖、上海、西湖、沪杭、西蜀	麦田、屠场、囚牢、苏彝世运河、（坟）墓、图书馆、万神祠、大都会、金字塔、田地、炭坑、庙宇、画宫、尼罗河、巴拿马【运河】、万里长城、剥里克土通监狱、礼大厦、火葬场、长亭、雷峰拜堂、赵公祠、塔、白堤	我国、中华、祖国、宇宙、（大）自然、世界、天球、地球、星球、大地、异邦、有太空、眼泪之海、故乡、平和机物汇、之乡、父母之邦、之乡、地狱

续表

文本体裁	天	地	人	其他
新诗:《星空》	星空、幽光、新月、北斗星、Orion星、北极星（等诸星座多同一类型星座要素未——录人），【银】河、流星、稠云、木星、霞光、（阳）春、天河、火星	洪水、涂山、大渡河、巫山、武汉、江南、江湾、吴淞江、黄浦滩、高加索斯山、荒山、渤海、岐山、周国、孤竹、辽河、朝歌、姜里	检疫所、古寺	中州、血海、大陆、陆地、天堂、尘寰、瑶池、九州、广寒宫
新诗:《前茅》	雹、雷声、滂沱大雨、雾、长夜、群星、黎明、赤光、冰雹、圣火、天风	黄海、四川、鄱阳湖、北美、法兰西、邪马台、岛国、静安寺路、田畴、冰山、咸阳、甘泉宫、太华山、河朔、淮西、麦城	（象牙）宫殿、囚牢、荒坟、排字房	赤县、中华大陆、魔宫、民间、愁城、苦境、"毒菌"、"菌队"

注：1. 新诗中由于《女神》《星空》《前茅》三部创作特点有差异，因此地理要素一项，《星空》一栏中录《女神》中未出现的地理要素，《前茅》一栏录《女神》《星空》中未出现过的地理要素，基本是严格按原文录入。2. 在对地理要素进行提取的时候，仅有非常少数的，如"苏彝世的运河"按照所表达含义做"苏彝世运河"提取，而不提取为两个要素。"【】"中文字为笔者据上下文含义添加，"（）"中文字为笔者为利用的同义意象的不同表达。

传统文化中有重要意义的地理概念，如"八荒"；以及非常阔大的以地球、世界为主体的表达，如"星球""宇宙"等；或者包含大量主观感受与情感价值的复杂名词，如"中华""故乡""异邦"等都并入"其他"类别。

笔者所提取地理要素的诗歌文本①主要来源为《敝帚集与游学家书》②，以及《郭沫若全集·文学编》（第 1 卷）③。其中，《瓶》收录诗歌作于 1925 年 2、3 月间，不取；《前茅》的"序诗"为 1928 年所加，但所收录诗歌大体为 1921~1924 年的作品，因此取用。《恢复》主要是 1928 年的作品，不取。需要说明的是，《敝帚集与游学家书》中收录了郭沫若早年所作的二三十副对联，从地理要素的表达看，它们与新、旧体诗的创作有相关性，因此笔者一并分析。

进一步地，就郭沫若早期的诗歌，选出其中直接以地理要素为题的诗作列表如下（见表 2）。当然，部分诗歌虽然题目中并不包含任何"地理要素"，但实际内容可能利用了丰富多元的地理要素，表 1 对这部分内容已经做了细致提取。

表 2　郭沫若早期诗歌中以地理要素为题的诗作

旧体诗：《月下》《邨居即景》《秋绪》《游古佛洞》《茶溪》《苏溪弄筏口占》《夜泊嘉州作》《晨发嘉州返乡舟中赋此》《和王大九日登城之作（原韵二首）》	《女神》：《浴海》、《立在地球边上放号》、《地球，我的母亲》、《雪朝》、《登临》、《梅花树下醉歌——游日本太宰府》、《夜步十里松原》、《太阳礼赞》、《沙上的脚印》、《金字塔》、《夜》、《春愁》、《新月与白云》、《火葬场》、《晚步》、《霁月》、《晴朝》、《岸上》、《晨兴》、《春之胎动》、《海舟中望月出》、《黄埔江口》、《上海印象》（1921 年 4 月做）、《西湖纪游》、《雷峰塔下》、《赵公祠畔》、《三潭印月》、《雨中望湖》、《司春的女神歌》	《星空》：《星空》《洪水时代》《静夜》《南风》《白云》《新月》《雨后》《天山的市街》《黄海中的哀歌》《仰望》《江湾即景》《海上》《拘留在检疫所中》《归来》《冬景》《夕暮》《暗夜》《春潮》《地震》《两个大星》《石佛》	《前茅》：《黄河与扬子江对话》《留别日本》《上海的清晨》《朋友们怆聚在囚牢里》《歌笑在富儿们的园里》《黑魆魆的文字窟中》《太阳没了》

注：本表不包含以动植物命名的诗歌，主要统计与上述四类地理要素直接相关的诗歌名称。

---

① 笔者按：本文对郭沫若旧体诗的利用并不全面，但依然能从中窥探其创作特点，以得到对郭沫若不同时期诗歌创作特征的脉络性认识。蔡震对郭沫若的旧体诗有系统研究，参见蔡震《郭沫若集外旧体诗词的整理》，《新文学史料》2018 年第 3 期。

② 郭沫若著，郭平英、秦川编注《敝帚集与游学家书》，中国社会科学出版社，2012。

③ 郭沫若：《郭沫若全集·文学编》第 1 卷，知识产权出版社，2004。

二 地理要素在新、旧体诗歌中的分布和表现

笔者深知，在诗歌研究中，案例式的、针对性的解读才能深入文本内部获得深刻认识，而统计方法可能会产生许多问题。但在"历时性"的"过程"考察中，研究者可以从分时段的归类统计中获得更明晰的图景，从表格中得到更直观的认识。因此笔者列表如上并对表格内容进行初步分析。

首先，本文所利用的旧体诗虽然只有 80 多首，但其中对"天"类地理要素的表达并不少："日""月""风""云""雨""雪"等都有涉及，而且有"巴山雨""梅雨"这类非常典型的天气、气候现象。对联由于其创作的特定时间背景，与"春"相关的要素较多，同时，这里已经出现了"青天"这个新诗中用得相对频繁的意象。

《女神》创作中诗人想表达追寻"光明与自由"的意志，尤其是对光明阔大、柔和而缥缈的"太阳""云""月"等意象的运用极为频繁。《星空》中最突出的无疑是对星宿的利用，其中有多个英文词语。《前茅》与其他诗歌不同的是，出现了较多的有力量感的、破坏性的要素，如"雹""雷声""滂沱大雨"等，这与《前茅》期冀表达的志趣也相符合。

郭沫若新、旧体诗中对"雪"元素的利用是很普遍的，但"檐冰"实际是个非常具体的要素。郭沫若诗歌中的"檐冰"能比较突出地反映出地理环境对"诗兴"的激发。1913 年冬，郭沫若放弃了天津军医学校的入学资格，在北京以读书打发时间等候长兄，内心苦闷异常。"屋檐口的冰柱积长了坠落下来"，郭沫若闻声掩卷出门，看到中堂外的积雪和明月即兴而作，[①]《即兴》："天寒苦昼短，读书未肯缀。檐冰滴有声，中心转凄绝。开门见新月，照耀庭前雪。"[②]

其次，"地"与"人"两类地理要素占比更多。当然这与本文意在分析地理要素直接相关，但不同时期诗作中的这两类地理要素之间的差别值得一叙。如果从对地理要素运用的开阔程度来说，旧体诗已经初见磅礴气

---

① 郭沫若：《郭沫若全集·文学编》第 11 卷，知识产权出版社，2004，第 280 页。

② 林甘泉、蔡震主编《郭沫若年谱长编（1892—1978 年）》第 1 卷，中国社会科学出版社，2017，第 61 页。

势，古今中外地名皆有出现。其中郭沫若对"俄蒙""高丽"等的运用，表明他自幼就对时局高度关注。这一时期出现不少郭沫若家乡附近、非常具体的地名要素，体现出周遭环境对作者最初作诗的启发。受诗歌内容与体裁所限，这个时期抽象性的地名运用非常少，但同期所作对联中已经有相当数量的"宇宙"等阔大而抽象的地理要素出现。

《女神》对地理要素的运用极为开阔，出现了众多世界各地的人名、地名与典故，展示了宏大的空间感、场景感和有力的节奏感。同时，《女神》中"海"的意象极为突出，有学者指出，"大海"意象所呈现的是中西文化融合的变奏曲。① 另，对于《女神》中博多湾、松原等意象的研究也较多，不再赘述。上文提取的地理要素能清晰地反映出，郭沫若"特别是对于自然的感念纯然是以东方的情调为基音的，以她作为友人，作为爱人，作为母亲"②。值得一提的是，《女神》《星空》等新诗运用了许多我国神话传说与历史典故，地理要素如"首阳山"出现的频率较高。需要说明的是，这类地名要素虽然占比不是特别大，却往往起到时空场景设定的重要作用，代表了郭沫若新诗创作中浓厚的"东方渊源"和本土色彩。虽然多次出现的"博多湾""大海"等意象表明日本环境和文化对《女神》创作的重要影响，但不可否认中国传统历史文化中的神话传说、庄子学说③等造就了郭沫若对自然认知和哲学思考的底色。刘悦坦亦言："细读《女神》我们却发现，越是能代表《女神》成就的作品，就越带有浓厚的原始色彩。"④

《前茅》中对地理要素的运用展示出新特点："具体"的地理要素利用非常多。《前茅》创作期间郭沫若有两次回沪经历，因此，这个时期的诗作虽然在形式上延续了《女神》"内在律"⑤的方式，但在内容上已经大有不同。从"地理要素"上可见这个时期对上海具体的地名运用的比较

① 谢荣萍：《〈女神〉中的"大海"意象——中西文化融合变奏曲》，《青年文学家》2018年第 17 期。

② 林甘泉、蔡震主编《郭沫若年谱长编（1892—1978 年）》第 2 卷，中国社会科学出版社，2017，第 523 页。

③ 侣同壮：《新时期的"郭沫若与庄子"文艺关系研究》，《西华大学学报》（哲学社会科学版）2010 年第 1 期。

④ 刘悦坦：《郭沫若研究中的"时间与空间"》，《郭沫若学刊》2008 年第 1 期。

⑤ 杨胜宽：《领悟自然：郭沫若与中国诗歌传统研究系列之一》，《郭沫若学刊》1996 年第 2期，第 3 页。

多，现实性的描写也十分突出。在抽象地理要素中，出现了"愁城""苦境"等表达心境的运用。

从表2可见，《前茅》中与地理要素相关的诗歌名称跟此前风格差异较大，诗名能更直观地反映出社会现实。究其原因，郭沫若此时的思想逐步转向，他自述《前茅》的创作"虽在思想转换以前，但大致的意识业已左倾"①。1923年5月2日，郭沫若作《文艺之社会的使命》一文表明，在他的认识中，诗歌的创作旨意从"自然流露"逐渐转为"社会使命"，如此，郭沫若诗歌创作中对地理要素的利用也自然会发生变化。郭沫若同期创作的《水平线下》提到："车过外白渡桥的时候，瞥见黄浦江中的浊流，洗涤在皎洁的秋阳光里，隐隐也带着几分内省的情调了。"②

总之，从郭沫若诗歌中提取的多元地理要素可显示出郭沫若具有开阔的、放眼世界的眼光，雄伟、高迈的气势和古今中西文化融合的深厚底蕴。而其中对地理元素的运用大体经历了三个阶段性变化：旧体诗创作中"具体"地理要素为多；《女神》《星空》创作中"抽象""阔大"的地理要素居多；《前茅》创作中"现实""具体"的地理要素居多，诗歌内容逐渐转向对社会现实的揭露。此外，上述两表还可以给我们提供更多的关于地理相关"意象"的信息，尤其是其中出现不少"祖国"等抽象要素，还有与郭沫若医学学科背景直接相关的其他意象。

三 "故土"与"异域"：从地理感知、知识构建到思想转变

郭沫若诗歌中丰富多元的地理要素的使用，显示出地理环境对他的影响，以及他对自然环境感知的高度敏感。"一个人对风景的敏感可能并不是与生俱来，而是在后天的风景经验中逐渐形成的……是一个文化建构的过程。"③ 郭沫若对自然环境的敏感除了反映他的情感需求和性格特点，还具有丰富而深厚的知识作为学理支撑。郭沫若知识结构的构筑过程大体可

---

① 林甘泉、蔡震主编《郭沫若年谱长编（1892—1978年）》第2卷，中国社会科学出版社，2017，第606页。

② 郭沫若：《水平线下》，《郭沫若全集·文学编》第12卷，知识产权出版社，2004，第338页。

③ 吴晓东：《文学性的命运》，广东人民出版社，2014，第84页。

分为家塾时段、学堂时期和日本留学时期。

我们会发现前文所述的郭沫若诗歌中对自然地理要素表达的三个阶段性特征，与本节所述的知识结构的构筑过程并不完全一致。在日留学期间，郭沫若思想发生了重要转折，随之郭沫若诗歌创作的旨意也发生变化。这恰恰体现出诗歌创作的复杂性，知识背景的建构只是影响原因之一。"作家描写某个地理景观或地理空间时，往往注入了人生的多重体验、多重感受、多重认知。这些体验、感受和认知有的来自故乡（原乡），有的则来自异乡；有的来自直接经验，有的则来自某些间接经验，总之是非常丰富而复杂的。"[1] 郭沫若在其诗歌创作过程中对地理要素的运用，是在复杂的自然环境与人文环境影响下，作者个人意志的表达。郭沫若诗歌创作过程中对地理要素的运用和表达具有明显的阶段性特征，究其原因，无论是他的地理感知、知识建构还是思想转变过程，都与"故土"和"异域"这个主题密不可分。

郭沫若为幼年所作《茶溪》一诗作注："茶溪在我家乡，水由峨眉山麓流入大渡河，幼时常垂钓于此，偶成此诗。"[2] 另，郭沫若早期的旧体诗，如《郊居即景》《早起》等，皆能体现当时他对地理环境的感知和描写是比较直观和具象的，家乡的自然环境参与了郭沫若早期的诗歌创作。

1903 年，郭沫若 11 岁，当时"各种上海出版的蒙学教科书，如格致、地理、地质、东西洋史、修身、国文，等等，差不多现在中学堂所有的科目都有。我们家塾里便用这些来做课本"。"家塾的壁上挂的四大幅合成的一面《东亚舆地全图》，红黄青绿的各种彩色真使我们的观感焕然一新。我们到这时才真正地把蒙发了的一样。"[3] 可见，郭沫若求学早期就接触到地学科目，并有地图的熏陶，这为他将自然环境的感受转化为地理认知提供了理论基础，也就难怪他后来的诗歌中会出现如此丰富的地理要素了。

1906 年，乐山高等小学堂开学。虽然"在小学堂里新的东西没有受到什么教益，但旧的东西如国文、讲经、地方掌故之类，却引起了我很大的

---

① 曾大兴：《文学地理学概论》，商务印书馆，2017，第 348 页。
② 郭沫若：《汐集》，《郭沫若全集·文学编》第 2 卷，知识产权出版社，2004，第 449 页。
③ 林甘泉、蔡震主编《郭沫若年谱长编（1892—1978 年）》第 1 卷，中国社会科学出版社，2017，第 16 页。

兴趣"①。《我的幼年》中讲道:"最令人害怕的是绰号名叫'老虎'的监学易曙辉先生,他教了我们一些乡土志。这是比较有趣味的一门功课。他把嘉定城附近的名胜沿革很详细地教授了我们,同时还征引了些历代文人的吟咏作为教材。这虽然是一种变革的教法,但于我们,特别是我自己,却有很大的影响。"② 这种影响直接体现在,郭沫若此时期的诗作对人文地理景观的感触更为深刻。他同年夏季作诗《苏溪弄筏口占》:"此地存苏迹,可曾载酒来。"③ 郭沫若诗歌中对苏东坡遗迹的感怀,应具有直接感官刺激与乡土志知识背景的双重来源。

可见,郭沫若诗歌中的地理要素,直接来源是郭沫若对故土自然环境的感知和体验;而郭沫若在家塾、学堂阶段,对乡土志、国文、经学、地理、植物等课程的学习,对地图的接触,共同构成了其地理认知的基础。

家乡的地理环境对郭沫若的地理认知具有深刻影响,这点在他离川北上途中尤为明显。此时,郭沫若开启了从"故土"到"异域"的人生阶段。"因为在初出夔门的人,他的观念中的山是海拔几千丈的峨眉、雪岭、邛峡、青城"④,他在特地爬到船尾有意瞻仰在革命战役时赫赫有名的龟山和蛇山时,发现视线所及的范围内并没有看见"可以称为山"的存在,于是发出感慨。进而,北上过程中:"和火车见面是有生以来的第一次……而尤其使人失望的是车行中所接触到的窗外的自然。……车入河南境内以后,车道两侧所能望见的大抵是衰黄的枯草。间或有些毫无草木的砂丘。听人说那些砂丘是北风由蒙古的沙漠地里卷来的,可于一夜之间积成,也可以一夜之间被风吹去。得着那些见闻,在当时竟感伤得涔过一些眼泪。"⑤ 可见,南北地理景观的差异对初离故土的郭沫若造成了很大的冲击,这也再次显示郭沫若对地理环境感知的高度敏感。

---

① 郭沫若:《我的学生时代》,《郭沫若全集·文学编》第 12 卷,知识产权出版社,2004,第 9 页。

② 林甘泉、蔡震主编《郭沫若年谱长编(1892—1978 年)》第 1 卷,中国社会科学出版社,2017,第 19 页。

③ 郭沫若著,郭平英、秦川编注《敝帚集与游学家书》,中国社会科学出版社,2012,第 78 页。

④ 郭沫若:《初出夔门》,《郭沫若全集·文学编》第 11 卷,知识产权出版社,2004,第 269 页。

⑤ 《郭沫若全集·文学编》第 11 卷,知识产权出版社,2004,第 270~271 页。

郭沫若在 1913 年冬初离故土，随即 1914 年 1 月到日本求学。人生在短时间内经历重要转折，异域与故土的自然与人文环境差异不可避免地会对郭沫若造成剧烈冲击。这种冲击能激发出郭沫若对周遭环境与本土文化更深刻的感知和思考。

初到日本，面对当地的自然环境，郭沫若难免将之与家乡对比，在对比中逐步形成对异域自然环境的感知和体验。1915 年 11 月，郭沫若信中描写日本当地自然景观：此间有操山者，山形颇似峨眉，山麓均稻田散策，田间四顾皆山焉，恍若归故乡者。① 以下这段话生动地展现了郭沫若在日创作的场景：“我居留冈山的时候，我常常驾着小船荡漾在旭川。在后乐园与冈山的天主阁中间的一段川面，那是顶富有诗意的，在六高对面的东山，虽然不算怎样一个名胜的所在，但是因为开始的一二年我住得很近，所以常常到那边散步。实行静坐的时候，我往往会陶醉于泰戈尔的诗里，浮入了 sentimental 时代。在月夜我独自徘徊于东山的山阴……在那时候，我曾吟下《晚眺》与《新月》二绝。”② 需要注意的是，虽然此时郭沫若的创作环境是日本，但进一步阅读郭沫若的文字会发现，“旭川”在郭沫若的感知中，是类似家乡茶溪的存在：“冈山市中有小河小道名旭川者，如沙湾之茶溪然，水清宜浴。”③ 因此，“操山”“旭川”等自然景观实质上能够给郭沫若带来“异域”和“故土”的双重感受。

郭沫若于 1918 年到福冈求学，身在异域的他逐渐对家乡产生更深的感怀：1919 年，《鹭鹚》发表于上海《时事新报·学灯》，首次署名“沫若”。郭沫若解释其笔名的来源：“是我家乡的两条江河：沫水与若水合拢来的。”④ 这一时期，大体上属于郭沫若诗歌的“爆发期”，“博多湾”“松林”等地理意象多次出现在郭沫若的诗歌中，启发了郭沫若的诗歌创作。

在日本求学不但在自然环境上对郭沫若造成了冲击，更从思想和学识上深刻地改变了郭沫若。其中，对郭沫若诗歌创作有直接影响的，当是他

---

① 林甘泉、蔡震主编《郭沫若年谱长编（1892—1978 年）》第 1 卷，中国社会科学出版社，2017，第 81 页。

② 林甘泉、蔡震主编《郭沫若年谱长编（1892—1978 年）》第 2 卷，中国社会科学出版社，2017，第 524 页。

③ 林甘泉、蔡震主编《郭沫若年谱长编（1892—1978 年）》第 1 卷，中国社会科学出版社，2017，第 98 页。

④ 林甘泉、蔡震主编《郭沫若年谱长编（1892—1978 年）》第 1 卷，中国社会科学出版社，2017，第 118 页。

在日留学期间对各种文化思潮的接触；而随后郭沫若在思想上的转变，对共产主义的信仰，最终也反映到他的诗歌创作中来。

有学者已经指出，虽然郭沫若接受过诸如泛神论、浪漫主义等多元、复杂的世界文化思潮的影响，而且郭沫若自己也宣称"各种各样的见解都沾染了一些"，他却很少谈到自然主义对他的影响。但实际上，他的作品又常常流露着自然主义的色彩。① 这个矛盾如何理解？笔者认为，加强对郭沫若思想中传统文化渊源和高度敏感的环境感知的认识，有助于推进我们对这个问题的理解。从郭沫若的生活经历和创作过程中重新梳理其对自然的理解、对地理的感知、对"地理意象"的运用，可以发现郭沫若对自然的感知和诗歌创作都具有深刻的东方的、本土的渊源。进而，郭沫若得以利用中国传统文化实现对"自然主义"的中国化。②

以郭沫若在日本留学期间以多次提到的对《庄子》思想的认识为例，可见"异域"场景下，郭沫若不断增进对中国传统文化的认识。这即是本文所认为的"郭沫若新诗创作的本土渊源"，又体现了郭沫若思想的转向。而郭沫若思想的转向，最终导致了他在新诗创作过程中对地理要素运用和表达的变化。如1915年9月，郭沫若指出："我素来喜欢读庄子，但我只是玩赏他的文辞，我闲却了他的意义，我也不能了解他的意义，到这时候，我看透他了，我知道'道'是什么，'化'是什么了。我从此更被导引到老子，导引到孔门哲学，导引到印度哲学，导引到近世初期欧洲大陆唯心派诸哲学家，尤其是司皮诺若（spinoza）。我就这样发现了一个八面玲珑的形而上的庄严世界。"③ 1917年9月郭沫若写道："和国外的泛神论思想一接近，便又把少年时分所喜欢的《庄子》再发现了。"④

郭沫若诗歌对地理要素的运用丰富、多元且深厚，还具有明显的阶段性特征。这不仅源自诗人自身对自然环境感知的敏感，更源自郭沫若不断的知识结构的构筑和人生思想的转变。而郭沫若的地理感知、知识构建和思想转变，发生在他从"故土"到"异域"的人生阶段中。在"异域"自然与人文环境的影响下，郭沫若对家乡的感怀更加深刻，对我国历史文

---

① 谭继和：《郭沫若与欧洲自然主义的中国化》，《郭沫若学刊》2000年第2期，第17页。
② 谭继和：《郭沫若与欧洲自然主义的中国化》，《郭沫若学刊》2000年第2期，第23页。
③ 林甘泉、蔡震主编《郭沫若年谱长编（1892—1978年）》第1卷，中国社会科学出版社，2017，第80页。
④ 林甘泉、蔡震主编《郭沫若年谱长编（1892—1978年）》第1卷，中国社会科学出版社，2017，第100页。

化源流的思考也越发深刻。因此，郭沫若对自然的感知与文学创作具有深刻的中国本土色彩和历史文化底蕴。而上述诸多要素最终反映到郭沫若的诗歌创作上来，体现出诗歌创作的复杂性。

结 语

诗人对地理要素的感知和表达往往具有强烈的个人特色和时代特征。郭沫若对地理要素的运用丰富多元，视野开阔，古今中外兼容并蓄，既继承了我国文学创作的优秀传统，又极具个人特色，力图推动社会进步，体现出鲜明的时代特征。

通过文本分析，笔者认为郭沫若诗歌创作过程中对地理要素的运用和表达具有明显的阶段性特征，体现在复杂的自然环境与人文环境影响下，作者个人意志的表达。郭沫若故乡的自然与人文环境是他性格与审美塑造的重要渊源，在日本的求学和生活经历不但在自然环境上对郭沫若造成了冲击，更从思想和学识上深刻地改变了郭沫若："异域"实际上促成了对"故土"更深刻的认识。因此，无论是郭沫若的地理感知、知识建构还是思想转变过程，都与"故土"和"异域"这个主题密不可分，进而可知，郭沫若诗歌创作中对"地理要素"的运用具有东方的、本土的深层渊源。

文学与地理的关系是一个复杂的问题。本文仅从郭沫若早期诗歌创作中的地理要素入手，讨论郭沫若诗歌创作的特点和变化，对"地理环境以一种怎样的方式参与了文学作品的创作过程"这一问题做了初步而浅显的回应。本文尚没有涉及郭沫若诗歌创作中的地理思维、"类型化的地理意象"、"抽象地理要素"等问题。此外，笔者在对地理要素的提取过程中，发现了丰富而多元的意象，部分意象能够显示出郭沫若对自然科学的学习，对科学思维、空间思维的有意识运用，这些不但融入他的诗歌创作过程，甚至可能影响了他的古文字学研究和历史学研究，这些问题都有待深入研究。

《儿童文学之管见》中的《青鸟》[*]

乔世华^{**}

摘　要：早在写作《儿童文学之管见》这篇儿童文学理论文章之前，郭沫若就已经读到了比利时剧作家梅特林克的戏剧《青鸟》，并对该作品非常喜欢和熟稔。其在 1921 年写就的《儿童文学之管见》一文中两度提到了《青鸟》：一次是强调该作品的"儿童文学"身份，另一次则是以此为例来说明国外儿童戏剧创作状况，这在某种程度上是对周作人《儿童的文学》的积极回应。郭沫若在考察和陈说儿童文学的诸种性质时是以《青鸟》作为重要参照物的，他同时也从自身的《青鸟》阅读经验出发，在定义"儿童文学"时格外强调"儿童本位"。《青鸟》在形成郭沫若儿童文学观念上起到了重要作用。

关键词：《儿童文学之管见》　梅特林克　《青鸟》　儿童本位

　　郭沫若 1921 年 1 月 11 日完成的《儿童文学之管见》一文是中国现代儿童文学理论的重要文献，该文两度提到了比利时剧作家莫里斯·梅特林克（Maurice Maeterlinck，1862—1949）的戏剧《青鸟》。这不禁让人好奇《青鸟》在郭沫若儿童文学观念形成中究竟发生了怎样的作用。

　　梅特林克是欧洲象征派戏剧的代表作家，有"比利时的莎士比亚"之美誉，1911 年以其"深邃的独创性"和"非凡的才华"而获得诺贝尔文学奖。① 《青鸟》是其 1908 年发表的一部融合了神奇、梦幻、象征等于一炉的六幕梦幻剧，讲述了这样一个故事：樵夫的两个小孩子在圣诞夜梦中相继游历了思念之乡、将来之国、月宫和森林等处去寻找青鸟而不得，第

---

　　*　本文为四川省教育厅人文社会科学重点研究基地项目"郭沫若儿童文学观念的发生研究"（项目编号：GY2023A01）的阶段性成果。

　**　乔世华，辽宁师范大学文学院教授，辽宁省作家协会特聘评论家。

　　①　刘硕良主编《诺贝尔文学奖授奖辞和获奖演说》，漓江出版社，2013，第 78 页。

二天梦醒发现自己家的斑鸠就是青鸟，然而青鸟飞走了。瑞典学院常务秘书 C. D. 维尔森称赞该剧为 "一出寓意深刻的幻梦剧"，"闪耀着童年时代的诗意的光芒"。[①]

《儿童文学之管见》首次提到《青鸟》是在讲到 "儿童文学底世界总带神秘的色彩" 时。郭沫若注意到那些浅识者流容易因为儿童文学的神秘色彩而对儿童文学发生误解："见儿童文学遂诋为荒诞不经之谈，反之见荒诞不经之谈，即误认为儿童文学。" 郭沫若由此举说了自己的两个经验以证明之，其一是六年前日本学校一位国文教授把有 "荒诞不经之谈" 的《聊斋志异》"误认为儿童文学"；其二是郭沫若曾向一位研究英文文学的朋友推荐《青鸟》，却被这位朋友 "诋为荒诞不经之谈"："他不久便把来还了我。我问他读后的印象怎样？他说：谁肯读你那样荒诞的书！还很带个鄙弃的样子。"[②]

郭沫若是把《青鸟》视作儿童文学作品的。不过，梅特林克并不是一个儿童文学作家，其《青鸟》固然是以儿童为主角、讲述儿童寻找青鸟的，但绝不是专门写给孩子们看的。20 世纪 30 年代国内出版的各类文学词典在介绍《青鸟》时就都注意到了戏剧《青鸟》的 "童话剧" 和 "象征剧" 的双重身份，如顾凤城、邱文渡、邬孟晖编《新文艺辞典》说《青鸟》是 "梅特林克的童话剧，比利时象征派的作品"[③]。谢冰莹、顾凤城、何景文编著《中学生文学词典》同样说《青鸟》是 "梅特林克（Maeterlinck）的童话剧，比利时象征主义的作品"[④]。周梦蝶编《中外文学名著词典》亦持此说："童话剧，比利时象征主义的作品。"[⑤]

国内至迟在 1923 年 10 月就已经有戏剧《青鸟》的中文译本了，即上海商务印书馆出版的傅东华译本梅脱灵《青鸟》，该书是作为文学研究会丛书之一推出的。傅东华在 1922 年 12 月 12 日所写的《序》中目梅特林克为 "神秘派"[⑥]，表示自己翻译《青鸟》"是根据一九二○年蒂克西拉（Alexander Teixeira de Matos）的英译本所译的"[⑦]。不清楚郭沫若所说的

① 刘硕良主编《诺贝尔文学奖授奖奖辞和获奖演说》，漓江出版社，2013，第 83 页。
② 郭沫若：《儿童文学之管见》，《民铎杂志》第 2 卷第 4 期，1921 年 1 月 15 日。
③ 顾凤城、邱文渡、邬孟晖编《新文艺辞典》，上海光华书局，1931，第 143 页。
④ 谢冰莹、顾凤城、何景文编著《中学生文学词典》，中学生书局，1933，第 158 页。
⑤ 周梦蝶编《中外文学名著词典》，上海乐华图书公司，1933，第 165 页。
⑥ 傅东华：《序》，载梅脱灵《青鸟》，商务印书馆，1930，第 2 页。
⑦ 傅东华：《序》，载梅脱灵《青鸟》，商务印书馆，1930，第 6 页。

"梅特林克底《青鸟》英译本"是否即此译本。要知道，1909 年美国纽约多德米德公司即已出版戏剧《青鸟》的英译本。田汉在 1920 年 2 月 29 日致郭沫若的信件中自述看过《青鸟》的两种日译，还"略看过英译，总不觉得亲切有味"①。郭沫若在《儿童文学之管见》中谈到自己在创造"剧曲"上最初的尝试是 1919 年 11 月 14 日发表在《时事新报·学灯》"新文艺"栏目上的《黎明》。《黎明》的写作就明显受到了《青鸟》的影响：《青鸟》中，蒂蒂尔兄妹二人梦里寻找青鸟而后醒来，他们梦中先后游历了有着浓重象征色彩兼神秘色彩的思念之乡、月宫、森林、墓地等；郭沫若《黎明》中醒来携手而舞并引领众海蚌精歌咏光明的那一对先觉的海蚌精也是兄妹关系，剧中的太阳、大洋、森林、蚌壳乃至黎明也都是对"乐园"、"新生"、"幽宫"或"光明"等抽象概念的具象化表现。所以，可以肯定，郭沫若最晚应该是在 1919 年读到的《青鸟》，至于是何种语言的版本，这不好判断。

目前所见郭沫若最早谈论《青鸟》的文章正是其 1920 年在与田汉、宗白华写作《三叶集》的通信时期。田汉在 1920 年 2 月 29 日致郭沫若的信件中多处提到梅特林克及其《青鸟》并尝试分析剧作题旨，他认为梅特林克把"死"和"恋"看作人生命运的两种"相"，并由此演绎"人生舞台上各种光怪陆离的喜剧、悲剧和悲喜剧"②。

田汉是把梅特林克《青鸟》和霍普特曼《沉钟》这一类戏剧看作 Neo-Romantic Drama（新浪漫剧）的，③ 表示"《青鸟》是 Maeterlinck 的最受人欢迎的剧本"④。郭沫若在回信中对此并没有做出什么回应，但在 1920 年 3 月 3 日致宗白华的长信中提到了自己和田汉首次见面谈话并共同游历的情形，其中提到田汉有介绍梅特林克并翻译《青鸟》的打算。⑤

在这封信中，郭沫若还谈到自己和田汉在太宰府登山时"用《青鸟》剧中情事为谜，直对谈到山麓"⑥ 的事情。从中可见郭沫若和田汉一样对《青鸟》应该是很熟悉的，并且非常喜欢《青鸟》这部剧作。而且，至少到 1920 年 3 月，郭沫若还并不将《青鸟》视作儿童文学或者儿童戏剧。

---

① 田寿昌、宗白华、郭沫若：《三叶集》，上海亚东图书馆，1927，第 104 页。
② 田寿昌、宗白华、郭沫若：《三叶集》，上海亚东图书馆，1927，第 88 页。
③ 田寿昌、宗白华、郭沫若：《三叶集》，上海亚东图书馆，1927，第 102 页。
④ 田寿昌、宗白华、郭沫若：《三叶集》，上海亚东图书馆，1927，第 103 页。
⑤ 田寿昌、宗白华、郭沫若：《三叶集》，上海亚东图书馆，1927，第 122 页。
⑥ 田寿昌、宗白华、郭沫若：《三叶集》，上海亚东图书馆，1927，第 159 页。

《儿童文学之管见》再一次谈到《青鸟》是在论说儿童文学的创造这一重要路径时，郭沫若认为欧洲儿童文学是到了"最近"才有"剧曲形式"的，中国则"素所无有"，剧曲中"最称杰作"的有两部即《青鸟》与《沉钟》。① 《沉钟》是德国剧作家霍普特曼（1862—1949）1897 年所作，为霍普特曼众多剧作中"在德国最受推崇"②（瑞典学院代理秘书汉斯·希尔德布兰特语）的一部，他于梅特林克获得诺奖的次年即 1912 年也获得了诺贝尔文学奖。同样是在 1920 年 2 月 29 日致郭沫若的信件中，田汉对《沉钟》这部当时正在日本上演的新浪漫主义剧作颇多称赏。郭沫若《儿童文学之管见》在讲说儿童剧曲时举说《沉钟》和《青鸟》，既可以算是对田汉那封长信的某种回应，也有向国内读者介绍世界文坛动向之意。

周作人 1920 年 10 月 26 日在北京孔德学校作题为"儿童的文学"的演讲时明确表示他所讲实为"小学校里的文学"。据此，他将儿童分为幼儿前期、幼儿后期和少年期这样三个时期，并就这不同时期儿童所适合阅读的文学种类分别进行了论说，在讲到给少年期儿童看的文学种类时，他一共提到了可供这一时期儿童阅读的诗歌、传说、写实的故事、寓言和戏曲（即儿童戏剧）五种文学种类，认为无论可供"实演"还是用于"诵读"的戏曲，"中国一点都没有"，因而主张"先从翻译入手"。值得注意的是，在就前四种文学种类可以选用或不用哪些中外文学作品上，周作人都有较具体的举例说明：诗歌，"如唐代的乐府及古诗里多有好的材料，……《孔雀东南飞》等几篇可以算得佳作，《木兰行》便不大适用"；传说，"最好采用各国的材料，使儿童知道人性里共通的地方"，"但讲明太祖那颇仑等的故事，还以不用为宜"；写实的故事，"如欧洲的《鲁滨逊》（*Robinson Crusoe*）或《堂吉诃台》（*Don Quixote*）而言"以及中国的所谓社会小说"如《儒林外史》及《老残游记》之类"，"《官场现形记》与《广陵潮》没有什么可取"；寓言，"希腊及此外欧洲寓言作家的作品，都可选用；中国古文及佛经里也有许多很好的譬喻"。③ 但唯有在讲到"戏曲"时并没有提到任何一部可资拿来推荐的戏剧。这很可能是因为彼时其阅读经验有限，还无法找到国外比较合适儿童阅读或观看的戏剧文本用以举证。

---

① 郭沫若：《儿童文学之管见》，《民铎杂志》第 2 卷第 4 期，1921 年 1 月 15 日。
② 刘硕良主编《诺贝尔文学奖授奖辞和获奖演说》，漓江出版社，2013，第 86 页。
③ 周作人：《儿童的文学》，《新青年》第 8 卷第 4 期，1920 年 12 月 1 日。

郭沫若在写作《儿童文学之管见》时就已经读到了周作人这篇讲演，这从他文章开篇提到周作人《儿童的文学》即可见出。周作人对国外儿童戏曲方面有知识"盲区"，郭沫若所知所熟正好可以弥补这方面空白，以儿童作为主角的《青鸟》便会被其一再提起，算是对周作人《儿童的文学》有关"戏曲"的补充说明，更何况郭沫若本人早在 1919 年就有过剧曲《黎明》的创作，虽说"怕久已沉没在忘却底大海中去了"。而且，在郭沫若看来："儿童文学中本寓有教训的分子存在，但是只不过如像藏在白雪里面的一些刺手的草芽"，"儿童文学当具有秋空霁月一样的澄明，然而决不如白纸一样平板。儿童文学当具有晶球宝玉一样的莹澈，然而决不如玻片一样肤浅"，进而至于"总带神秘的色彩"诸如"不可思议的天光"或"窈窕轻淡的梦影"。① 梅特林克的神秘色彩浓厚的戏剧《青鸟》恰好都具备郭沫若所言说的上述这些"征候"。换言之，郭沫若在陈说儿童文学的诸种性质时是以《青鸟》为重要参照物的。

关于"青鸟"究竟具何象征意味，历来众说纷纭。翻译家傅东华（1893—1971）一百年前在介绍这部剧作时曾明确表示苦苦追求这部剧作的象征意味只能是徒劳无益，因为"今人还没有确实的观念"②。苏雪林也与傅东华持同样观点，她在 1928 年 12 月 5 日写就的《梅脱林克的〈青鸟〉》中表示，作为"一本有世界价值而又千古不朽的大杰作"③，《青鸟》所诉诸人心灵最深处的东西"是无法可以形容的"，"世上还没有具体的言语可以解释"此种东西。④

所以，梅特林克的戏剧《青鸟》是否适合小孩子阅读、观看，或者小孩子能否理解其中意味，恐怕就不好说了。据傅东华介绍，梅特林克"这本《青鸟》最初在俄国经五十二团体排演，后来伦敦、纽约相继排演，最后才在巴黎演"⑤。1908 年 9 月 30 日，《青鸟》在莫斯科艺术剧院首演并成为保留剧目，时隔二十余年，一位中国观众在看了莫斯科艺术剧院的《青鸟》后，就曾表示："我虽看过《青鸟》的剧本，但影子印得太浅了！

---

① 郭沫若：《儿童文学之管见》，《民铎杂志》第 2 卷第 4 期，1921 年 1 月 15 日。
② 傅东华：《梅脱灵与〈青鸟〉》，《小说月报》第 14 期，1923 年 4 月 10 日。
③ 苏雪林：《梅脱林克的〈青鸟〉》，载张立英编《女作家散文选》，上海开华书局，1933，第 175 页。
④ 苏雪林：《梅脱林克的〈青鸟〉》，载张立英编《女作家散文选》，上海开华书局，1933，第 176 页。
⑤ 傅东华：《序》，载梅脱灵《青鸟》，商务印书馆，1930，第 5 页。

我恨我当时没看更清楚些。"还记录下隔壁中国人观剧时的反应："这有甚么好？一些意思也没有！"[1] 田汉 1920 年 2 月 16 日晚上在日本看到民众座演出的《青鸟》后是颇受感动的："真教我长了许多见识，添的许多情绪，发了许多异想"，但同座日本观众有评价"全不懂演些甚么"，这引得田汉大发感慨："没有文艺上的素养的人要和他讲甚么情绪剧，象征剧，神秘剧，问题剧，是很难索解人的，所以要新剧隆盛，先要养成好观剧阶级！一般国民文艺之思想之普及是急而又急的事。"[2] 1940 年，美国导演沃尔特·朗执导的电影《青鸟》上演，童星秀兰·邓波儿出演电影中的妹妹米蒂尔，但电影反响平平，并不卖座。史荪《由〈青鸟〉谈到文学电影》评价梅特林克剧作《青鸟》"是十九世纪象征派的一个有名的剧本"，"它不仅仅是一篇童话而已，是和作者的象征主义，他的人生观有很密切的关系"。他据此批评根据原作改编拍摄的电影《青鸟》"则甚至于连几个角色的具体性格还没有表现明白"。[3] 这些接受案例都足以说明作为戏剧的《青鸟》之于儿童读者（观众）的不相宜。

因是之故，梅特林克戏剧《青鸟》究竟能否算得上周作人所说的"小学校里的文学"，或者说该戏剧能否被广大少年儿童所理解和接受，这是大可以商榷的。在主张将附丽于儿童文学上的各种"夹杂观念"扫除殆尽以"了然""儿童文学底本质"时，郭沫若在文中对"儿童文学"的那个众所周知的定义中会格外强调"用儿童本位的文字"、"准依儿童心理"和"以儿童智力为准绳"，这都一定是有的放矢，这正如郭沫若所看到的那样："纯真的儿童文学家必同时为纯真的诗人，而诗人则不必人人能为儿童的文学。"[4]

很显然，在谈说儿童文学时，郭沫若充分意识到了儿童文学要尊重儿童心理和智力因素。他应该是从自己、从旁人对梅特林克《青鸟》的阅读经验中获得了足够启发：真正的儿童文学作家一定是纯真的诗人，而并不是每一个纯真的诗人都能写作儿童文学的。因此，仅从"儿童本位"在这篇文章中得到高高标举这一点上来说，郭沫若的确称得上是儿童文学理论的先知先觉者。

---

① 李云英：《看了艺术剧院的〈青鸟〉后》，《南国周刊》第 14 期，1930 年 1 月 10 日。
② 田寿昌、宗白华、郭沫若：《三叶集》，上海亚东图书馆，1927，第 105 页。
③ 史荪：《由〈青鸟〉谈到文学电影》，《国民杂志》第 4 期，1941 年 4 月 1 日。
④ 郭沫若：《儿童文学之管见》，《民铎杂志》第 2 卷第 4 期，1921 年 1 月 15 日。

释金文的"莽"字[*]

连佳鹏[**]

摘　要： 金文中常见的地名"莽"当释为何字，学界历来存在争议。郭沫若等学者释为"旁"，但一直没有得到学界的公认。本文通过细致的字形分析，确认了这一释读的正确性，并对甲骨文中"旁"字的两个异体进行了考证。

关键词： 金文　"莽"　"旁"　字形分析

传世或出土的西周青铜器铭文中，地名"莽京"或"莽"（下文以△代替）习见，是周王进行朝见诸侯、射猎游宴和祭祀祖考等活动的一个重要场所。然而对于"△"相当于后来的什么字，学界却有不同的意见。清代学者阮元首先已经正确地将"△"释为"旁之繁文"，惜没有详论。[①]郭沫若亦释为"旁"，并进一步分析说："△字从舛旁声，旁当从人方声，当即旁之古字。△则旁之繁文也。疑卣（引者按：应为高卣）'王初賽旁'与本铭（引者按：臣辰盉）例相同，而字作𦮼。"[②]除此之外，清方浚益释为"方"，谓："△从舛、从人、从方，当为方之繁文……《六月》'侵镐及方'……镐即镐京，方即此△京，方、△古今字也。"[③]清吴大澂释为"镐"，谓："疑为镐京之镐。"[④]朱芳圃谓："当为薄之初文。"[⑤]上引郭沫

　＊　本文获中国社会科学院学科建设"登峰战略"资助计划资助，编号 DF2023YS09。

＊＊　连佳鹏，中国社会科学院语言研究所助理研究员。

①　（清）阮元：《积古斋钟鼎彝器款识》卷五小臣继彝、继彝，卷六召伯虎敦、卯敦铭，载阮元编《清经解》卷 1057～1058，上海书店出版社，1988。

②　郭沫若：《两周金文辞大系图录考释》臣辰盉铭文考释，载《郭沫若全集·考古篇》第 8卷，科学出版社，2002，第 81 页。

③　（清）方浚益：《缀遗斋彝器款识考释》13. 7，《金文文献集成》第 14 册，线装书局，2005，第 215～216 页。

④　（清）吴大澂：《说文古籀补》附录 11，中华书局，1988，第 69 页。

⑤　朱芳圃：《殷周文字释丛》，中华书局，1962，第 135 页。

若的意见将"△"读为"丰"，徐中舒主编的《汉语古文字字形表》则将其直接收于"丰"字字头下。① 黄盛璋谓："其字从'方'声，有为'芳'字古文的可能。"② 陈云鸾释为"蓬"，谓："鞨象蓬蒿，人象茅舍，如周室所在地，古即方，方作声符，方、△为双声字。"③ 李学勤认为"△"字从"芳"，"芳"乃是后世"敫"字的初文，"敫"与"镐"相通，"△京"即"镐京"。④ 现在学界在引用相关青铜器铭文时，多将"△"严格隶定成"莽"，看来人们对以上的考释意见仍心存疑虑，故有进一步探讨的必要。

我们同意释"旁"之说。唐兰在郭沫若说法的基础之上，进一步指出小臣静彝之"王宛△京"、作册麦尊之"迺王麝△京"、臣辰盉之"祐麝△京"与尹卣（引者按：应为高卣）之"王初麝旁"的"文例正同，然其字则正作𣃟，可为铁证。然则△即莽字……其变𠂤作人，或以为莽京专名之故耳。"⑤ 李仲操、刘雨、王辉、邵英、袁俊杰等先生亦同意此说。⑥ 唐先生举证言之凿凿，可为定论。然而人们心中仍存有疑虑，原因可能是"△"字所从的"㫃"与"旁"在字形上尚有一定的差距，具体来说，是两者上部的"𠂤"与"人"之间的演变关系不够清楚。王国维的𣃟与㫃"皆极相似"⑦、唐兰的"变𠂤作人"，说解都比较笼统，并不足以祛除人们心头的疑云。问题的解决还得从字形上细致地分析其演变过程，只有这个

---

① 徐中舒主编《汉语古文字字形表》，中华书局，2010，第 184 页。

② 黄盛璋：《周都丰镐与金文中的莽京》，《历史研究》1956 年第 10 期。释"芳"之说实际上是由唐兰所首倡，见黄盛璋《关于金文中的"莽京（莽）、蒿、丰、邦"问题辨正》文后"附记"，《中华文史论丛》1981 年第 4 辑；又载《金文文献集成》第 40 册，第 417 页。

③ 陈云鸾：《西周莽京新考——读西周金文札记》，《中华文史论丛》1980 年第 1 辑；又载《金文文献集成》第 40 册，第 411 页。

④ 李学勤：《王盂与镐京》，《当代名家学术思想文库·李学勤卷》，万卷出版公司，2010，第 186 页。

⑤ 唐兰：《莽京新考》，《史学论丛》第一期，北大潜社，1934；又载《金文文献集成》第 40 册，第 403 页。

⑥ 李仲操：《莽京考》，《人文杂志》1983 年第 5 期；刘雨：《金文莽京考》，《考古与文物》1982 年第 3 期；王辉：《金文"莽京"即秦之"阿房"说》，《陕西历史博物馆馆刊》第三辑，西北大学出版社，1996，第 15 页；邵英：《莽京考》，《殷都学刊》2005 年第 2 期；邵英：《宗周、蒿京与莽京》，《考古与文物》2006 年第 2 期；袁俊杰：《"莽京"续考》，《两周射礼研究》，河南大学博士学位论文，2010，第 157 页。

⑦ 王国维：《观堂集林》（外二种），河北教育出版社，2003，第 267 页。

演变过程说清楚了，"旁"释为"旁"才能真正地被人们接受。

甲骨文中的"旁"字常见，作 、 等形（《文字编》1226 页），上部所从的 或 不区别意义，古文字中互变之例很多，如①：

帝	井侯簋	陈侯因咨敦
录	颂鼎	谏簋
方（旁）	召卣	妣妲母簋
央	虢季子白盘	曾侯墓简

而当时的书手经常会将 、 两侧竖笔的上部收缩，变成 、 形，这一点许多学者都做过讨论。如五年琱生尊铭文中有字作 、 ，陈剑认为是古书中意为"登上高处"的"踊"这个词的表意初文。甲骨文中又有 、 （《甲骨文编》第 58 页）、 （《合》19287）字，西周早期金文中有两个以之为偏旁的字，用作人名： （《集成》6. 3536）、 （《集成》3. 0849），这五字中间皆从"冂"形，陈先生认为它们也是"踊"字或从"踊"之字，其论证如下：

> "冂"形与" "形相近，这些字形中的"冂"很容易变为" "形。金文"嗣"字左半的中间常见之形作" "，也有不少写作"冂"形的（看《金文编》第 976-978 页"辭"字下所收散盘、仲柟父盙、令簋、静簋等例）。又貉子卣"绅"字作 ，刺鼎"曹"字作 ，亦其例。甲骨、金文" "形又常变作" "形。其穿插位于全字中间的，如金文"旁"、"曹"和"录"（看《金文编》第 498 页）等字。其单独位于全字上方的，甲骨文如宾组卜辞多见的方国名 ，《合集》20530（师宾间类）作 ；金文则见于"鼎"（看《金文编》第 494 页）、"邑"（看《金文编》第 355 页）和"旁"（从" "形的见 4. 2009 旁父乙鼎、15. 9768 亚旁罍等，从" "形的

---

① 例证节采自林沄《释古玺中从"束"的两个字》，《古文字研究》第 19 辑，中华书局，1992，第 468~469 页；又载氏著《林沄学术文集》，中国大百科全书出版社，1998，第 10 页。

看《金文编》第 7 页；又甲骨文"旁"字的同类变化看《甲骨文编》第 4-5 页）等字。所以，由 ⿰ 变为 ⿰，从字形演变关系看是很自然的。①

类似的观点，陈先生在《上博竹书"葛"字小考》一文中又有所重申。② 季旭昇在讨论古文字中的"索"字时，指出甲骨文的"索"旁作 ⿰，中部所从的"⿰"到了燕系、秦系文字中讹变为"冂"形，作 ⿰、⿰，并为后世隶楷所承。③ 郭永秉、邬可晶亦同意此说。④ 繺伯盘有字作 ⿰，从司从 ⿰，赵平安释为"嗣"，认为望鼎"册"作 ⿰，写法与 ⿰ 很相近，⿰ 是 ⿰ 的省略形式。⑤ 两种"册"字的书写形式，如果不计中间的竖笔，则与"⿰"演变成"冂"相同。另外如甲骨文"⿰"字作 ⿰，在战国文字中作 ⿰、⿰；"责"字作 ⿰，在西周早期金文中作 ⿰；⑥"同"字金文作 ⿰（《新金文编》第 681-682 页），又作 ⿰（牧簋，《集成》8.4343.1），牧簋器铭虽为传世摹本，但从番生簋盖的"⿰"字亦从"冂"形来看，其字形还是有一定的参考价值。总之，以上皆是 ⿰、⿰ 由于两侧竖笔的上部收缩，变成 ⿰、⿰ 的例子，这一点是毫无疑问的。

《甲骨文字编》3892 号"旁"字下收有 ⿰（《合》37791）、⿰（《屯》148）两形，由上文分析来看，这样处理是完全正确的。《屯》148 的字形共两见，另一形作 ⿰，此种写法的"旁"字尤其是第二、三形，上部作 ⿰、⿰，只要稍微变换笔势，将外部的笔画拉直作两笔书写，很容易变成"⿰"形。可以和此进行模拟的例子，如甲骨文的 ⿰、⿰ 字。前者于省吾释为阴晴之"阴"，⑦ 早已成为定论，后者旧多释为"雾"。后来，孙常叙通过分析

---

① 陈剑：《金文字词零释（四则）》，《古文字学论稿》，安徽大学出版社，2008，第 132~134 页。
② 陈剑：《上博竹书"葛"字小考》，《中国文字研究》2007 年第 1 辑（总第 8 辑），大象出版社，2007，第 68~70 页；又载氏著《战国竹书论集》，上海古籍出版社，2013，第 183~188 页。
③ 季旭昇：《说文新证》上册，艺文印书馆，2008，第 502 页。
④ 郭永秉、邬可晶：《说"索"、"剌"》，《出土文献》第 3 辑，中西书局，2012，第 103 页注释 3。
⑤ 赵平安：《金文考释五篇》，《容庚先生百年诞辰纪念文集》，广东人民出版社，1998，第 448~449 页；又载氏著《金文释读与文明探索》，上海古籍出版社，2011，第 94~95 页。
⑥ 字形分别见季旭昇《说文新证》上册，第 503、523 页。
⑦ 于省吾：《甲骨文字释林·释雀》，中华书局，2009，第 111~113 页。

辞例和字形，认为𨚵与𩥈为一字异体，其上部所从的"Ａ"乃"冂"的形变。
这种形变在甲骨文和金文中都有其例：

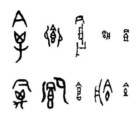

然后，孙先生分析说：

> 古文字所从之Ａ，多是从倒口——冂变来的。冂变为Ａ，上部笔
> 形从下弯弧线⌒变成两条夹角直线∧，是书契作字的趋简求便。在已
> 惯用Ａ形之后，有时偶然作冂，由Ａ返冂，这是书契中的一时返古。
> 𩥈变作雈，是前者，是趋简求便。①

其说甚确，因此早已被学界普遍接受。

刘钊也就此现象做过很好的讨论，他说：

> 甲骨文字中的"口"字在独立存在和"正写"时，都作"ㅂ"
> 形，但当口字与一些形体组合成复合形体并"倒写"时，则大都变形
> 作"Ａ"形并成为标准形体。不过同时还残留有作"冂"形的形
> 态。如：

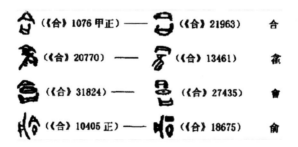

---

① 孙常叙：《𩥈雈一字形变说》，《古文字研究》第 19 辑，中华书局，1992，第 377~390
页；又载氏著《孙常叙古文字学论集》，东北师范大学出版社，1998，第 19~32 页。

这一演变规律使我们知道作"Π"形的字从构形上看要早于作"A"形的状态。同时不能将从"A"与从"Π"的一字误分为二。①

综上，Π演变为Π，Π演变为A，两个演变过程因有大量例证作为支撑，则Π演变为A的过程可得而论，即先将Π两侧竖笔的上部进行收缩，变成Π，再改变Π外部笔画的笔势，将其拉直作两笔书写，就成了A形。为便于观察，这个演变过程可以列图如下：

甲骨文中亦有从"A"的"旁"字，作$\mathcal{F}$形，见于《合》20547、《合》21111（《京人》3038）、《屯》768 三版，明显与金文"△"字中部的字形相同。甲骨文中的"$\mathcal{F}$"字旧多未释或误释，《新甲文编》入于附录 1002 号，只收了《合》20547、《屯》768 两形；《文字编》收于 3894 号，只收了《合》20547 一形，隶作"旁"而未释；《合·释文》《校释》《全编》于《合》20547 亦皆隶作"旁"而未释，于《合》21111 皆误释作"今方"二字，《京人》3038 的释文亦如此处理；《屯》768 一形，原篆作$\mathcal{F}$，《屯·释文》摹作$\mathcal{F}$，误将"方"旁上部包括泐痕在内摹成了两个小竖笔，由其在辞例中的用法与$\mathcal{F}$相同知此摹本不可信（详后），《校释》隶作"旁"，《全编》误释为"今伐"二字；其实，姚孝遂在《甲诂》3121 号"$\mathcal{F}$"下的按语已经正确地指出，"$\mathcal{F}$"为"旁"字的异构，惜未做详论，故亦未能引起人们足够的重视。

下面讨论"旁"字在甲骨文中的用法。

从$\vdash$或Π的"旁"字在甲骨文皆用作地名，如"肇旁射三百"（《合》

---

① 刘钊：《古文字构形学》，福建人民出版社，2006，第 60~61 页。不过刘先生所举的最后一个例证"令"字似可商榷，《合》23675 的形体应释为"邑"，参见连佳鹏《甲骨金文笔画变形研究》，首都师范大学博士学位论文，2016，第 27 页。

5776 正)、"旁方"（《合》6666）、"亚旁"（《合》26953）、"在旁贞"（《合》36945）等,① 也有从"冂""A"的"旁"字用作地名者,如：

(1) 丁亥卜,[在] 𝍂 贞:[王] 其田,[卒] 逐 [亡灾]。

《合》37791 [黄组]

(2) 庚辰卜,王贞:朕値𝍂。六月。

《合》20547 [师肥]

但上部作冂、A形的"旁"字在另外三版卜辞中皆用作祭名,就目前的资料来看,这是从⊢或⊦的"旁"字所没有的用法,似乎已有了"异体分工"的趋势,② 如：

(3) 乙未卜,其𝍂伊司惠☐兹。

《屯》768 [历无]

(4) 庚寅卜,𝍂岳,雨。

《屯》148 [历一]

(5) ☐𝍂岳（ ）。

《合》21111（《京人》3038）[师历]

姚孝遂在《甲骨文字诂林》3121 号"𝍂"下的按语指出,(3) 中的"旁"字"当为祭名",可信。(5) 旧有的释文多作"今方羊",《京人》3038 拓本比较清晰,所谓"羊"旁上部尚有"∨"形笔画,应为省去形符"山"的"岳"字。然则 (4)、(5) 为同卜一事,皆向"岳"进行旁祭求雨。值得注意的是,(4) 的"旁"字上部从"冂",(5) 的"旁"字上部从"A",为我们上文的分析增添了一个硬证。

另外,甲骨文中还有一个可能应释为"旁"的字,原篆作：

𝍂　　　　　《合》14627

---

① 姚孝遂主编《殷墟甲骨刻辞类纂》,中华书局,1989,第 1213 页。
② 参见王子杨《甲骨文字形类组差异现象研究》,中西书局,2013,第 149~169 页。

从"口"从"方"，旧多隶作"另"而无释。《甲诂》收于 3122 号，姚孝遂按语云："当亦为'旁'之异构，其上部倒书，非从'口'。在卜辞亦当为祭名。"① 此说诚为卓识。试将上文所论"𝌀"字的上部颠倒过来，则与此字形体完全一致。不过还有另外一种可能，上文说𝌀是由𝌀两侧竖笔的上部进行收缩而成，而此字上部的𝌀则是由𝌀两侧竖笔的下部进行收缩而成。我们倾向于第二种可能，因为就字形的演变过程来说，第二种可能更为直接。其所在的辞例为：

(6) ☒𝌀河。　　　　　　　　　　　《合》14627［师宾］

𝌀也是一个祭名，用法与（4）（5）一致，河、岳皆为殷人经常祭祀的自然神。过去多将（6）的"旁"与"河"之间加上省略号，不连读，从拓本上看，这样处理可能是不正确的。"旁"与"河"并列，从右到左连读，与已明确的（5）的"旁"与"岳"并列，从右到左连读行款一致，如图所示：

 《合》14627　　　 《合》21111（《京人》3038）

至于甲骨文中的地名"旁"是不是周代金文中的"𦮃"（旁），因"旁"字在甲骨文中总共才出现十多例，现在还很难做出明确的判断，须待将来新材料的公布。

---

① 于省吾主编，姚孝遂按语编撰《甲骨文字诂林》，中华书局，1996，第 3160 页。

《两周金文辞大系图录》所见印章辑考[*]

李红薇[**]

摘　要： 传世金石旧拓多钤有表示收藏、鉴赏的印章，这些印章对于鉴定拓本的真伪优劣、考订拓本甚至铜器的源流起着十分重要的作用。以往学界利用金文拓本研究时多关注铭文本身，而对拓本周围的印章不很在意。更有甚者，如《两周金文辞大系图录》收入《郭沫若全集·考古编》第7卷时，编辑竟有意剪除了原书拓本周围的绝大多数印章。本文对1935年版、1957年版《两周金文辞大系图录》所涉的每一方印章均做了文字释读、印主考索，分类整理成一简要印谱，以印主统摄印章的形式编纂印人传略，以便学界利用。

关键词：《两周金文辞大系图录》　旧拓　印章　考订

　　金石文物收藏，往往聚散无常。传世的金石拓本多钤有收藏、鉴赏的印章，表示曾为某人考藏、审定、鉴赏、经眼。[①] 这种印章与藏书印类似，或可称为"藏拓印"。研究藏拓印章，能对鉴定拓本真伪优劣、考订其流传起重要作用。考辨拓本源流、真伪有助于了解青铜器本身的出土、流传、真伪等信息。再者，由于各家收藏印好用古字，所用之字也能从侧面反映当时古文字学的研究和发展水平。

　　1932年郭沫若撰成划时代巨著《两周金文辞大系》（以下简称"《大系》"），开创了"标准器"断代法，奠定了现代金文研究的范式。全书依年代与国别系统整理了两周金文，对251件器铭做了释文、断代分国及相关字词的考释说明，书前附有13张珍贵铜器的铭文插图。该书付梓不

---

　　*　本文获中国社会科学院"青启计划"资助，项目编号：2024QQJH075。

　　**　李红薇，中国社会科学院郭沫若纪念馆助理研究员。

　　①　时永乐：《古籍整理教程》，人民出版社，2016。

久，郭沫若便有意出版《大系》所涉器物的图像及拓本。① 最终于 1935 年出版了《两周金文辞大系图录》（以下简称"《图录》"），辑录 253 件器图和 506 件器铭的拓本、摹本或刻本，以配合增订改写的《两周金文辞大系考释》（以下简称"《考释》"）。1957 年科学出版社将《图录》与《考释》增订合印，抽换并增加了一部分新材料于《图录》中。② 2002 年《图录》收入《郭沫若全集·考古编》时，整理者又增补或替换了个别器图和铭文。

值得注意的是，1935 年郭沫若亲自编纂的《图录》收录的铭文拓本钤有大量鉴藏印章，这些印章不仅是铭文研究不可或缺的重要组成部分，还可以帮助我们追溯每件器铭的来源以及不同版本的《图录》是否更换过拓本。然而不知由于何种缘故，2002 年全集版《图录》有意剪除了拓本周围的绝大多数印章，不少铭文拓本周围明显留有剪除后的痕迹，如史颂簋二、陈子匜、免簠、蔡姞簋等（见表一）。

表一 《图录》57 版与 02 版对比

器名	57 版《图录》	02 版《图录》
史颂簋二 （盖铭）		

① 见 1933 年 12 月 8 日、1933 年 12 月 11 日、1934 年 2 月 12 日郭沫若致田中庆太郎函札。
② 郭沫若：《两周金文辞大系图录考释》说明，收入《两周金文辞大系图录考释》，科学出版社，1957。

器名	57 版《图录》	02 版《图录》
陈子匜	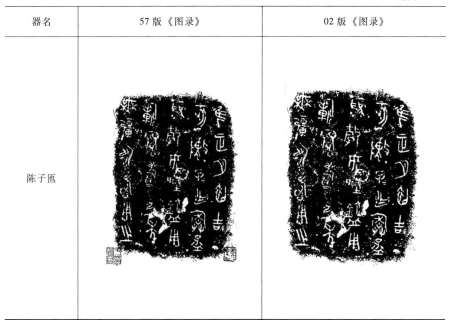	

这种做法使得拓本原貌被破坏，印章背后蕴含的历史信息亦随之湮没。02
版《图录》抹除拓本印文的这一做法，显然并不可取。

　　本文对 35 版、57 版《图录》所录全部拓本上的每一方印章均做了文
字的释读和印主的考辨，在此基础上分类辑录整理成印谱，尽可能选取同
一印章的完整清晰印文，以印主统摄印章的形式，编纂印人传略，以便学
界使用。①

----

① 以下多参考（清）李遇孙、陆心源、褚德彝著，桑椹点校《金石学录三种》，浙江人民
美术出版社，2017；王国维、罗福颐《三代秦汉金文著录表》，墨缘堂金石印本，1933；容
庚《商周彝器通考》，中华书局，2012；上海博物馆编《中国书画家印鉴款识》，文物出
版社，1987；于连成编《近百年书画名人印鉴》，荣宝斋出版社，2001；钟银兰主编《中
国鉴藏家印鉴大全》，江西美术出版社，2008；陈玉堂编著《中国近现代人物名号大辞
典》（全编增订本），浙江古籍出版社，2005；周斌主编《中国近现代书法家辞典》，浙
江人民出版社，2009；何鸿《浙江历代书画鉴藏及鉴藏家印鉴》，中国美术学院出版社，
2010；赵海明《碑帖鉴藏》，天津古籍出版社，2010；沈传凤、舒华编撰《民国书法篆刻
人物辞典》，上海书画出版社，2012；赵时枬《二弩精舍印谱》，重庆出版社，2014；赵
之谦《赵㧑叔印谱》，人民美术出版社，2011；李洪啸《罗振玉印谱》，吉林文史出版社，
2012；王石经著，陈进整理《西泉印存》，天津人民美术出版社，2014；等。

一　公家印章

故宫

1914 年，北洋政府开始在故宫西南部修建宝蕴楼。宝蕴楼，时属古物陈列所，收藏沈阳故宫及热河行宫的文物。故宫博物院成立于 1925 年 10 月 10 日。

故宫博物院古物馆传拓金石文字之记　　　宝蕴楼藏器

二　私人印章[①]

1. 曹载奎

曹载奎（1782—1852），字秋舫，苏州人。藏有伯晨鼎、郳公牼钟、鲁原钟、甫人父匜等，见《怀米山房藏器目》。另有印文"秋舫""曹载奎印""吴下曹氏秋舫所藏吉金器""怀米山房珍藏"等，著《怀米山房吉金图》。

怀米山房曾藏　　　　　曹氏秋舫藏器

---

① 依印主姓名音序排列。

秋舫藏器①

吴下曹氏秋舫藏器②

2. 陈承裘

陈承裘（1827—1895），字孝锡，号子良，闽县人，咸丰二年（1852）进士，官刑部郎中，斋名澂秋馆，藏书家陈若霖之孙。③ 搜集收藏彝器、古印甚富。藏史颂簋、杞伯每刃鼎等器。其长子陈宝琛继承父志，继续收集。陈宝琛（1848—1935），字伯潜，号庵弢、橘隐，同治七年（1868）进士，官至内阁学士兼礼部侍郎，溥仪的老师。有印文"闽县陈宝琛嗣守"等。1924 年周希丁为陈承裘所藏器作拓本，④ 孙壮为其编次成《澂秋馆吉金图》。

澂秋馆所藏器⑤

---

① 35 版、57 版、02 版《图录》鲁原钟的拓本相同，且均钤有阳文印，左上一字模

糊，鲁原钟乃曹秋舫旧藏，印文清晰者当作 。

② 吴下，泛指吴地，苏州古称"吴"。

③ 王国维、罗福颐：《三代秦汉金文著录表》八卷，墨缘堂石印本，1933。

④ 据《澂秋馆吉金图》中周希丁印"甲子孟冬希丁拓于闽县嬴江"可知甲子为 1924 年。

⑤ 周康元刻。

3. 陈德大

陈德大（生卒年不详），字子有，浙江海盐人，一作海宁州人。篆刻名家。因藏有曾子仲宣鼎，名居曰曾鼎山房。[①] 另有印文"海盐陈德大藏书""曾鼎山房法书名画"等。陈德大著有《吴渔山摹古八帧册跋》，跋尾记"丁巳十月，桐溪懒民陈德大书于曾鼎山房"。[②]

孤懒大

子有所藏吉金

曾鼎山房

德大审定[③]

4. 陈介祺

陈介祺（1813—1884），字寿卿、酉生，号簠斋、伯潜，晚号海滨病史、齐东陶父。山东潍县（今潍坊）人。道光二十五年（1845）进士，官至翰林院编修。富收藏，精治古器物、古文字学，收藏铜器、石刻、铜镜、砖、瓦当、玺印、封泥、陶文等，《清史稿》称其"绩学好古，所藏钟鼎彝器、金石为近代之冠"。善墨拓，采用"分纸拓法"，对全形拓在绘图技法上有所改进，使得全形拓技术得到进一步发展。另有印文"十钟主人""簠斋两京文字""万印楼""齐东陶父"等。著《簠斋藏古目》、《陈簠斋藏瓦当文字》、《簠斋吉金录》、《十钟山房印举》、《陈簠斋文笔记附

---

① （清）李遇孙、陆心源、褚德彝著，桑椹点校《金石学录三种》，浙江人民美术出版社，2017，第 193 页。

② 章文钦笺注《吴渔山集笺注》，中华书局，2007，第 744~745 页。

③ 右侧两字不清，怀疑印文同。

手札》、《封泥考略》（与吴式芬合撰）等。陈氏铜器拓本多为陈佩纲（子振）所拓。①

簠斋藏三代器②

簠斋古兵③

海滨病史④

簠斋所宝彝器

簠斋藏古酒器

文字之福⑤

陈氏吉金

平生有三代文字之好⑥

---

① 马子云：《金石传拓技法》，人民美术出版社，1988，第4页。
② 王石经刻。
③ 王石经刻。
④ 王石经刻。
⑤ 王石经刻。
⑥ 王石经刻。

5. 陈廷焟

陈廷焟（生卒年不详），字朗亭，顺德人。藏父癸爵、右爵、速觯、伯矩壶等器。

朗亭鉴藏

6. 褚德彝

褚德彝（1871？—1942），原名德仪，避宣统讳更名德彝，字松窗、守隅，号礼堂，别署舟枕山民，浙江余杭人。收藏家、篆刻家，尤精篆刻。另有印文"褚德仪审释金石刻辞""松窗""褚礼堂""松窗藏古器物""褚彝"等。编著《松窗金石文跋尾》《金石学录续补》《松窗遗印》等。

褚彝私印

7. 丁树桢

丁树桢（1861—1915），字干圃，号陶斋，又号仲立，别号长年，室名海隅山馆，山东黄县人。光绪庚寅进士，刑部郎中，收藏铜器、玺印、封泥、石刻，藏有匋鼎、齐侯鼎、虢叔旅钟、颂壶、旅鼎等。另有印文"丁树桢印""陶斋得丙申年黄莱阴出土器""丁氏吉金""陶斋藏三代器""丁氏陶斋藏器"等，编《海隅山馆印存》。35 版《图录》"克钟一"拓本钤有印文：

陶斋藏钟

《贞松堂集古遗文》卷一 10 "克钟一"记"此器黄县丁氏匋斋藏"，故此"陶斋藏钟"的印主当系丁树桢，与端方无关。①

8. 费念慈

费念慈（1855—1905），字屺怀，号西蠡，晚号艺风老人，江苏武进人。光绪十五年（1889）进士，翰林院编修。藏趩曹鼎、颂鼎、追簋、师遽簋等。晚年得师趩鼎，更号趩斋。② 另有印文"念慈私印""屺怀""趩斋""琅琊""琅琊费氏""西蠡"等。

西蠡所藏③

9. 冯恕

冯恕（1867—1948），字公度，号华农，室名蕴真堂，直隶大兴人。藏有师酉簋、谏簋、小克鼎等。周希丁为其藏器作过拓本。编《冯氏金石研谱》《蕴真堂石刻》。

---

① 李红薇：《近代金文拓本所钤印章的几个问题》，载《古文字研究》第33辑，中华书局，2020。

② （清）李遇孙、陆心源、褚德彝著，桑椹点校《金石学录三种》，浙江人民美术出版社，2017，第209页。

③ 吴昌硕刻。

公度藏器　　　　　　公度藏三代器①

10. 顾寿松

顾寿松，字容斋，浙江乌程人，从父经营蚕丝生意。藏有郜公平侯鼎、颂鼎、颂簋、作册般甗（王宜人甗）等，藏器处名二甗斋，见《二甗斋藏器目》。另因藏颂敦（簋）故命所居名"两敦盖室"。② 延请魏韵林为其所藏彝器椎拓铭文并全形。顾寿松弟顾寿藏，亦收藏金石书画甚富。

两敦盖室

11. 郭沫若

郭沫若（1892—1978），字开贞，号鼎堂，四川乐山人。流亡日本期间专治甲骨文、金文，收藏甲骨、铜器、金文拓本等。另有印文"鼎堂""沫若之印"。著《两周金文辞大系图录考释》《殷周青铜器铭文研究》《金文丛考》等。

郭沫若

---

① 周康元刻。
② 李红薇：《金石旧拓所钤印章考订四则》，《殷都学刊》2019 年第 4 期。

12. 何澍

何澍（生卒年不详），字夙明，初名嘉祥，[①] 浙江钱塘人，何元锡之子，何溙之弟。藏有中尊、仲丁父鬲、吴王光逗戈等器，藏器处曰益寿馆。[②] 另有印文"何夙明手拓本""何嘉祥""何夙明""何澍""钱唐何澍""钱唐何澍夙明审定吉金之印"等。

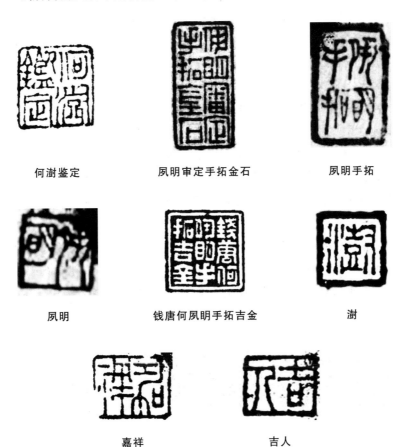

何澍鉴定　　　　　凤明审定手拓金石　　　　凤明手拓

凤明　　　　钱唐何夙明手拓吉金　　　　澍

嘉祥　　　　　　　吉人

今通检诸版《图录》，将钤有"吉人"印的拓本整理如下：

---

① 沙孟海：《〈西泠四家印谱〉跋》，原载《西泠四家印谱》，西泠印社出版社，1979；后收入《沙孟海研究》第9辑，中国文化艺术出版社，2012，第20页。黄尝铭：《关于西泠八家的印谱》，载《浙派印论文斋》，西泠印社出版社，2015，第149~150页。

② （清）李遇孙、陆心源、褚德彝著，桑椹点校《金石学录三种》，浙江人民美术出版社，2017，第204页。

35 版、57 版《图录》"颂簋一"盖铭拓本同，均钤有：张叔未（阴文）、嘉祥（阳文）；器铭拓本同，均钤有：张叔未（阴文）、吉人（阳文）。

35 版、57 版《图录》"格伯簋二"盖铭拓本同，均钤有：澍（阳文）。57 版器铭拓本，钤有：吉人（阳文）。

35 版、57 版《图录》"士父钟一"拓本同，均钤有：夙明手拓（阳文）、何澍鉴定（阳文）、吉人（阳文）。

35 版、57 版《图录》"子璋钟三"拓本同，均钤有：嘉祥（阳文）、吉人（阳文）。

35 版、57 版《图录》"颂壶一"拓本相同，均钤有：吉人（阳文）、莫远湖藏（阳文）。

35 版《图录》"免簠"拓本，钤有：吉人（阳文）。

可见，"吉人"常与"嘉祥""夙明""澍""何澍鉴定"同时出现。因此我们认为"吉人"这方箴言印的印主很可能也是何澍。

13. 何元锡

何元锡（1766—1829），字梦华、敬祉，号蝶隐，藏书处曰梦华馆，室名蝶隐庵，浙江钱塘人，监生。嗜金石，收器亦多，得孔君墓碣。精目录之学，藏大量善本书，另有印文"梦华馆藏书印""钱江何氏梦华馆藏"等。著《金石文字辨异后序》《秋神阁诗钞》。

梦华手拓本　　　　　　何元锡印　　　　　　蝶隐

14. 黄濬

黄濬（1880—1952），字伯川、百川，号横斋，湖北江夏人。1910 年接替叔父黄兴甫经营琉璃厂尊古斋古玩铺。① 藏作册矢尊、番匊生壶、越

---

① 陈重远：《京城古玩行》，北京出版社，2015，第 59~63 页。

王州句剑、戉王者旨于赐剑等器，另有印文"伯川传古""江夏黄濬""尊古斋藏龙节虎龟鱼符之印"等。编著《尊古斋所见吉金图》《衡斋所见古玉图》《邺中片羽》《衡斋金石识小录》。57 版《图录》"盂卣"拓本钤：

尊古斋

与黄濬《尊古斋金石集》多次钤盖的鉴藏印  相同。故该印主当为黄濬，与何溱、黄易无涉。①

15. 慧知

生平不详，另有印文"慧知和尚"。

慧知得来

16. 金传声

金传声（道光、咸丰间人），字兰坡、岚坡，浙江秀水（今嘉兴）人，江苏候补知县。善鉴别古器物、摹拓彝器，所藏金石拓本甚富。藏有扬鼎、免卣、滕侯穌簋等。另有印文"金传声""兰坡手拓""兰坡所藏""秀水金兰坡平生所好""秀水金氏兰生珍藏"。

---

① 李红薇：《近代金文拓本所钤印章的几个问题》，载《古文字研究》第 33 辑，中华书局，2020。

岚坡手拓　　　　　　　秀水金兰坡拓赠

17. 金祖同

金祖同（1914—1955），字寿孙，笔名殷尘，室名郼斋，回族，浙江秀水（今嘉兴）人。长于拓墨，曾师从郭沫若研习甲骨，编著《殷契遗珠》。

祖同手拓　　　　　　　祖同　　　　　　　寿孙之玺

18. 柯昌泗

柯昌泗（1899—1952），字燕舲，号谥斋，山东胶县人，柯劭忞长子，柯昌济之兄，从罗振玉治学。收藏大量金文拓本，多钤"谥斋著录""胶州柯氏藏金石文字""谥斋金石文""谥斋所得拓本""柯燕舲印""柯燕舲款识学""昌泗""匽舲格古"等印。另藏"岩间大龟"整纸拓本，著有《谥斋印谱》《瓦当文录》《后汉书校注》《语石异同评》。

柯燕舲手拓本　　　　匽舲所得金文　　　　宓斋

19. 李嘉福

李嘉福（1839—1904），字笙渔，号北溪，浙江石门人。藏有小臣单觯、不娶簋、梁大同九年释慧影石造像等。另有印文"李嘉福印""嘉福审定""笙鱼""北溪"等。

嘉福藏器手拓

20. 李宗岱

李宗岱（？—1896），字山农，斋名汉石园，广东南海（今广州）人。道光二十九年（1849）副榜贡生，山东候补道员署山东盐运使、布政使。极富收藏，藏有大保簋、貉子卣、颂簋、郑虢仲簋等二百余件青铜器，编著《南海李氏宝彝堂藏器目》。另有印文"山农所宝彝器""李山农藏""山农藏器""李山农藏钟鼎文字"等。

山农所得金石

21. 刘体智

刘体智（1879—1962），字惠之、晦之，号善斋，藏书楼名小校经阁，安徽庐江人。曾任中国实业银行总经理。嗜好收藏，金石极富，藏大簋盖、杞伯簋等，所藏甲骨两万余片，多为精品，20世纪30年代曾请人传拓，将拓本委托金祖同带到日本供郭沫若研究之用，郭沫若挑选了1595片，著成《殷契粹编》。刘体智的这批甲骨实物后捐给国家，现藏中国国家图书馆。

善斋所得彝器　　　　　善斋藏器

善斋吉金　　　　　善斋所藏

22. 刘喜海

刘喜海（1793—1852），字吉甫、燕庭，斋室名嘉荫簃、味经书屋，山东诸城人，嘉庆二十一年（1816）举人。藏虢叔旅钟、其次句镶、效卣、格伯簋、师汤父鼎等，见《嘉荫簃藏器目》。另有印文"刘喜海印""吉父所得""燕庭""燕庭刘氏珍藏""东武刘燕庭氏审定金石文字"等。著《长安获古编》《金石苑》《古泉苑》。

燕庭收藏钟鼎文字

23. 吕佺孙

吕佺孙（生卒年不详），字尧仙，武进人，或说阳湖人，[①] 斋名运甓轩。道光十六年（1836）进士，翰林院编修。藏有臭生钟、史颂簋盖等器。

---

① 王国维、罗福颐：《三代秦汉金文著录表》八卷，墨缘堂石印本，1933。

尧仙珍藏

24. 罗福颐

罗福颐（1905—1981），字子期，晚号偻翁，祖籍浙江上虞，罗振玉之子。早年致力于整理家藏古籍及金石拓本，1957年调至故宫博物院工作。著《古玺文编》《古玺汇编》《汉印文字征》《内府藏器著录表》等。

罗福颐手摹金石文字

25. 罗振玉

罗振玉（1866—1940），字叔蕴、叔言，号雪堂，晚号贞松老人，祖籍浙江上虞。好收藏，收集整理甲骨、铜器、玺印、封泥、简牍等，在甲骨文收集研究、铜器铭文的编纂印行、简牍碑刻等的搜罗刊布方面贡献卓著，著《殷虚书契》《三代吉金文存》等。另有印文"雪堂""雪翁""雪堂珍秘""叔言获古"①"罗氏所宝彝器"等。

罗振玉印②

叔言审定

罗振玉印

---

① 赵海明：《碑帖鉴藏》，天津古籍出版社，2010，第249页著此印，但误释作"叔言集古"。

② 罗振玉自刻。

26. 莫远湖

莫远湖（生卒年不详），浙江仁和人。于冶坊间得颂壶，珍为奇宝。

莫远湖藏

27. 潘祖荫

潘祖荫（1830—1890），字伯寅，号郑盦，藏书所曰滂喜斋，江苏吴县人。咸丰二年（1852）进士，官至工部尚书。藏貉子卣、大克鼎、大盂鼎、史颂鼎、邵钟、王孙遗者钟等，见《攀古楼藏器目》。另有印文"郑盦藏古吉金""郑盦藏卣""郑盦藏甗""郑盦考藏吉金彝器印""白寅氏""伯寅藏器""伯寅持赠"。著有《攀古楼彝器款识》。

郑盦所藏吉金

伯寅所得

白寅吉金文字

廿钟山馆藏钟①

白寅父审释彝器款识

潘祖荫珍藏三代法物

---

① 王石经刻。

白寅藏　　　　　　　郑庵　　　　　　郑盦所藏

28. 阮元

阮元（1764—1849），字伯元，号芸台，晚年号擘经老人。江苏仪征人。乾隆五十四年（1789）进士，翰林院编修，历官兵部、礼部、户部侍郎，湖广、云贵总督。喜金石文物，富收藏，见《积古斋藏器目》。另有印文"阮氏家庙藏器""阮氏""阮伯元所藏钟鼎吉金""积古斋印"等。著有《积古斋钟鼎彝器款识》（朱为弼协助）、《擘经室集》等，周瓒受阮元嘱为其绘《积古图》。

积古斋

29. 僧达受

僧达受（1791—1858），字六舟，俗姓姚氏，浙江海宁人。曾任江苏镇江焦山寺住持。以玉佛庵、万峰山房等为斋名。从马起凤学习全形拓，创始了青铜器全形拓技艺与绘画技术相结合的艺术表达形式。其所独创的全形拓手法，颇受藏家青睐，曾为阮元等人传拓铜器，阮元称其"金石僧""九能僧"。另有印文"六舟手拓""六舟所得金石""六舟所得""释六舟手拓金石文字记""六舟拓赠""海昌释达受六舟珍藏之印"等。

177

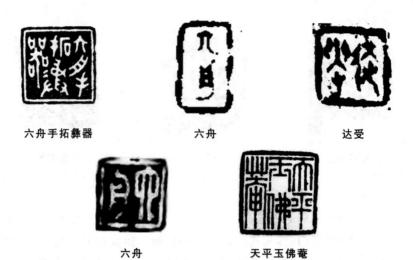

六舟手拓彝器　　　　　六舟　　　　　　　达受

六舟　　　　　　　天平玉佛菴

30. 商承祚

商承祚（1902—1991），字锡永，号驽刚、契斋，广东番禺人。从罗振玉、王国维治学，藏有王后左和室鼎、作父甲鼎、太师鼎、天尹钟等器。另有印文"契斋手拓""承祚""驽刚""锡永之玺""驽刚墨本""曾在契斋许""商氏五郎"。著有《殷墟文字类编》《十二家吉金图录》等。

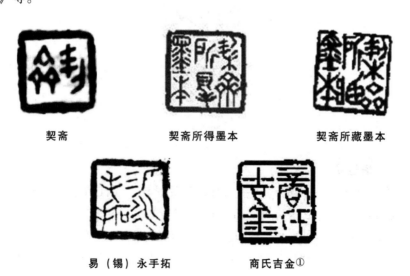

契斋　　　　契斋所得墨本　　　　契斋所藏墨本

易（锡）永手拓　　　商氏吉金①

---

① 容庚刻。

31. 沈树镛

沈树镛（1832—1873），字均初，号郑斋、宝董室，室名汉石经室，江苏南汇人。咸丰九年（1859）举人，与吴大澂为姻亲。藏宋拓《熹平石经》、明拓《张猛龙碑》（《鲁郡太守张府君清颂之碑》）。另有印文"沈树镛郑斋校藏金石书籍印""均初所得秦汉六朝文字""树镛之印""沈氏金石""树镛审定""均初藏宝""沈树宝"，其用印多为赵之谦所刻。著有《汉石经室跋尾》、《续寰宇访碑记》（与赵之谦合编）。

沈树镛①

沈均初校金石刻之印②

铁沙沈树镛鉴藏印

郑斋③

32. 孙禄增

孙禄增，字叔莆，号镜江，居名宝汉楼，浙江归安（今湖州）人。同治十年（1871）进士，官至刑部主事。藏金石文字数千种，多未见之品。④另有印文"臣禄增""叔莆""宝汉楼"等。编著《宝汉楼碑刻目录》《金石文跋尾》。

---

① 赵之谦刻。

② 赵之谦刻。

③ 赵之谦刻。

④ （清）李遇孙、陆心源、褚德彝著，桑椹点校《金石学录三种》，浙江人民美术出版社，2017，第208页。

宝汉楼主

33. 孙壮

孙壮（1879—1938），字伯恒，号雪园，室名读雪斋，直隶大兴人。肄业于京师大学堂，曾任北京商务印书馆经理、考古学社社员。藏虢仲盨盖、陈侯鼎、叔旅鼎等器。另有印文"孙壮得来""雪园""孙伯恒收藏记"，著《版籍丛录》《集拓魏石经》《宝楚斋藏器图释》等。

孙壮审定　　　　　　　伯恒获古　　　　　　孙伯恒藏金石墨本

34. 王锡棨

王锡棨（1833—1870），字戟门，斋名选青阁，山东诸城人。官至刑部郎中，富收藏，藏廿七年大梁司寇鼎、鲁伯俞父簠等，见《选青阁藏器目》。另有印文"王戟门平生珍赏""锡棨审定"等。尤治古泉学，著《古泉汇考》十二卷。

戟门手拓家藏钟鼎彝器

《说文》"家"字古文。又见于 。

35. 王秀仁

王秀仁（生卒年不详），浙江山阴（今绍兴）人，或谓会稽、仁和人。民国时期活跃于江浙一带的椎拓高手，擅长精拓铜器铭文、印谱。钤拓丁仁辑《西泠八家印选》、葛昌楹辑《吴赵印存》、张鲁庵辑《张氏鲁庵印选》等印谱，亦曾为吴湖帆、赵叔孺、童大年等人钤拓印章，椎拓青铜器铭文及器形。① 另有印文"秀仁所拓""秀仁手拓""王秀仁手拓金石文字"等。

王秀仁精拓

36. 王祖锡

王祖锡（1858—1908），字梦麟，或作梦龄，号惕庵、铁庵，浙江秀水（今嘉兴）人。诸生，福建知县。另有印文"王祖锡"

惕庵

祖锡之印

37. 魏韵林

魏韵林（生卒年不详），江苏丹阳人，② 一说丹徒人。③ 善拓彝器铭、器形，曾为顾寿松所藏彝器手拓铭文及全形。周庆云《浔雅》根据魏韵林

---

① 张浪：《梅坞笔谈》，湖北美术出版社，2016，第84~85页。

② （清）李遇孙、陆心源、褚德彝著，桑椹点校《金石学录三种》，浙江人民美术出版社，2017，第234页。

③ 容庚：《商周彝器通考》，中华书局，2012，第249页。

所拓"容斋盖印本"推算，顾寿松藏器应该在三四百件以上。①

韵林手拓

38. 吴大澂

吴大澂（1835—1902），字清卿、止敬，号恒轩、愙斋，江苏吴县人。同治七年（1868）进士，官至湖南巡抚。藏宗妇鼎、小克鼎、克钟、子璋钟等器，见《愙斋藏器目》《愙斋所藏吉金目》。另有印文"十六金符斋""愙斋所得金石""两壶盦""愙鼎斋古金文"等。著有《说文古籀补》《恒轩吉金录》《愙斋集古录》。

愙斋②　　　　　　　**恒轩手拓**　　　　　　　**愙斋金石**

39. 吴式芬

吴式芬（1796—1856），字子苾，号诵孙、颂孙，室名双虞壶斋，山东海丰（今无棣）人，刘喜海之甥。道光十四年（1834）进士，翰林院编修，官至内阁学士兼礼部侍郎。与陈介祺是封泥的最早发现研究者。另有印文"子苾所得吉金""诵孙手拓彝器""海丰吴氏家藏商周彝器""海丰吴式芬子苾考藏""臣式芬""诵孙"。著有《攈古录金文》、《双虞壶斋印

---

① 刘荣华编著《湖州百年收藏》，浙江古籍出版社，2012，第 272 页。
② 王石经印。

存》、《封泥考略》（与陈介祺合撰）。

吴式芬　　　　　　　　　子苾

吴式芬　　　　　　　　　颂孙

40. 吴云

吴云（1811—1883），字少甫，号平斋、愉庭、抱罍子、退楼等，浙江归安（今湖州）人，官至苏州知府。藏王子申盏、史颂簋、齐侯壶等器。另有印文"两罍轩考藏吉金之印""归安吴云平斋考藏金石文字印""平斋考定金石文字印""古印山房""退楼手拓""抱罍子""论语春秋在此罍"。著有《两罍轩彝器图释》《二百兰亭斋古铜印存》等。

两罍轩考订金石文字　　　归安吴氏藏器　　　吴云平生珍秘

41. 徐传经

徐传经（道光咸丰间），字仲鱼、颂鱼，号小琴，浙江湖州德清人，后长期寓居嘉兴。官国子监典薄。工书画，好收藏。另有印文"传经之印""经""徐颂鱼""传经私印""徐传经保之""德清徐传经颂鱼父鉴藏金石文字书画之印""颂鱼金石""德清徐二"等。

徐颂鱼父秘籍之印　　　　　　　　仲渔

42. 徐乃昌

徐乃昌（1868—1943?），字积余，室名随庵，藏书所曰积学斋，安徽南陵人。光绪十九年（1893）举人，曾任淮安知府，江南盐法道。著名藏书家、刻书家，编纂刊刻古籍达二百余种。藏仲戲父簋、戈叔朕鼎、师酉簋、师遽簋盖、静卣等器。另有印文"积学斋""南陵徐氏"。著有《积学斋吉金图释》《积学斋藏书记》等。

南陵徐乃昌藏器

43. 延暄

延暄（生卒年不详），许姓，字煦堂，汉军人，镶黄旗，官至户部郎中。藏有邵钟、叔向父簋、番生簋盖、鲁伯愈父鬲、易儿鼎等器。

煦堂鉴藏

44. 姚观光

姚观光（生卒年不详），字六榆，室名"宝甗堂""墨林如意室""铁如意斋"，浙江秀水（今嘉兴）人，富收藏，辑有《汉铜印选》。藏颂簋、匡卣等器。另有印文"六榆长物""六榆所藏"等。

宝甗堂珍藏印　　　　　　六榆藏器

45. 叶应璜

叶应璜（生卒年不详），字梦渔，浙江慈溪人。官江苏同知。藏宴簋、郑大宰簠、郑公牼钟等器，所藏古彝器甚富。

梦渔手拓

46. 叶志诜

叶志诜（1779—1863），字东卿，斋名平安馆，汉阳人，官至兵部郎中。藏有兔簋、段簋、扬簋、黄大子伯克盘等百余铜器，见《平安馆藏器目》。另有印文"东卿过眼""叶志诜审定记""叶氏东卿"等。

东卿手拓

47. 于省吾

于省吾（1896—1984），字思泊，晚号夙兴叟，斋名双剑誃、泽螺居，辽宁海城人。搜集器物甚富，藏有格伯簋、史颂匜、盂卣等。因藏吴王夫差剑、少虞错金剑，故取斋名为双剑誃。另有印文"思泊古兵""双剑誃""省吾鉴藏""省吾私印"。著有《甲骨文字释林》《商周金文录遗》《双剑誃吉金图录》等。

于省吾印①

思泊

于省吾印

48. 张廷济

张廷济（1768—1848），原名汝霖，字叔未，晚号眉寿老人，室名清仪阁，浙江嘉兴新篁人，嘉庆三年（1798）解元。富收藏，鉴赏精博，所拓周秦汉古彝器鼎铭文千余种。另有印文"清仪阁张叔未廷济""廷济之印""清仪阁"等。著《清仪阁集古款识考》《清仪阁藏器目》《金石奇缘》等。

张叔未

廷济

张廷济印②

---

① 王福庵刻。
② 印文左上一字模糊，其余三字可释，"张□济印"，我们认为很可能是"张廷济印"，另有印文作。

49. 赵秉冲

赵秉冲，字谦士，斋名赐石斋，上海人。藏吴彝、戎都鼎等，著有《赐石斋碑录》。

渚南赵氏收藏金石书画

50. 赵时棡

赵时棡（1874—1945），字献忱、叔孺，号纫苌，斋名宝松阁，晚号二弩老人，居所名二弩精舍，浙江鄞县（今宁波）人。清末诸生，福建盐大使。亦是晚清民国时期著名篆刻家，著有《二弩精舍印存》《汉印分韵补》。藏士父钟、子璋钟、郑邢叔戢父鬲等器。另有印文"叔孺审定""赵叔孺收藏印""赵棡信印"。

赵叔孺①

赵氏藏器②

51. 周大辅

周大辅（1872—1932?），字左季，号都庐，别署鸽峰居士、鸽峰草

---

① 赵时棡自刻。

② 赵时棡自刻。

堂、小螺旅人等，江苏常熟人，浙江候补知县。[①] 于山西得都公敉人钟，藏器处称都公钟室。清末民初著名藏书家，尤爱抄录稀见善本。另有印文"有清周季""虞山周大辅字左季印""虞山周辅""鸽峰草堂""周辅印"等。

　　　常熟周左季家藏器　　　　　　　　　周大辅

52. 周鸿孙

周鸿孙（1877—?），字雪盦、湘云，斋室名宝米室，浙江四明（即鄞县）人。曾任四明公所董事。得赵鼎于费念慈，因颜其楼为"赵鼎楼"。[②] 得师酉簠二、丙太子簠二，因以名其斋"二簠二簋之斋"。[③] 另藏有戒叔簋、釴爵、作祖己尊等器。亦收藏大量书画，如《竹石集禽图》《赵孟坚自书诗画》等。另有印文"古鄞周氏宝米室秘籍印""古菫周氏雪盦收藏旧拓善本""月湖渔长""曾经雪盦收藏""湘云秘玩""古鄞周鸿孙印""湘云又字雪盦""雪盦藏器""周氏世守"等。

周氏吉金[④]

53. 周康元

周康元（1891—1961），原名家瑞，字希丁、西丁。晚年别署墨庵，

① 郑伟章：《常熟周大辅鸽峰草堂钞书藏书知见录》，《版本目录学研究》第六辑，北京大学出版社，2015，第 465~484 页。

② 赵时枫：《二弩精舍印谱》，重庆出版社，2014，第 128 页。

③ 赵时枫：《二弩精舍印谱》，重庆出版社，2014，第 129 页。

④ 赵时枫刻。

室名石言馆，江西金溪县乌石村人。早年曾在琉璃厂开设古光阁古玩铺，后从事古器传拓及文物鉴定、保管工作，曾任考古学社副社长。最善青铜器全形拓，将西洋画透视技法用于全形拓，使得构图更合理，器物的立体感更强。他的传拓法被称为"周氏拓法"。为孙伯恒、澄清馆椎拓过藏器。① 另有"康元手拓楚器""墨庵""甲子孟冬希丁拓于闽县嬴江""西丁手拓""希丁手拓金石文字"等。编著《古器物传拓术》《石言馆印存》《石言馆印存续集》。

希丁手拓②　　　　金溪周康元所拓吉金文字印③　　　希丁手拓彝器④

54. 朱善旂

朱善旂（1800—1855），字建卿，浙江平湖人，室名敬吾心室。藏成母鬲、伯簠、姞氏簋、铸叔皮父簋等器。著有《敬吾心室彝器款识》。

建卿手拓　　　　　　　善旂　　　　　　　　建卿

---

① 马子云：《金石传拓技法》，人民美术出版社，1988，第 4 页。

② 周康元自刻。

③ 该印为周康元自刻，又见于《尊古斋金石集》，上海古籍出版社，1990，第 25 页。

④ 周康元自刻。

善旄审定① 朱善旄印

55. 邹安

邹安（1864—1940），字寿祺、景叔，号适庐，浙江杭县人。藏无曩
簋、过伯簋等器，著《周金文存》。另有"寿祺""邹寿祺印""景叔"
"适庐金石""适庐审定""适庐之宝"等印。

适庐所藏 适庐目存 适庐

另有一些印章的印主不明，留存待考。

1. 丙子

按：见于 35 版、57 版《大系》邵钟四拓本，另钤有阴文印"伯
寅藏"。35 版、57 版《大系》邵钟五拓本，另钤有阴文印"伯寅藏"。
35 版、57 版《大系》邵钟六拓本，另钤有阴文印"伯寅藏"。又见于
《周金文存》卷一 16 邵钟（《大系》邵钟十一）拓本，另钤有阴文印
"伯寅藏"。"丙子"常与"伯寅藏"同时出现，疑"丙子"印主亦为
潘祖荫。

---

① 35 版《大系》士父钟二印文原作。

2.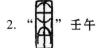"壬午

按：见于35版《大系》大盂鼎拓本。

3.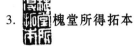槐堂所得拓本

按：见于57版《大系》大丰簋拓本，另钤有阳文印"思泊""契斋"。"槐堂"是谁难以确定。

4.价甫

赵树藩印

按：见于57版《大系》郑楙叔宾父壶拓本。该拓本另钤有阳文印"商氏吉金""思泊"。

5.任彦升章

按：见于57版《大系》王孙遗者钟拓本。

6.恒斋

恒斋居士

按："恒斋"见于57版《大系》貉子卣二盖铭拓本，另钤有阳文印"思泊"。"恒斋居士"见于57版《大系》貉子卣二器铭拓本，另钤有阴文印"于省吾印"、阳文印"契斋所藏墨本"。

7.李氏秘玩

按：见于57版《大系》函皇父匜拓本。印左侧二字残，完整印文当作，见《集成》10225。[①] 该拓本另钤有阳文印"于省吾印""商氏吉金"。

---

① 中国社会科学院考古研究所编《殷周金文集成》，中华书局，1984~1994。

8. 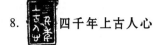四千年上古人心

按：见于 57 版《大系》大盂鼎拓本。该拓本另钤有阳文印"于省吾印""契斋所得墨本"，阴文印"伯寅所得"。"四千年上古人心"盖出自阮元所作《论钟鼎文绝句十六首题》之"山斋竹树起秋阴，多少铭文写吉金。说与时人浑不解，四千年上古人心"。① 另有同铭印，作，见《小校经阁金石文字》三已錞于拓本，② 该拓本同时钤有、 。

9. □□道人

按：见于 35 版《大系》杞伯每刂壶盖铭拓本。

10. □□宝藏

按：见于 35 版、57 版《大系》克钟六拓本。

11. □□手拓

按：见于 35 版《大系》师望鼎拓本。

12. □山所得金石拓本

汝□之福

按：见于 57 版《大系》师虎簋拓本，另有阳文印"敦"。

---

① "朱右甫（为弼）摹辑《续钟鼎款识》，作《秋斋摹篆图》，属题。予按昔人论诗论词论画皆有绝句，因作论钟鼎文绝句十六首题之。"见阮元《揅经室四集》卷七，清刻本，第 3~4 页。

② 刘体智：《小校经阁金石文字》卷一，1935，第 101 页表。

13. □□声印

按：见于 35 版、57 版《大系》匿卣拓本。

14. 茇甫

按：见 57 版《大系》彔伯戋簋拓本。

15. 桑笋（印文作"筍"）山民手拓

按：见于 35 版《大系》格伯簋五拓本。该拓本另有图像印。

16. □亭藏器

按：见于 35 版、57 版、02 版《大系》鲁矦爵拓本。首字不清，疑或为"脮"字。

17. □□金石

铖□诗画

□□□□

□脩

按：见于 35 版《大系》不嬰簋拓本。

18. 康保审定

□□

树镛审定

按：见于 57 版《大系》颂簋五盖铭拓本，该拓本另钤有阴文印"祖锡之印"，阳文印"善旂""惕庵"。57 版器铭拓本钤有阳文印"愙斋"，

阴文印“宝甗堂珍藏印”。

19. **彦份（彬）私印**

按：见于35版、57版《大系》井叔㚸盖铭拓本，35版《大系》鄀大宰簠器铭拓本。

20. 

按：见于35版《大系》鄀大宰簠器铭拓本。

21. 

按：见于35版《大系》静卣二拓本，另钤有阳文印“卣”“器”。

22. □□

按：见于35版、57版、02版《大系》寺季故公簋盖铭拓本。另诸版《大系》簋器铭拓本均钤有阳文印“颂孙”。

23. 　□□□**藏**

按：见于57版《大系》史颂簋二器铭拓本。

24. □□□□**藏器**

按：见于57版、02版《大系》师酉簋二器铭拓本。

25. □□

按：见于35版、57版、02版《大系》舀鼎拓本。

附带一提的是，诸版《图录》拓本上还常见一类单字或双字带框的篆书或楷书印文如“”“”“”“”“”“”“”“”“”“”“”“”“”“”等，并不属于狭义上的鉴藏印系统，或标明金文拓本所属的器物类别，或标示铭文所属器、盖。我们认为这类印文，最早可能源于拓工制

作拓本时使用的小印章，起标示作用，以防止弄错铭文（特别是器盖相同的铭文）。①

综上可知，《图录》所录拓本涉及的印章种类繁多，印文长短不一。大体可分为公家印章、私人印章两大类。公家藏印，表示曾属公家某机构收藏，如"宝蕴楼藏器""故宫博物院古物馆传拓金石文字之记"等。私人的藏拓印章，又包括刻有收藏人的姓名、字、别号的名号印；刻有收藏人的书斋、堂馆的堂号印；箴言吉语类的闲章；一些线条镌刻简单图案的图像印等。此外，还有一种传拓者名号印，记录传拓器物的拓工名号，似有"物勒工名"的性质，如"希丁手拓""王秀仁精拓"等。传拓者不一定是收藏者。有些鉴藏家亲自椎拓铜器，他们同时又是拓本收藏者，其印章如"锡永手拓""建卿手拓""柯燕舲手拓本"等。

我们在整理上述印文时，有几点心得。其一，正确释读印文，需了解当时人的释字水平、用字习惯。用字或取自古文或源于当时新出的铜器铭文，如"窓斋""雪盦藏器""居"等。使用"珍玩""秘玩"等词语的印章多属于收藏印。其二，了解总结名号印的规律，才能准确考证印主。旧时人名用印习惯，姓名若为三字，除常见的省略姓氏外，还可省略第二字，如褚德彝的"褚彝私印"，孙承泽的"北平孙泽"；或省第三字，如沈树镛的"沈树宝"，陈衡恪的"义宁陈衡章"。其三，要注意辨别名号、斋室相同者的印主。名号相同者，如周进、周鸿孙均有"周氏吉金"印，端方、丁树桢均称"陶斋"；斋室相同者，如黄濬、黄易、何溁均有"尊古斋"等。研究古文字拓本时，可以多留心上面的题跋印章，对于我们深入了解器物流传及拓本背后的故事或许会有些意想不到的作用。

---

① 李红薇：《近代金文拓本所钤印章的几个问题》，载《古文字研究》第33辑，中华书局，2020。

生平
思想

郭沫若抗战经历之主持文化工作委员会

蔡　震*

摘　要： 抗战期间，郭沫若在国民政府军事委员会从主政第三厅到主持文化工作委员会的一段工作经历，是其抗战生涯的重要组成部分。本文主要根据相关文献史料，厘清其主持文化工作委员会的一段史实。从中亦可了解抗日民族统一战线内国共两党当时的政治关系，了解进步文化界的文化抗战。

关键词： 郭沫若　抗战　文化工作委员会

郭沫若在国民政府军事委员会政治部任职的抗战经历，分作两个阶段：从 1938 年 4 月至 1940 年 9 月，任第三厅厅长，主政第三厅；从 1940 年 9 月至 1945 年 3 月，以政治部指导委员身份兼任文化工作委员会主任委员。这两个阶段的工作，基本上涵括了郭沫若抗战经历的大部分时间。

关于第三厅以及郭沫若主政第三厅的经过和相关文献史料，学界已经做了比较详尽的整理、研究。① 但对于郭沫若从第三厅转到主持文化工作委员会的经历，一直以来尚缺乏很好的梳理、考察，存在着一些误解，史实不清，以及模糊的、模棱两可的，乃至错误的历史叙述，这是需要厘清的，尤其需要根据文献史料去厘清史实。

政治部改组与组建文化工作委员会

1940 年 9 月，郭沫若调离国民政府军事委员会政治部第三厅，改任部

＊　蔡震，中国社会科学院郭沫若纪念馆研究员。

① 笔者亦有《主政政治部第三厅始末》一文，载《郭沫若生平文献史料考辨》（社会科学文献出版社，2014 年 7 月）。文化工作委员会组建与政治部及第三厅的改组密切相关，本文会涉及与第三厅工作有关的文献史料，可参阅该文，不再赘述。

指导委员。随后兼任新组建的文化工作委员会主任委员。

从第三厅到文化工作委员会，郭沫若在《五十年简谱》中只云淡风轻地写了一句话："（一九四〇年）九月政治部改组，卸去第三厅厅长职，改组文化工作委员会。"① 然而，这个过程其实是经历了曲折的。

文化工作委员会的组建，缘于政治部改组。此前，国民政府军事委员会政治部自 1938 年 2 月成立以后，已经经历过四次改组②，这又一次的改组，国民党方面是"志在党化"，让政治部充分国民党化，第三厅自然首当其冲。这其实反映的是抗日民族统一战线内部国共两党之间的矛盾、斗争。

随着郭沫若离任第三厅，许多第三厅人员，包括主任秘书、几位科长都递交了辞呈。当初以抗日民族统一战线为政治背景而在政治部系统组建的第三厅，将要名存实亡了。周恩来为当初聚拢在第三厅的这一批进步文化人的安排与国民党方面力争，甚至表示会把他们送到陕北去。国民党方面对此也感到很棘手。事实上国民党方面在决定这一次政治部改组的时候，应该已经预见到了会有一批人员退出第三厅、第四厅。而此时，国民党方面还没有准备在统一战线的组成上撕破脸皮，所以会考虑以怎样的方式安排这些人，何况他们也不会放任这一批从政治部出来的，且是有军衔的公务人员，到社会上去，更不要说去陕北了。

于是，时任政治部长张治中在与周恩来商谈政治部改组和第三厅之事的时候，提出在政治部内组建文化工作委员会，并请郭沫若主持工作。周恩来很清楚张治中是奉蒋介石之命来商谈此事的，他认为这个办法可行，遂建议张治中去与郭沫若面商。同时信告郭沫若，并详细指示了一些需要确定的责、权、经费等具体事宜。③

9 月 10 日，郭沫若在赖家桥草拟了《文化工作委员会组织大纲》，交张治中。大纲包括这样一些内容：

一 机构

直属于部长（根据张部长口头指示）。设主任委员一人、副主任委员一人、委员若干人，下分三组（一）文献编纂组，（二）艺术改

---

① 《五十年简谱》，《郭沫若全集·文学编》第 14 卷，人民文学出版社，1992。

② 参见《呈蒋中正政治部内部人事情况及工作报告与建议》（贺衷寒），台湾"国史馆"馆藏档案。

③ 参见 1940 年 9 月 8 日周恩来致郭沫若信，《周恩来书信选集》，中央文献出版社，1988。

进组，（三）对敌工作组。外加主任办公室。全体机构仿佛厅之组织而较小。

二　工作范围

关于编纂方面：

1. 负责编纂较基本较高级之战时文献，如《抗战一年》《抗战二年》《抗战三年》之类。

2. 负责编辑一种巨型之综合刊物。

3. 负责编纂较基本较高级之文化丛书。

关于艺术方面：

1. 负责研究各种艺术部门（美术、音乐、戏剧、电影等）之改进与实施。

2. 负责指导本部直属各艺术团队之业绩并供给资料。

3. 完成中国万岁剧场之建立，并负责经理。

关于对敌方面：

1. 担任本部一切之对敌工作。

2. 日本在华反战同盟划归本委员会监督指挥。

3. 担任对敌工作人员之训练与督导。

三　经费

除一定之办公费经常费外，希望每月能有事业费贰万元（此乃最低限度，能多当然更好），在此范围之内编配应进行之工作限度。

四　人选

除三厅被撤换同事得以参加并以原级待遇（据张部长口头指示）之外，得酌量延纳外界人士以充实工作。

党籍不限。（此据张部长口头指示）

以上四项，如蒙核准，当再进行详细之组织方案。

廿九年九月十日于赖家桥　郭沫若拟①

根据周恩来信中所说的组建文化工作委员会的几项基本考虑，郭沫若逐一落实到大纲中。这份组建大纲对政治部提出的要求和条件并不高，应该是考虑到让国民党主导的政治部尽快予以落实。可见周恩来和郭沫若还

———————

① 据手迹原件，藏中国第二历史档案馆。

是希望在抗日民族统一战线的政治架构内，为进步的文化力量在政治部保有一席之地，以便更好地开展抗战工作。

郭沫若拿出了文化工作委员会的组建大纲，当然还需要政治部经过组织程序，制定具体规程，并以公文形式确定下来。

很快，政治部拟定了"文化工作委员会规程"及编制草案，函告郭沫若：

> 本部为发扬战时文化，加强对敌宣传，并提供关于国际问题之研究，特设置文化工作委员会。并请
>
> 贵指导委员兼任主任委员。除呈会①备案及加委外，相应核同组织规程及编制草案。函请
>
> 查照办理，并希克日组织成立为荷。
>
> 　　此致
>
> 郭指导委员沫若
>
> 　　　　附组织规程及编制草案各一份②

在正式公文报备的同时，政治部长张治中于 9 月 17 日以手令形式"聘郭沫若先生为本部文化工作委员会主任委员"③。9 月 18 日签发政治部命令（治机任字第十九号），聘杜国庠等十人为专任文化工作委员会委员，聘田汉等十人为兼任文化工作委员会委员。④

10 月 8 日，政治部将"本部拟设文化工作委员会并派郭沫若兼任主任委员检呈组织规程等件"以"治用巴字一九七六四号"公文呈报国民政府军事委员会，蒋介石以（军事委员会）委员长名义批示："呈件均悉。准予备案。惟组织规程内尚有错字，编制表内官佐总数不符，经予修正。除饬函军政部铨叙厅外，修正规程编制随令颁发，仰即知照。"⑤

1940 年 11 月 1 日，文化工作委员会正式成立。⑥

---

① 指军事委员会。

② 据原件。藏中国第二历史档案馆。

③ 据手迹原件。藏中国第二历史档案馆。

④ 据原件。藏中国第二历史档案馆。所署日期之月份已经模糊，应为"九"之残字。

⑤ 据原件。藏中国第二历史档案馆。

⑥ 据《五十年简谱》，《郭沫若全集·文学编》第 14 卷，人民文学出版社，1992。

文化工作委员会的组织架构

文化工作委员会是一个什么性质的部门，一直以来在相关的历史叙事和研究中，实际上没有一个明晰准确的说法，直至近期一篇考订史实的文章，仍然这样主观地断定："政治部将文化工作委员会定性为一个学术机构，并不在正式编制之内，要求其只能做研究工作。"①

《军事委员会政治部文化工作委员会组织规程》对文化工作委员会的性质、组织结构、人员编制、职责、工作内容等问题其实都有明确的规定，做了清晰的说明。在军事委员会政治部的档案资料中，我们可以查找到这一组织规程呈报国民政府军事委员会委员长蒋介石核准的那份文案。其内容如下：

第一条　军事委员会政治部为发扬战时文化，加强对敌宣传，并提供关于国际问题之研究，特设置文化工作委员会（以下简称"本会"）。

第二条　本会设主任委员一人，承部长、副部长之命，综理会务并监督指导所属职员之工作。

第三条　本会设副主任委员一人，襄助主任委员处理会务。

第四条　本会设委员九人至十五人，从事各种特定问题之研究与探讨及其他临时指定事宜。

第五条　本会设秘书二人至四人，事务员、书记、司书各若干人。

第六条　秘书承主任委员、副主任委员之命办理撰核文稿及其他日常事务，事务员、书记、司书等各承主任委员之命、上级秘书之指导，办理应办事宜。

第七条　本会分设三组其职掌如左：

第一组　掌理国际问题之研究、国际材料之搜集，随时提供部长副部长参考并择要编纂发行。

第二组　掌理文艺研究事项，如关于文学、美术、音乐、

---

① 参见郭洋《国共关系视角下周恩来与郭沫若在军委会政治部之"进退"（1938——1945）》，《郭沫若学刊》2023年第1期。

戏剧、电影等部门之改进设计及编制，随时提
供部长、副部长采择、施行。

第三组　掌理对敌宣传之计划与实施，并指挥日本人民
反战革命同盟①总会工作之推进事宜。

第八条　本会设组长三人，承主任委员、副主任委员之命办理各
该组所需事宜，组员若干人承各该组长之命办理应办
事宜。

第九条　本会编制表另订之。

第十条　本规程自呈准之日施行。

与这份组织规程一同备案的还有，由"军委会二十九年十一月办制渝
字第二〇五三号核准"的《军事委员会政治部文化工作委员会编制表》与
《军事委员会政治部文化工作委员会工作人员名册》。

毫无疑问，文化工作委员会是政治部编制内的一个机构，其编制是经
过核准的，且文化工作委员会人员都经铨叙厅核准有军衔。

文化工作委员会设立的宗旨是"发扬战时文化，加强对敌宣传，并提
供关于国际问题之研究"，为此，设置了三个组，分别负责相应的工作。
郭沫若拟定的"大纲"中关于工作范围的要求得到落实，甚至还有所
扩充。

其中"掌理对敌宣传之计划与实施，并指挥日本人民反战革命同盟总
会工作之推进事宜"一项工作，是由第三厅主管而转交至文化工作委员会
（指挥日本人民反战革命同盟工作原为第三厅代管）掌理。

不过对比原在第三厅的工作，除第三组"掌理对敌宣传之计划与实
施"的工作属于行政事务，第一、第二两组的工作，主要是研究、咨询、
参谋性质的工作，没有相应的职权，更像是一个"参议室""研究室"。在
政治部内，文化工作委员会基本上可以算是一个闲散"衙门"。这也足见
国民党方面用心良苦了：既要文化工作委员会是政治部下属的一个职能部
门，又最大限度地限定了它的职能工作。

---

① 在政治部文件之外，又称"日本人民反战同盟"或"日本人反战同盟"，包括在郭沫若
的文章、作品、题词中。

文化工作委员会编制人员职别包括：主任委员、副主任委员、委员、组长、组员、秘书、事务员、书记、司书、卫士、公役、炊事兵、支书军士、油印军士、杂务军士等，可谓一应俱全。

主任委员：郭沫若

副主任委员：谢仁钊、阳翰笙

委员：杜国庠、尹伯休、洪深、孙师毅、吕霞光、沈雁冰、胡风、郑伯奇、姚蓬子、沈志远

兼任委员：田汉、舒舍予、马宗融、吕振羽、黎东方、孙伏园、熊佛西、王芸生、张志让、王昆仑①

秘书：何成湘、罗髻渔、金树培、施白芜

事务员：乐嘉煊、尚钺、骆湘楼、潘夏西、王侠夫

书记：陆坚毅

司书：唐文彰、萧家鑫、王文龙、陈沙里、韩光

第一组组长：谢仁钊（兼）

组员：叶籁士、蔡家桂、黄序庞、高介植、徐步、霍应人、翁泽永、钱远铎、先嘉锡

第二组组长：田汉

组员：章泯、石凌鹤、张文光、孙慎、万迪鹤、李可染、高龙生、龚啸岚、李广才、卢鸿基

第三组组长：冯乃超

组员：潘念之、廖体仁、蔡仪、陈乃昌、刘仁、绿川英子、史殿超、朱喆、王学膺、郭劳为、石啸冲、季信、王孝宏、康天顺、丁正献

编制人员的阶级（军衔）：自中将、少将、校、尉军官，以下至各级士官、上等兵等。② 其中秘书、事务员、书记、司书，系直属主任委员，根据"组织规程"第五条设置。

对照郭沫若草拟的《文化工作委员会组织大纲》，在"人选"问题上

---

① 据《国民政府军事委员会政治部命令》治机任字第二十九号，藏中国第二历史档案馆。

② 据《军事委员会政治部文化工作委员会编制表》《军事委员会政治部文化工作委员会工作人员名册》，藏中国第二历史档案馆。

要求"党籍不限"，并特别强调是"根据张部长口头指示"，《军事委员会政治部文化工作委员会组织规程》没有提及组成人员的"党籍"问题，似与对政治部其他部门的要求不同。这应该表明在组建文化工作委员会的问题上，国共两党还是遵循了抗日民族统一战线的政治底线。郭沫若在大纲中要求的"三厅被撤换同事得以参加并以原级待遇"，得到了落实。列入文化工作委员会编制人员表的人员，基本都是原在第三厅任职撤换下来的人员。他们得到原职级或更高一级的职级（多数人员）。个别在前次政治部改组精简机构时被列为第三厅"候派"人员者，也安排了实职，如：罗鬈渔、骆湘楼、乐嘉煊、先嘉锡等。尽管如此，国民党方面并没有放松对于文化工作委员会的政治管控。

按照《军事委员会政治部文化工作委员会组织规程》，文化工作委员会设副主任委员一人，但实际上安排了两位副主任委员：谢仁钊、阳翰笙。谢仁钊还兼任第一组组长，是国民党方面的人。谢在任上曾被调往国民党中央训练团党政训练班高级班受训，后调离文化工作委员会，升任政治部任设计委员，其原职由李侠公接任。李侠公到任后即对郭沫若坦言，"自己是蒋介石派来搞监视活动的"①。可知其前任谢仁钊在文化工作委员会的身份、作用。

1942 年 8 月，郭沫若以主任委员身份草拟手令，要求调整文化工作委员会内的组织机构，分历史、文艺两个组开展工作。② 这或许表明，文化工作委员会的工作职责和相应的职权被进一步压缩了。

戴着镣铐跳舞，或许就是郭沫若与文化工作委员会在这种政治生态环境之中的工作日常。也就是郭沫若后来所说的，对于进步文化界国民党企图靠"文工会以事羁縻"。但郭沫若并没有因此而感觉挫折，或有丝毫懈怠。张治中曾在文化工作委员会举行的一次招待会上说，"希望文化界人士，没有走的就不要走了"，郭沫若明确表示："鞠躬尽瘁，死而后已。"③

在文化工作委员会成立一周年的时候郭沫若写过一首诗，抒发自己是时的心境："一年容易过，坐老金刚坡。风雨鸡鸣意，相期永不磨。"④ 金刚坡是文化工作委员会在重庆乡下的办公地点。"风雨鸡鸣意"典出《诗

---

① 《阳翰笙日记选》，四川文艺出版社，1985。

② 《阳翰笙日记选》，四川文艺出版社，1985。

③ 胡风：《重庆前期——抗战回忆录十》，《新文学史料》1987 年第 3 期。

④ 郭沫若：《文化工作委员会成立一周年》，《潮汐集·汐集》初版，作家出版社，1959。

经·郑风·风雨》："风雨如晦，鸡鸣不已。"是说虽在风雨如晦之时，却也将鸡鸣不已之意，表明郭沫若和文化工作委员会的同事们坚持抗战的信念和决心是不会磨灭的。

文化抗战

文化工作委员会的三项工作中，"掌理国际问题之研究"、"掌理文艺研究事项"两项是为政治部部长们了解相关情况、国际问题提供资料，为管理各种文化部门的决策提供建议。至于这些资料、建议能否或在多大程度上被政治部采纳、使用，那就是另外的问题了，因为文化工作委员会没有掌理这些工作应有的权限。从这层意义上说，文化工作委员会更像是一个摆放的花瓶。

"掌理对敌宣传之计划与实施"，是文化工作委员会作为政治部职能部门履行的仅有的政府行政公务。所以郭沫若以文化工作委员会主任名义于1940年11月9日签发的文化工作委员会第1号公文，即是函请第三厅"将本部对敌伪宣传文案卷检移交本会接管"，并拟定了移交办法。① 12月，两部门完成移交事宜。移交至文化工作委员会的这部分档案总计26宗166件，包括："对敌宣传法令""对敌宣传纲要""对敌宣传实施办法""对日本军民宣传""对敌宣传绘画""对敌士兵宣传标语""对敌军民宣传传单小册子""对敌宣传品之散发事项""对敌宣传工具、播音机等设置""各级政治部翻印及散发对敌宣传品""对朝鲜、台湾民众士兵宣传""对伪满军民宣传""对俘虏宣传""优待俘虏办法""对敌广播宣传""日本人民反战同盟""各方函请供给对敌宣传及敌情研究各项材料"等。从这份档案清单可以了解到对敌宣传工作方方面面的内容。由第二厅掌管的一部分"在华日本人反战同盟会"的档案，随后也转至文化工作委员会。

1941年2月，郭沫若又兼任了军事委员会政治部戏剧指导委员会副主任委员。张治中为主任委员，常务委员有洪深、田汉、熊佛西等。②

花瓶是个摆设，但花瓶里插上各种花，也会呈现出生命勃发的姿态和活力。郭沫若与文化工作委员会的同事们多为学者、作家、艺术家等，是

---

① 国民政府军事委员会政治部文化工作委员会公函，治化三字第1号。

② 重庆《新华日报》，1941年2月28日。

国统区文化界各个领域、各个方面的文化精英。文化工作委员会虽然在组织形式上大大削弱，但从另一方面又给这些文化精英拓展了"文章报国"的空间。郭沫若就提出利用这个相对清闲的机会多搞些创作，多写文章，多做些研究工作。他们利用了文化工作委员会的合法地位，利用了国民政府公务人员的合法身份，在抗战大后方的国统区从事进步的文化活动。

1941 年春"皖南事变"之后，郭沫若与文化工作委员会在周恩来领导下，组织重庆文化界进步人士先后分别转移到香港、缅甸等地。并根据周恩来要"勤业、勤学、勤交友"，以保存干部，为新的斗争做准备的指示，在文化工作委员会积极开展学术活动。① 郭沫若给转移到香港的夏衍写信时说："我们这里幸亏还有一块小小的'租界'，头上，还有一棵擎天大树。"②

文化工作委员会在其存在期间的工作可以一言以蔽之：文化抗战。在这样一个特定的政治文化环境中，郭沫若和他的同事们把文化抗战做得有声有色。

文化工作委员会组织的各种文化活动，特别是一次次内容丰富的学术演讲、学术讲座，在山城文化界可算是一道亮丽的风景线。

不定期举办国际问题座谈会（第三次后更名为演讲会）。每次的座谈会（演讲会）都确定一个与抗战形势和国际关系紧密相关的题目，如："美国与欧战及中日战争之关系""轴心国春季攻势的展望""四年来国际形势的演变与我抗战""日寇今后之动向及同盟国之对策"等，邀请各方面专家学者做主题演讲。

毛泽东《在延安文艺座谈会上的讲话》发表后，文化工作委员会组织全体工作人员学习"讲话"及延安整风文件。郭沫若亲自为大家辅导，并做了关于古代中外文化交流史的研究报告。

郭沫若以文化工作委员会的名义，举办"文化讲座""诗歌座谈会""文艺讲演会""文学座谈会"等文化与文学领域的学术活动。

学术讲座是经常性的安排。如：请翦伯赞讲中国通史，又做学术报告，讲"中国人种之起源"、"前氏族社会"和"氏族社会"等问题。请时任中央大学教授宗白华做学术报告"中国艺术之写实、传神与造境"，

---

① 臧云远：《从天官府到赖家桥》，《群众论丛》1980 年第 2 期。

② "租界"指文化工作委员会，"大树"指周恩来。见夏衍《知公此去无遗恨——痛悼郭沫若同志》，《悼念郭老》，三联书店，1978。

连讲三天。请卫聚贤讲"敦煌考古"，也是连讲三日。阳翰笙分两次详细讲述了"中国话剧运动发展史"。高原则专题讲"忠王李秀成"。还有翻译家霍应人在学术讲座上讲解"方言问题"。等等。

与抗战直接相关的一些纪念日，文化工作委员会都要安排演讲等文化活动。

"卢沟桥事变"爆发四周年的纪念日，文化工作委员会举办文化界座谈会，郭沫若作题为"中日四年文化战"的报告。报告摘要《让我们结成一座新的长城——四年来文化战线上的总检讨》发表于 8 月 13 日《新华日报》，报告全文《四年来之文化抗战与抗战文化》，发表于军事委员会政治部 8 月 13 日编印的《抗战四年》。

次日，郭沫若在抗建堂主持文化工作委员会举办的文艺演讲会。他与阳翰笙等人的讲话，以"抗战艺术的新任务"为题发表于《新蜀报》。

1944 年的"九一八"纪念日，文化工作委员会特别请刘仁、何成湘做有关东北问题的讲演、报告。

郭沫若曾在《文化工作委员会组织大纲》中列出"编辑一种巨型之综合刊物"一项，文化工作委员会的实际工作中编辑有刊物《世界政治论坛》，郭沫若在撰写的发刊词中表示"我们当前最迫切的任务，便是如何用全世界的集体力量，来扑灭法西斯的侵略火焰"，号召"大家携起手来，共同发掘真理"，"配合抗战的要求"，争取抗战胜利。

在一些中外文化名人的纪念日，文化工作委员会亦出面组织纪念活动。歌德 193 周年诞辰之际，举行诗歌会以为纪念，郭沫若"主讲歌德思想与艺术，及翻译歌德作品之经过"。孙中山 75 周年诞辰之际，郭沫若主持文化工作委员会召开纪念大会，并做了题为"纪念孙中山先生的两大任务——加强国际国内的团结"的讲话。俄罗斯剧作家契诃夫逝世 40 周年，文化工作委员会请胡风、杨晦和阳翰笙在纪念会上做学术报告。苏联作家高尔基逝世 5 周年之际，文化工作委员会与中苏文化协会、国际反侵略大会中国分会等单位联合举办了纪念大会，郭沫若在会上做讲演。讲演词《活的模范》发于《新华日报》。鲁迅逝世 7 周年，文化工作委员会组织小型纪念会，请胡风做鲁迅研究的报告。

在文化工作委员会举办的各种座谈、学术讲座、学术报告、文化讲座中，郭沫若多是主持人、主讲人。据不完全统计，四年多时间内，他做过十余次讲座。主讲的内容，主要是先秦诸子研究、古代思想史研究："韩非子思想""古代社会研究的自我批判""公孙尼子与其音乐理论""先秦天道观的进展""秦汉之际的儒家""吕不韦与秦始皇""青铜器时代"以及关于孔子的研究等。亦有文学和文学史方面的报告："建安文学与曹氏父子""诗歌底创作""新诗的语言问题"等。

文化工作委员会还举办过两次木刻展览会，以及小型画展。

广播演讲或讲话，是抗战宣传以及对敌宣传的一种有效方式。郭沫若曾在广播讲稿《世界大战的归趋》中分析太平洋战争爆发后的国际形势；在中央电台发表题为"从日寇南进说到劝募公债"的广播演讲；在中国国际广播电台对敌作日语广播，唤起日本人士振奋自救"民族切腹"之厄运，还为在美国的侨胞准备了广播稿。

在对外文化交流方面，如中法、中苏之间的文化交流，文化工作委员会也开展了许多活动，特别是通过与中苏文化协会合作举办各种活动，譬如，召开苏德战争座谈会。郭沫若以"苏联抗德战争之形势"为题做战况报告。郭沫若在国民外交协会国际问题讲习班做过专题演讲"中华民族精神的体念"。应中美文化协会邀请，做"中国战时的文学与艺术"的讲演。

1944 年 11 月，国民党图书审查委员会主任潘公展出面发起组织"著作人协会"，郭沫若与阳翰笙商量后决定参加该协会成立大会，并由阳翰笙和洪深在会上做主要发言，伸张进步文化界的主张。郭沫若在"著作人协会"成立大会上当选为协会理事。①

周恩来曾对文化工作委员会大倡讲学之风给予了高度肯定。郭沫若以诗明志，抒写自己的坚持："踌躇营四海，倚马可千言。风霜时凛冽，肝胆仍纯温。"②

事实上，这一段时间，除了掌理文化工作委员会日常的工作，郭沫若在文学创作、学术研究上成就斐然。他创作的《屈原》《虎符》等六部大型历史剧，他的学术著作《青铜时代》中《墨子的思想》以下诸篇与《十批判书》等，在文学创作与历史学研究两个领域，都达到了他人生一个新的文化高峰。

郭沫若在《文化工作委员会组织大纲》中提出"完成中国万岁剧场之建立，并负责经理"，因为是时他还兼任着中国万岁剧团团长，③ 所谓"中

---

① 《阳翰笙日记选》，四川文艺出版社，1985。

② 据手迹，载《郭沫若书法集》，四川辞书出版社，1999。

③ 中国万岁剧团隶属中国电影制片厂，郭沫若于 1940 年 4 月起兼任该剧团团长。

国万岁剧场"也已在修建中。我们没有见到文化工作委员会是否接过了剧场修建并负责经理工作的相关公文资料。但是剧场建成（1941 年）后，郭沫若的几部抗战历史剧剧作《棠棣之花》《虎符》《屈原》等，曹禺、老舍、吴祖光、阳翰笙、宋之的等的许多剧作都在此上演。建成后的剧场称抗建堂，成为上演进步话剧、进步文艺界集会活动、宣传抗日救亡的重要活动场所。

郭沫若在这一段时间内还创作了大量旧体诗词。他认为："随着抗战的号角，诗歌便勃兴了起来，甚至诗歌本身差不多就等于抗战的号角。"①从抗战开始，郭沫若将诗歌创作的体裁主要转向旧体诗词。旧体诗词是一种最适于抒发感兴、寄托情怀的审美表达方式，在中国文人中是一种植根深厚的精神文化传统。他在抗战期间创作的旧体诗词，无论记事抒怀、咏物明志，还是寄情山水、与友朋唱和，所表达的基本主题、抒写的家国情怀，都围绕着抗战的时代旋律。郭沫若自谦这些旧体诗作"并没有什么价值，权作为不完整的时代纪录而已"②，但它们是在历史叙述的文本中所难以见到的纪录。

文化工作委员会，这个抗战期间在国民政府政治体制内特定的工作环境和文化环境，让郭沫若能够在文化抗战的旗帜下成就人生新的辉煌。但从另一个角度看，郭沫若等人的文化活动，又因为国民政府公务人员的身份而必然受到拘束和制约。譬如，郭沫若撰写了《甲申三百年祭》一文，发表后引起很大反响，国民党官方则以《中央日报》社论攻击该文。一些国民党御用文人也纷纷撰文声讨《甲申三百年祭》。但郭沫若显然因为任职政治部的身份，无法直接予以回击，只能秉持"沉默就是最好的答复"的态度。他说："即使要答复，也没有地方登载得出来。"③

郭沫若和文化工作委员会所做的工作，不是一种可以以政务化标准去衡量或总结的工作。但这些工作涉及国统区文化领域的方方面面。在中华民族面临生死存亡的危难之际，在抗战的政治和社会背景之下，他们以自己的工作，承担起"散播发皇我们民族精神的责任"，"更有把本民族优秀

---

① 郭沫若：《中国战时的文学与艺术》，载《郭沫若全集·文学编》第 19 卷，人民文学出版社，1992，第 191 页。

② 郭沫若：《蜩螗集·序》，载《郭沫若全集·文学编》第 2 卷，人民文学出版社，1982，第 51 页。

③ 《阳翰笙日记选》，四川文艺出版社，1985。

的民族性加以探讨体验"①。从而在精神文化层面彰显、弘扬不屈不挠的民族精神，凝聚民心，坚定抗战到底的信念。

诚如郭沫若在文化工作委员会成立之初招待文化界、新闻界人士的活动中致辞时所说："抗战本身即为文化运动之发展，我文化界同人抗战以来，精诚团结，笔杆一致对外，打倒日本帝国主义。文化工作委员会，更望能与大众合作。"② 郭沫若主持的文化工作委员会就是这样做的。

1945 年全面抗战进入第八个年头，3 月 30 日，郭沫若和文化工作委员会突然接到政治部部长张治中训令，着"裁撤"文化工作委员会。这时已在抗战胜利前夕，文化工作委员会被撤裁，意味着国民党认为已经没有必要在政治部再维持一个统一战线的形式了。

重庆的各报都刊登了这个消息。《新华日报》特别加了一个编者按，说："文化工作委员会在郭先生领导下，对于抗战文化，贡献宏伟，驰誉友邦朝野，这次突被解散，闻者颇感惊异。"在重庆的中外人士对于文化工作委员会被"裁撤"，均极表关切。各民主党派领导人、新闻记者、文化界知名人士及苏、美、法等国驻渝外交人员等纷纷前来慰问。《新华日报》还以"代邮"的形式转达读者"甚表震惊"和"深表同情"的来函。③

4 月 2 日，文化工作委员会为"裁撤"事签复张治中公文，内容有五项：（一）移交时间定在四月底；（二）四月份同人的薪给请照发；（三）全体同人要求资遣的签呈并望从优资遣；（四）留下程泽民、郭劳为等四人做报销工作，时间以半年为限，请照准；（五）全体士兵求资遣亦请照准。④

此时的郭沫若则有一种解放了的感觉，他可以以更自由的方式去从事创作、研究和各种文化活动了。

---

① 郭沫若：《中华民族精神的体念》，郭沫若纪念馆馆藏资料。
② 见《新华日报》，1941 年 12 月 8 日。
③ 见《新华日报》（重庆），1945 年 3 月 31 日、4 月 1 日。
④ 《阳翰笙日记选》，四川文艺出版社，1985。

青年郭沫若对王阳明思想的扬弃[*]

——以《伟大的精神生活者王阳明》的版本变动为视角

郭卫星[**]

摘　要： 本文从《伟大的精神生活者王阳明》一文的成文过程、版本变化切入，考察王阳明对青年郭沫若的影响，以及郭沫若对儒家"形而上之道"的认识变化和态度转变。1919~1924年，身处人生苦闷之中的郭沫若在接触王阳明的过程中，将之作为在生活与精神上能够与自己共情的伟大历史人物。1924~1930年短短数年间，在马克思主义思想的影响下，郭沫若对王阳明思想及儒家传统精神有所扬弃，1930年订正的《文艺论集》将表彰王阳明及儒家传统精神的几种文本移除，反映了这一时期郭沫若对儒家传统精神由表彰到疏离，马克思主义逐渐占据其学术思想主导地位的转变过程。

关键词： 王阳明　良知　《阳明全书》　《文艺论集》　马克思主义

郭沫若（1892~1978）是我国著名的革命政治家、文学家、考古学家、马克思主义史学家，还是卓越的社会活动家。其在史学领域的建树主要在构建中国马克思主义史学体系、古文字学研究、古史研究，研究范围集中在秦汉以前。用他自己的话说，"关于历史的研究，秦以前的一段比较用过一些苦功，秦以后的就不敢夸口了"[①]。不过，在明史研究方面，郭老仍有着墨。除了一篇兼具史学研究、现实政治意义又影响深远的《甲申三百年祭》，郭老还对部分明代历史人物，如王阳明、戚继光、李岩、夏完淳、

---

*　本文系中国社会科学院研究阐释中华民族现代文明重大创新项目"大一统国家政体建设与中华文明对人类文明进步的重大贡献研究"（2023YZD042）阶段性成果。

**　郭卫星，中国社会科学院古代史研究所助理研究员、中国历史研究院"朱鸿林工作室"协理研究员。

①　《郭沫若全集·历史编》第4卷，人民出版社，1982，《序》，第3页。

秦良玉诸人做了史实考证及人物评介。

其中，郭沫若对明代人物王阳明的研究，尤其受到学者们的关注，从 20 世纪 90 年代以来，学者们从不同的角度就王阳明对郭沫若思想的影响做了探讨。① 1924 年，郭沫若在日本创作《伟大的精神生活者王阳明》一文（后改为《王阳明礼赞》），最初是为上海泰东图书局《阳明全书》所作的序，附于书前刊行。之后，该文被陆续收入郭沫若《文艺论集》《历史人物》《沫若文集》等不同作品选集之中，不仅被反复入选、删除，而且每一个版本还有内容上的改动。② 以往研究从文献学的角度细致检讨了不同版本反映的郭沫若思想变动情况，很具有启发性。③ 本文拟将讨论重点放在收录于 1925 年《阳明全书》、1930 年之前光华书局《文艺论集》各个版本中《伟大的精神生活者王阳明》一文的文本、版本变动上，考察在短短数年之内，该文如何从一篇热情洋溢的序文，变成"乖谬"的议论。

一 《伟大的精神生活者王阳明》的文本问题

根据 1925 年泰东图书局《阳明全书》收录这篇序的题款"十年六月十七日脱稿"可知，④ 这篇序完成撰写的时间当在 1921 年 6 月 17 日。然而，郭沫若在文中说："我真正和王阳明接触是八年前的事情了。民国三年（1914）正月我初到日本……民国四年（1915）的九月中旬，我在日本

---

① 相关研究可参考税海模《论郭沫若与王阳明的"直觉"认同》，《贵州社会科学》1991 年第 4 期，第 30~35 页；程启华《王阳明哲学与青年郭沫若》，《四川外语学院学报》1995 年第 2 期，第 18~24 页；李晓红《郭沫若与王阳明——兼论郭沫若对儒学的诗性解读》，《郭沫若学刊》1997 年第 1 期，第 41~47+82 页；张顺发《从〈伟大的精神生活者王阳明〉看郭沫若思想的转换》，《贵州社会科学》1997 年第 4 期，第 42~47 页；吴定宇《郭沫若对中西文化的整合探索》，《郭沫若学刊》2000 年第 2 期，第 7~16+61 页；宫富、刘骋《"天人合一"：郭沫若早期思想的核心》，《西南交通大学学报》（社会科学版）2004 年第 2 期，第 118~123 页；申东城《王阳明心学与早年郭沫若同苏轼思想的承变关系研究》，《郭沫若学刊》2015 年第 1 期，第 25~32 页。

② 林甘泉、蔡震主编《郭沫若年谱长编（1892—1978 年）》第一卷，中国社会科学出版社，2017，第 293 页。

③ 参考李晓虹《从版本变化看郭沫若心中的王阳明》，《郭沫若学刊》2012 年第 3 期，第 68~72 页。

④ 郭沫若：《伟大的精神生活者王阳明》，载（明）王守仁撰，倪贻德标点，支伟成校订，沈松泉、俞培笙校对《阳明全书》第 1 册，泰东图书局，1925，第 20 页。

东京的旧书店偶然买了一部《王文成公全集》。"① 据此推算，则郭沫若写下这段文字的时间当在 1923 年，而其具稿的时间当在 1923 年或其后。1946 年，北新书局出版郭沫若的《创造十年续编》，郭沫若回忆了为《阳明全书》作序的过程：

> 把《社会组织和社会革命》翻译了之后，在箱崎海岸上还替泰东书局尽过一次义务，是替《王阳明全集》做过一篇长序。我有过一个时代是王阳明的崇拜者，那是自 1915 年到 1917 年我在冈山第六高等学校肄业的时期。那时候因为沾染了泛神论的思想，崇拜着司皮诺若、歌德，耽读泰戈尔的诗，在中国的古人中则崇拜着庄子和王阳明。……我相信，他终不失为我们的民族进展中的一个杰作。所以泰东要标点他的全集，要我做篇序，我也就乐于温理了一番旧业，但不用说也还有一种迫切的要求，是想弄几块钱的稿费来维持生活，不幸这个要求却没有达到。泰东版《阳明全集》除掉我的序外，还有章太炎和释太虚的两篇，后来听说泰东对于这两位大师各各送了一百元笔墨费，但我所用的笔和墨是名实相符的"金不换"，一个铜板也没有换到。②

郭沫若翻译日本学者河上肇的《社会组织和社会革命》是在 1924 年 4、5 月间，5 月下旬译讫。③ 1924 年 8 月 9 日，郭沫若致信成仿吾："六月里我又重温习了一遍《王阳明全集》，我本打算做一篇长篇的王阳明研究，但因稿费无着，我也就中止了，白白花费了我将近一月的功夫。"④ 谈的正是这件事情。

1925 年 12 月，《文艺论集》作为"创造社丛书"之一由上海光华书局初版发行，分上、下两卷，收入文章、书信 31 篇。《伟大的精神生活者王阳明》收入其中，与《阳明全书》收入的版本在内容上没有明显的变

① 郭沫若：《伟大的精神生活者王阳明》，载《阳明全书》第 1 册，第 2 页。
② 郭沫若：《创造十年续编》，北新书局，1946，第 33~35 页。
③ 林甘泉、蔡震主编《郭沫若年谱长编（1892—1978 年）》第一卷，第 290 页。
④ 郭沫若：《致成仿吾书（一九二四）》，载泰东编辑部编《沫若书信集》，泰东图书局，1933，第 164 页。

化。[①] 1926 年、1927 年上海光华书局分别重印了这个版本，内容没有发生变动。1929 年 7 月，上海光华书局出版了《文艺论集》的订正本，在这个版本中，郭沫若将《伟大的精神生活者王阳明》一文的标题改为《儒教精神之复活者王阳明》，对其他文字的改动则很少，且不涉及实际的内容，删除了四篇原本附于文后的附录：《精神文明与物质文明》《新旧与文白之争》《王阳明的教育说》《静坐的工夫》。1930 年《文艺论集》的第五版出版，直接将这篇文章删去，是其自出版以来的第一次重要变动。郭沫若《跋尾》有一段话：

> 此书竟又要出到五版了。有些议论太乖谬的，在本版中我删去了五篇。此外没有甚么可说的，只是希望读者努力"鞭尸"。一九三〇年，六月十一日，著者。[②]

与此篇一同删去的是《中国文化之传统精神》、《国家的与超国家》、《论诗三札》的第二札和第三札，共五篇文章。这些被视为乖谬的议论而被删去，显然与此时郭沫若学术思想，乃至政治立场上的变化有关系。

二 初识王阳明："以彻底的同情"

郭沫若《伟大的精神生活者王阳明》以阳明诗《泛海》起头，讲述了自己和王阳明的接触过程，以"彻底的同情"叙述了自己所接受的阳明思想的梗概。郭沫若回忆，与王阳明的接触始于民国三年（1914）在东京求学时，他患上严重的神经衰弱。1915 年中，郭沫若偶然购得《王文成公全集》，每日必读十页以为常。通过经常研习《王文成公全集》以及《冈田式静坐法》，使得身体逐渐恢复。为何郭沫若会走向王阳明？据他自己的解释："既嗜好了泰戈尔，便不免要受他们的影响。在那个时期，我在思想上是倾向着泛神论的，在少年时所爱读的《庄子》里面发现出了洞辟一切的光辉，更进而开始了对于王阳明的礼赞，学习静坐。"[③] 可以说，受到

---

① 对该文诸版本内容的校勘，可以参考郭沫若著，黄淳浩校《〈文艺论集〉汇校本》，湖南人民出版社，1984，第 54~70 页。

② 郭沫若：《文艺论集》，上海光华书局，1930，第 375 页。

③ 彭放编《郭沫若谈创作》，黑龙江人民出版社，1982，第 35 页。

当时风靡日本的"泰戈尔热"影响，诗人气质的郭沫若在思想上逐渐倾向泛神论，进而接触到了王阳明。而自接触王阳明之后，他的兴趣更被引导到老子、孔子的哲学，印度哲学，甚至欧陆唯心派的哲学。

《伟大的精神生活者王阳明》着重描述了王阳明超脱苦闷、实现顿悟的过程，并总结其一生之特色：不断地使自我扩充，不断地和环境搏斗。这些对阳明的礼赞，其实是"以彻底的同情求身心的受用"，与郭沫若彼时的境况不无关系。正如学者所指出的那样："所谓'彻底的同情'，从郭沫若对王阳明的阐释来看，并不是指对他者的全面、深入的了解，而是以自我的需要为出发点和归宿，来塑造一个他者，在这个他者身上来实现自我的投射。"[1] 在日求学的郭沫若，1924 年上半年正陷入一场场苦闷当中。一是创造社决定与泰东图书局脱离，《创造周报》宣告终刊；二是研究生理学的志愿落空；三是面临携妻带儿的贫苦生活。1924 年 2、3 月间，郭沫若以自身生活为原型，创作了小说《漂流三部曲》（包括《歧路》《炼狱》《十字架》），反映了惶恐的心态和清苦的生活。在现实生活中，郭沫若一家还因为交不起房租，被房东扫地出门，其生活之窘迫可见一斑。

生活窘迫之内里，则是精神的迷茫。1919 年，由于医学校第一外国语是德文课，学校要求学生读歌德、梅里克，这些课程助长了郭沫若文学和哲学上兴趣，慢慢和泛神论接近。进而由阅读西方和印度哲学，重新引起对庄子的兴趣。[2] 这一时期，他又由于幼小时期遗留的耳疾，听课不便，渐渐对医学失去兴趣。1921 年 1 月，郭沫若向九州帝国大学提交了休学申请，从当月 25 日起开始休学，为期三个月。这时郭沫若正在拟撰《中国思想史上之澎湃城》，他认为中国的思想埋没于地下已经二千余年了，这篇酝酿了五六年之久的文章，是他的一项发掘计划。[3]

在 2、3 月间，郭沫若将大部分时间用在读文学、哲学的书上，他开始厌弃医学。他计划于当年 4 月同成仿吾一同回上海，谋求泰东图书局的职位。1 日，郭沫若返回上海。4 日，与成仿吾同往泰东书局编辑所。16 日，在书局经理赵南公的安排下，确定留在泰东图书局。郭沫若与赵南公商议出版《创造》季刊，打算返回日本与此前商量出一种纯文艺杂志的诸友商

① 李春：《文学翻译与文学革命》，中央编译出版社，2018，第 439 页。
② 郭沫若：《创造十年》，现代书局，1932，第 76~77 页。
③ 林甘泉、蔡震主编《郭沫若年谱长编（1892—1978）》第一卷，第 158 页。

议办刊事宜。5 月 27 日，郭沫若从上海启程，前往日本。5 月 30 日，郭沫若《中国思想史上之澎湃城》发表于《学艺》。在《导言》中，郭沫若提出"以我自由之精神直接与古人相印证"的研究思路，用以发掘古代中国的思想。6 月，郭沫若在日本京都、大津等地多方活动，与田汉、张资平等商议成立文学社团、创办文学刊物的事宜。

1923 年 1 月，郭沫若以日文撰写《芽生の嫩叶》（后由成仿吾译为《中国文化之传统精神》），认为"中国古代的思想大抵被秦以后的学者误解了"。他将传统精神归结为：

> 一、把一切的存在看做动的实在之表现；
> 二、把一切的事业由自我的完成出发！

这段时期的郭沫若，开始汲取中西文化中相关的内容，来实现对中国文化传统精神的重新发掘。1923 年 5 月，开始翻译尼采的《查拉图斯特拉》。20 日，在致宗白华信中，郭沫若阐发了重新发现我民族积极进取精神的主张。书信中谈到被遮蔽的民族精神，提出《诗经》能够与西方科学精神会通。[①] 7 月 3 日，作《论道德与良心》，认为在人类的心中有一个百世不易的命令者存在，良心是我们一切行动的指导者。[②]

1924 年 4 月，郭沫若离开上海赴日本。5 月，翻译河上肇《社会组织与社会革命》讫，继而为泰东图书局出版的《阳明全书》作序文。郭沫若研究王阳明，将王氏一生分为三段：浮夸时代、苦闷时代和匡济时代，归结他一生之中的两个特色：

> 一、不断地行自我扩充；
> 二、不断地和窘境奋斗。

这正是身处生活、精神窘境之中的郭沫若，寻找到的能够与之共情的伟大人物。

---

① 郭沫若：《与宗白华书（一九二三）》，载泰东编辑部编《沫若书信集》，第 135～148 页。
② 林甘泉、蔡震主编《郭沫若年谱长编（1892—1978 年）》第一卷，第 259 页。

三 形而上之道：郭沫若对儒家传统精神的表彰和疏离

王阳明的自我扩充，是扩充什么？郭沫若赞扬了在浮夸时代、苦闷时代这两个阶段的王阳明，有着超越一般人的自我扩充的激情和欲望。然而他也指出，王阳明"以圣贤为第一"的人生目的，仍然只是羡慕圣贤的名气，和他人徒慕科第的功利是一个意思，不能免俗。当王阳明二十八岁登第之后，名利关头被打破，世俗的追求得到了满足，而更大的苦闷随之而来：生死关头。三十岁出头的王阳明肺病加剧，告病归养，这段时期的王阳明经历了一个访道求佛的阶段。郭沫若认为，王阳明走向佛道，并非仅仅是出于思想的困惑，而是当时的王阳明对于生死不能勘破。他既有积极奋斗的精神，就必然不能放弃自己的生命，而转向道教、佛教寻找出路。这让王阳明偏向利己主义的道路去了。

人生的意义究竟是什么？王阳明为其设定的目标是伟人，因此扩充指的就是在有助于成为伟人的一切能力上发展自己。更进一层，王阳明要成为的伟人，不是像平常人那样追求名利上的伟大，而是追求另外一层能够称其为"伟大"的人生意义。为了追求这一种人生的意义，王阳明同样经过了一段苦闷的时期，出入道家、佛教而不能求得，追求科举功名更不能求得。而只有还原那被后世统治者、注疏家扭曲了本来面目的原始儒家精神，才能重新发现孔门"万物一体之仁"的哲学真义。这也正是郭沫若撰写《中国思想史上之澎湃城》等文章以来所孜孜以求的。

对于庄子，郭沫若说是因为读了王阳明，他才对庄子的意义有了重新了解，知道"道"是什么，"化"是什么。读王阳明为何会有这种功能，郭沫若在文章里面其实是没有讲清楚的。他所谓的"八面玲珑的形而上的庄严世界"到底是什么呢？这里显然不容易得到一个完善的理论阐述，因为郭沫若自己就说，他对于王阳明的探讨与哲学史家的状态不同，他彼时的立足点不是要完善理论的内在逻辑，追求智慧的满足，而是追求身心的受用。郭沫若认为，王阳明之所以能够突破佛、道思想的束缚，达到彻底的觉悟，正是因为他重新发现了儒家的精神、孔门哲学的真义。他正是在这一基础上，去人欲存天理，知行合一，实现自我的扩充。儒家精神的背后正是有"天理"的存在，郭沫若认为这个"理"是宇宙的第一因缘，是天，是道，是本体，是普遍永恒而且是变化无定的存在。心即理，即是王阳明万物一体的宇宙观，也是儒家哲理万物一体的宇宙观。①

不过，郭沫若停留在对儒家"天理"的体认和扩充上并没有持续太久。1924 年，郭沫若重回日本，着手翻译《社会组织与社会革命》。他致信成仿吾，谈到"研究者自身的精神的安定"，是从事于科学的研究所必要的前提。当时时代的不安定导致身处海外的郭沫若也不得不为生计发愁，没有条件埋头从事探寻真理的科学研究。他细数成为纯粹的科学家的那些伟大人物，感叹他们"不是贵族的附庸，就是贵族自己"②。

要追求自我的完成，首先务必要在物质方面保全自己！这是追求积极进取的郭沫若面对残酷现实得出来的觉悟。当他把这种觉悟由自身提高到整个中国青年全体上去的时候，就成了必须要首先实现社会革命了。郭沫若在 1946 年出版的《创造十年续编》中反思了自己对庄子和王阳明思想的认识变化：

> 庄子的思想一般是认为虚无主义，但我觉得他是和司皮诺若最相近的，他是把宇宙万汇认为一个实在的本体底表现，人当体验着这种本体底观念，视万汇为一体，摒除个体底私欲私念。以此养生则能恬静，以此为政则无争乱，他倒可以说是一位宇宙主义者，而他的文笔，据我看来，在中国的古文中是古今独步的。
>
> 王阳明的思想虽然是以禅理为本质而穿儒家的衣裳，其实和庄子的别无二致。他把庄子的本体所谓"道"，命名为"良知"，一面主张静坐，以求"良知"底体验，一面主张实践，以求知行合一的生活。尽管那出发点是有问题的，但他的"事上磨炼"的那个主张，我看是把一切玄学家的偏蔽拯救了的。而他自己的实际，古时候所谓"经纶"，也正是他的学说的保证。我在当年学过静坐，耽读过他的《传习录》和他的诗，后来虽然抛弃了，但我对于他的景仰依然是维系着的。我相信，他终不失为我们的民族进展中的一个杰作。③

这个时候，他就已经不是以"道""良知"为本体，或者以儒家的"天

---

① 郭沫若：《伟大的精神生活者王阳明》，载《阳明全书》第 1 册，第 10～11 页。
② 郭沫若：《致成仿吾书》，载泰东编辑部编《沫若书信集》，第 158 页。
③ 郭沫若：《创造十年续编》，第 33～35 页。

理"为根本了。1930 年，郭沫若从《文艺论集》中将这篇文字删除，批评其为谬论，反映出他对以儒家精神为人生宗旨的认识已经发生了动摇。由于初步认识马克思主义，在之后的一段时期内，他的文化和思想观念逐渐受到影响，开始从个性主义向集体主义、从个性解放朝社会的解放迈进一大步。[①] 传统精神的核心地位也发生动摇，在他从《文艺论集》抽取出来的五篇文章中，《中国文化之传统精神》讨论老子、孔子的形而上之"道"，肯定中国固有的传统精神。《国家的与超国家》主张"我们现在是应该把我们的传统精神恢复的时候，尤其是我们从事于文艺的人，应该极力唤醒固有的精神，以与国外的世界主义者相呼应"[②]。

四 结语

《伟大的精神生活者王阳明》是青年时代的郭沫若冲出生活与精神的苦闷，致力于重新发掘中国传统精神，最后向无产阶级思想转换过程中产生的一篇重要文章。这篇文章将王阳明视为能够重新发现儒家传统精神和孔门真义的思想家，反映出王阳明是这一时期郭沫若在人生和精神上所同情的历史人物。王阳明的"良知"和儒家传统精神中的"天理"也为探寻中西文化整合道路的郭沫若提供了一个指引方向。本文从《伟大的精神生活者王阳明》一文的成文过程、版本变化切入，初步考察了王阳明对青年郭沫若的影响，以及郭沫若对儒家形而上之"道"的认识变化。从 1924 年到 1930 年短短数年间，这篇文章所倡导的儒家传统精神，就被郭沫若所扬弃，与之有共同思想主张的数篇文章被删除出 1930 年订正的《文艺论集》，体现了郭沫若对儒家传统精神由表彰到疏离、马克思主义逐渐占据主导地位的转变过程。在此之后，《伟大的精神生活者王阳明》的文本、版本仍然继续发生着不同的变化，其中所反映的郭沫若人生历程和思想发展的转变，也有待我们继续深入地探讨。

---

① 吴定宇：《郭沫若对中西文化的整合探索》，《郭沫若学刊》2000 年第 2 期，第 15 页。
② 郭沫若著，黄淳浩校《〈文艺论集〉汇校本》，第 96 页。

郭沫若早期小说中西班牙文学的影响

〔日〕藤田梨那*

摘　要：1923～1924 年西班牙作家伊巴涅斯先后访日、访华，在日本和中国掀起了一阵"西班牙热"，其间，郭沫若再次赴日，在日逗留数月间接触了伊巴涅斯及西班牙文学，《万引》《喀尔美萝姑娘》中可见西班牙文学的影响。作品中色彩丰富的异国女性的描写、深刻的自我解剖等均受到西班牙文学特别是伊巴涅斯的影响。

关键词：西班牙　喀尔美萝　伊巴涅斯　自然主义文学

序

郭沫若关注西班牙文学当自 1924 年开始。这一年，西班牙现代作家布拉斯科·伊巴涅斯（Blasco Ibanez）正在进行海路环球之旅，由美国出发环太平洋西行，路经日本、釜山后到达上海。他在日本和上海都受到了热烈的欢迎。当时日本正值关东大地震发生之后，东京正是一片废墟，他由横滨港登陆，目睹了东京的惨状。他还在震后幸运残存的报知新闻社的大讲堂做了一次讲演，题目为"小说对社会的影响"。他在日本逗留的时间仅仅一周，但却给日本带来了一阵巨大的"伊巴涅斯旋风"。访日后仅 2 年，他的代表作《默示录的四骑士》等几乎所有的小说都被翻译成日文，其他西班牙作家的作品的译本也相继出现，各地书肆都有出售，兴起一阵"西班牙热"。人们俄然开始注目西班牙这个以前未曾关注的国度，不仅是小说，西班牙斗牛、服饰等都引起了人们的兴趣。

在上海，伊巴涅斯的到来也引起了一阵"西班牙热"，美国制作的伊

---

*　藤田梨那，日本国士馆大学教授。

巴涅斯《默示录的四骑士》电影在上海上映，文学杂志、报纸也几次登载有关他的消息，发表有关西班牙文学的论文。

那么，郭沫若当时所处的情形如何呢？伊巴涅斯到达上海是在 1924 年 1 月 8 日，郭沫若正在上海，可以想象，身处当时上海的文化氛围中的他自然会受到"西班牙热"的波及。1923 年 3 月他由九州帝国大学毕业，携家人回上海，1924 年 4 月 1 号再次赴日本福冈，自 4 月到 11 月他一直在福冈逗留。他赴福冈的目的是翻译和写作。逗留期间，他翻译了河上肇的《社会组织与社会革命》、屠格涅夫的《处女地》，创作短篇小说《行路难》《落叶》《万引》《喀尔美萝姑娘》等。看他这个时期的小说有几个特点，比如，身边小说、书信体形式、异国女性描写等。特别值得注意的是《喀尔美萝姑娘》中对异国女性的描写颇具特色。其中的日本少女不用固有姓名，而以"Donna Carmela"或"西班牙少女"来称呼；少女的容貌，如眼睛、睫毛、头发均按照西班牙女性的特征描写。这些特点在他同时期的其他小说中是少见的。

那么，《喀尔美萝姑娘》中为何会突然出现西班牙因素？这是否与当时的"伊巴涅斯旋风"以及"西班牙热"有关？其实，郭沫若在《喀尔美萝姑娘》中已经触及伊巴涅斯，主人公"我"说自己在读 Blasco Ibanez 的 *La Moja Desnude*。[①] 可见这个时期郭沫若曾关注过伊巴涅斯，小说《喀尔美萝姑娘》在一定程度上接受了伊巴涅斯文学的影响。本文准备将当时的社会背景与作品相照应，通过具体的作品分析探讨郭沫若与伊巴涅斯以及西班牙文学的关系。

一 关于西班牙作家伊巴涅斯

布拉斯科·伊巴涅斯（1867—1928）出生在西班牙王国瓦伦西亚地区，在这里生活到大学毕业。年轻时曾以共和主义者的身份投入反王政运动。革命几经失败，他几度被捕，又几次逃亡海外，一生入狱 30 次。在从事政治运动的同时，他还展开文学创作。最初受左拉的自然主义文学的影响，以《芦与泥》《五月的花》《伽蓝》《血与砂》著名。第一次世界大战

---

① 郭沫若：《喀尔美萝姑娘》，《郭沫若全集·文学编》第 9 卷，人民文学出版社，1985，第 214 页。

爆发后又出版大战三部曲《默示录的四骑士》《我们的海》《女人之敌》，在欧美反响极大。1921 年以后这些作品均在美国被拍成电影，登上银幕，这使伊巴涅斯的知名度急速扩展到世界各国。一方面，他的作品涉及的社会范畴从贵族到一般庶民、下层劳动阶级，又以写实主义及社会改造的坚强理想贯穿作品。另一方面，他又是一位浪漫主义者，对女性的魅力、纯情之美具有细腻的观察力，生动地描写被困惑在女性美中的男性的心理，《裸体女人》《我们的海》都是表现这一风格的作品。

伊巴涅斯以他那旺盛的精力，强韧的行动力涉足法国、意大利、美国、墨西哥等国，展开他的文学活动。1923 年 11 月 15 日乘轮船由纽约出发开始环球之旅。12 月 23 日在日本横滨港登陆，观察大地震后的东京并进行了讲演。1924 年 1 月 8 日到达上海，逗留 2 日后经香港继续西游。此次旅行后他出版了一部旅行记《一个作家的世界周游记》，记述了所访各国的情形。

二 中国的"伊巴涅斯热"

伊巴涅斯一行访日后经由朝鲜、沈阳、北京，1924 年 1 月 8 日到达上海。他在上海逗留的时间仅仅 2 天，在这期间游玩了静安寺、徐家汇，10 日便离开上海去香港。他在上海逗留的时间虽短，给上海带来的影响却不小。上海《申报》《时报》《大陆报》《东方杂志》都报道了有关消息，上海卡尔登大剧院上映了《默示录的四骑士》，引起了一阵"伊巴涅斯热"。

中国介绍伊巴涅斯大致始于 1920 年，最初是胡愈之在杂志《东方杂志》第 17 卷第 24 号上发表伊巴涅斯短篇小说《海上》的译文，这是从英文版转译的。在译文的序文中，胡愈之对伊巴涅斯做了简单的介绍，称他为乡土作家。1921 年，周作人在《新青年》上发表他翻译的伊巴涅斯短篇小说《颠狗病》，译文后附文介绍伊巴涅斯。同年又在《现代小说译丛》上发表译文《意外的利益》。胡愈之和周作人的翻译都在伊巴涅斯来沪之前，而更多的译文则出现在伊巴涅斯来访之后。主要译文列举如下。

1920 年，《海上》胡愈之译 《东方杂志》第 17 卷第 24 期
1921 年，《颠狗病》周作人译 《新青年》第 9 卷第 5 期
　　　　《意外的利益》周作人译 《现代小说译丛》

　　1928 年，《一个悲惨的春天》戴望舒译　《文学周刊》第 5 期
　　　　《巫婆的女儿》戴望舒译　《未名杂志》第 2 卷第 1 册
　　　　《醉男醉女》戴望舒译　上海光华书局
　　　　　所收作品：《醉男醉女》《失在上海》《蛤蟆》《奢侈》
　　　　　　《落海人》《女囚》《疯狂》《伊巴涅斯评传》
　　1929 年，《启示录的四骑士》李青崖译　北新书局
　　1930 年，《塞比安的夜》叶灵凤译　《世界短篇小说集》所收
　　1958 年，《血与砂》吕漠野译　上海新文艺出版社
　　1962 年，《茅屋》庄重译　人民文学出版社

　　因为当时中国几乎没有人懂西班牙语，所以，20 世纪 20 年代的翻译主要是对英文、法文的转译。从时间上看，伊巴涅斯的翻译较多出现在伊巴涅斯来访后，而且与日本相比，直到 1924 年还没有一本长篇译文出现，大致在 1928 年才开始有较正规的翻译。

　　那么，在中国，人们对伊巴涅斯的评价如何？茅盾于 1921 年在《小说月报》上发表题为《西班牙写实文学的代表者伊本诺兹》的评论，他将西班牙现代文学分为古典派与法国派，把伊巴涅斯列为后者，说他的写作风格多受了法国左拉和莫泊桑的影响。他列举伊巴涅斯的《五月的花》《小屋》《教会之阴》《血与砂》《默示录的四骑士》《我们的海》，一一加以介绍，称赞伊巴涅斯的风景与人物描写的绝妙。指出伊巴涅斯的作品既充满了写实的风格又反映着他独特的思想与美意识，他的影响与评价在英美要高于在西班牙。[①]

　　周作人针对《颠狗病》的特点指出："我们读这一篇也可以看这特质，只是他虽然'过于爱着左拉的技工'，但也又是社会的宣传家，因此他的著作于自然派的气息以外很有理想派的倾向了。"[②] 周作人在认同伊巴涅斯的写实性格的同时也抓住了他理想主义的一面。

　　鲁迅关注伊巴涅斯也始于 1921 年，这一年在周作人翻译伊巴涅斯的过程中，周氏兄弟在来往书信中多次谈及伊巴涅斯，鲁迅还将福特的《西班牙文学主流》一书介绍给周作人。1926 年鲁迅在《世界日报副刊》上发

---

① 茅盾：《西班牙写实文学的代表者伊本诺兹》，《小说月报》第 12 卷第 3 期，1921。
② 《颠狗病》后记，《新青年》第 9 卷第 5 期，1921 第 671 页。

表《马上日记》，其中提及伊巴涅斯。他指出："据这两年中我所听到的而言，有名的文学家来到中国的有四个。第一个自然是那最有名的泰戈尔。（中略）其次是西班牙的伊本纳兹，中国倒也早有人介绍过；但他当欧战时，是高唱人类爱和世界主义的，从今年全国教育联合会的议案看来，他实在很不适宜于中国，当然谁也不理他，因为我们的教育家要提倡民族主义了。"① 鲁迅将伊巴涅斯的人类爱和世界主义与中国政府所致力的爱国教育相对比，一方面与伊巴涅斯保持了一定的距离，另一方面又讽刺了中国当时的保守现状。但虽然如此，实际上当时的鲁迅对西班牙文学非常关注。1929 年他翻译了西班牙作家巴罗哈的作品《面包店时代》，发表在《朝花周刊》上。在译者附记中鲁迅指出："巴罗哈同伊本涅支一样，也是西班牙现代的伟大的作家，但他的不为中国人所知，我相信，大半由于他的著作没有被美国商人'化美金一百万元'，制成影片到上海开演。"② 这里所说"'化美金一百万元'，制成影片到上海开演"，是指伊巴涅斯的《默示录的四骑士》在上海上映时所用广告费而言。1924 年伊巴涅斯访问上海时美国制作的《默示录的四骑士》在上海上映，甚有人气，之后几年间此片子一直在放映。鲁迅也在 1928 年曾与许广平一起去观赏了一次，③ 伊巴涅斯之如此轰动一时确实有如鲁迅所说，是因为他的作品被美国好莱坞搬上了银幕。

1934 年，鲁迅翻译了巴罗哈的短篇小说集《山民牧唱》，其中 7 篇作品，自 1929 年到 1930 年曾在杂志上陆续发表。鲁迅在《译者附记》中介绍巴罗哈说："作者巴罗哈在文学上，则与伊本诺兹齐名。但以本领而言，恐怕他还在伊本诺兹之上。"④ 他认为在写作技巧和描写的深度上巴罗哈胜于伊巴涅斯，鲁迅的评价是否正确还有待对这两位西班牙作家进行具体的分析与对比。但这里，我们可以明确地了解到当时伊巴涅斯对中国的影响之大，鲁迅虽然对伊巴涅斯持冷静客观的态度，但他在"伊巴涅斯热"中确实开始关注西班牙文学，并发现了巴罗哈。伊巴涅斯的来华无疑给中国人提供了接触和了解西班牙文学的契机。

---

① 鲁迅：《鲁迅全集》第 3 卷，人民文学出版社，1982，第 341 页。
② 鲁迅：《鲁迅全集》第 3 卷，人民文学出版社，1982，第 451 页。
③ 鲁迅：《鲁迅全集》第 14 卷，人民文学出版社，1982，第 711 页。
④ 鲁迅译《山民牧唱》序文，译者附记，《鲁迅全集》第 10 卷，人民文学出版社，1982，第 384 页。

三 郭沫若——跨着东海

伊巴涅斯访日本和中国，"西班牙热"大兴之际，郭沫若的动静如何呢？1923 年 4 月 1 日，他由九州帝国大学毕业，携全家回到上海。在上海他并没有正式的工作，与同在上海的创造社成员成仿吾、郁达夫一起住在民厚南里过着"笼城生活"，自然，成仿吾和郁达夫也没有工作。郭沫若在《创造十年》中回忆他们在民厚南里的生活，将民厚南里比喻为首阳山，他们三人各是伯夷、叔齐与仲雍。但其实他们并不是无所事事。当时他们正在筹办新的杂志。创造社在始创时已出版了《创造季刊》，由上海泰东图书局出版；郭、成、郁三人相聚上海后，1923 年 5 月第二本杂志《创造周报》、7 月第三本杂志《创造日》陆续创刊，这个时段可谓创造社最活跃的时期。

当时，上海文坛十分活跃，文学团体如雨后春笋般纷纷出现，文学创作、文艺批评、文学争论鼎沸文坛。《创造周报》创刊号上成仿吾的《诗之防御战》一发表立即受到文学研究会的攻击，引起创造社与文学研究会、孤军派、醒狮派之间的激烈论争。[①]

对郭沫若来说，1923 年是极繁忙的一年，他要编辑《创造季刊》《创造周报》《创造日》这三种杂志，又要应对与其他文学团体的论争。在生活上，因泰东图书局不发充足的报酬，他一家的生活已处在穷困状态。进入 1924 年后，郭沫若和创造社的几个成员开始摸索新的出路，《创造周报》《创造日》陆续停刊。郭沫若在《创造十年》中回忆这段历史，说："在那时我自己的确走到了人生的歧路。"[②] 当时他面临着三个问题，第一是思想上的不稳定，在复杂混乱的社会形势中，他开始意识到自己的泛神论和自由主义思想的幼稚，逐渐被马克思主义所吸引，但对马克思主义思想还未有一个明确的理解。第二是他还有继续学术的愿望，希望再进九州帝国大学研究生物学。第三是生活问题。来上海一年多，他一直未曾得稳定的收入，要养活三个孩子是非常艰苦的。为了解决这些问题，1924 年 2

---

① 创作社与文学研究会、孤军派、醒狮派的文学论争参看《创造十年》及《创造十年续编》。

② 郭沫若：《创造十年》，《郭沫若全集·文学编》第 12 卷，人民文学出版社，1985，第 184 页。

月他决定先让妻儿回日本，他自己手下执笔中的《岐路三部曲》脱稿后渡日与他们会合。4月1日他再次渡日，和家人在九州福冈会合。

西班牙作家伊巴涅斯来上海时，郭沫若也正在上海，他在《创作十年续篇》中回忆道："1924年是文艺界相当多事的一年。"[1] 他列举了这一年发生的几件重大事件，列宁去世、拜伦去世100周年、康德200周年诞辰等，却没有提到伊巴涅斯来上海。当然，正如前边所述，伊巴涅斯来沪时上海各家报刊都有报道，伊巴涅斯作品改编的电影也大获人心，"西班牙热"之后还延续了几年。在上海的郭沫若自然会了解到当时的情况；况且，《东方杂志》《小说月报》《新青年》又都是他频繁接触的杂志，上面发表的胡愈之、周作人的伊巴涅斯作品译文以及茅盾的评论他也自然会读到。

郭沫若再次渡日是在伊巴涅斯来沪三个月后，也就是说他穿过这个西班牙作家带来的文化热潮，来到福冈。从4月到11月在福冈居住了8个月。其间完成了对河上肇《社会组织与社会革命》等的翻译，创作了数篇小说。笔者特别注意的是，郭沫若这个时期的作品中留有浓厚的伊巴涅斯的痕迹，如《万引》《喀尔美萝姑娘》。

四 《万引》《喀尔美萝姑娘》与伊巴涅斯

前边我们看了伊巴涅斯来沪时给上海带来的热潮，但对他的作品的翻译还仅限于一部分短篇小说，长篇作品的译本还未出现。但在日本，情况大不相同。伊巴涅斯访日时也给日本带来了一场"西班牙热"。在日本，1921年已有日语版《默示录的四骑士》出版，1923年间又有数篇短篇小说被译为日文。伊巴涅斯访日后，其作品的翻译在极短的时间内快速进展，《血与砂》《五月的花》《吃死刑之女》《裸体女人》《女人之敌》《落日》等他的代表作，包括长篇、短篇的日译本都在1924年出版。郭沫若到福冈时，正值伊巴涅斯作品的日译本大量出版，火热上市之际。

郭沫若的《万引》发表在杂志《学艺》（第6卷第7期，1925年1月）上，文末注有写成日期："1924年9月18日夜"。《喀尔美萝姑娘》发

① 郭沫若：《创造十年续编》，《郭沫若全集·文学编》第12卷，人民文学出版社，1985，第208页。

表在《东方杂志》（第 22 卷第 4 期，1925 年 2 月）文末自注写成于"8 月18 日"，即 1924 年 8 月 18 日。这两篇作品都写于 1924 年，相隔仅 1 个月。这两篇中都提到伊巴涅斯的作品。

《万引》写一个喜欢写作的日本男人松野在书店里偷了一本书，后深感自责，又悄悄送回书店的故事。他偷的那本书是朋友介绍给他的法国诗人维尼的剧本《查铁敦》。题目"万引"是日语用词，意思是"偷东西"。小说主旨在描写主人公困惑于欲望与道德之间的内心纠结以及与欲望搏斗的心理变化过程。心理描写是本作品的重要特点。有趣的是，作品中有一段对当时翻译书籍的出版情形进行详细描述的部分：

> 松野在这书店里是走熟了的，他走到一座书架前，那是新刊的文学书类。
> ——《吃死刑的女人》——《吸血鬼》——《饥饿》——《白石之上》——《凡斯哥牧歌调》——《大饥》……都是最新时代的文艺阵线上的战士所布出的八阵图，但看这些书名已有引人入胜的魔力了。①

这里列举的图书都是 1924 年出版的日译本，是那一年最新的出版书籍。一共六种，其中有两种是西班牙文学作品，如《吃死刑的女人》是伊巴涅斯的作品；《凡斯哥牧歌调》是巴罗哈的作品。上面已提到，伊巴涅斯的长篇代表作也都在 1924 年被翻译出版。郭沫若在这里特意描写出当时日本的出版状况应有他的用意。他在上海虽已经历"伊巴涅斯热"，但还未曾接触伊巴涅斯的更多作品，而当时的日本书肆却已呈现出大量翻译、大量出版西班牙等欧美作品的火热状态。可以想象，郭沫若在福冈幸运地遇上了一次接触伊巴涅斯及西班牙文学的极好机会，他不仅在《万引》中提及这一情形，在《喀尔美萝姑娘》中还有更深入的触及。我们可以从这些作品来了解他对伊巴涅斯文学的接纳和理解。

《喀尔美萝姑娘》是一篇书信体的短篇小说，主要描写一个中国留学生"我"，自己有家庭，却爱上了福冈一个糖果店的日本女孩子，他在写给朋友的信中倾吐他对日本女孩的恋情及困于家庭和人伦道德间的苦恼，

---

① 郭沫若：《万引》，《郭沫若全集·文学编》第 9 卷，人民文学出版社，1985，第 185~186 页。

最后决意自杀。"我"并不知道日本女孩的姓名，因为女孩家开着喀尔美萝点心店，便称女孩为"喀尔美萝姑娘"，"我"每天到图书馆读书，晚上在家里与妻子谈所读的书，其中提到伊巴涅斯的作品：

> 我的女人问我今天读的什么书，我却不费思索地扯起谎来。我说读的西班牙作家 Blasco Ibanez 的 *La Moja Desnude*——这是我在好久以前读过的——我把模模糊糊记得的内容来谈了三分之一的光景。我说只读了这一点，要等明天后天再去读，才能读完。[①]

这里所说 *La Moja Desnude*（裸体女人）便是伊巴涅斯在 1906 年出版的长篇小说，日译本题目为"裸体の女"或"裸体のマハ"。这本书的日译本于 1924 年 6 月由精华堂出版，译者是中代富士男。据译者所附序文，这部作品是译者从西班牙语直接翻译过来的。可以推测，郭沫若当时阅读的是这一译本。这本书的出版是在 1924 年，那么，郭沫若读这本书绝不是上边引用文中"我在好久以前读过的"，而正是在他逗留福冈的 1924 年。

五 《喀尔美萝姑娘》中的人物描写

《喀尔美萝姑娘》中有三个女性登场，"我"的妻子瑞华；S 夫人；喀尔美萝姑娘。其中 S 夫人和喀尔美萝姑娘是日本女性，而带有浓厚的西班牙女性特征的便是喀尔美萝姑娘。她偶然出现在"我"与妻子的谈话中。

> 我每天午后定要往 F 市的图书馆去读些原本或译本的小说，读到傍晚回来，便在灯下对我的瑞华谈说所读的内容。有一天晚上我们不知道谈到甚么人的小说上来，叙述到女人的睫毛美；瑞华对我说，花坛旁边一条小巷里有家卖 Karumera 的姑娘，眼睛很美，睫毛是很浓密的。[②]

---

① 郭沫若：《喀尔美萝姑娘》，《郭沫若全集·文学编》第 9 卷，人民文学出版社，1985，第 214~215 页。
② 郭沫若：《喀尔美萝姑娘》，《郭沫若全集·文学编》第 9 卷，人民文学出版社，1985，第 207~208 页。

Karumera 是一种用糖熬制的甜食。瑞华提到糖果店的姑娘，本来是作为街谈巷语随便说的，但"我"却为之动心。这里点出糖果店姑娘的三个特点，一是眼睛，二是睫毛，三是 Karumera。第二天"我"去糖果店偷看了瑞华提到的那个姑娘，果真是非常美丽，"我"便完全迷上了这个姑娘。作品中围绕这个姑娘的描写有两个特点，一是容貌描写十分精细，特别是对眼睛和睫毛的描写频繁出现，全篇 14 次提及睫毛。二是对容貌的描写多与西班牙女性相关联，而且女孩的名字"喀尔美萝"也与西班牙女性有关。那么我们可以设问，当时郭沫若确实关注了伊巴涅斯以及西班牙文学，他的阅读范围如何？西班牙文学给了他怎样的影响？《喀尔美萝姑娘》中所涉及的伊巴涅斯 *La Moja Desnude*（裸体女人）是一个重要线索。以下分三个方面具体探讨。

1. 对喀尔美萝姑娘容貌的描写

上面已提到，这部作品中对日本少女容貌的描写集中在眼睛和睫毛上，我们列举几条具体内容：

> 纸窗微微推开了，只见一个少女露出了半面出来，我惊得发生战栗了。（中略）啊，你看，你看，她的眼睛。（中略）她是那么莹黑，那么灵敏，那么柔媚呀！她一见了我便把眼睑低垂下去了，眼睫毛是那样的浓密，那样的鲜明，那样的富有生命呀！①

> 我假如是一个画家，我要把她画出来，把她那跪在破纸窗内露出的半面，低垂着的，娇怯着的，眼下的睫毛如象覆着半朵才开放的六月菊一样的，完整地画了出来，（中略）啊，她那一头浓腻的黑发！我看见她希腊式髻上的西班牙针了。②

> 草场上的每茎嫩草都是她的睫毛，空气中一切的闪烁都是她的眼睛，眼睛，眼睛……她是占领了我全部的灵魂。③

---

① 郭沫若：《喀尔美萝姑娘》，《郭沫若全集·文学编》第 9 卷，人民文学出版社，1985，第 209 页。

② 郭沫若：《喀尔美萝姑娘》，《郭沫若全集·文学编》第 9 卷，人民文学出版社，1985，第 210 页。

③ 郭沫若：《喀尔美萝姑娘》，《郭沫若全集·文学编》第 9 卷，人民文学出版社，1985，第 213 页。

　　我拥抱着瑞华，却是默想着西班牙的少女。我想着她的睫毛，想着她的眼睛，想着她的全部，全部，啊，我这恶魔！①

　　苍海的白波在用手招我，我挽着那冰冷的手腕，去追求那醉人的处女红，去追求那睫毛美。②

　　她是古代希腊的雕刻上加了近代的色彩。③

　　喀尔美萝姑娘以日本少女的身份登场，她那婀娜的身姿，柔软的声音，善良的心态十足地表现出日本女性的美。同时，她的眼睛、睫毛、头发又带着现代西方女性的美。郭沫若如此刻画日本女性的容貌，其背景反映了大正时代美意识的变化以及西班牙文化的影响。

　　日本女性的传统美意识在古代，如平安时代，一般崇尚剃眉、细长眼睛、细白皮肤，但不曾注意过睫毛。进入明治时代后，日本接受西方文化的影响，审美意识也逐渐发生变化。到大正时代，西方摩登服饰、化妆技术广泛普及，在化妆方面开始重视眼睛、眉毛、睫毛，崇尚明亮的大眼睛，为了强调眼睛，多采用画眼影、眼线、加假睫毛等方式。④ 喀尔美萝姑娘的身姿举动、声音、态度均体现着日本女性的美，而眼睛、睫毛、头发、命名又呈现着西班牙女性的魅力。东方与西方的审美意识集中在这个少女身上。"我"把喀尔美萝姑娘比喻为加了现代色彩的古希腊雕塑。实际上，西班牙深受希腊文化的影响，艺术、服饰方面多重视人体的自然美与健康美，18世纪后给予欧洲极大的影响。

　　女性美意识的变化也反映在美术上，比如大正时代的著名画家竹久梦二、山村诚一的美女画中都可看到对女性睫毛的描绘。在文学上也有夏目

---

① 郭沫若：《喀尔美萝姑娘》，《郭沫若全集·文学编》第9卷，人民文学出版社，1985，第215页。

② 郭沫若：《喀尔美萝姑娘》，《郭沫若全集·文学编》第9卷，人民文学出版社，1985，第232页。

③ 郭沫若：《喀尔美萝姑娘》，《郭沫若全集·文学编》第9卷，人民文学出版社，1985，第215页。

④ 参照ハリー·牛山著《现代化妆室》第5、6、11章插图及说明，宝文馆，1931。

漱石、芥川龙之介等在作品中描写女性的睫毛。① 芥川龙之介在《大导寺信辅的半生》中涉及主人公大导寺描写女性的手法，"他从戈蒂埃、巴尔咋克、托尔斯泰那里学到了描写落在染着日光的耳朵和脸颊上的睫毛的影子"②。对眼睛和睫毛的描写多见于俄罗斯和法国文学中，但郭沫若所用的"睫毛美"一词是未曾见的。这一词或许是郭沫若在《喀尔美萝姑娘》中的首创之举。"睫毛美"一词在这部作品中几次出现，加上对喀尔美萝姑娘的睫毛的多次描述，正与大正时期的审美意识以及当时的美术及文学作品的特征相吻合。

另外一个因素便是西班牙文学的影响。如前所述，伊巴涅斯的访日给日本带来了一个西班牙文学翻译的热潮，日译本的出版又刺激了人们开始关注西班牙文化。比如，大正时代具有代表性的文艺杂志《女性》多次登载介绍伊巴涅斯以及西班牙的文章。日译版《裸体女人》1924 年 6 月出版时，《女性》在 6 月号上特设《世界神秘之境》专栏，其中发表了 2 篇有关西班牙的文章，一篇是千叶龟雄的评论《描写"妻之胜利"的伊巴涅斯的长篇小说》；另一篇是冈田三郎的《西班牙女人与斗牛》。同年 10 月号上又设《各国的女性》专栏，登载永田宽定的《西班牙女人》一文。很明显，这一系列文章的发表均与当时流行的西班牙文学相关。而且，笔者认为这里列举的 3 篇文章都对郭沫若创作《喀尔美萝姑娘》起了一定的刺激性作用。

千叶龟雄的评论《描写"妻之胜利"的伊巴涅斯的长篇小说》中的"妻之胜利"指的是伊巴涅斯的小说 *La Moja Desnude*（裸体女人），文中千叶对这部作品进行了较详细的介绍和评论。众所周知，《裸体女人》本来是西班牙著名画家弗朗西斯科·戈雅的一幅油画，伊巴涅斯就以这幅画的题目命名他的小说。小说描写一位毕生倾心于戈雅这幅名作的画家马里亚诺·莱诺巴雷斯的画家生涯，他的夫人是一个虚荣心极强、嫉妒心极深的女子，长期以来他困惑于对妻子的爱与怨恨中，疲惫不堪。但妻子死后他对妻子的想念却日日强烈，身边的女人全然失去魅力，终于亡妻的阴影占据了他全部机能，使他完全陷入幻灭的绝望中。针对这部小说的本质，千叶指出：

---

① 夏目漱石：《那之后》《明暗》，芥川龙之介《弃儿》《雪》《湖南的扇子》《奇怪的再会》中都有对睫毛的描写。

② 芥川龙之介：《芥川龙之介全集》第 12 卷，岩波书店，1995，第 53 页。

"一个男人或一个丈夫的内心深处及爱情生活中，一个女人或一个妻子所占据的地位、价值、本质会是怎样的？蛊惑人心的美与纯情的美，最后哪个可以获得胜利？这部作品刻意要将这个问题深入地追究下去，这是这部作品的主题，而这位作者对女性的观察之深刻可以说是无与伦比的了。"[1] 这部作品既具有享乐主义及左拉式自然主义的性格，同时又以强烈的理想主义为基底，在深刻挖掘主人公内心深处上又发挥了心理描写的能力。

我们细读《裸体女人》便可以知道画家莱诺巴雷斯发现妻子真正的魅力是在妻子死后，他一生都在追求女人的肉体美，画了一辈子，到最后却从妻子的肖像中发现深潜在妻子眼睛里的真爱、妻子的真心。对他来说，这才是真正的美，也就是说，画家以前追求的东西是现实的肉体美，而现在他发现了内心的美、理想的美。而这一重大发现的原点便是亡妻的眼睛。

（妻子的肖像）显示着酷似于戈雅作品的美……在这一瞬间，他看到那可爱的贵族气质的苍白的脸中，东洋式的、深情的眼睛活生生地在流泪。（中略）那眼睛好像不论什么时候都在寻找着他，眼中的瞳仁似哭，似恨，似叱责般活生生地闪着光。（中略）那眼睛好像看透他的魂魄，灼灼逼来。[2]

这是老画家发现亡妻的魅力的那一瞬间的描写，以前无意画出的妻子的肖像，如今却浮现出有似戈雅《裸体女人》的美，老画家如着魔般地开始描绘他最后一幅亡妻的肖像。这最后的肖像中的妻子"睁大眼睛，令人奇异的眼睛"吸引着人们。

那瞳仁含着一种亲切感，从遥远的彼方穿过画面向他迫近，闪着奇异的光芒。[3]

那充满无限神秘的眼光啊！那冷冷的眼神如向着画家从头到脚猛烈泼下的一股冷水一般！

---

[1] 千叶龟雄：《描写"妻之胜利"的伊巴涅斯的长篇小说》，《女性》1924年6月号，第121页。

[2] 伊巴涅斯：《裸体女人》，中代富士男译，精华堂书店，1924，第328~330页。

[3] 伊巴涅斯：《裸体女人》，中代富士男译，精华堂书店，1924，第370页。

妻子死后，画家特意在画面上刻画亡妻生前未有的美，（中略）确实，这幅画（最后的画）显示的是以前没有的美。①

这里描写的亡妻的眼神活生生地倾吐着她的内心，以刺穿灵魂般的魔力迫近画家。画家的情人伯爵夫人、模特美女在亡妻的魔力之前全然褪色消失。作品中伊巴涅斯深刻地描写了画家所受的冲击、内心的动摇、情欲的冲动。其目的便是意图暴露人的内心世界及欲望的本质。

在郭沫若的《喀尔美萝姑娘》中，《裸体女人》出现在第五节中，"我"对妻子说以前读过伊巴涅斯的《裸体女人》，这明显地表示郭沫若接触过伊巴涅斯的这部作品。《喀尔美萝姑娘》中对日本少女的眼睛、睫毛的描写以及其描写手法很有可能受了伊巴涅斯的影响，其目的就是要试图在这个少女容貌上刻画出一种新颖的、摩登的美。

关于西班牙女性的美，永田宽定在《西班牙女性的美》（《女性》1924年 10 月号）一文中有一段精彩的介绍："至于西班牙女人的容貌，那可以说是具有希腊美女典型的端正，再加上十二分的柔润和娇娜，换言之，那是抛弃了不可接近的神圣的庄严，换上使任何男性都会着迷倾心的完整的美。那魅力的中心就是被长长的睫毛微微影盖着的榛子般的大眼睛。（中略）最适合装饰她们头发的便是鳖甲制的半圆形的梳子。（中略）现在西班牙的歌女和舞妓与斗牛士之名声已震撼世界。"② 永田介绍西班牙女人的重点就是眼睛、睫毛、头饰、情调，其魅力中含有古希腊的美，又有现代女性的娇柔，强调西班牙女性所具有的是古典的端正与现实的色彩相交融的美。

将永田宽定的这篇文章与郭沫若的《喀尔美萝姑娘》相对比，我们可以清楚地看到有关喀尔美萝姑娘的描写中正具备了永田所强调的西班牙女性美的特征。"我"叙述喀尔美萝姑娘的魅力时说："她是古代希腊的雕刻上加了近代的色彩。"这"古代希腊"与"近代的色彩"的交融不正与永田所说"希腊美女典型的端正"与现实的"柔润和娇娜"相吻合吗？！

千叶龟雄与永田宽定的评论均道出了西班牙女性特有的魅力，而他们所强调的这魅力又都集中在西班牙女性的眼睛上。这二人的文章均发表于1924 年杂志《女性》上。笔者推测郭沫若同时读到他们的文章，虽然郭沫

---

① 伊巴涅斯：《裸体女人》，中代富士男译，精华堂书店，1924，第 386~387 页。
② 永田宽定：《西班牙女性的美》，《女性》1924 年 10 月号，第 295~296 页。

若本人对此没有提及。

关于西班牙女性的发饰，千叶也曾注目过。他在同一篇文章中有一段有趣的文字。他提到当时西班牙文化在日本的流行时说："比如说西班牙发簪，现在我国女性们头上都插着高高隆起的鳖甲的梳子等也都是西班牙传来的。"① 这一段插话让我们了解到大正时代的发饰与西班牙的关系。西班牙女性日常或节日时都要用各种发簪与发梳来点缀头发，19世纪，西班牙的服饰、装饰，包括发簪和发梳都流行于法国，后又流传中欧各国。在日本，江户时代流行过"南蛮趣味"的工艺品，其中就有西班牙的发梳。② 到明治、大正时代西班牙鳖甲发簪、发梳再次流行。③ 千叶有关西班牙发簪的言说实际上反映了当时的社会现象。郭沫若在《喀尔美萝姑娘》中也将日本少女的发簪描写为西班牙发针，这也无疑与当时流行的发饰有关。

郭沫若是否接触过《女性》这个在大正时代极敏捷地迎合了当时的文学与文化新潮的女性杂志？这是一个颇引人关注的问题。在这里，我们再仔细探讨一下《女性》的性质。小野高裕的《现代主义出版社的光芒：柏拉图社的1920年代》④ 和平井纪子的《日本的时尚杂志：发祥与变迁》⑤ 中都有对杂志《女性》的详细介绍和研究。《女性》于1922年由柏拉图社出版，延续到1928年。柏拉图社乃是化妆品公司中山太阳堂社长中山太一创建的一家出版社。中山太阳堂于明治36年（1903年）在神户市开业。大正时期开始扩大经营，在大阪开设新的店铺和工厂，柏拉图社就诞生在大阪。《女性》历代编辑有松阪青溪、小山内薰、直木三十五，他们都是当时赫赫有名的记者或文学家。为杂志撰稿的作家有泉镜花、室生犀星、与谢野晶子、谷崎润一郎、芥川龙之介、志贺直哉、大佛次郎等，也都是文学大家。登载内容有小说、戏剧、诗歌、评论等。完全呈现着纯文学杂志的性格。柏拉图社还在东京开设分社，《女性》便广泛畅售于阪神地区

① 千叶龟雄：《描写"妻之胜利"的伊巴涅斯的长篇小说》，《女性》1924年6月号，第122页。

② 櫛かんざし美術館ホームページ，http：//kushikanzashi.jp/。

③ 「櫛—Japaniese Wiki Corpus」，https：//www.japanesewiki.com/jp/culture/簪.html 1/7。

④ 小野高裕：《现代主义出版社的光芒：柏拉图社的1920年代》，京都淡交社，2000。

⑤ 平井纪子：《日本的时尚杂志：发祥与变迁》，《アートドキュメンテーション》1995年12月号，第13~25页。

和东京，在当时的文坛上博得了较高的评价。①

《女性》的另一个特点正像平井纪子指出的那样："其特色是印刷在封面和扉页上的时尚绘画，上面描写着的尽是欧洲最时髦的女性形象。这些绘画完全临摹了法国艺术装饰 art deco 期最高峰时尚杂志 *Gaazette du Don Ton* 登载的时尚绘画，其中有些画面加上日式修改，大大起了介绍欧洲时尚的作用。"② 小野高裕的《现代主义出版社的光芒：柏拉图社的 1920 年代》也将《女性》的封面、插图等与杂志 *Gaazette du Don Ton* 做了对比，指出，《女性》的艺术性设计之"所以能够得到大众的支持，就是因为它表现了对欧洲文化的极强烈的向往。柏拉图社的视觉设计在欧洲文化与日本大众之间起了彼此连接的桥梁性的作用"③。也就是说，《女性》既是一本丰富的文艺杂志，同时还具备了时尚艺术的特色，为大正时代的现代主义做出了重大的贡献。

从《女性》的性格和上述千叶、永田、平井、小野的研究和介绍来看，郭沫若虽没有提及这份杂志，但受到一定的影响，如此推测也是很自然的。又因为当时日本最大的书店丸善书店已在福冈开设分店，④ 所以身在九州福冈的郭沫若很有可能看到在阪神地区流行的这份杂志。而且，永田宽定又是伊巴涅斯《吃死刑的女人》（日文版 1924 年 4 月出版）的译者，上边已经提到，郭沫若在小说《万引》中已提到《吃死刑的女人》，即，主人公松野在书店里看到这本书，说这是"最新时代的文艺阵线上的"作品，也就是说，松野说的这本书就是永田宽定的译本。综观这些线索，我们可以认为郭沫若在福冈接触了伊巴涅斯的作品，而《喀尔美萝姑娘》中的与西班牙女性相关的一系列描写都与当时日本的"伊巴涅斯热"、西班牙文化热潮有着密切的关联，正反映了当时日本的文化现象。

2. 喀尔美萝姑娘的命名

《喀尔美萝姑娘》中有中国留学生"我"为糖果店的少女命名的一段描写。

---

① 《女性》第三卷三号的编辑后集中有："最初，文坛视本杂志为一般妇女杂志，不甚重视。现在本杂志登载的作品均得到文坛的一级评价。"
② 平井纪子：《日本的时尚杂志：发祥与变迁》，《アートドキュメンテーション》1995 年 12 月号，第 13～29 页。
③ 小野高裕：《现代主义出版社的光芒：柏拉图社的 1920 年代》，第 190 页。
④ 丸善书店于明治 44 年（1911 年）就在福冈开设分店，当时福冈还有很多其他书肆。

> 她的名字我是不知道的。她卖的是 Karumera 这个字的字源我恐怕是从西班牙文的 Caramelo 来的。我因为这个字的中听的发音，我便把她仿着西班牙式的称呼，称她为 Donna Carmela。我使她受了西班牙女性的洗礼。①

这部作品中登场的日本少女，家里开了一家卖一种叫喀尔美萝点心的糖果店。喀尔美萝这种甜点郭沫若在作品中做了说明，其作法和材料极其简单，只用砂糖、冰糖、蛋白和少许碱，用水搅和成糨糊状，用小锅熬制而成。现在糖果店里也可以看到。喀尔美萝在安土桃山时代（1568～1600年）从西洋传来，日本称之为"南蛮果子"，最初是由葡萄牙传教士带到日本的。15 世纪中叶，葡萄牙的海运和军事力量逐渐增强，开始远距离航海。1550 年第一艘葡萄牙商船抵达日本的平户港，随船来日的耶稣会传教士便在平户和长崎开始传教活动。当时各地的大名都积极推动与葡萄牙的贸易关系，从葡萄牙买进枪支火药。1549 年法兰西斯克·泽维尔在鹿儿岛登陆，在日本传教多年。当时基督教传教士为了推动传教活动，带来很多点心分发给人们。这就是南蛮果子传入日本的开始。有关南蛮果子，中川清在他的论文《南蛮果子与荷兰陀果子的系谱》中根据史料《太阁记》（1626 年）、《原城纪事》（1846 年）列举了葡萄牙人带来的点心。比如，《原城纪事》中弘治三年（1558）葡萄牙人巴特伦在肥前唐津地区传教时请人们喝了葡萄牙的美酒，还做了 5 种葡萄牙式点心。这些点心中有一种叫"革二灭以而"。《太阁记》中也记述了 5 种葡萄牙点心，其中一种叫"かるめひる"。② 这两种就是郭沫若作品中的"喀尔美萝"。中川指出，"喀尔美萝"在葡萄牙语和西班牙语中都为 caramelo。③

南蛮果子初传到日本时被视为珍奇之物，但随着时代的发展逐渐在日本落户，变为普遍的点心，特别是喀尔美萝，大正时代便成为一般庶民也可以自己制作，经常出售于庙会和节日时的店铺里的极普通的甜食，亦被称为喀尔美萝烧。

---

① 郭沫若：《喀尔美萝姑娘》，《郭沫若全集·文学编》第 9 卷，人民文学出版社，1985，第 213 页。

② 中川清：《南蛮果子与荷兰陀果子的系谱》，《驹泽大学外国语部论集》，2003 年 3 月，第 72～73 页。

③ 见小学馆《西班牙语辞典》中，"caramelo"的发音为"karamelo"。

"我"为什么给糖果店的少女命名为"Donna Carmela"？笔者注意到上引作品中划线部分的三个要素，即喀尔美萝的语源、发音、西班牙女性的洗礼。我们从上举资料中已知道喀尔美萝的传来以及其发音与葡萄牙语有关。但《喀尔美萝姑娘》中的"我"说喀尔美萝的语源来自西班牙语 Caramelo。当然我们已经知道喀尔美萝的语源在西班牙语和葡萄牙语中都是 Caramelo。"Donna"是用于女性名字之前的尊称，语源来自古意大利亚语 Dona。"Carmela"查看《西日词典》是女子教名 Maria del Carmen 的爱称。Maria del Carmen 的爱称除此之外还有 Carmina、Carmenchu、Maria Carmen、Manchu。[①] 也就是说，西班牙天主教中，"Carmela"是女子的教名 Maria del Carmen 的爱称之一。这个"Carmela"本来与点心"Caramelo"并不是同一语，但"Carmela"的发音与传到日本的点心 Karumera 相同。故"我"为糖果店少女命名"Donna Carmela"，并说是让她受了一次"西班牙女性的洗礼"，就是因为"Carmela"与西班牙天主教的教名有关，加上在发音上与甜点喀尔美萝相近，为这个教名的爱称更添上了一种甘美。可以推测，郭沫若在这里不提葡萄牙而强调西班牙，也是为了要给喀尔美萝姑娘增添西班牙的色彩。

3. 西班牙女人的故事

《喀尔美萝姑娘》中有一段西班牙女人的故事：

> 我在甚么书上看见过一段故事，说是有一位男子向着一位西班牙的少女求婚，少女要把马鞭举起打他二十五下然后才能承认。男子也心甘情愿把背部袒了出来受她鞭打。她打过二十四下不打了，男子战栗着准备受最后的一鞭，并且预想到鞭打后的恋爱的欢乐，但是第二十五下的马鞭终竟不肯打下。没有打到二十五鞭，少女是不能承应的，她的二十四鞭已把男子的背部打得血迹纵横，而她把鞭子丢掉，竟至嫣然走了。[②]

郭沫若为什么要在作品中插进这段故事呢？喀尔美萝姑娘受了"我"的命名，她的眼睛、睫毛、头发都带上西班牙女性的魅力，"我"完全被

---

① 参照小学馆《西日中辞典》"Carmela"与"carmen"说明。

② 郭沫若：《喀尔美萝姑娘》，《郭沫若全集·文学编》第 9 卷，人民文学出版社，1985，第 213～214 页。

她迷倒了，完全陷入"自我分裂""二重生活"的状态。在这里，西班牙女人的故事正代表了喀尔美萝姑娘的美的威力，挨着鞭打的求婚者的痛苦正活生生地表现了"我"痛苦的内心。

上面引用文中有"我在甚么书上看到过一段故事"，这具体指的是哪本书，哪部作品？前边我们已看到杂志《女性》1924年6月号登载《世界神秘之境》专栏中有两篇有关西班牙的文章，其中一篇是冈田三郎的《西班牙女人与斗牛》，郭沫若作品中的那段有关西班牙女性的故事可见于这篇文章。冈田三郎乃是大正、明治时期的小说家，20世纪20年代曾把法国的微型小说介绍到日本，是日本微型小说的鼻祖。在《女性》上发表的这篇作品也是一篇微型小说。下面介绍一下其中和郭沫若作品有关的那段故事。

> 一个年轻漂亮的西班牙女子对着向她求爱的男子提议，如果他能忍受25回的鞭挞，她就接受他的求爱。男子欣然承诺，马上脱了衣服，将脊背转向她。那女子便挥鞭打来，一直打到24鞭，男子艰难地忍受着，一边等着她最强烈的最后一鞭打来，一边预想着那之后恋爱的欢喜，更加战栗起来。但是，这第25鞭却没有打下来。女子笑着扔掉了鞭子，说打了24鞭，第25鞭没打这个恋爱就不成立，说着便把那鲜血淋漓的男子丢在那里走开了。[①]

短短的几行文字把西班牙女子的刻薄和霸气描写得淋漓尽致。将郭沫若的作品与这篇文章相对比，很明显，《喀尔美萝姑娘》中西班牙女子鞭打求爱男子的故事与冈田的作品完全一致。冈田的作品发表于1924年6月，郭沫若的《喀尔美萝姑娘》完成于同年8月，冈田在先，郭沫若在后。这个事实让我们知道郭沫若手下的西班牙女子的故事很有可能参考了冈田的作品，进而推测他当时阅读过《女性》这份杂志。

结　论

以上，通过展示1924年以及那以后几年间中国和日本流行的西班牙文

---

① 　冈田三郎：《西班牙女子与斗牛》，《女性》1924年6月号，第90页，引用者译。

学·文化热潮，追踪郭沫若跨越东海的足迹，将他作于福冈的小说，特别是《喀尔美萝姑娘》，与当时的文化背景关联在一起进行分析，我们得到了一个较确实的结论，那就是，在福冈的郭沫若很敏捷地接触了当时在日本流行的西班牙文学与文化；《喀尔美萝姑娘》中有关西班牙女子的故事参考了杂志《女性》上日本作家的作品；《喀尔美萝姑娘》中模拟西班牙女性的描写多受了西班牙文学，特别是伊巴涅斯作品的影响；郭沫若刻意为喀尔美萝姑娘添加了西班牙式的异国色彩，正反映了大正时代流行的时尚和美意识。

《喀尔美萝姑娘》有三位女性登场，喀尔美萝姑娘、"我"的妻子瑞华、法学士的妻子 S 夫人。三个女性各扮演了不同的角色，瑞华以中国人身份登场，其原型多来源于郭沫若的日本妻子佐藤富子，瑞华与佐藤富子一样也是一个基督教徒，她爱护"我"，在贫穷的状态下努力操持家务，表现出一个典型的贤妻良母的形象，对"我"来说瑞华一直都是他的圣母玛利亚。S 夫人是日本女性，虚伪鄙猥，犹如娼女一般诱惑"我"。瑞华的虔诚、正直与 S 夫人的淫猥、诱惑形成一个鲜明的对照。喀尔美萝姑娘也是日本人，生活在社会的最底层，为了生活不得不在糖果店里做店员，有时也到咖啡店当服务员，最后嫁给一个东京的商人做妾。这三位女性在社会阶层、教养程度以及性格上都有所不同，郭沫若对这三位女性的描写也有不同。与瑞华的矜持与传统、S 夫人的轻佻相对照，他笔下的喀尔美萝姑娘则展现处女的优雅腼腆，郭沫若着重描写了她的眼睛、睫毛和头发，在喀尔美萝姑娘的处女美上添加大正时代现代主义美意识的新风。

《喀尔美萝姑娘》中描写出不同国籍、不同类型、不同风格的多类型女性，实际上是为了衬托留学生"我"在异国生活的多彩性。当时在日留学生中已出现不少描写中国留学生与日本女性相恋的作品，以《留东外史》为最著名。郁达夫的《银灰色的死》《沉沦》，张资平的《约檀河的水》等也都描写了留学生的异国恋爱。郭沫若作于 20 世纪 20 年代至 30 年代的小说中也多有异国女性登场，日本女性、朝鲜女性等，而《喀尔美萝姑娘》中又有西班牙女性的色彩出现，可以说，这个时期他的作品有着浓厚的多元的异国情调。

多种女性形象除了反应大正时代现代主义美意识以及异国情调之外，还有一个重要意义，那就是多种女性关系酿成"我"的复杂、矛盾的内心世界，达到自我解剖和告白的心理表现的目的。"我"对瑞华抱着敬畏、自责的心情；对 S 夫人怀着嫌恶的心情；而对喀尔美萝姑娘的感情却是一种难以捉摸的状态，"我"苦苦追求的是一种"欲灭不灭的幻美"①，且"物像永远在不改距离的远方"②，"我"的内心充满焦虑、绝望、颓唐。喀尔美萝姑娘最大的魅力就是她的眼睛和睫毛，"我"决意自杀的最后那一刻仍然刻意要"去追求那睫毛美"，"只有她的眼睛，她的睫毛，是印烙在我灵魂深处"。"我"始终都凝视着自己的心灵、自己的内心世界。这部作品的着眼点就是描写"我"对美与爱的憧憬、欲望，得不到爱的绝望、痛苦，内心中的纠葛和冲突。这种向内心世界深深挖掘下去的创作态度在一定程度上受了伊巴涅斯《裸体女人》的影响，在女性形象的描写上所见那崭新的色彩、写实主义的风格也与伊巴涅斯有关，郭沫若很大程度受了这位西班牙作家的刺激。三个女性便是三面镜子，从不同角度折射出"我"的内心世界。

---

① 郭沫若：《喀尔美萝姑娘》，《郭沫若全集·文学编》第 9 卷，人民文学出版社，1985，第214 页。

② 郭沫若：《喀尔美萝姑娘》，《郭沫若全集·文学编》第 9 卷，人民文学出版社，1985，第232 页。

翻译研究

从翻译文学革命到革命文学翻译：论创造社期刊对德语文学的译介

尹田田*

摘　要： 20 世纪 20 年代，创造社同人借由期刊这一面向大众的文学阵地积极译介域外文学，为草创时期的中国新文学带来可参照或模仿的典范，通过异质的引入刺激文学革命的发展。其中，德语文学对创造社而言有着特殊的意义：其早期成员均留学于其时"重德"倾向浓重的日本，熟读德语文学经典，乃至文学观都体现着歌德等德国文豪的影响。本文以创造社初期（1921 年 6 月—1924 年 5 月）、中期（1924 年 6 月—1927 年 12 月）和后期（1928 年 1 月—1929 年 2 月）三个发展阶段为划分，结合历史语境，基于史料与具体文本分析，就创造社期刊对德语文学的译介情况（包括译介选材和翻译策略）展开探索。

关键词： 创造社　文学翻译　德语文学　文学革命　文学期刊

在以郭沫若、成仿吾、郁达夫为代表的创造社同人的文学之路上，德语文学的影响不容忽视。尤其在初期创造社期刊外国文学译介中，德语文学的比重最大（其次是法国和英国文学）。留日期间，创造社同人便熟读德语文学经典；自创造社初期始，他们便频繁在期刊上刊登德语文学译作，令它们进入中国读者的视野。因而，对创造社期刊德语文学译介史的研究不但是对创造社研究的扩充，还能够帮助我们更具体地理解德语文学译介在民国文学史中的角色。与单行本相比，期刊是更为大众化的文学阵地，也因此能更直接地导向文学革命和社会革命。通过期刊，创作社同人直接参与并构建了"五四"翻译文学史。但目前为止，学界对这些期刊译作的关注尚有深入的空间，现有的研究也多仅限于表面的选材情况以及译

---
* 尹田田，北京外国语大学德语学院博士研究生。

者（在论文及副文本中）自言的翻译主张和策略，尤其对微观翻译操作的探究仍有不足。① 描述性翻译研究（Descriptive Translation Studies）将翻译视为"重写"（rewriting）乃至于对文本的"操纵"（manipulation）②，而其痕迹不但可见于宏观的层面，也在微观的翻译决策之中。有鉴于此，本文试图在翻译史语境下，对创造社所属文学期刊对于德语文学的译介进行更为细致的探究。

一 高峰期：创造社初期（1921 年 6 月——1924 年 5 月）

除 1922 年创办的《创造》季刊外，初期创造社的阵地还有 1923 年 5 月创办的《创造周报》和是年 7 月创办的《中华新报》副刊《创造日》。借由这些刊物，初期创造社经历了创作和翻译的全盛时期。③ 初期创造社给文坛留下纯文艺色彩浓重的印象。鲁迅曾断言："创造社是尊贵天才的，为艺术而艺术的，专重自我的。"④ 这一评价固然有过于绝对之嫌，但并非无中生有；在与文学研究会（下称"文研会"）相对比的语境下更显如此。既以革命者的姿态闯入文坛，创造社自然要对当下的"权威"发起攻势，文研会就是其中之一。与文研会同人认为翻译选材应有轻重缓急之分，更推崇现实主义（甚至自然主义）和近代作品的态度相比，初期创造社的译介选材多从审美情趣出发，排斥文学功利化。郭沫若甚至将以文研会为代表的所谓"借文艺为宣传的利器"的观念称为"文艺的堕落"。⑤

从数量上来看，这一时期无疑是创造社期刊译介德语文学的高峰（共42 篇）。初期同人对德语文学的青睐首先源于他们的留日经历：可以说，他们是经由日本"再"接受了歌德等德语作家。当时的日本存在"重德"

---

① 如咸立强论著《译坛异军：创造社翻译研究》（人民出版社，2010）中对译文的微观文本分析仅限于个别初期译作，并未对整体的微观翻译决策变化趋势展开探究。

② André Lefevere, Susan Bassnett, "General editors' preface," in *Translation*, *Rewriting and the Manipulation of Literary Fame*, London & New York: Routledge, 1992, p. vii.

③ 参见陈安湖《中国现代文学社团流派史》，华中师范大学出版社，1997，第 80 页。

④ 鲁迅：《上海文艺之一瞥》，载《二心集》，合众书店，1929，第 72 页。

⑤ 郭沫若：《论国内的评坛及我对于创作上的态度（摘录）》，上海《时事新报·学灯》，1922 年 8 月 4 日，转引自《创造社资料》（上），知识产权出版社，2010，第 14 页。

倾向①，高校重视德语教学，且常以阅读文学作品的方式教学，令学生通过口头翻译外国文学练习语言②。此外，大正时期的日本文化界热衷于从西洋文艺中汲取养分，浸润在这一文化环境中的创造社早期同人由此得以熟练阅读德文原著，并对德语文学产生了浓厚的兴趣。

1. 私人审美主导下的译诗选材

在所有德语作家中，歌德（Johann Wolfgang von Goethe）对创造社初期同人的影响最为深刻。旅日德国学者 Wolfgang Nitz 提出，歌德的形象在处于转折时期的日本意味着"解放与自由化"（Emanzipation und Liberalisierung）。③由此，这位德国文学史上最伟大的作家因呼应了日本文人逃离传统樊篱的追求而备受追捧，成为大正时期被译介最多的西洋作家之一，也因而成为对浸润于日本文艺杂志环境之中的创造社同人影响最为深刻的域外作家——有论者称这种情况为前期创造社同人对歌德的"集体崇拜"④。例如，歌德对青年郭沫若而言不啻文学上的榜样，在福冈六高就读时，其德文教材之一就是歌德自传《诗与真》⑤。在与宗白华和田汉的通信中，郭就已多次表达想要组织"歌德研究会"的愿望，希冀能借此将歌德的作品尽量多地译介入国内。青年歌德的许多文学观点也对年轻的创造社同人产生了相当的影响。譬如郁达夫就曾在《创造》首期坦言："文艺是天才的创造物，不可以规矩来测量的。"⑥ 成仿吾也曾表示："文学是直诉于我们的感情，而不是刺激我们的理智的创造。"⑦ 诸如此类的话语与以青年歌德为代表的狂飙突进（Sturm und Drang）思潮不无相似。甚至可以说，正是在这种对自由、强调灵感和天才的歌德的敬仰下，前期创造社成为不同于新文化主流的"异军"。尽管最终"歌德研究会"未能付诸实践，但翻译歌德作品的事业却在前期创造社得以萌发：除《少年维特之烦恼》这样的单

---

① 魏建：《文化中介：日本近代文化之于前期创造社》，载张勇选编《创造社研究学术论文精选集》，山东人民出版社，2017，第135页。

② 参见郭沫若《创造十年》，《郭沫若全集·文学编》第12卷，人民文学出版社，1992，第51页。

③ Wolfgang Nitz, "Goethe in Japan", Frank Fürbeth et al. (Hrsg.): *Zur Geschichte und Problematik der Nationalphilologien in Europa*, Tübingen: Max Niemeyer Verlag, 2013, S. 667.

④ 参见童晓薇《在日本文化界影响下的创造社与西方文艺》，《郭沫若学刊》2009年第3期，第49页。

⑤ 参见〔日〕名和悦子《郭沫若在冈山》，张晖、肖玫译，《郭沫若学刊》2007年第1期，第12页。

⑥ 郁达夫：《艺文私见》，《创造》1922年第1卷第1期，第139页。

⑦ 成仿吾：《诗之防御战》，《创造周报》第1期，1923年5月13日，第2页。

行本外，在初期创造社期刊中也频频可见对歌德诗歌的译介。①

粗看之下，郭、成对歌德诗歌翻译的选材似乎并无明确标准，涵盖了如《五月歌》《湖上》等狂飙突进时期的创作以及《少年与磨坊的小溪》《迷娘歌》等中晚期诗篇。初期创造社同人并未接受过系统的学院派文学训练，对文学作品的品鉴主要还是基于直观的美学感受。譬如，在译介了多篇外国诗歌的《海外归鸿》中，秉持泛神论的郭沫若就对诗的品读进行了颇神秘化的阐述："我尝以为诗的性质绝类禅机，总要自己去参透。参透了的人可以不立言诠，参不透的人纵费尽千言万语，也只在门外化缘。"② 实际上，这种（尤与推崇自然主义的文研会相比）不明确的翻译选材标准是初期创造社的常态。譬如，郭沫若虽曾在创社之初计划以"新罗曼主义"为基调立社③，但这一倾向至少在期刊的文学译介上并不明显。④

有趣的是，当今国内学界常将歌德视作德国浪漫派代表人物，并以此断定初期创造社在很大程度上受到德国浪漫派的影响，这其实是出于对西方浪漫主义概念的误读。正如有当代论者指出的那样，早在"五四"时期，从西方传来的浪漫主义概念就已"被误读为理想主义、主观主义、抒情主义"。⑤ 实际上，在德国文学史中，歌德不但未被归于浪漫派的作家群体，他本人甚至曾对同时期的德国浪漫派作家成见颇大，以至于一度断言"古典的是健康的，浪漫的是病态的"（Das Klassische nenne ich das Gesunde und das Romantische das Kranke）⑥。因此，尽管我们不能排除歌德后期作品中也有受同期浪漫派作家影响的痕迹，但若以歌德为论据断定前期创造社

---

① 综观创造社期刊总体的外国文学译介情况，歌德也是被翻译作品最多的域外作家（共 11 首），且除翻译其作品外，《创造日》上还连载了邓均吾译的《歌德传》，对歌德的生平和创作历程进行介绍。

② 郭沫若：《海外归鸿·第一信》，《创造》1922 年第 1 卷第 1 期，第 147 页。

③ 参见陶晶孙《记创造社》，载丁景唐编选《陶晶孙选集》，人民文学出版社，1995，第 240 页。

④ 除雪莱（Percy Shelley）、华兹华斯（William Wordsworth）、纪伯伦（Gibran Kahlil Gibran）、拉马丁（Alphonse de Lamartine）、安徒生（Hans Christian Andersen）等人的作品外，其余大部分被译介的作品严格来说均非浪漫派，而被译介的德语文学家中，仅海涅（Heinrich Heine）或可算作浪漫派诗人。

⑤ 杨春时、刘连杰：《现实主义、浪漫主义在中国的误读与误判》，《社会科学战线》2007 年第 4 期，第 103 页。

⑥ Johann Wolfgang Goethe, *Sämtliche Werke* 19: *Gespräche mit Eckermann*, München: btb Verlag, 2006, S. 300.

在很大程度上受到德国浪漫派影响，未免言过其实。"五四"时期的郭沫若等人在论及歌德时，也从未以"浪漫派作家"指称他；而且，创造社同人当时也未曾自视为"浪漫派"，而是更强调自己的抒情主义倾向。例如，郑伯奇就曾颇有洞见地将"抒情主义"视为"现在文坛的特色的一个最适切的名词"，"比浪漫主义一语更为明确而有内容"①；郭沫若更曾直言与歌德的"主情主义"有"共鸣"②。对曾浸淫于温柔敦厚的传统诗学之中的初期创造社译者而言，这种对情感的大胆张扬是新异的，对他们自身的新诗创作亦具启迪性。自然，在翻译歌德的诗歌时，他们也会着意表现诗中的情绪。

事实上，不仅歌德，初期创造社期刊对海涅的翻译的出发点也在很大程度上是由于对情感的看重。海涅是创造社期刊中除歌德外被译介作品最多的德国诗人，被视为浪漫派的"超越者"（Überwinder）。民国文坛对于浪漫派文学的接受多限于革命激情和自主恋爱，前者后被简单归纳于"积极浪漫主义"的标签下，所追求的是救国图存的宏大愿景，后者则是个体的思想自由和人格独立的体现。③在此影响下，国人对海涅的接受一方面囿于对革命诗人的景仰之中，另一方面，许多中国文人对其早期带有浪漫派印记的诗歌的接受聚焦于其中对恋爱的书写，过于强调其诗歌中"悲情"的一面。

创造社同人对海涅的接受主要限于后者的范式。郭沫若对海涅的理解始于对自我情感的映照："在和安娜恋爱以后另外还有一位影响着我的诗人是德国的海涅，那时候我所接近的自然只是他的恋爱诗。"④郭译的海涅诗歌实际上是他从《新歌集》（Neue Gedichte）中节选的两段诗节，与其他被其视为优秀的外国诗歌作品同载于其译介、鉴赏诗歌的书信式随笔《海外归鸿》中。郭沫若描述这两段诗为"悲丽"："我每在日暮时分在海滨上散步时，看见海水在夕阳光中现着黄金的颜色，总要想起这节悲丽的诗来。"⑤——译介作品的深层动机依然是感性的，源于日常体验与作品所引

---

① 郑伯奇：《〈寒灰集〉批评》，《洪水》1927年第3卷第33期，第378页。

② 郭沫若：《〈少年维特之烦恼〉序引》，《创造》1922年第1卷第1期，第132页。

③ 参见卢文婷《反抗与追忆：中国文学中的德国浪漫主义影响（1898—1927）》，中国社会科学出版社，2014，第57页。

④ 郭沫若：《我的作诗的经过》，《郭沫若全集·文学编》第16卷，人民文学出版社，1989，第213页。

⑤ 郭沫若：《海外归鸿·第一信》，《创造》1922年第1卷第1期，第152页。

发的情感之共振。相应地，在具体的翻译处理中，他也对此做了格外的强调：譬如，原文海涅以与中性名词"Meer"（海）相称的中性人称代词"es"指代海，而郭沫若在译文中特意以"她"译之，将抒情主体与海之间的感情具象化为男女恋情。

刊登于《创造日》的海涅诗歌《绿泪莱歌》和《松》的译者邓均吾是郭沫若 1921 年初在泰东图书局时的相识。郭于 1921 年 9 月离开上海时，曾赠予邓一本英译《海涅诗集》，次年回国时便发现邓已将之"读得烂熟"①。邓不通德文，其译诗想必便是从此英译本转译的。②《绿泪莱歌》和《松》都是海涅的名篇，尤其前者是他最广为流传的作品之一。邓、郭、成在译介海涅时均未选译其更加具备社会批判性的政治讽刺诗，这是前期创造社纯文艺倾向的又一印证。③从邓的翻译处理上来看，他对海涅诗风的理解的确难免流于"丽而不雄"④的刻板印象。郭沫若曾评价邓之"诗品的清醇是举世无匹的"，这在他的译文中也有体现：与海涅原诗刻意模仿民歌的质朴风格相比，邓的用词要文雅许多。这种偏离既可归咎于译者对海涅的片面化解读，又有译者自身创作冲动的影响。在成仿吾对海涅的《幻景》的翻译中也有类似倾向：原诗有着海涅早期诗作的典型风格，采用了素朴的民歌诗体的诗行间充斥着对浪漫主义母题的戏拟与反讽，而成仿吾的译诗中却流露着在郭沫若印象中其"异常的幽婉，包含着一种不可捉摸的悲哀"⑤的诗风。⑥

此外，郭沫若在初期创造社期刊上还译介过德语诗人还有施笃姆（Theodor Storm）和彼得·希勒（Peter Hille）。前者的《秋》和后者的《森林之声》虽创作年代不同，但都以自然作为书写对象。尤其希勒作为在与

---

① 郭沫若：《创造十年》，《郭沫若全集·文学编》第 12 卷，人民文学出版社，1992，第137 页。

② 由于年代久远，加之邓均吾家中火灾时许多手稿及藏书被毁，这本英译本究竟出自哪位译者之手已不可考。

③ 与之不同，《新青年》就能够发掘海涅作为政治诗人的一面。1923 年 12 月出版的第 2 期《新青年》上刊登了罗章龙以笔名"文虎"译的海涅诗作《革命》（Hymnus），诗中以激昂的笔调抒发了革命激情。

④ 郭沫若：《郭沫若致宗白华》，《郭沫若全集·文学编》第 15 卷，人民文学出版社，1990，第 125 页。

⑤ 郭沫若：《创造十年》，《郭沫若全集·文学编》第 12 卷，第 83 页。

⑥ 这种个人文学创作风格凌驾于原作的现象是创造社初期诗歌翻译的常态，因篇幅所限，此处不对每首译诗一一展开。在下一节中，笔者会就此现象进行更为细致的探因。

歌德、海涅和施笃姆相比之下较不知名的新近诗人，其被译介更是归因于作品本身。郭的译诗是希勒在民国翻译史中仅有的译介。希勒原诗发表于1909 年，在高歌猛进的工业化背景下转而赞颂、崇拜自然的力量。郭曾坦言："我尤为喜欢是赞颂自然的诗。"① 因而此诗恰合其口味，与其时具有泛神论倾向的郭沫若在思想上有相通之处。

2. 重译、"风韵"与竞争

在前期创造社期刊上的 16 篇德语诗歌翻译中，有 5 篇（均为歌德诗作）是对已有译作的重新译介（见表1）。彼时白话翻译文学方兴未艾，为何不先尽量着手翻译尚未被译介的作品？借机发难的心态不言而喻。Anthony Pym 曾提出"主动重译"（active retranslation）与"被动重译"（passive retranslation）的分类法，认为在前者（即有意识地对已有前译的文本进行重新译介的行为）中，重译者会着意在目的语语境中对前译进行纠正与调整，令重译本处于与前译"主动竞争"（active rivalry）的关系之中。② 也就是说，重译自产生时刻起，即进入前译已然从属的译入语文学系统，并与之一并受到读者的审视，则事实上的竞争关系势必形成。在特定语境中，重译之于前译的竞争性更会格外强化，并与翻译范式、源文本地位、目的语规范、赞助人等各因素一道对重译者的具体翻译决策施加着影响。

表 1　创造社初期期刊德语文学重译篇目信息

重译出处	重译题目	重译者	原译出处	原译题目	原译者	原文题目
《创造》1922 年5 月第 1 卷第 1 期	对月	郭沫若	《文学旬刊》1921 年 11 月第 18 期	对月	唐性天	Wandrers Nachtlied. Ein gleiches
《创造周报》1923 年 5 月第 1 期	迷娘歌	郭沫若	《马君武诗稿》，1914 年	米丽客（Mriyuon）歌	马君武	Mignons Lied (Kennst du das Land, wo die Zitronen blühn?)
			《沉沦》，1921 年	迷娘的歌	郁达夫	

---

① 郭沫若：《郭沫若致宗白华》，《郭沫若全集·文学编》第 15 卷，第 126 页。

② Anthony Pym, *Method in Translation History*, Beijing: Foreign Language Teaching and Research Press, 2007, p. 82.

续表

重译出处	重译题目	重译者	原译出处	原译题目	原译者	原文题目
《创造日》 1923 年 7 月 第 3 期	牧羊者的哀歌	郭沫若 成仿吾	《文学旬刊》 1923 年 3 月 第 67 期	牧羊人的悲哀	孙铭传	Schäfers Klagelied
《创造日》 1923 年 7 月 第 9 期	湖上	郭沫若 成仿吾	《文学旬刊》 1923 年 3 月 第 67 期	湖上	孙铭传	Auf dem See
《创造日》 1923 年 10 月 第 82 期	少年与磨坊的 小溪	成仿吾	《文学旬刊》 1923 年 3 月 第 67 期	少年与磨坊 之流	孙铭传	Der Junggesell und der Mühlbach

前期创造社即处于"五四"文学的竞争场之中。作为"自'异'于新文学主流"①的文坛挑战者，前期创造社同人的重译行为多带有借机发难的心态。譬如陈宇航就精准地解释了创造社将翻译视为"武器"的心理："对于文学作品创作，无论是郭沫若，还是郁达夫、成仿吾、张资平，都没有足够的把握和理由去指责文学研究会的不足。而对于他们比较拿手的翻译，尤其是德文翻译，却表现得异常活跃、信心十足，言辞之间毫不掩饰对'战斗'的热衷。"②前期创造社同人曾多次撰文批评他人译作，尤其将目光投向了以文研会等为代表的新文学阵营，所重译的作品的前译也大都载于文研会刊物。郭沫若曾对此解释："已经攻倒了的旧文学无须乎他们［按：即创造社同人］再来抨击，他们所攻击的对象却是所谓新的阵营内的投机分子和投机的粗制滥造，投机的粗滥翻译。"③亲自对这些"粗

---

① 魏建：《突破既有藩篱的遮蔽——创造社与文学研究会论证新探》，《文史哲》2022 年第 6 期，第 129 页。
② 陈宇航：《文坛攻战策略及前期创造社的翻译论战——从〈夕阳楼日记〉谈开去》，《中国现代文学研究丛刊》2008 年第 2 期，第 51 页。
③ 郭沫若：《文学革命之回顾》，《文艺讲座》第一册，神州国光社，1930，第 85 页。

滥翻译"着手重译，便更可构成对前译的挑战，有利于同人参与翻译文学革命进程，乃至于竞争"五四"文学界的话语权。

基于笔者从各译文相关副文本得来的信息，前期创造社对德语文学的重译主要出于以下两种动机：其一为对准确度欠佳的译作的纠正，其二则是出于对原译美学效果的不满而做出的重译。在具体译文中，这两个动机往往相互掺杂。

创造社的第一篇重译即发表于《创造》的首期。郭沫若在其上发表了他的书信式随笔《海外归鸿》（分"第一信"及"第二信"），在"第二信"中抨击了"两首被人误译了的歌德诗"："那样的译品，说是世界最大文豪的第一首佳作，读者随自己的身分（按：原文如此）可以起种种的错感：保守派以为如此而已，愈见增长其保守的恶习；躁进者以为如是而已，愈见如紧地粗制滥造。"① 此处所指正是唐性天在《文学旬刊》上译的《对月》和《游客夜歌》；批评之余，郭还附上了自己对《对月》的重译（他对后者的译文已以《放浪者的夜歌》为题在"第一信"上发表）。郭沫若曾于 1920 年提出"风韵译"主张，认为"诗的生命，全在他那种不可把捉之风韵，所以我想译诗的手腕于直译意译之外，当得有种'风韵译'"②。创造社成立之后，他又阐释道："字面，意义，风韵，三者均能兼顾，自是上乘，即使字义有失而风韵能传，尚不失为佳品。若是纯粹的直译死译，那只好屏诸艺坛之外了。"③ 郭沫若在谈及诗歌时，常强调情绪的绝对地位，认为诗歌的韵律，或称"节奏"，主要依赖于情绪的发展："情绪的进行自有它的一种波状的形式，或者先抑而后扬，或者先扬而后抑，或者扬抑相间，这发现出来便成了诗的节奏。"④ 然而，正如李章斌所言，郭所指陈的新诗之"内在韵律"概念实际上含混不清，且忽视了"形式-内容"的有机联系；事实上，所谓自由格律的新诗仍在依靠文字的外部形式表达韵律或节奏感。⑤ 细究郭的歌德译诗重译则可看出，他对其所谓"风韵译"的实践恰恰依赖于对文字形式的着意设计。以《对月》前二诗节为例：

---

① 郭沫若：《海外归鸿·第二信》，《创造》1922 年第 1 卷第 1 期，第 155 页。
② 郭沫若：《歌德诗中所表现的思想·附白》，《少年中国》1920 年第 1 卷第 9 期。
③ 郭沫若：《批判〈意门湖〉译本及其他》，《创造》1922 年第 1 卷第 2 期，第 28 页。
④ 郭沫若：《论节奏》，《创造月刊》第 1 卷第 1 期，1926 年 3 月，第 1 页。
⑤ 参见李章斌《韵律如何由"内"而"外"？——谈"内在韵律"理论的限度与出路问题》，《文学评论》2013 年第 6 期，第 50~58 页。

表 2 《对月》原文、唐译与郭译对比（节选）

歌德原文[①]	唐性天译文[②]	郭沫若译文[③]
Füllest wieder Busch und Thal Still mit Nebelglanz, Lösest endlich auch einmal Meine Seele ganz;	山水花草间， 布满了你的银光， 把我的灵魂， 完全消亡了。	又把你缥缈的清辉， 静泻遍林丛溪涧， 把我的魂灵儿， 终久又溶解完全；
Breitest über mein Gefild Lindernd deinen Blick, Wie des Freundes Auge mild Ueber mein Geschick.	散布可爱的银光， 在我面上， 仿佛朋友们送秋波， 表示允许我幸福。	你把你和蔼的光波， 泻遍了我的周遭， 好像是友人的青眼， 慈恺地替我忧劳。

若细究，唐性天的译文并不甚忠实，甚至有误译之处：第二诗节第一行的"Gefild"所指应为自然环境，郭译为"周遭"，而唐误解为"面上"。但郭沫若并未就此做文章，令他更为不喜的是唐译的诗风：这种无韵而通俗的风格在其看来恐怕不配成为歌德诗歌在中国的代言，属须"屏诸艺坛之外"的译文之列。郭译特意顾及了尾韵的和谐，首节中相似的句式结构以及重复的语词（"泻遍"）亦是塑造韵律感的手段。此外，译诗对"风韵"的塑造还体现在词语的选用上：与唐译相比，郭译的用词要更为考究、雅致，诸如"缥缈""清辉""慈恺"等语词都在营造一种温和圆融的意境。如是的选词倾向背后或即有重译所隐含的与前译竞争的暗示的推动。

除"风韵"上的竞争外，郭、成其他的歌德诗歌重译的动机还有出于语义纠正的考量（如郭的《迷娘歌》以及郭、成的《牧羊者的哀歌》）。在 20 年代初的翻译文学界，译者的外语水平参差不齐，理解偏差等原因导致的误译屡见不鲜。对于初闯入文坛的前期创造社同人而言，利用自己的外语优势对这些误译进行重译，不仅是责任心使然，更是他们在文坛中异军突起的有力武器。不过，这种重译动机中往往还混杂有表现重译者诗歌创作能力的欲望。譬如在郭沫若和成仿吾的《牧羊者的哀歌》（简称"《牧》"）重译中，这一点就颇为明显。

---

① Johann Wolfgang von Goethe, "An den Mond," *Goethes Schriften*, Achter Band, Leipzig: G. J. Göschen, 1789, S. 153-154.

② 〔德〕歌德：《对月》，唐性天译，《文学旬刊》1921 年第 18 期。

③ 郭沫若：《海外归鸿·第二信》，《创造》1922 年第 1 卷第 1 期，第 155~156 页。

　　郭、成的《牧》诗重译，则要追溯到一篇语义准确度欠佳的原译。1923 年 3 月，孙铭传将《牧羊人的悲哀》作为其译的"歌德五首"之一发表于《文学旬刊》第 67 期。"孙铭传"即后来的著名新月派诗人孙大雨的原名，其留学美国、成为英美文学译家等都已是后话，在发表歌德译诗时，他尚为清华学校（即今清华大学）高等科学生。译文刊出后，时为同德医学院学生、学习德语多年的梁俊青在《文学旬刊》第 76 期发文，以《牧》译诗为例，将孙译与歌德原诗进行了较为细致的比对纠误，并不无刻薄地总结道："孙君所译，简直是他自己的诗，不是译的哥德诗，……未免太污辱哥德，太看轻读者了。"① 在译文后，梁还附上了自己的重译。孙则在《文学旬刊》第 80 期做出回应，说明自己不通德文，所依据的是美国译者 John Storer Cobb 的英译。在逐句解释了自己的翻译处理并未偏离英译文后，孙铭传不忿地奉劝梁俊青"这样老气横秋的训词，大可不必赐人"②。事情至此已十分清楚：梁俊青所指责的孙铭传的误译，实际上是由于孙从疏漏较多的英译本转译所致。因此不难理解，为何梁俊青再次投稿至文研会，要求《文学旬刊》刊登他的又一封指责孙铭传的回信时，被沈雁冰以"两君皆无错只错在英德本之不同"为由退还了。③

　　到此为止，梁、孙之间的这场翻译纷争并未与创造社扯上关系，二者都以文研会的机关刊物《文学旬刊》为"战场"。然而令人玩味的是，在梁俊青将对孙铭传的末次回复寄往《文学旬刊》后，而尚未得到退稿消息时，其姐李梁端却急忙致信成仿吾，请求后者"说句公道话"④ ——她无疑是考虑到了文研会与创造社关于翻译的几段公案，希冀利用创造社与文研会已形成的竞争关系为梁俊青"伸冤"。成仿吾也乐于参与，专就此写了《牧羊者的哀歌》一文。值得注意的是，以"黑旋风"著称的成仿吾在文中却并未对孙铭传的误译多加苛责，反而一改言辞犀利的常态，力劝双方"永弃干戈而以玉帛相见"⑤。笔者认为，成仿吾此时的宽容很有可能是由于当时的孙铭传并非其心目中的挑战对象，况且在梁俊青已对孙多加讥

① 梁俊青：《论孙君铭传译哥德诗的谬误》，《文学旬刊》1923 年第 76 期，第 1~2 页。

② 孙铭传：《波花：论译〈牧羊人的悲哀〉，并答梁君》，《文学旬刊》1923 年第 80 期，第 1~3 页。

③ 参见梁俊青《读〈波花〉并答孙君》，《创造日》1923 年第 14 期。

④ 李梁端：《通信》，《创造日》1923 年第 3 期。

⑤ 成仿吾：《牧羊者的哀歌》，《创造日》1923 年第 3 期。

讽后，成更无意添油加醋。对于孙、梁这场已明朗的翻译争端，成仿吾之所以决定加入，或许恰在于他们的前"战场"是"老对头"文研会刊物之故——一个有力的证据就是，成特在《牧羊者的哀歌》文章最后一段总结了"翻译事业总以根据原文为佳，是我素来所主张的"之后，特意提及"我愿'雅典主义'的翻译家也由此猛醒"①，以暗讽沈雁冰及其所代表的文研会整体。②

在文后，成仿吾为"证明他（即英译者 Cobb）错了起见"，自己也将《牧》译出，与郭沫若的译诗一并附上。成虽自称其此处的出发点为正误，但鉴于这项工作早已由梁俊青在其檄文中完成，成、郭的重译在很大程度上混杂了欲借机自我表现的动机，后者尤其。且看成仿吾记述中郭沫若此处的翻译过程："他马上翻着原文高声朗诵起来了。不上二十分钟，我正在修改的时候，他已经译出来了。"而他自己对《牧》诗的翻译过程亦是"边读边译"的。③ 对于歌德这篇共四节、每节各四行的诗作而言，郭沫若如是的翻译效率令人惊愕；这种几乎是直觉式的翻译方法未免令人联想到郭沫若所谓"诗不是'做'出来的，只是'写'出来的"④ 之论断。根据成仿吾的自述，我们无从得知，这样的速度是不是前期创造社同人译诗的常态，原译（包括英译、孙译及梁译）的存在是否有可能更加激发了他们的提高翻译效率及自我发挥的冲动。从《牧羊者的哀歌》首节的原文、孙译、梁译与成译、郭译的对比中或可发现端倪。

从语义上而言，孙铭传的译文确与原文差别较大，如"欣欣夏天的气候"一句在原文中并无对应，完全是对 Cobb 英译文中自行添加的"This pleasant summer weather"⑤ 的照搬；而其余三位精通德文的译者的译文均基本准确。但在美学效果方面，尤其是语句的韵律性方面，梁译并未顾及，孙译虽也设计了偶数行的尾韵，但其断句——尤其在成、郭译对比之

---

① 成仿吾：《牧羊者的哀歌》，《创造日》1923 年第 3 期。
② 成此处所指"'雅典主义'的翻译家"即沈雁冰。成之前曾由于沈误将"Atheism"（无神论）译为"雅典主义"而特作文《雅典主义》加以批评，刊于《创造》1923 年第 2 卷第 1 期。
③ 成仿吾：《牧羊者的哀歌》，《创造日》1923 年第 3 期。
④ 郭沫若：《郭沫若致宗白华》，《郭沫若全集·文学编》第 15 卷，第 14 页。
⑤ Johann Wolfgang von Goethe, "The Shepherd's Lament," translated by John Storer Cobb, Nathan Haskell Dole (Editor), *Poetical works of J. W. von Goethe*, Volume I, Boston: Francis A. Niccolls & Company, 1902, p. 53.

下——也显得过于随意。就首节而言，除偶数行尾韵外，成、郭译均精心安排了每句的节奏：成译每诗行均采用连续的双音节音步（如"高立/彼山/之上"），郭译前二行为四音节+两个双音节音步（"在那儿的/高山/之巅"），后二行则为三音节+两个双音节音步（"凭依着/我的/手杖"）（见表3）。换言之，成、郭的译文（尽管未复刻式重现）特意对原诗的韵律性（如交韵、扬抑格）进行了呼应。

表 3　《牧羊者的哀歌》首节原文与各汉译对比

歌德原文[1]	孙铭传译文[2]	梁俊青译文[3]	成仿吾译文[4]	郭沫若译文[5]
Da droben auf jenem Berge Da steh' ich tausendmal, An meinem Stabe gebogen Und schaue hinab in das Thal.	那边，在高山之上， 我居住得很久， 俯视下方的山谷， 欣欣夏天的气候。	在彼山之上， 我站立了百转千回； 我扶着杖，弯着身， 往下望山崖。	高立彼山之上， 我屡依依延伫， 我身斜倚杖儿， 俯向谷中凝瞩。	在那儿的高山之巅， 我伫立过几千百遍， 凭依着我的手杖， 沉沉地看入谷间。

事实上，这场重译的竞争至此仍未彻底尘埃落定。在《创造日》的第9期及第82期上，成仿吾、郭沫若又陆续发表了对孙铭传在《文学旬刊》第67期《歌德五首》中发表的《湖上》及《少年与磨坊之流》译诗的重译，延续了上述一贯的翻译风格——对音韵美的表现与语词选用的考究。可以说，创造社二人在这场"原译-重译"的竞赛场中充分张扬了自己的才情。

3. 唯一的散文体译作：《查拉图司屈拉》

从第1期至第39期止，郭沫若译的《查拉图司屈拉》不定期连载于《创造周报》，涵盖了从第一部"三种的变形"至第二部"僧侣"的章节，是初期创造社刊德语文学译介中仅有的散文体作品。《查拉图司屈拉》（今译《查拉图斯特拉如是说》，下称《查》）是德国哲学家尼采（Friedrich

---

① Johann Wolfgang von Geothe, "Schäfers Klagelied," Johann Wolfgang von Goethe / Christoph Martin Wieland (Hg.), *Taschenbuch auf das Jahr*, 2. Aufl. 1804, Tübingen: Cotta, S. 113–114.

② 〔德〕歌德：《歌德五首·牧羊人的悲哀》，孙铭传译，《文学旬刊》1923年第67期，第2页。

③ 梁俊青：《论孙君铭传译哥德诗的谬误·牧羊人的悲哀》，《文学旬刊》1923年第76期，第2页。

④ 〔德〕歌德：《牧羊者的哀歌》，成仿吾译，《创造日》1923年第3期。

⑤ 〔德〕歌德：《牧羊者的哀歌》，郭沫若译，《创造日》1923年第3期。

Nietzsche）的散文诗体哲学著作，哲理性与文学性兼具。作为较早进入近代中国文艺界的德国哲学家之一，尼采在中国的接受自清末起便与进步文人破旧革新的诉求紧密相关。[①]"五四"之后，尼采更受推崇，对其作品的移译也零星发轫：在郭译之前，鲁迅（署名"唐俟"）和张叔丹都已分别于 1920 年译过《查》的序言。郭沫若亦对尼采的思想倾慕已久。在《匪徒颂》中，他将尼采与马克思、释迦牟尼等人并列，颂其为"一切学说革命的匪徒们"[②]之一；在《天狗》《金字塔》以及刊登在《创造》创刊号扉页上的《创造者》等诗作中，都流露着尼采式的破坏与创造激情——正是这种激情构成了青年郭沫若乃至早期创造社所特有的青春气质。

在《查》的译文中，郭沫若展现了与其诗歌翻译截然不同的翻译取向。对于译诗，他强调的是与原作者合一的状态；而提到《查》时，他却相当克制："我是一面镜子，我的译文只是尼采的虚像。"[③] 这反映在译文中，便是一种拘谨感。《查》本身是相当复杂的文本：从翻译角度来看，原文中颇多的隐喻和文字游戏，以及其颇具美感的散文诗式语言和哲理的结合，都对译者提出了极高的要求。它不再适用于直觉式的翻译方法，而是需要消耗大量时间和精力才能译就的文本。不得不承认的是，郭沫若的译文质量并不尽如人意。这不仅是由于频频出现的错译[④]——这在当时的翻译界毕竟并不罕见——更值得注意的是，郭自己作为诗人，却在翻译时对许多原作中不可或缺的文字游戏、隐喻等修辞手法未能辨别或视而不

[①] 参见乐黛云《尼采与中国现代文学》，《北京大学学报》（哲学社会科学版）1980 年第 3 期，第 21 页。

[②] 郭沫若：《匪徒颂》，《女神》，人民文学出版社，2020，第 118 页。

[③] 郭沫若：《雅言与自力》，《创造周报》第 30 期，1923 年 12 月 2 日，第 8 页。

[④] 以第一部前五节为例：在第一节中，郭将"'汝当'挡了它的路"（"Du-sollst" liegt ihm am Wege）误译为"'汝当'睡在路旁"。在第三节中，郭误将"Hinterwelten"（可译为"背后世界"）看成"Hinterweltler"（郭译为"遁世者"），将原句译为"制造一切遁世者流的——是烦闷与无能"；将"并且去认可它"（und gut ihn heißen）误译为"并且去改善它"。在第四节中，郭将"我认为他们不必改学些什么或者说些什么"（Nicht umlernen und umlehren sollen sie mir）误译为"他们不必向我更学些什么，更说些什么"；将"是你们的'自己'想要死去"（euer Selbst selber will sterben）误译为"是你们的'自己'将死去"。在第五节中，郭将"所以我爱它并拥抱它"（darum liebe und herze ich ihn）误译为"所以我心爱它"（德语名词"Herz"有"心脏"之意，而 herzen 意为"拥抱"）；将"许多人走到沙漠之中自杀"（mancher ging in die Wüste und tötete sich）误译为"许多人走到沙漠之中死了"；将"她们想要你嗔、憎、爱中全部的精力"（sie will deine ganze Kraft in Zorn, Haß und Liebe）误译为"她们想把你全部的精力限于嗔、憎、爱"。后续章节中如是的错译还有许多，因篇幅所限，此处不一一列举。

见。譬如第一部第十一节的"Leer sind noch viele Sitze für Einsame und Zweisame"① 一句，郭沫若译为"有许多的座位还空待孤独和同心的人们"②，忽略了尼采此处特意设置的文字游戏，仅是按其理解的比喻义译出。事实上，尼采将德文"Einsame"（孤独者）一词的首音节"Ein-"（意为"一"）替换为"Zwei-"（意为"二"），可理解为与独自一人的"孤独者"相对的"成双者"③。此外，在行文方式上，《查》译文的异化程度相当高。郭或出于模仿原文句式的考虑，译文（尤其在靠后的章节）中出现了许多并不符合汉语阅读习惯的表达，颇为晦涩难懂：例如第二部第二节中的一句译文"这种意志诱我离开神与诸神；甚么还容创造呢，假使诸神——是在！"④（原文为"Hinweg von Gott und Göttern lockte mich dieser Wille；was wäre denn zu schaffen，wenn Götter - da wären！"⑤，意为：这种意志吸引我离开上帝和诸神；如果诸神存在，还有什么可创造的呢！）

考虑到翻译动机的改变，我们或可尝试理解郭对《查》与其译诗不同的处理。郭沫若译《查》，目的是让读者能够借此接受其中的思想⑥，因此，他在语义上尽力贴近原文，压抑了自己的创造冲动。但他毕竟不是一个惯于反复推敲的译者——考虑到须同时忙于季刊和周报的编辑工作及其他的创作、翻译活动，他恐怕确实也无法为此花费太多时间。如此，他便不得不服从于另一种对于异化的冲动，即贝尔曼（Antoine Berman）所说的"翻译冲动"⑦：对原作的忠实与对源语言的忠实一脉相承，注定要背叛的译者此时便只能背离他的母语，即母语的"去自然化"。然而，这种异化的行文几乎必然导致其译文比原文更加晦涩难懂，而这是与郭沫若的初衷相悖的。郭沫若起初并不认为中国文化会对尼采的思想有排异反应，在《论中德文化书》中，他坦言："我于老子与尼采的思想之中，并发见不出

① Friedrich Nietzsche，" Von neuen Götzen，" *Also sprach Zarathustra*，München: Deutscher Taschenbuch Verlag，1999，S. 63.

② 〔德〕尼采：《新偶像》，郭沫若译，《创造周报》第 16 期，1923 年 8 月 26 日，第 11 页。

③ 钱春绮（《查拉图斯特拉如是说》，2007）此处译为"单人孤独者"和"双人孤独者"，保留了原文的文字游戏。

④ 〔德〕尼采：《幸福的岛上》，郭沫若译，《创造周报》第 33 期，1923 年 12 月 23 日，第 10 页。

⑤ Friedrich Nietzsche，"Auf den glückseligen Inseln"，*Also sprach Zarathustra*，S. 110.

⑥ 参见郭沫若《雅言与自力》，《创造周报》第 30 期，1923 年 12 月 2 日，第 3 页。

⑦ 〔法〕安托瓦纳·贝尔曼：《异域的考验》，章文译，三联书店，2021，第 12~14 页。

有什么根本的差别。"① 比如在《遁世者流》一篇中，郭沫若多次借道家、佛家的用语翻译哲学用语及尼采的自创词，如"忘机"（Selbst-sich-Verlieren）、"自相"（Ding an sich，今译"物自体"），似乎认为道家、佛家思想与尼采的思想在很大程度上可以相通。可以说，他原本对自己的尼采译文信心十足，完全未料到中国读者会在其中遇到大的阅读困难。因此，在听闻周围的朋友都反映其译文"难懂"后，他十分灰心，"便把译的勇气渐渐失掉了"②。

1958 年，郭沫若将其停译阐述为"中国革命运动逐步高涨，把我向上看的眼睛拉到向下看，使我和尼采发生了很大的距离"③。这个说法不免令人怀疑他是否为了"崇高化"这一决定而刻意回避了其他原因——毕竟他是在 1924 年 4 月开始翻译河上肇的《社会组织与社会革命》时才逐渐真正转向马克思主义，而《查》的连载早在 2 月就停止了。故有理由推测，读者反响寥寥、郭沫若自己对于继续翻译的力不从心以及初期创造社的分道扬镳也是导致其停译的重要原因。

二　萧条期：创造社中期（1924 年 6 月——1927 年 12 月）

1924 年 5 月，《创造周报》出版至第 52 期终刊。停刊前夕，创造社第二批主导力量——"出版部的小伙计"们酝酿出版《洪水》，并得到成、郭的支持。由此，创造社的期刊翻译阵地转向《洪水》和《创造月刊》。在这段时期，郭沫若等人先后南下广州参与革命，文学热情为政治抱负所冲淡，而恰为穆木天、王独清和郑伯奇等人所偏好的法国象征主义诗歌留出了空间。④可以说，这段时期是创造社期刊德语文学译介情况最寂寥的阶段。仅有两首译诗刊登在《洪水》上，其一是郭沫若节译的《弹琴者之歌》，其二则是郁达夫在创造社期刊上仅有的德语文学译作《春天的离别》。

1. "一个译诗问题"：《弹琴者之歌》

《弹琴者之歌》译文发表于 1925 年 10 月的《洪水》第 1 卷第 3 期，其原诗与之前《创造周报》上的译诗《迷娘歌》同出自歌德小说《威

---

① 郭沫若：《论中德文化书》，《创造周报》第 5 期，1923 年 6 月 10 日，第 16 页。
② 郭沫若：《创造十年续编》，《郭沫若全集·文学编》第 12 卷，第 287 页。
③ 郭沫若：《雅言与自力·附记》，《郭沫若全集·文学编》第 15 卷，第 190 页。
④ 参见咸立强《译坛异军：创造社翻译研究》，第 58 页。

廉·迈斯特的学习时代》。原诗在书中的歌唱者是一名命运凄苦的竖琴老人，他曾无意间与亲妹妹忤逆伦理禁忌而相爱并诞下女儿，之后饱受精神折磨，最终自戕。据原文描述，威廉在门外偷听到老人弹唱这首诗歌，并为其中"悲痛揪心的怨诉"① 而感动。

歌德原诗共两节，郭沫若在《洪水》上所发表的仅是其首节的译文。实际上，这并不是郭的主动节选，而是归因于翻译史上的一段公案。1925 年 8 月 15 日，徐志摩在《晨报副刊》上发表《译葛德四行诗》，节译了歌德原诗的首节。徐自称其译文系从英译者卡利勒（Thomas Carlyle）处转译，但事实上其译诗是从王尔德的《狱中记》（De Profundis）中译出（见表 4）。②

表 4　徐志摩译诗与其所参考的王尔德所引译诗比较

王尔德所引译诗③	徐志摩译诗④
Who never ate his bread in sorrow, Who never spent the midnight hours Weeping and waiting for the morrow, — He knows you not, ye heavenly powers.	谁没有和着悲哀吞他的饭， 谁没有在半夜里惊心起坐； 泪滋滋的，东方的光明等待，—— 他不曾认识你，阿伟大的天父！

半月后，徐志摩发表《一个译诗问题》，提及胡适批评其译诗韵脚有误，并刊出胡的译文，德国汉学家、北大前教授莱新（Ferdinand Lessing）的改动以及徐自己的改译⑤，并表示："这里这三道译文我觉得都还有缺憾，我很盼望可以引起能手的兴趣，商量出一个不负原诗的译本。"⑥ 10 月 9 日，徐志摩又刊文讨论这四行诗的翻译问题，收录了徐的初译、再译

---

① 〔德〕歌德：《威廉·迈斯特的学习时代》，杨武能译，四川文艺出版社，2017，第 145 页。

② 在《狱中记》中，深陷于痛苦之中的王尔德体会到悲哀的力量，回忆起母亲曾多次在他面前朗诵卡利勒所翻译的这首短诗的首节。实际上，王尔德引用的译诗与卡利勒原译有所出入。卡利勒原译第二行中的"the darksome hours"，王尔德误记为"the midnight hours"；原译第四行中的"ye gloomy Powers"，王尔德则记成"ye heavenly powers"。

③ Oscar Wilde, De Profundis, North Yorkshire: Methuen & Co., 1913, p.183.

④ 〔德〕葛德：《译葛德四行诗》，徐志摩译，《晨报副刊》1925 年 8 月 15 日，第 7 页。

⑤ 胡适的译文是："谁不曾含着悲哀咽他的饭，/谁不曾中夜叹息，睡了又重起，/泪汪汪地等候东方的复旦，/伟大的天神呵，他不会认识你。"莱新将最后一行的天神改为"神明"。徐志摩的改译为："谁不曾和着悲泪吞他的饭，/谁不曾在凄凉的深夜，怆心的，/独自偎着他的枕衾幽叹——/伟大的神明阿，他不认识你。"

⑥ 徐志摩：《一个译诗问题》，《现代评论》第 2 卷第 38 期，1925 年 8 月 29 日，第 15 页。

265

以及胡适、朱骝、周开庆和郭沫若的译文。① 与徐、胡不同，郭所依照的自然是德文原本（见表 5）。

表 5　徐志摩所引郭沫若《弹琴者之歌》原、译文比较

歌德原文②	徐志摩所引的郭沫若译诗③
Wer nie sein Brot mit Tränen aß, Wer nie die kummervollen Nächte Auf seinem Bette weinend saß, Der kennt euch nicht, ihr himmlischen Mächte.	人不曾把面包和眼泪同吞， 人不曾悔恨煎心，夜夜都难就枕， 独坐在枕头上哭到过天明， 他是不会知道你的呀，天上的威棱。

　　徐志摩在文中提到，郭沫若除提供译稿外，还对徐、胡的前译提出了两点批评：首先，对于德文 "Wer…，der…" 的表达，徐、胡使用的是 "谁……，他……" 句式，而郭认为这种处理意义含混，易有歧义；其次，郭认为歌德原诗中痛苦的境界之深沉为徐、胡的译文所不及。徐志摩虽同意郭沫若的意见，但认为郭译的 "人……，他……" 的句式也并不更加合宜，还批评郭译的 "独坐在枕头上" 脱离原文。④ 徐志摩最后总结道："我自己承认我译的两道都还要不得，别家的我也觉得不满意。"⑤

　　然而，郭沫若看到文章后提出抗议，称徐将他的译文摘录有错。他特地在 10 月 16 日的《洪水》上刊出了正确版本："人不曾把面包和眼泪同吞，／人不曾悔恨煎心，夜夜都难就枕／兀坐在床头上哭到过天明，／他是不会知道你的呀，天上的威陵。"⑥，并在译诗前特意标注 "沫若节译自 Goethes, Wilhelm Heister［注：此为原书误印］"。如以歌德原文为参考，与徐、胡更接近英译的译文相比，郭译的确更为准确。作为资深的歌德研究者，郭沫若对原诗语境熟稔于心，他明显将原诗与竖琴老人自身的悲苦

---

① 成仿吾之后也参与了这场翻译讨论：同年 11 月 7 日，他在《现代评论》发文《〈弹竖琴者〉的翻译》，其中包括他对于全诗（包括两个诗节）的完整汉译以及对（除郭外）其他译者译诗的评论。

② Johann Wolfgang von Goethe, *Wilhelm Meisters Lehrjahre*, München: btb Verlag, 1988, S. 134.

③ 徐志摩：《葛德的四行诗还是没有翻好》，《晨报副刊》1925 年 10 月 8 日，第 15 页。

④ 原文为 "auf seinem Bette"，即 "在床上"。

⑤ 徐志摩：《葛德的四行诗还是没有翻好》，《晨报副刊》1925 年 10 月 8 日，第 16 页。

⑥ 〔德〕歌德：《弹琴者之歌》，郭沫若译，《洪水》1925 年第 1 卷第 3 期，第 86 页。以下划线标记的字词为与徐志摩所引的译文版本有出入之处。

命运联系到了一起，故认为仅从王尔德处了解到这首诗歌的徐志摩之解读有轻佻之嫌。在郭沫若看来，此诗表达的是"一个人非到受精神痛苦到极深极刻的时候不会完全忘却他的有限的自身，不完全忘却或是超越这有限的自身就不能感悟无形中无限的神明，威灵，或是随你给它一个什么名字"。如此，诸如"悲哀""怆心""幽叹"之类的语词未免平淡。为了传达这种深刻的痛苦，郭特意使用了"悔恨煎心""夜夜都难就枕"这样的表达。此处，郭沫若再次表现出强烈的自由发挥倾向：歌德原诗具有明显的箴言诗风格（epigrammatisch），用词平朴、行文简练而少修辞，读来隽永有力，但这些特性并未被郭着意保留。在这场令人联想到传统诗社、具有竞赛性质的文学事件中，郭沫若的创作欲和表现欲更加得到激发，促使他突破原诗固有形式的桎梏。如果忽略郭的译者身份，而将其看作一场以"痛苦"为主题的诗社活动中的参与者，或许更能理解他的动机。

《弹琴者之歌》是郭在整个创造社中期阶段的期刊上所发表的唯一的文学译作——如果不是徐志摩在疏忽之下将其译文错引了几个字，恐怕连这仅有的一篇也不复存在。与文学翻译乃至创作的贫乏相对的则是其对马克思主义的兴趣高涨。1924 年 8 月，郭沫若在致成仿吾的信中宣布："我现在成了个彻底的马克思主义的信徒了！"[1] 歌德、海涅、尼采和斯宾诺莎淡出了视野，懵懂的左翼倾向转为现世的革命热情。1926 年 3 月，郭沫若、郁达夫同赴广州大学任教，与成仿吾汇合，加入革命事业。这段时期，尤其是初期德语文学译介的主力郭沫若和成仿吾都经历了人生重心的重大转变，从纯粹的文学青年成为革命参与者，导致了中期创造社期刊上德语文学译介的相对萧条。

2. 初期翻译取向的延续：《春天的离别》

郁达夫虽也精通多门外语，且酷爱阅读外文书籍，但尤其与其好友郭沫若、成仿吾相比，他的译作却相对较少——这很大程度上要归因于他对于翻译选材和质量更为严苛的态度。[2] 1927 年 3 月，《洪水》发表了郁在创造社期刊上唯一的德语文学译作——《春天的离别》（下称《春》）。原诗作者卡尔·婆塞（Carl Busse）是一名活跃于世纪转折期（Jahrhundertwende）的德国诗人、文学评论家，于 1892 年出版首部诗集《诗歌》（*Gedichte*）后

---

[1] 郭沫若：《孤鸿——致成仿吾的一封信》，《郭沫若全集·文学编》第 16 卷，人民文学出版社，1989，第 8 页。

[2] 参见郁达夫《读了珰生的译诗而论及于翻译》，《晨报副刊》1924 年 6 月 29 日。

在诗坛崭露头角。有趣的是，作为德语诗人，婆塞在日本文坛的知名度远高于德国——这要归功于日本诗人上田敏 1905 年出版的译诗集《海潮音》中对婆塞的《山的那边》（德语：*Über den Bergen*，日译：山のあなた）的译介，令这首诗歌广泛流传于日本文坛乃至民间。因此，郁达夫很有可能正是通过日本文坛接触到了婆塞，正如郭沫若、成仿吾等人同样是借由日本熟知歌德等作家。《春》是婆塞的早期作品之一，于 1896 年发表于德国著名讽刺杂志 *Simplicissimus* 首期，经修改后收录于诗集《流浪者》（*Vagabunden*，1901），郁所译的是未经修改的初版。他的译诗基本延续了创造社初期以郭、成为代表的以传达美学效果为主的翻译导向，并不拘泥于语义上的"忠实"。表 6 以诗歌末节为例做一比较。

表 6 《春天的离别》译诗与原文比较

婆塞原诗[①]	郁达夫译诗[②]
Ich wollte sie rufen - ich mußte schweigen, Ich sah sie nur in den Wagen noch steigen, Der Koffer ward auf den Sitz geschloßen, Ein Gruß an die Mutter, ein Blick nach oben. Verweil das Rößlein zu traben begann—— Und der Frühling? Ach, der liebe Frühling sah alles mit an.	她终于去了，只有阳光依旧，在空中荡漾。 我还想叫伊，又只好闷声不语。 我只见她，走进车中去。 行李箱笼，推入车深处。 朝母亲打个照呼，双眼睛却在向上边犹豫， 这中间，马蹄得得的奔向前路—— 只有春光，啊，可爱的春光，这些事只有你在旁目睹。

《春》原诗韵式规整，用词优美，以略带感伤的笔触描写了一对恋人在春日的诀别。郁曾将"译文文字必使像是我自己做的一样"[③] 引为其翻译标准，一方面模糊了翻译与创作之间的界限，另一方面也体现了他对其译作行文上的特殊要求，即尽可能自然化。此译诗中，郁首先注重的是韵律美的表现：他没有照搬原诗的双韵（Paarreim），而是（除末节首句与前节同韵外）每节转韵，诗节内通押一韵。在语言上，郁译也基本保留了原诗生动自然的风格，尤其是尽量避免了由于源语言与目的语句法不同而产生的异化表达，譬如将在汉语中较少见的被动态转为主动态（如"行李箱笼，推入车深处"）。此外，为了保证读者阅读诗歌时的流畅度，郁达夫会

---

① Carl Busse, "Abschied im Frühling," *Simplicissimus*, 1. Jg., Nr. 1., 4. April 1896, S. 8.
② 〔德〕婆塞：《春天的离别》，郁达夫译，《洪水》1927 年第 3 卷第 28 期，第 146 页。
③ 郁达夫：《自序》，《达夫所译短篇集》，生活书店，1935。

适当改写部分原文的语句。例如（上表未引出的）原诗第二节"Behalte mich lieb！"一句，直译应为"要继续爱我！"，而郁译改为"你可别忘了我！"，以尽量淡化译诗中的异质色彩。

在此译诗发表的 1927 年初，创造社的革命文学倾向已在形成。《春》虽不能说与其时的基调完全格格不入，但与成、郭同期文章和创作中更为明显的政治倾向①相比，这首书写恋爱苦闷的抒情诗歌似乎缺乏"革命意识"。郁达夫虽然自称亦相信革命的正义性，但他与两个好友的最大区别在于，他确信"真正无产阶级的文学，必须由无产阶级者自己来创造，而这创造成功之日，必在无产阶级专政的时候"②。换言之，诗人气质浓郁的郁达夫并不以发扬革命文学为己任，其文学创作和翻译选材仍以私人审美为准绳。在中期，这种翻译观还是常见的（譬如王独清、穆木天等对西方象征主义等世纪转折期文学的译介）；而到了几乎独尊革命文学的创造社后期，如是的态度已不合时宜。

三 革命文学的独尊：创造社后期 （1928 年 1 月—1929 年 2 月）

1927 年 12 月，《洪水》停刊，标志着创造社中期阶段的结束。恢复《创造周报》的计划搁浅，至此，尚刊载纯文学翻译的期刊基本只余《创造月刊》。随着郭、成的回归以及朱镜我、李初梨、彭康、李铁声、冯乃超等更多受到左翼思想熏陶的新近留日学生的加入，创造社正式经历了马克思主义转向，期刊上关于社会科学的文章增多，而文学作品占比明显减少。这些后期同人在留日期间，深受其时风靡于日本革命文学界的福本主义倾向影响，强调展开有阶级意识的革命文学运动，重视意识斗争，热衷于批判他们眼中"小布尔乔亚"的作家和作品。到了后期，创造社将推动革命视为文学的使命，纯文艺倾向已消失殆尽，这在很大程度上影响了其期刊德语文学译介的面貌。在这段时期，《创造月刊》共有三篇德语文学

---

① 例如成仿吾在《文艺战的认识》一文（与《春》一同刊登在《洪水》第 3 卷第 28 期上）中明确地呼吁作家"应该用了十分的意识来发挥（文学）这种伟大的势力"；郭沫若也几乎不再发表诗歌，而是刊登如《曼陀罗华》《后悔》等颇具社会批判性的短篇小说。

② 日归：《无产阶级专政和无产阶级的文学》，《洪水》1927 年第 3 卷第 26 期，第 47 页。

译作：《群众＝人》、《逃亡者》及《真理的城》。①

1. 文本的"革命文学化"：《群众＝人》

在后期的翻译选材中，诗歌不再受到青睐，戏剧、小说、童话等体裁更受欢迎。1928 年 9 月起，由李铁声译的恩斯特·托勒尔（Ernst Toller）剧作《群众＝人》连载于《创造月刊》第 2 卷第 2~3 期，是该刊宣布"从新开始我们的步武"②，即正式转向革命文学后刊登的首部戏剧译作。托勒尔是 20 世纪 20 年代知名的德国表现主义剧作家，曾积极投身政治活动，在 1918 年的"十一月革命"中组织慕尼黑军火厂罢工运动，并因此于次年 6 月被判叛国罪并被监禁五年。《群众＝人》正是他 1919 年在下舍嫩费尔德（Niederschönenfeld）狱中以与其共同参与罢工的同志桑妮亚·勒奇（Sonja Lerch）为原型创作的。

实际上，《创造月刊》原计划发表李铁声所译的另一部作品——苏联作家伊利亚·爱伦堡（Ilya Ehrenburg）的短篇小说《公社社员的烟斗》，因已有人译过而作罢。③ 与《公社社员的烟斗》对巴黎公社起义的赞扬不同，《群众＝人》是一部凸显暴力与和平、个人与群众之间张力关系的殉道者式故事：出身资产阶级的主角桑妮亚·伊瑞涅·L（Sonja Irene L）④ 试图组织工人罢工，但被以群众面目出现的"无名人"（der Namenlose）驳斥；后者直接煽动工人暴力起义，导致桑妮亚被捕并被处死。

无疑，原文对革命主题的书写与所流露出的推翻资本主义秩序的愿景是李铁声选材的主要原因，但其中和平主义的倾向却并不为其完全认同。译者在附言中关于此剧作"内容不曾免脱 petit bourgeois 的以什么人类爱改革世界为目的的表现主义一般的彩色（此处疑系对'色彩'的误印）"⑤ 的批判，指的就是剧中所流露的和平主义、博爱思想以及对于暴力革命的怀疑。李铁声是后期创造社主力之一，于 1925 年起就读于京都帝国大学哲学科，在日本

---

① 值得一提的是，尽管颇多马恩主义著作是由德语写就，但后期创造社期刊（包括《文化批判》《思想》等）中并未出现以德文为原本的马恩主义文章，唯一刊出的由马克思写作的文章的译文（《〈哲学底贫困〉底拔萃》，李铁声译，刊于《思想》1928 年第 2 期）之原文实为法语。

② 文学部：《编辑后记》，《创造月刊》第 2 卷第 1 期，1928 年 8 月 10 日，第 156 页。

③ 参见文学部《编辑后记》，《创造月刊》第 2 卷第 2 期，1928 年 9 月 10 日，第 126 页。

④ "伊瑞涅"（Irene）是托勒尔在人物原型名字基础上添加的中间名，源于希腊神话，为时序三女神荷赖之一的和平女神之名。

⑤ 李铁声：《〈群众＝人〉附言》，《创造月刊》第 2 卷第 3 期，1928 年 10 月 10 日，第 111 页。

接受了马克思主义。如前述，后期创造社五人留日期间，日本革命文学界正风行福本主义，充斥着对"小资产阶级文学"的批判意识。可以说，李铁声此处对《群众＝人》的评价正是其体现①，导致在创造社初期尚被视作"与既成阶级战斗"②的表现主义此时却被贴上了"petit bourgeois"（小资产阶级）的标签。

在这种倾向的主导下，李铁声在译文中留下了明显的操纵痕迹，甚至可以说是对原文的"改造"。在原文中，各人物的台词都是（自由韵律的）诗行，且采用精练的"电报风格"（Telegrammstil），即主要以名词组句、多省略谓语，并多用倒装、排比、重复等修辞手法。这种典型的表现主义语言风格与穿插的梦境场景③相配，有利于弱化具象性，传达抽象的观念。然而在译文中，这种风格被大为淡化，取而代之的是逻辑通顺、语法规整的散文语句。表 7 以李铁声对本剧第三场中无名人的一段独白的节选片段之翻译为例。

表 7 《群众＝人》原、译文比较

原文④	逐字译⑤	李铁声译文⑥
Durch Streik erzwingt ihr Frieden, Einen Frieden. Schafft Ruhepause nur. Nicht mehr. Der Krieg muß enden In alle Ewigkeit! Doch vorher letzten, rücksichtslosen Kampf!	通过罢工你们强迫和平， 一个和平。 只造成暂歇。没有更多。 战争必须停止 永永远远！ 但之前最后的、不顾一切的 斗争！	你们靠着罢工，或则勉强可以获得到平和。但这是一时儿的平和呀。只不过是一吓儿的休息的时间罢了。不是这以上的东西。须要把战争永远地止住！但在这之前所需要的，是连最后的一切都不顾及的战争呀！

---

① 值得注意的是，或许是为了合理化对这篇带有所谓小资产阶级属性的剧作的翻译行为，在附言中，李铁声还强调了"近来听说他（即托勒尔）已脱出了小有产者的危险性"。

② 郁达夫：《文学上的阶级斗争》，《创造周报》第 3 期，1923 年 5 月 27 日，第 4 页。

③ 《群众＝人》原剧共七幕，其中第 3、5、7 幕为"梦景"（Traumbild），展现女主角的梦境。这种现实与梦景交织的形式是德国表现主义戏剧的典型特征之一。

④ Ernst Toller, *Masse-Mensch. Ein Stück aus der sozialen Revolution*, Tübingen: Relam, 2015, S. 29.

⑤ 此系笔者尽量按照原文的语序和句式译出，供读者参考。

⑥ 〔德〕托勒尔：《群众＝人》，李铁声译，《创造月刊》第 2 卷第 2 期，1928 年 9 月 10 日，第 109 页。

可以看到，原文破碎的句子被大幅度改写，译者增加逻辑连接词（如"或则""但"）、调整语序，并扩写了被刻意压缩的短句。这种通顺化处理无异于对原文具有"小布尔乔亚"之嫌的语言风格的抹除。译者此处的首要目的是传递思想，而若按照原文的行文方式译出，则必然导致阅读壁垒，有悖于其翻译的出发点。此外，李还特意在译文中强化阶级冲突，比如将原文中所有"Herren"一词（有"先生"及"主人"双重含义）改译为"布尔乔亚"。再如原剧题目"Masse-Mensch"在"群众"（Masse）和"人"（Mensch）之间的连字符（-）是为了表现二者之间的对立①，而李却直接用等号代替，似乎试图将剧中群体与个体的对立转为理想化的同一状态，几乎是对原文的否定。总之，李铁声的翻译不啻于是对原文的"普罗列塔利亚写实主义"② 化。这种改造式的翻译与创造社初期译者在诗歌翻译中的处理截然不同：后者是以传达或放大美学效果为前提，而前者几乎无视原文的艺术特征，在译文中以阶级意识为导向，试图使译作尽量接近其理想中的革命文学范式。

尤可注意的是，李的《群众＝人》译文虽是根据德文原本直译而来的，但受其多年留日经历影响，其译笔常显露日语影响的痕迹。除在译文中直接使用日语词语（如上例文中将"和平"写为"平和"）外，对特定外来词的音译现象［如将"Proletariat"（无产阶级）译为"普罗列塔利亚"、将"sentimental"译为"生铁门笃儿"］亦是在很大程度上受日语影响的结果。实际上，此类对外来词语的音译在以后期创造社为代表的左翼文学界的许多文章中都颇常见，是后期创造社期刊上一个重要的翻译现象。

这种译法曾因其拗口冗长的构词形式而招致鲁迅、梁实秋等人的多次批评。③ 若论后期创造社同人对这些质疑的直接回忆，可见彭康对于鲁迅批评来自德语的音译词"奥伏赫变"（Aufheben，今通译"扬弃"）的辩护："这是我们的音译，因为我们在中国文字里找不出可以包括 Aufheben

---

① Georg-Michael Schulz, "Ernst Toller: Masse Mensch," *Dramen des 20. Jahrhunderts.* Band 1, Stuttgart, 1996, S. 297.

② 参见李初梨《对于所谓"小资产阶级革命文学"底抬头，普罗列塔利亚文学应该怎样防卫自己?》，《创造月刊》第 2 卷第 6 期，1929 年 1 月 10 日，第 24~27 页。

③ 参见鲁迅：《北欧文学的原理·译者附言》，《大江月刊》1928 年 11 月号，第 11 页；鲁迅：《"醉眼"中的朦胧》，《语丝》第 4 卷第 11 期，1928，第 5 页；梁实秋：《文学是有阶级性的吗?》，《新月》第 2 卷第 6、7 号合刊，1929。

底复杂的全部意义的语句。"① 然而，笔者认为，中文欠缺对应词，实际上并不是构成后期创造社革命话语中大量出现音译词现象的唯一原因。就以李译《群众＝人》中的"普罗列塔利亚"一词而言，它真的不能用"无产阶级"或"无产者"代替吗？后者虽亦为对日语译词的直接借用，但自 1918 年首次在汉语中被李大钊的文章《Bolshevism 的胜利》采用后，已在 20 年代末逐渐发展成为广泛为中国知识分子所接受的"Proletariat"的对应马克思主义术语。就连在后期创造社自己的刊物《文化批判》常设的"新辞源"栏目中，编者在解释"普罗列塔利亚特"及"普罗列塔利亚"的概念时，都已写明，前者"有译作无产阶级的"，后者"意义为无产者"，② 可见"无产阶级"／"无产者"的译法已充分为当时的知识分子理解。而在当时的日语中，情况则有所不同：李博指出，在 20 世纪 20 年代以来的日语马克思主义文献中，"無産者"一般用来表示"没有财产者"，"Proletarier"（无产者）及"Proletariat"概念则通常由借用词"puroretariya"（プロレタリア）及"puroretariyāto"（プロレタリヤート）来指代。③

如此，我们可以推测，李铁声译文乃至后期创造社同人行文时对"普罗列塔利亚"这一译法的偏爱则更可归于他们的日本经验。在此意义上，弃用很可能更能为中国大众理解的"无产者"，而选用"普罗列塔利亚"，甚至可以被视为是对他们本身留日背景的主动强调。由此，后期创造社同人对类似"符咒"④ 式的音译词的大量使用，也是借机对"自己人"圈子进行标榜、划分的行为。这些音译词写法复杂，读来拗口，若无外语基础根本无法理解，后期创造社同人在使用它们时，自然并不以真正的劳苦大众为目标读者；他们所面向的，无非还是鲁迅、文研会诸人等同在新文学圈子内的"反动"文人。后期创造社同人团结在这些如口号一般的、不为外人理解的词语下，可以更好地与同为智识阶级的"异己"分子进行区

---

① 彭康：《"除掉"鲁迅的"除掉"!》，《文化批判》1928 年第 4 期，第 58 页。在《文化批判》1928 年 1 月出版的第 1 号中，"新辞源"栏目特对"奥伏赫变"做出了详解。另值得注意的是，在彭康这篇文章发表两个月前刊出的《从文学革命到革命文学》中，成仿吾已使用"扬弃"这一流传至今的译词对应"Aufheben"的概念，故对于在当时的语境下，此词只能通过音译的方式指代的看法，笔者持保留态度。

② 同人：《新辞源（1-9）》，《文化批判》1928 年第 1 期，第 101 页。

③ 〔德〕李博：《汉语中的马克思主义术语的起源与作用：从词汇-概念角度看日本和中国对马克思主义的接受》，赵倩、王草、葛平竹译，中国社会科学出版社，2003，第 327 页。

④ 梁实秋：《文学是有阶级性的吗?》，《新月》第 2 卷第 6、7 号合刊，1929。

隔，并对这些"小布尔乔亚"的文学家展开批判。

2. 借由日语转译的革命文学

在初、中期，以郭、成、郁为代表的同人对转译（时称"重译"）多持负面态度，认为应尽量避免。① 而在创造社后期，这种观念不再时兴。就德语文学而言，后期创造社期刊就刊登了两篇由日语转译的作品：戏剧《逃亡者》和童话《真理的城》。

《逃亡者》1928 年发表于《创造月刊》第 2 卷第 5 期，译者是后期同人中发表革命文论最为积极的李初梨。在译文题目下，李初梨仅标注作者为威特福格尔，未标明国籍。实际上，《逃亡者》是德国剧作家、汉学家魏复古（Karl August Wittfogel）于 1922 年发表的作品。魏复古当时还是德共党员，其戏剧作品具有强烈的革命倾向。《逃亡者》由主角（也是剧中唯一的角色），即刚逃离精神病院的共产党人尼尔士（Niels）分别与父亲、恋人、同事、上司之间的七次电话通话构成。在精神病院中备受折磨的尼尔士本希望与沦落风尘的恋人苏珊娜（Susanne）逃到法国，但接到组织下达的返回病院的任务后，只得无奈从命，苏珊娜则闻讯后绝望自杀。在剧的最后，尼尔士与警察局通话，主动自首，毅然决定继续为党效力。据魏氏的观点，角色少、幕数少的短剧由于较少受演出场景限制应成为革命剧作家的"中心任务"（die zentrale Aufgabe）②。作为独角独幕剧，《逃亡者》正是其对此的实验之作。

李初梨之所以选译此剧，应也是出于对其革命主题的认可。尤可注意的是，其译文与原文出入颇大，删减了许多语句。据笔者考证，这些删改并非李自发的翻译决策：其译文实际应为对日译者佐野硕及铃川凉三在日本革命文学刊物『プロレタリア芸術』（无产者艺术）第 1 卷第 2 期上的日译文『逃亡者』的转译。③ 虽然李初梨作为京都帝国大学由德国文学科

---

① 如成仿吾在《牧羊者的哀歌》前言中写道："翻译事业总以根据原文为佳，是我素来所主张的。"

② Karl August Wittfogel, "Grenzen und Aufgaben der revolutionären Bühnenkunst,"*Der Gegner*, Heft 2, 3. Jahr, 1922, S. 39.

③ 李初梨并未对此译文附有附言，也未标记是否为转译。经笔者比对，李初梨译本与日译本对原文删改之处几无差别。加之李与日译均未标注原作者德语本名、国籍，故可基本确定转译事实。

转到哲学科的学生，其德文水平并不一定在郭、成、郁等初期同人之下①，且日译者所标注的原作者姓名"K·A·ウキットフォーゲル"也明显是典型德语姓氏，但他并未费心搜寻德语原文，而是直接转译，很大程度上说明其此时并不关心能否适当地传达原文的美学价值，只要能将他所赞赏的内容译出即可。

另外，在《逃亡者》的同一期上，《创造月报》还发表了一篇同样转译自日文的德语童话《真理的城》。《真理的城》出自至尔·妙伦（Hermynia zur Mühlen）于 1924 年出版的同名童话集，描述了围绕着一座能够揭露阶级压迫的城堡，即"真理的城"发生的一连串事件。至尔·妙伦是活跃于 20 世纪 20 年代的知名德语革命童话作家，其创作主要以激发阶级意识与革命热情为目的②，故其作品频频为中国左翼文人所译。③《创造月报》所刊译文是由共产党员张采真（署名"晴峤"）译出。之后，他还陆续以笔名"晴峤"向《语丝》投稿了多篇其他出自该童话集的译文④，并在 1930 年以笔名"黄岚"于北新书局出版了《真理的城》⑤ 童话译集。在此译集的前言中，张采真表明其译文均系根据日本作家、译者林房雄的日译本转译。

在《创造月刊》的《真理的城》译文后，张着重介绍原作者"在全世界各国的社会主义新闻杂志上差不多都登载她的作品"⑥，可见其选材缘

---

① 与许多其他创造社同人类似，李初梨也惯于在文章中大量引用德文语词（如其名篇《自然生长性与目的意识性》），这也是他熟稔德文的佐证。

② Jana Mikota, "'Daran sind die Kommunisten schuld!': Hermynia Zur Mühlens revolutionäre Märchen der 1920er Jahre," Susanne Blumesberger & Jörg Thunecke (Hrsg.): *Die rote Gräfin-Leben und Werk Hermynia Zur Mühlens während der Zwischenkriegszeit (1919-1933)*, Wien: Praesens Verlag, 2019, S. 127.

③ 参见胡从经《至尔·妙伦在中国——翻译文学史话》，《世界文学》1962 年第 Z2 期，第 238~241 页。

④ 具体为：1929 年 9 月第 5 卷第 27 期《桥》、1929 年 10 月第 5 卷第 31 期《寻》、1929 年 11 月第 5 卷第 36 期《夜的幻》、1929 年 12 月第 5 卷第 41 期《怪壁》、1930 年 1 月第 5 卷第 44 期《三个朋友》。

⑤ 该译集除已发表的 6 篇外，还收录了 4 篇新译。此书封面将题目写作"真理之城"，而扉页、译者前言即单篇童话题目仍写作"真理的城"。本文为叙述方便起见，统一称之为"真理的城"。

⑥ 晴峤：《〈真理的城〉附言》，《创造月刊》第 2 卷第 5 期，1928 年 12 月 10 日，第 131~132 页。值得注意的是，张此处的信息完全源于林房雄译本的前言（"僕等は、ドイツの共産主義者のあらゆる宣伝雑誌—特に青年と少年のための雑誌の頁に、殆んど例外なしに彼女の名を見出すことが出来る"，出处为前述『真理の城』的"はしがき"部分）。

由。张在引言中称其此篇译文在发表后颇受身边友人欢迎，常被催促多译几篇，除原文自身的魅力外，或许也有赖于译者自己较为平朴流畅的行文。另外，在张采真的译笔中，林房雄译文的影响亦清晰可辨。张既自称其译文是根据林房雄日译本"忠实平明地重译出来的"①，则不得不继承林房雄的"不忠"之处，即对原文的删改与错漏。如原文"viele brachen zusammen，blieben sterbend auf glühendem Gestein liegen"② 一句，直译应为"许多人倒下了，濒死地躺在烧红的岩石上"，而张采真将后半句错译为"死在烧红的岩石上"③，即受林房雄译文（"多くの人々が地の上に倒れてをり、まつ赤に焼けた岩の上に死んでるた"④ ）误导所致。

在转译事件中，源文本在传统视角下的权威性被削弱，作为源文本"代理人"的中介译文遮蔽了前者。创造社后期的转译现象所反映的是译者对待文本更为工具化的态度。与其时同人对文学功能的理解相一致的是，作为文学活动之一的翻译也应服务于宏大的革命理想。因此，对后期创造社的译者而言，他们翻译活动的重点仅在于对文本中以革命为主的内容的传达，而美学价值上的等效以及语义的准确则显得无足轻重。

结　语

纵观创造社期刊德语文学译介历程，可以清晰地看到其译者如何从"翻译文学革命"的参与者成为"革命文学翻译"的推动者。初期创造社期刊德语文学译介选材的原则是整体上较私人的，并无严格标准，微观的翻译策略也多从个人审美出发；后期则是革命文学的理想主导了翻译范式，选材标准几乎仅限于具革命性的作品，而在具体翻译时，对美学效果的表现也不再进入译者的视野。

尤值得注意的是，在各时期的创造社期刊德语文学翻译活动中，都可观察到译者翻译行为的操纵倾向。在初、中期，翻译是"异军突起"的手

---

① 黄岚：《引言》，〔奥〕缪莲：《真理之城》，黄岚译，北新书局，1930，第 1 页。

② Hermynia Zur Mühlen, "Das Schloss der Wahrheit," *Das Schloss der Wahrheit*, Berlin-Schöneberg: Verlag der Jugendinternationale, 1924, S. 16.

③ 〔奥〕缪莲：《真理的城》，晴蝠译，《创造月刊》第 2 卷第 5 期，1928 年 12 月 10 日，第 125 页。

④ ヘルミヤ・ツール・ミューレン著、林房雄訳「真理の城」『真理の城』南宋書院、1928年）、8 頁。

段之一，尤其在诗歌翻译中译者的自由发挥往往凌驾于原诗之上，原文在相当程度上仅作为译者展现个人才情的蓝本——在"原文-前译-重译"的动态结构中，这一倾向更为显著。在后期，翻译则成为传播域外革命文学的途径，或可刺激读者的阶级意识，或可借以启发国内的革命文学创作。无论在哪个时期、为何种目的，他们的翻译行为均非追求对原文的静态复刻，而是对文本有意识的动态操纵。

译者的"日本体验"之于他们对德语文学译介的影响也不容忽视。总体上，这一影响经历了由"隐"至"显"的过程。在初、中期，这种日本影响多限于译者对原文的接受路径上：他们均在日本的课堂上学习德文并初次接触德语文学，并在大正时期浓厚的文学氛围中形成对其的理解。在具体译作中，这种日本影响的印记多潜藏在文本表面之下，远不及后期明显。而后期同人面对福本主义风行的日本文学界形成了独尊无产阶级革命文学的观念，以阶级意识为基准对所译介的作品进行筛选甚至"改造"。对于日本左翼文人对革命文学的翻译，他们会采取直接转译的方式，其背后的出发点即为对于表现革命的内容的聚焦。

总体来说，创造社期刊对德语文学的译介并不是孤立的活动，而是始终受期刊编辑方针、同人文学观点的影响，并深嵌于其时的诗学及政治环境。通过对这一译介史实及历程的梳理，不但有助于对创造社翻译及文学活动有更全面的理解，更能够帮助我们更具体、深入地理解当时的德语文学汉译史。

附表　创造社期刊德语文学译介篇目信息①

刊物	期号	译作题目	原作题目	译者	原作者
《创造》	1922年5月，第1卷第1期	放浪者的夜歌（二）	Wandrers Nachtlied. Ein gleiches	郭沫若	歌德（Johann Wolfgang von Goethe）
《创造》	1922年5月，第1卷第1期	无（"日光之中大海明"）	无（"Das Meer erstrahlt im Sonnenschein"）	郭沫若	海涅（Heinrich Heine）
《创造》	1922年5月，第1卷第1期	无（"如此一个不尽的循"）	无（"So ein unaufhaltsam Rollen"）	郭沫若	歌德
《创造》	1922年5月，第1卷第1期	放浪者之夜歌（一）	Wandrers Nachtlied	郭沫若	歌德
《创造》	1922年5月，第1卷第1期	对月	An den Mond	郭沫若	歌德
《创造周报》	1923年5月13日，第1期	查拉图司拉之狮子吼	Von den drei Verwandlungen	郭沫若	尼采（Friedrich Nietzsche）
《创造周报》	1923年5月13日，第1期	迷娘歌	无（Mignons Lied）	郭沫若	歌德
《创造周报》	1923年5月20日，第2期	道德之讲坛："查拉图司屈拉"第一部第二节	Von den Lehrstühlen der Tugend	郭沫若	尼采
《创造周报》	1923年5月27日，第3期	遁世者流："查拉图司屈拉"第一部第三节	Von den Hinterweltlern	郭沫若	尼采
《创造周报》	1923年6月3日，第4期	肉体之侮蔑者："查拉图司屈拉"第一部第四节	Von den Verächtern des Leibes.	郭沫若	尼采

① 表中所列原作者名皆为刊中译者所书译名，此外其德语本名及该作者在当代的通用译名也会连同注出；如原作者的名字在刊中未译，则会在括号内标注其通用译名。如原作者多次在表中列出，则仅在第一次列出时对本名和通用译名注出。

续表

刊物	期号	译作题目	原作题目	译者	原作者
《创造周报》	1923 年 6 月 10 日，第 5 期	快乐与热狂："查拉图司屈拉"第一部第五节	Von den Freuden-und Leidenschaften	郭沫若	尼采
《创造周报》	1923 年 6 月 16 日，第 6 期	苍白的犯罪者："查拉图司屈拉"第一部第六节	Vom bleichen Verbrecher	郭沫若	尼采
《创造周报》	1923 年 7 月 22 日，第 11 期	读书亏著作："查拉图司屈拉"第一部第七节	Vom Lesen und Schreiben	郭沫若	尼采
《创造日》	1923 年 7 月 24 日，第 3 期	牧羊者的哀歌	Schäfers Klagelied	郭沫若/成仿吾	歌德
《创造日》	1923 年 7 月 26 日，第 5 期	五月歌	Mailied	郭沫若	哥德（歌德）
《创造日》	1923 年 7 月 27 日，第 6 期	绿泪莱（Lorolei）歌	无（Die Lore-Ley）	邓均吾	海涅
《创造周报》	1923 年 7 月 29 日，第 12 期	山上树："查拉图司屈拉"第一部第八节	Vom Baum am Berge	郭沫若	尼采
《创造日》	1923 年 7 月 31 日，第 9 期	湖上	Auf dem See	郭沫若/成仿吾	哥德（歌德）
《创造日》	1923 年 8 月 3 日，第 12 期	松	无（"Ein Fichtenbaum steht einsam"）	邓均吾	海涅
《创造周报》	1923 年 8 月 5 日，第 13 期	死之说教者："查拉图司屈拉"第一部第九节	Von den Predigern des Todes	郭沫若	尼采

279

续表

刊物	期号	译作题目	原作题目	译者	原作者
《创造周报》	1923 年 8 月 12 日，第 14 期	战争与战士："查拉图司屈拉"第一部第十节	Vom Krieg und Kriegsvolke	郭沫若	尼采
《创造周报》	1923 年 8 月 26 日，第 16 期	新偶像："查拉图司屈拉"第一部第十一节	Vom neuen Götzen	郭沫若	尼采
《创造周报》	1923 年 9 月 2 日，第 17 期	市蝇："查拉图司屈拉"第一部第十二节	Von den Fliegen des Marktes	郭沫若	尼采
《创造日》	1923 年 9 月 4 日，第 42 期	森林之声	Waldesstimme	郭沫若	彼得·希勒（Peter Hille）
《创造周报》	1923 年 9 月 9 日，第 18 期	贞操："查拉图司屈拉"第一部第十三节	Von der Keuschheit	郭沫若	尼采
《创造周报》	1923 年 9 月 16 日，第 19 期	朋友："查拉图司屈拉"第一部第十四节	Vom Freunde	郭沫若	尼采
《创造周报》	1923 年 9 月 30 日，第 21 期	千有一个的目标："查拉图司屈拉"第一部第十五节	Von tausend und einem Ziele	郭沫若	尼采
《创造日》	1923 年 10 月 6 日，第 74 期	秋	Herbst	成仿吾	史笃姆（即施笃姆，Theodor Storm）
《创造周报》	1923 年 10 月 7 日，第 22 期	邻人爱："查拉图司屈拉"第一部第十六节	Von der Nächstenliebe	郭沫若	尼采

续表

刊物	期号	译作题目	原作题目	译者	原作者
《创造日》	1923 年 10 月 14 日，第 82 期	少年与磨坊的小溪	Der Junggesell und der Mühlbach	成仿吾	哥德（歌德）
《创造周报》	1923 年 10 月 14 日，第 23 期	创造者之路："查拉图司屈拉"第一部第十七节	Vom Wege des Schaffenden	郭沫若	尼采
《创造日》	1923 年 10 月 15 日，第 83 期	幻景	Die Wundermaid	成仿吾	海涅
《创造周报》	1923 年 10 月 20 日，第 24 期	老妇与少女："查拉图司屈拉"第一部第十八节	Von alten und jungen Weiblein	郭沫若	尼采
《创造日》	1923 年 10 月 23 日，第 91 期	屠勒国王	Der König in Thule	郭沫若	哥德（歌德）
《创造周报》	1923 年 10 月 28 日，第 25 期	蝮蛇之噬："查拉图司屈拉"第一部第十九节	Vom Biß der Natter	郭沫若	尼采
《创造周报》	1923 年 11 月 4 日，第 26 期	儿女与结婚："查拉图司屈拉"第一部第二十节	Von Kind und Ehe	郭沫若	尼采
《创造周报》	1923 年 11 月 11 日，第 27 期	自由的死："查拉图司屈拉"第一部第二十一节	Vom freien Tode	郭沫若	尼采
《创造周报》	1923 年 11 月 18 日，第 28 期	赠贻的道德："查拉图司屈拉"第一部第二十二节	Von der schenkenden Tugend	郭沫若	尼采
《创造周报》	1923 年 12 月 9 日，第 31 期	持镜的小孩："查拉图司屈拉"第二部第一节	Das Kind mit dem Spiegel	郭沫若	尼采
《创造周报》	1923 年 12 月 23 日，第 33 期	幸福的岛上："查拉图司屈拉"第二部第二节	Auf den glückseligen Inseln	郭沫若	尼采

续表

刊物	期号	译作题目	原作题目	译者	原作者
《创造周报》	1923年12月30日，第34期	博爱家："查拉图司屈拉"第二部第二节	Von den Mileidigen	郭沫若	尼采
《创造周报》	1924年2月13日，第39期	僧侣："查拉图司屈拉"第二部第四节	Von den Priestern	郭沫若	尼采
《洪水》	1925年10月16日，第1卷第3期	弹琴者之歌	无（Lied des Harfners）	郭沫若	歌德
《洪水》	1927年3月1日，第3卷第28期	春天的离别	Abschied im Frühling	郁达夫	婆塞（Carl Hermann Busse）
《创造月刊》	1928年9月10日，第2卷第2期	群众＝人	Masse-Mensch	李铁声	托列尔（Ernst Toller，今译恩斯特·托勒尔）
《创造月刊》	1928年10月10日，第2卷第3期	群众＝人（续）	Masse-Mensch	李铁声	托列尔
《创造月刊》	1928年12月10日，第2卷第5期	逃亡者	Der Flüchtling	李初梨	威特福格尔（Karl August Wittfogel，汉名：魏复古）
《创造月刊》	1928年12月10日，第2卷第5期	真理的城	Das Schloss der Wahrheit	晴嶋	缪莲（Hermynia zur Mühlen，今译至尔·妙伦）

矛盾的译者序？

——再议郭沫若和曹禺的 *Strife* 译者序言[*]

卢贝贝[**]

摘　要：郭沫若和曹禺几乎在同一时期译介了高尔斯华绥的 *Strife* 一剧，二者在译序中对高尔斯华绥戏剧创作的理解似乎南辕北辙：分别是"深厚的同情"，"改造社会的路径"与"冷静的态度"，"没有'宣传政见'的地方"。但结合五四时期的中国知识分子对高尔斯华绥的评价，郭沫若说的是高氏的创作态度和创作目的，曹禺说的是高氏的艺术风格，二者非但不矛盾还相互补充，并建构起了一个比较立体和完整的高尔斯华绥形象，这看似矛盾又暗合的译者序恰好昭示了国外戏剧进入中国的复杂历史境遇。

关键词：《争斗》译者序　郭沫若　高尔斯华绥

翻译戏剧的序跋往往带有文学批评的性质，译者在序跋之中会对所译之剧本进行解读。有意思的是，不同译者选择同一部剧作进行翻译，可能会在序跋之中表达不一致的观点，而这种理解的分歧恰好昭示了国外戏剧进入中国的复杂历史境遇。

郭沫若和曹禺分别在 1926 年和 1928 年翻译和改译了高尔斯华绥（John Galsworthy）的 *Strife* 一剧，有学者曾就两个译本的序言做出过比较研究，指出了郭沫若与曹禺对高尔斯华绥剧作的理解是"相反的观点"，然后结合高尔斯华绥自己的戏剧观，得出结论："从高尔斯华绥在发表《争斗》

---

[*]　本文为四川中医药文化协同发展研究中心 2023 年立项项目"民国四川医学期刊的中医文化与文学研究（编号：2023XT33）"的阶段性成果。

[**]　卢贝贝，西南医科大学外国语学院副教授。

当年表达的这番见解来看，曹禺的评价无疑是更贴合高氏的创作理念的。"① 需要指出的是，该论文偏重论述曹禺，对郭沫若翻译序言的阐述相对简略一些，论文提出了一个值得探讨的话题，但或许还有进一步深挖的空间，我们不妨以此案例为典型来探讨郭沫若是否真的理解"错了"，或者郭沫若与曹禺对高尔斯华绥理解的"偏差"是否真的存在张力关系，由此廓清翻译戏剧的序跋如何以戏剧批评的方式建构了一个西方剧作家的形象。

在剖析郭沫若和曹禺的"分歧"之前，有必要先回顾和总结一下二人分别在序言中如何评价高尔斯华绥及其剧作。首先，郭沫若在简短的序言中重点提及高尔斯华绥是带着对贫苦大众的同情进行创作的："他不满意于社会之组织，替弱者表示极深厚的同情，弱者在现社会组织下受压迫的苦况，他如实地表现到舞台上来，给一般的人类暗示出一条改造社会的路径。"② 其次，曹禺在其翻译戏剧的序言中强调的一个重点信息就是，高尔斯华绥的剧作不是为了说教而造，只客观反映问题，不急于给出解决的方案，"在这篇剧内他用极冷静的态度来分析劳资之间的冲突，不偏袒，不夸张，不染一丝个人的色彩，老老实实把双方争点叙述出来，绝没有近世所谓的'宣传剧'的气味"。③ 如要说郭和曹的理解真的有什么"分歧"，那大致就如同《试析曹禺对郭沫若译剧〈争斗〉的改译——兼谈高尔斯华绥对曹禺戏剧创作的影响》中提到的一样，郭沫若看重了 Strife 的政治宣传作用，而曹禺理解到了高尔斯华绥对艺术的坚守，或者说，郭沫若在译者序言中建构了一个情绪饱满的社会批判型英国剧作家形象，而曹禺在译者序言中则勾勒了一个在戏剧艺术风格上具有冷峻客观特质的英国剧作家形象，但我们不禁要问一句，二者真的矛盾吗？

要解决这个疑问，只依靠郭沫若在译者序中的只言片语是不够的，有必要从两个方向进行细致考察：第一，五四时期的中国知识分子到底如何评价高尔斯华绥；第二，结合第一点的信息进一步剖析，郭沫若的判断失真与否，与曹禺的结论是否水火不容。

早在 1920 年，《英文杂志》（The English Student）就对高尔斯华绥有

① 黄莹：《试析曹禺对郭沫若译剧〈争斗〉的改译——兼谈高尔斯华绥对曹禺戏剧创作的影响》，《现代中国文学与文化》2018 年第 3 期。

② 郭沫若：《序》，〔英〕高尔斯华绥：《争斗》，郭沫若译，商务印书馆，1926，第 1 页。

③ 万家宝（曹禺）：《〈争强〉序》，载崔国良、夏家善、李丽中编《南开话剧运动史料（1923—1949）》，南开大学出版社，1993，第 10 页。

过比较全面的生平和创作介绍，周越然在《英文杂志》第 6 卷第 9 期发表了文章 "Lives of Great Writers：John Galsworthy"，该期还附有编者的一则简短说明，与周越然的文章相呼应。《英文杂志》的相关介绍可以呈现高尔斯华绥在五四时期是如何被国人理解的，这也大致是当时建构高尔斯华绥形象的基调。《英文杂志》的编辑在该期的 Editorial Notes 中引用了一段高尔斯华绥在 *The Inn of Tranquillity* 中的话：

> "Art, " as defined by Galsworthy, "is that imaginative expression of human energy, which, through technical concretion of feeling and perception, tends to reconcile the individual with the universal, by exciting in him impersonal emotion. And the greatest Art is that which excites the greatest impersonal emotion in an （原文如此——引者）hypothecated perfect human being. "①

郭沫若在译者序提到的"给一般的人类暗示出一条改造社会的路径"一语，言下之意，高尔斯华绥的剧作应当有某种人类普适性，强调了"非个人的情感"和"假想的完人"，似乎也指向了艺术的某种普适性，这会只是一个巧合吗? 1927 年李霁野在《莽原》第 2 卷第 2 期上发表了翻译自高尔斯华绥的艺术论文，取名《艺术》，开篇第一段就是上引《英文杂志》的这段话。这段话中的 "impersonal emotion" 具体何指呢? 在译文《艺术》中可以找到答案：

> 当我默察它的时候，它只在任何发动的或指挥的冲动感动我者，不是艺术；当它，无论怎样短的一瞬间，在我心中把对自我的情趣易为对它的情趣时，那便是艺术。让我假设我自己在一个雕刻的大理石的浴池面前。假如我的思想是："我买那个能作什么用?"获得的冲动；或者："它是从什么石矿里来的?"追问的冲动；或者："那一端正是放我的头的地方?"获得与追问混合的冲动——那瞬间我感不到它是一种艺术。

---

① "艺术，"正如高尔斯华绥所定义的那样，"是对人类情感能量的想象性表达。这些表达通过技术手段使情感和知觉具象化，以激发人类的非个人情感，意在使个人与世界达成协调。伟大的艺术就是要激起假想中完美之人所具有的最伟大的非个人情感"。Editor, Editorial Notes, *The English Student*, VI, 9 （September 1920）：p. 641.

但是，假如我站在它面前颤动着看着它的颜色和形式，即使老是那末微弱且时间是那末短也罢，不为任何明确的实际思想或冲动所扰——到那地步并且在那瞬间，它从我里面把我偷出，而把它自己放在我里面了；使我忘去了我里面的个人，把我和普遍底的（原文如此——引者注）结合起来了。在那瞬间，并且仅只当那瞬间还继续存在的时候，它对于我是一种艺术品。那么，"非个人的"只是用在这种我的定义上来表明那自我的人格与其发动的需要之暂时的忘却而已。①

这段话虽然冗长，但核心意思不外乎强调艺术的"无功利性"，由此可见高尔斯华绥是一个在艺术思想上接近"纯文学"观念的人，他的戏剧创作也应该大致遵循这个思路，那么曹禺所谓高尔斯华绥的剧作不是为了说教而造，这不是比郭沫若所谓"替弱者表示极深厚的同情，弱者在现社会组织下受压迫的苦况"更准确吗？其实不应这样去解读，因为曹禺和郭沫若根本就是在不同层面谈论高尔斯华绥：曹禺说的是他的艺术风格，郭沫若说的是他的创作态度和创作目的，两者本来不在一个层面，当然也就不存在矛盾之处。

为了进一步证明以上观点，有必要继续挖掘史料，看看五四时期的中国学人到底如何看待和评价高尔斯华绥。周越然开门见山地表态：

Being sympathetic for the working class and skillful in analysis of amorous passion in people of intelligence and refinement, Galsworthy ought to receive our best attention; for many of us, especially newspapermen and students of the New Thought Movement, are beginning to talk of "sacred workmen" and "free love". ②

"对工人阶级充满同情"，这一判断不是和郭沫若的判断一致吗？显然，这里说的"同情"只关涉高尔斯华绥的创作态度或创作目的，无关其具体的

① 〔英〕高尔斯华绥：《艺术》，李霁野译，《莽原》1927 年第 2 卷第 2 期。
② "高尔斯华绥理应获得我们的关注，因为他对工人阶级充满同情，又擅长分析知识分子的激情；也因为我们中大多数人，特别是新思想影响下的新闻从业者和学生，都开始谈论'劳工神圣'和'自由恋爱'。"Tseu Yih Zan, "Lives of Great Writers: John Galsworthy," *The English Student*, VI, 9 (September 1920): p. 642.

艺术表现手法。对于高尔斯华绥戏剧艺术的具体手法，周越然另有判断：

> Galsworthy's artistic methods of play writing is told in these words："A drama must be shaped so as to have a spire meaning. Every grouping of life and character has its inherent moral；and the business of the dramatist is so to pose the group as to bring that moral poignantly to the light of day."[①]

戏剧家的任务如果只是将一类人的生活深刻地呈现出来，那在某种程度上说，也就和曹禺的判断"不偏袒，不夸张，不染一丝个人的色彩，老老实实把双方争点叙述出来"大致相合，也与郭沫若所谓"社会的矛盾便活现现地呈现出来了"相符。周越然的文章并无前后矛盾，可证明，郭沫若和曹禺的观点其实是统一的。

《晨钟》在1929年第221期刊登了一篇《高尔斯华绥的戏剧》来专论其戏剧艺术特征，与《英文杂志》的态度相似，文章前部分就鲜明指出："高尔斯华绥不是一个社会主义者，但他对贫民的同情非常热烈。"[②] 然后在具体论及其戏剧艺术手法的时候又提到：

> 他的不偏不倚的态度，及他的对话的含蓄颇足以表示作者的性格，凡读过他的文章或看过他的戏剧的都能感到这种优点：这也就是他对近代戏剧贡献之一。他不会像萧伯纳及王尔德讲那样漂亮话，他绝不像那种伤感的作家的浅薄。高尔斯华绥的戏剧是坚实的诚恳的，无修饰，无博人喝彩之言辞。他的目的在于观众之智慧。[③]

这段评价基本上"道破天机"了，高尔斯华绥在戏剧创作中的确如曹禺所言，采用客观、冷淡的手法展示社会现象，他并没有直接"说教"，其剧作的批判意义和同情所在需要观众自己去解读，这也符合了高尔斯华绥的艺术"无功利"观点。然而，不可否认的是，高尔斯华绥在创作目的

---

① "高尔斯华绥的戏剧写作艺术手法应作如是观：'戏剧作品必须有章法以表达深刻的内涵。每个角色都有内在的道德感，同时，剧作家的任务就是利用这些角色，以感人的方式将道德置于聚光灯下。'" Tseu Yih Zan，"Lives of Great Writers：John Galsworthy，" *The English Student*，VI，9（September 1920）：p. 644.

② 刘奇峰：《高尔斯华绥的戏剧》，《晨钟》1929年第221期。

③ 刘奇峰：《高尔斯华绥的戏剧》，《晨钟》1929年第221期。

和态度上，有对劳苦大众的深切同情在其中，这就揭示了高尔斯华绥戏剧创作的复杂性。

郭沫若在序言中称："照言辞的雄辩和思想的焕发上说来，戈氏诚不如萧氏；但从结构的精密，表现的自然上说来，戈氏却不仅超过萧氏，即是西欧的近代的社会剧作家中均罕有其俦匹。"① 与刘奇峰所谓："以剧作家而论，高尔斯华绥不如萧伯纳之淹博，因为萧伯纳喜诙谐，善讥讽；……然若论艺风，则高尔斯华绥在现代恐要江东独步了。"② 岂不是英雄所见略同？王统照在《高士倭绥略传》中提到："高士倭绥是个热心改革社会的人。……这等文字，即是没有什么词句上的优美，韵调上的激荡，已足移人了。"③ 王统照认为高尔斯华绥是本着"平民化的思想"和"艺术上的价值"来指导创作的，基本上就把郭沫若和曹禺分别在其译者序中提及的观点整合在一起了，而王统照该文的写作时间均早于郭与曹，显然前者不是对后两者"矛盾"观念的调和，而是对高尔斯华绥更早的定调。

再回到二者译序本身，郭沫若除了说高尔斯华绥带着热烈的情感在创作，也表明其艺术风格却是极端冷静和写实的，"他是取的纯客观的态度，一点也不矜持，一点也不假借，而社会的矛盾便活现现地呈现出来了"④。这与曹禺的观点"他用极冷静的态度来分析劳资之间的冲突，不偏袒，不夸张，不染一丝个人的色彩"⑤，是相互照应的，高氏的创作态度的确具有客观冷静的特征。

可以说，郭沫若和曹禺的译者序言都是对高尔斯华绥的准确解读，他们的批评文字不存在偏离或者"更接近"的问题，只是一个更看重创作态度，另一个更看重艺术手法而已，此外，他们的批评非但没有对错之分，且他们的序言合起来看才建构起了一个比较立体和完整的高尔斯华绥形象，这个形象整体上符合五四时期中国人对高尔斯华绥的评价。由此可见，对五四时期翻译戏剧序跋的细致考察，有助于还原五四时期中国学界对国外剧作家、国外剧作的批评印象，一些看似矛盾的评价或许正好昭示了翻译戏剧的文化复杂性。

---

① 郭沫若：《序》，〔英〕高尔斯华绥：《争斗》，郭沫若译，商务印书馆，1926，第 2 页。
② 刘奇峰：《高尔斯华绥的戏剧》，《晨钟》1929 年第 221 期。
③ 王统照：《高士倭绥略传》，《戏剧》1921 年第 1 卷第 1 期。
④ 郭沫若：《序》，〔英〕高尔斯华绥：《争斗》，郭沫若译，商务印书馆，1926，第 2 页。
⑤ 万家宝（曹禺）：《〈争强〉序》，载崔国良、夏家善、李丽中编《南开话剧运动史料（1923—1949）》，南开大学出版社，1993，第 10 页。

史料辨证

郭沫若主编《中国史稿》的几则材料

谢保成*

摘　要：一，郭沫若主编的《中国史稿》，20世纪60年代只出版了第一、二、四册，第六册（社会主义社会）"铅印出来，只是为了在党内征求意见"，没有署名、没有出版。二，对《郭沫若年谱长编》第四卷1962年2月末、1961年12月22日、1961年8月26日与1962年8月26日几处谱文订误。

关键词：郭沫若《中国史稿》　《郭沫若年谱长编》　订误

近日，笔者为中国社会科学院古代史研究所建所70周年撰文，发现几则有关郭沫若主编《中国史稿》的材料，写此短文，一补拙文《郭沫若主编〈中国史稿〉》之缺，二订《郭沫若年谱长编》之误。

一

我在《郭沫若研究》第10辑（文化艺术出版社，1992）以晒姝、应吉之名发表《郭沫若主编〈中国史稿〉》一文（收中国社会科学院历史研究所编《求真务实五十载——历史研究所同仁述往》时改署本名），介绍"郭沫若主编这部中国通史的缘起和经过"以及"编写的领导"和"书稿的具体修改等情况"。在第一部分结尾处写有"第三、五、六册未出版，即因'文革'中止"一句。

20世纪60年代，第三、五册未见出版，但第六册是"铅印出来"了的。前不久，我在废弃的台式机硬盘中发现关于《中国史稿》第六册（社会主义社会）的记录，是1982年5、6月间在尹达先生家见到《中国史

---

*　谢保成，中国社会科学院古代史研究所研究员。

稿》第六册（第七编 社会主义社会），影其封面和内封时所做记录。

《中国史稿》第六册铅印本封面和内封

《中国史稿》第六册，封面题字、图案，与第一、二、四册同，只是改深黄色为紫红色。没有署名，印有"仅供党内征求意见用"九字。

内封三行：

中国史稿

第六册

第七编 社会主义社会

内封后一页，印有简短的"说明"：

说　明

这个草稿铅印出来，只是为了在党内征求意见，以便进行修改。请不要外传，不要丢失，不要翻印。用后收回。

中国历史编写组

一九六二年二月二十六日

目录第一页：

第七编 社会主义社会

第一章 中华人民共和国的成立。中国向社会主义过渡时期的开始。国民经济的恢复。（一九四九年——一九五二年）

第一节 伟大的中华人民共和国的成立

……

第五节 "三反""五反"运动。知识分子改造运动。少数民族地区的民主改革

……

全书共 236 页，下限写至第一个五年计划，最后一页有这样一段文字：

第一个五年计划建设，是我国历史上的空前创举。这个建设的胜利，在我国建立了社会主义的经济制度，建立了社会主义工业化的初步基础，使我国的人民民主专政制度更加巩固，各族人民的团结更加坚强，同时也进一步加强了社会主义阵营的威力。而靠这些，我国人民就可以在以后更好地和更快地进行我国的社会主义建设，逐步把我国建设成为一个具有现代工业、现代农业和现代科学文化的社会主义国家。

总括一句，20 世纪 60 年代郭沫若主编的《中国史稿》，第一册（原始社会、奴隶社会）1962 年 6 月出版，第四册（半殖民地半封建社会上）1962 年 10 月出版，第二册（封建社会上）1963 年 12 月出版。第三册（封建社会下）、第五册（半殖民地半封建社会下）没有出版，第六册（社会主义社会）1962 年 2 月 "铅印出来"，没有署名，"仅供党内征求意见用"。

二

《郭沫若年谱长编》（以下简称《年谱长编》）中有三处关于《中国史稿》的谱文系年有误，应作订正。

其一，《年谱长编》第四卷 1962 年 2 月末（4/1878 页）谱文：

◎定经周扬等审阅的《〈中国史稿〉前言》，编入人民出版社 1962 年 6 月初版《中国史稿》第 1 册卷首……"使它能够成为比较可以满意的定本"。

这条谱文没有注出处，但拙文《郭沫若主编〈中国史稿〉》第一部分最后一段文字开头清楚地写着："1962 年 2 月，郭沫若看到为这部书稿出版起草的'前言'（修改稿），认为'写得不错'。3 月 3 日经周扬等修改后，6 日由郭沫若定稿。"不知《年谱长编》怎么会把"定经周扬等审阅的《〈中国史稿〉前言》"系在了 2 月？

找出周扬审阅《〈中国史稿〉前言》的影印件（卷存中国社会科学院古代史研究所，编号 57 卷 6～10），证明郭沫若审定《〈中国史稿〉前言》是在 3 月，而非 2 月。

"前言"（修改稿）打印稿共 5 页，由尹达代郭沫若起草，篇末所署时间为 1962 年 2 月 2 日。尹达通过王戎笙转致郭沫若，郭沫若 4 日写信给王戎笙，"寄回史稿序，及致尹达同志信"，认为"序文写得不错"。在此同时，尹达将"前言"（修改稿）送中宣部审阅，中宣部副部长周扬 3 月 3 日作了修改后，批还给尹达，第 1 页右上角周扬批语写道："尹达同志：此件我作了一些修改，请您看后送郭老审阅。/周扬/三、三"。尹达再将周扬的修改稿送郭沫若审阅，郭沫若做了个别文字改动，3 月 6 日定稿，所以《中国史稿》第一册卷首"前言"末署"郭沫若/1962 年 3 月 6 日"。

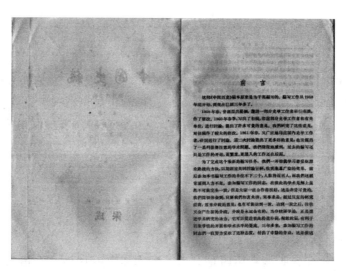

《中国史稿》第一册"前言"

据此，1962 年 2 月末（4/1878 页）"◎定经周扬等审阅的《〈中国史稿〉前言》……"的一整段谱文，应作改动，移至 1962 年 3 月 6 日。

其二，《年谱长编》第四卷 1961 年 12 月 22 日（4/1863 页）谱文：

　　◎在尹达 21 日关于《中国史稿》编写情况向上汇报的来函上作批语："同意就用四位的名义。"（下引尹达信的内容）

这一谱文是我提供的，年份误判为 1961 年，应订正为 1960 年。
尹达原信（卷存中国社会科学院古代史研究所），全文如下：

郭老：

　　"中国历史"的编写工作已进入一个新的阶段，过去的工作有必要向领导上作次汇报。

　　四个编写组的情况，他们都分别作了汇报，现将各组情况综合起来，写一草稿，请您审阅，看可用否？请指示。

　　各组简报附送一份，供您参考。

　　向领导汇报是否先用我们四位的名义（外庐、大年、家英和我）？等三改三印时，用郭老的名义向领导上汇报？请指示。

　　布礼！

尹达
十二月廿一日

郭沫若在天头作批："同意就用四位的名义。郭　十二．廿二．"
　　尹、郭二人签署日期，都没有写年份。从"中国历史"编写情况看，1960 年春季写成初稿，印送部分史学工作者和有关单位进行讨论，收到不少意见，经过较大的修改，至 1960 年 12 月形成二改二印稿即《中国历史初稿》，尹达代表编写组在哲学社会科学部第三次扩大会议上作《〈中国历史初稿〉编写情况、体会和存在问题》的汇报。这封信，说的就是此事。1961 年 3 月，教育部文科教材会议决定把这部书的初稿作为大专院校历史系试用教材，编写组不得不改变原订"三改三印"的计划，"在较短的时间内，尽可能作了一些必要的修改"（见《中国史稿·前言》），已不存在信中所说"等三改三印时，用郭老的名义向领导上汇报"的情况，写信的年份只能是 1960 年。这条谱文应移至 1960 年 12 月 22 日。
　　尹达此信，我在写《郭沫若主编〈中国史稿〉》一文时尚未得见，以此作为补充。

其三，《年谱长编》第四卷 1961 年 8 月 26 日（4/1845 页）、1962 年 8 月 26 日（4/1905 页），两处"◎致函刘大年"谱文重出，应保留 1962 年 8 月 26 日谱文。

两处谱文，均引自《刘大年来往书信选》（中央文献出版社 2006 年版），显然是由年份误判造成的。

郭沫若回复刘大年，说"八月廿一日信接到，谢谢您的关注。《中国史稿》第四册清样，火速看了一遍，写得扼要、明确、流畅，有吸引力……我只在枝叶上加了一些小小添改"云云。

查《中国史稿》第四册（1962 年 10 月），卷前《〈中国史稿〉第四册编辑工作说明》清楚地写着，"第二组担任近代史部分即全书第四册。这一册的编辑工作是由刘大年同志负责的"，文末所署时间是 1962 年 8 月 7 日。就是说，《中国史稿》第四册的编定是在 1962 年 8 月 7 日。郭沫若怎么会在一年前的 1961 年 8 月 21 日接到刘大年寄来的《中国史稿》第四册清样？实际情况应该是 1962 年 8 月 7 日在写"第四册编辑工作说明"之后，刘大年于 21 日将第四册清样寄给郭沫若审定，郭沫若"火速看了一遍"后，于 26 日写的回信。

据此，应删除 1961 年 8 月 26 日"◎致函刘大年"一整段谱文。

（2023 年 6 月 12 日）

郭沫若手稿、手迹研究的学术价值与路径方法*

张　勇**

摘　要： 郭沫若手稿、手迹数量众多，分布极广，是郭沫若研究中非常重要的方面，更关键的是郭沫若的手稿、手迹中蕴含着极为丰富的郭沫若研究信息，如手稿与刊发稿之间的修改与变化，手稿中的勾画、添补与标识，手稿、手迹的用笺、款识等方面的元素，都是郭沫若研究中应该着重考察、辨析。但这些目前为止却又没有得到广泛关注，因此郭沫若手稿、手迹的研究具有重要的学术价值，而梳理手稿、手迹需要建立规范的学术路径和体系，并形成科学而合理的方法与规范。

关键词： 郭沫若　手稿　手迹

手稿是古籍整理与研究的重要组成部分，包括稿本、抄本和批校本，具有极其重要的文献价值和文物价值。随着中国现代文学研究不断往纵深方向发展，对于现代重要作家手稿的收集、整理与研究也日渐增多。"译著之富，人所难及"① 的郭沫若留下了不胜枚举的各类著作、书法、墨迹等珍贵学术资料，这些资料存在的形式大不相同，其中一部分以单行本、文集本或全集本形式被分类整理后结集出版、存世，如 38 卷本《郭沫若全集》（《文学编》《历史编》《考古编》）、17 卷本《沫若文集》等；另有一部分散见不同时期的报刊之中，有待分类整理，还有一部分则以手稿、手迹等原生态形式散见于世。已经出版的并经郭沫若校勘的各类著译版本，目前成为研究者主要的研究与阐释对象，而作为郭沫若亲笔书写的手稿、手迹等最原始资料则还未能完全进入研究者的学术视野，这必然造

＊　此文为国家社科基金一般项目："郭沫若手稿、手迹收集、整理、研究与数字化建设"（23BZW124）的阶段性成果。

＊＊　张勇，中国社会科学院郭沫若纪念馆研究员。

①　周恩来：《我要说的话》，《新华日报》1941 年 11 月 16 日。

成郭沫若研究的诸多不足，同时也极大制约了郭沫若研究的深入开展。

一

近年来，许多研究者热衷于对郭沫若作品的版本进行分类收集与系统整理，在此基础上有关郭沫若作品修改以及版本演变的研究成为目前郭沫若研究领域的热点，取得了突破性进展。在学术课题申报与资助方面，如国家社科基金重点项目："郭沫若作品修改及其因由研究"（14AZW014），其结项成果为《郭沫若作品修改研究报告》，该报告对郭沫若作品不同版本之间的修改进行了系统汇校，在此基础上整体性探究了郭沫若对作品修改的原因。在学术论文方面，如《郭沫若〈文艺论集续集〉汇校异文全录》一文，对《文艺论集续集》中十一篇论文的最初版本与上海光华书局版、人民文学出版社《沫若文集》版三者，进行了全面校勘，列举了初版本与各种文集本的差异，并认为郭沫若"对这部文集的出版非常重视，而其中的文章及其修改又对我们还原和研究郭沫若的文艺思想有着重要意义"①。另外还如《郭沫若历史剧〈高渐离〉的版本与修改》，指出《高渐离》"主要有'群益修改本'和'文集本'的两次修改。剧作正文的文字改动分别达到 554 处和 433 处；两次都'完全改变'结尾，赋予不同的寓意"②。

上述成果拓宽了郭沫若研究的学术路径，将郭沫若研究推向了精细化，他们共同的特点就是以公开出版的郭沫若文学作品为考察对象，通过不同版本间的对比研究，寻找出其间的不同之处，以此来研判郭沫若进行作品修改的多重原因及其创作心理与文化心理的变迁，此种研究方法与路径尤其对郭沫若的文艺、学术思想的演变，作品审美特征的审视等方面都产生了较大的影响，使相关问题研究更加学理化。此种研究方法，逐渐成为郭沫若研究领域的一条常规路径和学术训练，并"建树一种版本意识"③，这种"版本意识"强化了郭沫若研究的史料基础，特别是对郭沫若研究走向精细化的方向提供了厚实的材料支撑。但是有一个问题我们必须

---

① 孟文博：《郭沫若〈文艺论集续集〉汇校异文全录》，《现代中国文学与文化》2014 年第 2 期。

② 宋宁：《郭沫若历史剧〈高渐离〉的版本与修改》，《现代中文学刊》2021 年第 6 期。

③ 金宏宇：《文本与版本的叠合》，中国社会科学出版社，2013，第 194 页。

加以重视，就是以上成果的研究范畴是版本与版本之间的修改与变化，无论是初刊本到初版本再到再刊本的演变与更替，还是单行本到选集本再到全集本的修改与变化，都是对郭沫若作品进入出版发行、社会传播和读者接受环节后的学术考察，也就是说是在大众传播视野中的学术考察。这就存在一个疑问，如果仅仅只是考察版本与版本之间的修改与异同，甚或是在此基础上进行有关修改与变化的学术研究，那么依此学术方法与路径真的就是回到研究的原点了吗？如果将郭沫若现存的手稿、手迹纳入研究视野的话，那么这个学术原点就要大大提前了。

二

顾名思义，手稿是作者在各类书写载体上遗留下笔迹的原稿，它们凝结着作者创作的各类信息，如修改痕迹、墨迹、用笺、落款等，都是考察历史文化信息的重要方面。

随着学界对作家生平和创作资料收集的重视、国外先进理论的引入，以及不同学科交叉研究的兴起等多方面原因，手稿学作为一种研究方法逐步在国内被越来越多的学者所重视和采用，尤其是"中国手稿学起步于现代作家手稿研究，时至今日，作家手稿依然是势头正盛"①。

虽然目前国内对现代作家手稿手迹的整理与研究方兴未艾，但是却存在着极大的不平衡性，就手稿研究本体而言，"应用手稿学蓬勃兴盛，理论手稿学停滞不前；文献学、史料学研究居多，多样性不足；内容研究为主，形式研究缺乏；手稿整理出版传播兴盛，手稿学理论研究不足"②。就手稿研究对象而言，则是鲁迅手稿研究一枝独秀，其余作家手稿研究相对匮乏。有关鲁迅手稿的收集整理从 20 世纪五六十年代就已经开始，标有"鲁迅手稿"字样的出版物，目前就有数种，如自 1960 年北京鲁迅博物馆编辑出版《鲁迅手稿选集》（文物出版社 1960 年版）、《鲁迅手稿选集续编》（文物出版社 1963 版）后，鲁迅手稿全集编辑委员会编《鲁迅手稿全集》由文物出版社于 1978 年后陆续出版，人民文学出版社《鲁迅手稿丛

---

① 徐强、刘竺岩：《2022 年国际手稿学研讨会综述》，在上海鲁迅纪念馆编《上海鲁迅研究·鲁迅与左联》（总第 98 辑），上海社会科学院出版社，2023。

② 徐强、刘竺岩：《2022 年国际手稿学研讨会综述》，在上海鲁迅纪念馆编《上海鲁迅研究·鲁迅与左联》（总第 98 辑），上海社会科学院出版社，2023。

编》（人民文学出版社 2014 年版）、国家图书馆编《国家图书馆藏鲁迅未刊翻译手稿》（共 6 册）（国家图书馆出版社 2014 年版），直至 2021 年国家图书馆出版社和文物出版社联合出版的 78 卷本《鲁迅手稿全集》出版问世。除此之外，陆续公布出版的分门别类的有关鲁迅手稿的资料也呈现出数量多、种类全的特点。综上可见，有关鲁迅手稿的资料已经相当丰富完备了。鲁迅手稿资料丰富完整，以及对其系统研究的状况，恰恰反衬出中国现代文学其他作家手稿研究的不足与薄弱的现状，特别是对与鲁迅同时期的郭沫若、老舍、茅盾等现代文学史上重要作家的手稿、手迹的研究相对于对他们文学作品解读、文艺思想阐释等方面的研究差距较大，形成了学术研究的洼地。对于郭沫若手稿的研究与他留存下来的数量相当可观的手稿、手迹相比，完全不成比例，形成了学术研究与客观存在的失衡现象。

就郭沫若手稿、手迹而言，不用说类似"全集"样式的资料汇编至今为止无一存在，就连单一类型的手稿、手迹的资料也寥寥无几。现在公开出版的有关郭沫若手稿、手迹类的作品主要有：《郭沫若书法集》（四川辞书出版社 1999 年版）、《郭沫若于立群墨迹》（人民日报出版社 2011 年版）、《郭沫若题画诗存》（山西教育出版社 1997 年版）、《墨耀中华——郭沫若题匾题签通览》（四川人民出版社 2022 年版）。以上出版物虽然集中展示了郭沫若多种样态的手写资料，但还存在一些不足。首先，从种类上来讲，上述出版物的内容还主要是郭沫若手迹类资料，手稿类资料较少；其次，从用途上来讲，上述出版物还多以展现书法作品为主，而非重要资料公布；再次，从数量上来讲，这些还仅仅只是现存郭沫若手稿、手迹的极小一部分；此外，上述出版物呈现的资料，无论是作为古体诗存在的题画诗，还是作为书法艺术的笔墨，都未能进行充分的研究。

截至目前，就笔者收集和整理的资料来看，郭沫若现存的手稿、手迹是相当丰富的，具体而言有如下几个特点。1. 数量众多，仅中国社会科学院郭沫若纪念馆馆藏各类手稿的数量就多达 1000 余件①；国家图书馆藏有《屈原》等手稿共计 23 种，1846 页；乐山市文管所藏郭沫若中学笔记及诗

---

① 此数据来源于郭沫若纪念馆文物登记资料。

稿共计 20 册，21 种，800 多页①。2. 形式多样，主要有文稿、未刊稿、往来书信、题画诗、批注等。3. 收藏存放地点呈现散点分散的特点，目前除了郭沫若纪念馆、国家图书馆、乐山市文管所比较集中收藏有郭沫若手稿外，中国现代文学馆、北京鲁迅纪念馆等各地各级各类博物馆、档案馆以及私人等均有收藏。因此，郭沫若的手稿、手迹可供收集、整理、研究的潜力非常巨大，学术价值极高。

三

严格来讲手稿与手迹还是有明显区别的，具体到郭沫若来说，其手稿主要包括他目前出版的学术著作、文学作品、译著等的原稿、抄稿，以及他与同时代人的书信、手札等，其手迹主要包括他所撰写的题词、牌匾、楹联、题画诗、各类书籍中的批注等。这些手稿、手迹相对鲁迅、老舍、茅盾等现代作家而言，数量多、种类齐、形式全，其中一小部分的手稿、手迹已经结集出版，或以学术论文内的插图、刊物封底或封面的图片，或在博物馆中作为展品陈列展出等多种方式向社会公开。在手稿方面，《郭沫若致文秋堂书简》以手稿的形式汇编了 1931 年 6 月至 1937 年 6 月郭沫若致日本东京文秋堂书店主人田中庆太郎父子的 230 函信札；《敝帚集与游学家书》中以手稿形式汇编了 68 封郭沫若家书；《郭沫若全集·考古编》的部分内容采用了郭沫若手稿；以上资料虽已出版，但却需要重新梳理、汇编在一起。在手迹方面，郭沫若在全国各地留下了海量的墨迹，如题写了故宫博物院、中国书店等牌匾，前述《郭沫若书法集》《郭沫若十立群墨迹》《郭沫若题画诗存》《墨耀中华——郭沫若题匾题签通览》等资料汇编集中出版了郭沫若大量手迹作品，此类别材料虽然较多，但是特别分散、易失，迫切需要进行系统整理、编排与整体性研究。

以上这些都是研究者可以公开查阅到的郭沫若手稿和手迹，除此之外，还有大量的郭沫若手稿、手迹未能公布于众。笔者就职的中国社会科学院郭沫若纪念馆的馆藏资料中就存有上千件郭沫若手稿、手迹。例如，因郭沫若归国抗战而遗落在日本，20 年后由朋友带回的手稿箱"沧海遗粟"，其中存有 9 种有关甲骨金文研究的珍贵手稿；如 1936 年鲁迅逝世后，

---

① 此数据来源于四川大学李怡教授的讲课资料。

郭沫若接连写下了《民族的杰作》、《怎样纪念鲁迅》、《鲁迅を吊ふ》（日语）等手稿进行悼念；1950 年 11 月 26 日，在匈牙利科学院大会期间，郭沫若参加匈牙利科学院语言学组讨论并且宣读了《斯大林论语言学在中国》的论文；1960 年，郭沫若作《读步辇图》，讲解了《步辇图》历史背景的手稿。郭沫若对古籍的批注也是较为重要的手迹资料，如《再生缘》的清样稿上，郭沫若亲笔做出了大量校改，如在卷首题跋道："观此书人物选姓颇有用意。书中三位主要人物，皇甫少华切黄字，梁素华切梁字，孟丽君切梦字，盖取《黄粱梦》为其主题也。此断非偶然。"郭沫若在其自藏的《管子集校》扉页题写："辨别真伪，诠次后先。读书得间，下笔有神。"以上手稿、手迹均藏于郭沫若纪念馆。

此外，还有相当数量的郭沫若文学手稿未被发现与系统整理，如 1945 年郭沫若给《现代交际舞》一书所写的序言，就是以手稿的形式出版的，但是此篇手稿未被《郭沫若年谱长编》等资料所记载。除郭沫若纪念馆外，还有其他机构也存有郭沫若手稿，例如 1954 年，郭沫若将 23 种 1846 页手稿捐赠北京图书馆①，北京图书馆将其编入手稿特藏专库，其中就包括著名的历史剧《屈原》的手稿，而这些手稿也至今未能被整理、研究。以上言及的郭沫若未公开手稿、手迹等珍贵资料亟待系统性、抢救性地整理、编目，以便能早日对外公开发布，供研究者合理使用，从而完善郭沫若学术研究的资料体系和话语体系建构。

通过系统研究，首先可以对郭沫若的手稿与手迹按照时间或类别等标准进行系统分类。通过手稿与出版本的比较研究，我们可以更为全面、客观地研究阐释郭沫若的文艺创作思想、史学研究方法等学术研究的难点和重点问题。通过对手稿、手迹的辨析，我们也能够全面了解和掌握郭沫若的文化人格，特别是通过留下手迹的地点、赠予手迹的人物类别等多方面的考证、分析与阐述，可以多方位、多角度全面认知郭沫若多元、复杂的文化心态。

以上列举的郭沫若手稿、手迹存量丰富，数量众多，但是目前为止还没有一套完整的《郭沫若手稿手迹全编》或《郭沫若手稿手迹资料汇编》等资料集为研究者提供具有完整性、系统性、分类性的汇编资料，因此，有关郭沫若手稿、手迹的研究具有较高的学术内涵和理论价值。

---

① 北京图书馆即现在国家图书馆的前身。

四

郭沫若的各种手稿、手迹无论从形式还是内容来讲，差异都非常大，对于如此庞杂的资料，目前还仅仅停留在收集和整理阶段，并未释放出其本体所蕴含的特殊历史记忆和独特学术价值，郭沫若手稿、手迹的研究已经迫在眉睫。

现存的郭沫若手稿、手迹具有极其重要的文献价值。郭沫若的手稿、手迹从20世纪初的中学堂笔记、诗稿、家书，一直延续到20世纪70年代的诗稿、译作、戏剧、题词等，几乎没有中断过。从郭沫若自身角度来说，这也正是其一生最真实的投影与写照，从中我们既可以梳理郭沫若人生发展的历程，特别是通过赏析字迹工整的笔记、家书，或是审视笔走龙蛇的诗作、题词，都可以深切地感受到郭沫若"对传统文化选择性继承与发展的愿望"①。另外从更细微的角度来说，还可以探究郭沫若书法艺术发展的脉络，通过对不同年龄阶段、不同历史时期郭沫若的书写风格、运笔方法、字体结构、笔画线条等方面的探究，还原与界定郭沫若"个人风格的书法美学"②。从社会历史发展的角度来讲，这些手稿是中国现代历史发展最真实的记录与展示，如果将郭沫若手稿、手迹按照历史发展的时间顺序排列组合，也恰好能够串连起中国现代历史发展的重要时间节点，我们也可以更加直观地感受到社会与历史变迁的曲折，如郭沫若在1942年3月所作《日本民族发展概观》手稿与1959年9月所作《颂北京》手稿对比，从书写的方式、字体大小等方面都可以直观感受到时代与历史发展对个体心理造成的显著影响。

研究郭沫若手稿、手迹最直接的作用与价值便是可以更正现存史料中存在的错讹问题。收录郭沫若1913~1923年留日十年家书的《樱花书简》"是郭沫若早期研究的珍贵文献……成书于上世纪80年代，根据原信手迹录入，其真实性和可靠性很少受到质疑，因此也历来为学界所重视"③。但

---

① 李继凯、李徽昭等：《汉字书写与现当代作家手稿》，广东高等教育出版社，2018，第27页。
② 李继凯、李徽昭等：《汉字书写与现当代作家手稿》，广东高等教育出版社，2018，第27页。
③ 周文：《郭沫若〈樱花书简〉研究》，山东师范大学硕士毕业论文，2009。

是就是这样一本学界所重视的郭沫若早期书信资料集问世后，也被很多学者发现了其中存在的错误，特别是"蔡震著《文化越境的行旅——郭沫若在日本二十年》，更正了《樱简》中若干封书信的时间"①，为此在"系统的整理、研究、校注"②的基础上辑成了《敝帚集与游学家书》，但是如果对照郭沫若 66 封早年家书的手稿，依然可发现其间在个别字词上还存在可供商榷之处，第五封书信中"兹已定明日搭乘京奉晚车"一句，在手稿中明显可见此句中并无"乘"字，应为"兹已定明日搭京奉晚车"。多此一字在现代汉语中看似并无差异，但仔细考虑一下，"搭乘"的确不妥，一是郭沫若给父母写信口语化色彩较浓郁，而"搭乘"则过于书面化、正式化；二是在汉语刚刚白话之时，双语词并不多，用单一动词搭宾语是当时语言的特点，"搭乘"并不符合当时汉语书写的规范。再如现珍藏于重庆三峡博物馆的一级文物"文工会签名轴"，其中有郭沫若现场题写的古体诗与对事件的说明，其中一句王锦厚先生在《关于〈文工会签名轴〉二三事》一文中识读为"晚会来宾题名者四百余人"③，对照手迹可见其中漏了一个"计"字，该句应为"晚会来宾题名者计四百余人"。以上所举的两处郭沫若史料中细微的错误之处，如果没有手稿进行比对阅读，是绝不可能被发现的。

对郭沫若的手稿与手迹按照时间或类别等标准进行系统分类后，再通过手稿与出版稿的比较研究，我们可以更为全面、客观地研究阐释郭沫若的文艺创作思想、史学研究方法等学术研究的难点和重点，通过对手稿、手迹的辨析，我们也能够全面了解和掌握郭沫若的文化人格，可以全方位、多角度认知郭沫若多元、复杂的文化心态。如以往我们大多认为在鲁迅生前郭沫若对鲁迅的态度多怨恨，而在鲁迅去世后郭沫若态度骤然变化，学界很多学者认为这是郭沫若情感虚假的表现，但是如果从郭沫若纪念馆馆藏《民族的杰作》的手稿中就会发现，手稿与发表稿时有多处明显区别，除个别字句的修改外。最大的变化便是删除了"尤其在最近，关于文学运动上，在同一阵营内不免小小有点论争，未得到先生的最后的裁

---

① 郭沫若著，郭平英、秦川编注《敝帚集与游学家书·编注后记》，中国社会科学出版社，2012，第 361 页。

② 郭沫若著，郭平英、秦川编注《敝帚集与游学家书·编注后记》，中国社会科学出版社，2012，第 362 页。

③ 王锦厚：《关于〈文工会签名轴〉二三事》，《新文学史料》2017 年第 1 期。

夺，遂倏尔离开了我们而长逝了"一句。从这句话可以明显看出郭沫若并非走向了无条件"崇鲁"的路线，而是一方面诚挚哀悼鲁迅先生，另一方面也继续坚持自己原有的观点。因此，对手稿、手迹的研究能更好还原一个真实全面的现代文化名人郭沫若。

郭沫若手稿、手迹的名人效应显著，市场价值巨大，因此伪造者众多，如陈明远就曾伪造大量郭沫若的书信，借此来提升自己的社会知名度，特别是很多拍卖市场上郭沫若的手迹难辨真假，如能有一套较为完整系统的《郭沫若手稿手迹全编》，将能更好地辨伪存真。因此，郭沫若手稿、手迹研究的社会效益和影响力也是显而易见的。

五

现存的郭沫若手稿与手迹，笔者将在收集整理已经出版过的郭沫若手稿、手迹的基础上，对全国各地重要图书馆、档案馆、博物馆、美术馆等处进行资料查阅、扫描复制，并在拍卖市场拍摄实物，收集相关书籍、期刊的封皮、插图中的郭沫若手稿、手迹。在此基础上，通过比较手稿与出版稿的异同，手迹的类别及字体演变方式等方法，总结郭沫若文艺思想的演变规律以及文化心态演变的历程。为此，就要建立起规范的学术路径与科学的学术方法，总体来讲需要从如下几个方面着手。

一是，要对郭沫若手稿、手迹作品进行分类整理。

郭沫若的手稿与手迹虽同为其书写行为留存的资料，但二者还是有着诸多不同，如手稿是作品出版前的原生样态，它们的篇幅更长、修改痕迹更多，而手迹是郭沫若专为某事、某刊或某单位题写的字句，它们的篇幅较短、留存形式多样、多分散存世。因此，对于二者应该进行分类整理，而目前已经出版的有关郭沫若手稿与手迹等资料集，也多以单类别形态出现，没有能够汇编在一起，形成系统性的资料。目前首要任务便是对现存郭沫若的手稿、手迹进行系统分类、整理，在此基础上通过查询、检索相关资料，继续收集相关资料，并按照已有的类别进行归类汇编，具体可分为《手稿编》（包括《文稿卷》《历史考古卷》《书信卷》），《手迹编》（包括《题诗卷》《楹联卷》《书法卷》《牌匾卷》《杂卷》）以及《索引》，可最终形成《郭沫若手稿手迹资料汇编》（暂定名）。

二是，要对分类整理后的郭沫若手稿和手迹进行学术研究。

郭沫若手稿、手迹研究，主要包括作品修改研究、文艺与史学思想研究、文化心理研究等方面。这些方面的研究将会进一步深化对郭沫若客观、全面、学理地认知。针对郭沫若的散文，有学者认为他"具有一颗诗人的热情奔放的心，是一种青年的热的诗的情趣"①，也有学者指出"郭沫若的自我、人格与个性在他的散文创作中获得了持续而丰富的展现"②。诸如此类的论断，多是在阅读郭沫若散文文本后得出的，如果能结合相关散文的手稿将会进一步验证这种认知。《银杏》是郭沫若创作于 1942 年的一篇散文，收入《波》，后又分别收入《沫若文集》第 1 卷和《郭沫若全集·文学编》第 10 卷，特别是在全集第 10 卷中的插图刊出了《银杏》的手稿，仅就这一页手稿我们便能看出郭沫若对于《银杏》初稿的修改程度，在不到 300 字的页面中，修改痕迹竟多达 40 处之多，有些句子完全是重新替换，由此可见郭沫若对散文创作的热情与专注。这一页手稿其实还不能完全说明问题。《银杏》手稿目前藏于中国社会科学院郭沫若纪念馆中，共有二件 6 页，第一件共有 2 页，第一页已经被《全集》所刊登，第二页字数较少，但修改痕迹也较多，这一件应该是初稿；第二件共有 4 页，从容量上来说增加了一倍，也就是郭沫若在初稿之后又进行重新构思与写作之后的修改稿，在第二件手稿的 4 页中，也有多处修改的痕迹。③ 因此，仅从现存《银杏》手稿的外观上就可以与上述两位学者关于郭沫若散文价值的学术论断相互印证。

因此，整理郭沫若手稿、手迹的主要目的在于促进郭沫若研究更加全面、客观和辩证，也为比较文学和文艺心理学研究提供新的视角，同时也可以以手稿与手迹的研究为切入点，尝试打通郭沫若研究文学、史学、考古学、古文字学等学科领域的壁垒，从综合性的角度对郭沫若进行整体性研究。

三是，要建立郭沫若手稿与手迹的目录索引及析出数据库。

目前郭沫若手稿、手迹的保存地点及所有权归属比较分散、复杂，如有些藏于中国社会科学院郭沫若纪念馆、国家图书馆、中国现代文学馆等公共机构之中，还有一部分属于私人藏品，这种状况对于研究者而言，查

---

① 阿英：《郭沫若》，《阿英文集》，生活·读书·新知三联书店，1981，第 136~137 页。
② 李怡：《"借文学来鸣我的存在"——郭沫若散文的历史价值》，《中国现代文学研究丛刊》2022 年第 6 期。
③ 根据中国社会科学院郭沫若纪念馆馆藏《银杏》手稿图片进行的文字概述。

阅相关资料就较为困难，特别是随着时间推移，手稿、手迹保存成本将会越来越高，损毁的可能性会更大。因此，建立郭沫若手稿、手迹的相关数据库，特别要首先建立一套注明郭沫若手稿、手迹的外观状况、写作时间、现存状况、收藏机构等基本信息的资料索引，对郭沫若手稿、手迹进行数字化技术处理，建立数字文档析出数据库，提供对外查询检索的服务链接，可更好地服务于科研与文化建设。

目前郭沫若手稿相对比较集中，而手迹分布较为分散，需要深入全国各地重要图书馆、档案馆、博物馆、美术馆进行收集，特别是有些手迹现为私人收藏，查找与使用较为困难。因此，本类研究工作需要投入大量的人力、物力，时间久远等客观原因也会造成查找目标的遗漏、缺失等。另外，郭沫若的手稿、手迹需要进行文字识别，因年代久远而图片不清晰、郭沫若字体难以辨识等，也必然会对整理、分类和研究工作造成实际的困难。笔者也迫切希望同仁能够提供相关线索，一起合力将郭沫若手稿、手迹的整理和研究工作推向更深入的阶段。

"贬鲁"及其遭遇，兼及共和国初期的文史细节

——以195×年2月17日郭沫若致
"×祖平"信札考释为中心*

袁洪权**

摘　要：《文艺报》1979年第5期披露的郭沫若致"×祖平"信札，1992年12月由中国社会科学出版社收录于《郭沫若书信集》（下）内，编者对收信人"×祖平"并没有相关注释，致使其关注度被降低。本文围绕这通信札做文史考释，依据信札的内容和影印件载体可以判断，收信人"祖平"即为时在重庆大学中文系任教的邵祖平教授，信札的写作时间可以确定为1952年2月17日。信札给研究界透露了共和国初期有关鲁迅评价的细节，即对鲁迅并不是一致的正面肯定评价，而是有"贬鲁"倾向。这场"贬鲁"评价，系1951年10月发生的西南区文艺界典型文化事件——"邵祖平污蔑鲁迅事件"。从郭沫若回信来反观，邵祖平写给郭氏的信札中透露出对鲁迅的"评价"，而郭在回信中表述了自己的"鲁迅观"，表明鲁迅是"可訾议"的，并重提1941年写就的《庄子与鲁迅》的"真实意图"。

关键词：共和国初期　郭沫若　致"×祖平"信札　"贬鲁"

为庆祝郭沫若百年诞辰，中国社会科学出版社1992年12月曾编辑出版《郭沫若书信集》一书（分为上下册），内收录郭沫若书信634通，其中有一通信的收信人为"×祖平"，但很可惜的是，编辑者没有对收信人进行相关注释，致使它的学术研究关注度被降低。这里，我们先全文抄录信件内容如下：

---

*　本文是国家社科基金项目"开明书店版'新文学选集'丛书专题研究（1951—1952）"和贵州师范大学博士资助项目"中国现当代文学文献学的理论与实践"的阶段性成果。

**　袁洪权，贵州师范大学文学院、文学·教育与文化传播研究中心教授。

×祖平先生：

二月二日给我的信，我拜读了。鲁迅先生确是不可及的。以他的年龄和所处的时代，象他那样跟着时代前进，一直站在最前头的人，实在少有。从发展的过程上来看，他自然也有些可訾议处。我的《庄子与鲁迅》，便是采取那样的角度来看的。鲁迅受过庄子的影响，但在思想上已经超越了庄子。和韩非子的思想更是立在两绝端的。只要是实事求是的研究，我觉得不算失敬。

足下对我，评价过高。我自内省，实毫无成就。拿文学来说，没有一篇作品可以满意。拿研究来说，根柢也不踏实。特别在解放以后，觉得空虚得很。政治上不能有所建树，著述研究也完全抛荒了，对着突飞猛进的时代，不免瞠然自失，我倒很羡慕教学工作，时常能与青年接近，并能作育青年。立人立己，两得其利。这事业是值得终身以之的。望足下不要轻视它。在四川住了十二年并不算长，重庆的偏僻正需要好的教师。

科学院无文学研究机构。丁玲所主持的研究院，以创作为主，年青人多，和先生的希望不符。我希望您仍然打起精神，为西南文化建设服务。学习马列主义，随处都可，不必北来。

　　此致

敬礼！

　　　　　　　　　　　　　　　　　　　　　　　郭沫若
　　　　　　　　　　　　　　　　　　　　　　　二月十七日[1]

其实，此信系《文艺报》1979 年 5 月首次披露的郭沫若 20 世纪 50 年代信札之一种，当时披露的目的是"纪念'五四'运动六十周年，并对在我国现代革命文艺运动中作出卓越贡献的郭沫若同志，表示深切的怀念"[2]。查阅关于郭沫若的研究成果，这通信的引用率并不高，至今也没有人对信件背后的相关文史问题进行梳理 [连《郭沫若年谱（1892—1978）》都没有注意此信]。因信件涉及 20 世纪 50 年代初期有关鲁迅的贬低性评价细节，

---

① 黄淳浩编《郭沫若书信集（下）》，中国社会科学出版社，1992，第 314~315 页。
② 《文艺报》编者按。王廷芳等整理《沫若书简》，《文艺报》1979 年第 5 期。

有重要的文史价值，本文拟对收信人、信件的写作年份进行考释，进而还原它在特定年代的学术价值，也为郭沫若研究、"×祖平"研究提供新的研究视角或奠定基础。

一 "×祖平"人名考释及其生平细节

这个"×祖平"是谁？粗看起来，确实无从判断。但认真阅读信件内容之后，我们发现，有几条"线索"把收信人"×祖平"的信息隐秘地透露了出来。一是"重庆的偏僻正需要好的教师"，表明收信人"×祖平"实际上在重庆从事教育工作。二是"我倒很羡慕教学工作……"，说明收信人"×祖平"此时就在重庆的一所大学里教书。三是"在四川住了十二年"，说明收信人"×祖平"至郭沫若这年二月十七日回信之时仍驻足四川（包括今天的重庆直辖市辖区）境内，已经有十二年之久。四是从郭沫若的回信内容来看，收信人"×祖平"给郭写信之前，因其对鲁迅的相关评论或议论，曾在重庆地区（共和国初期的"西南区"）引发了很大的"风波"，估计在他给郭沫若的信件中，其内容里谈及对鲁迅的"非主流评价"，结合郭沫若的回信口吻来看，这种评价和此时的主流评价完全不一致。查阅人民共和国初期西南区重要的党报——重庆《新华日报》，我们知道 1951 年 11 月至 12 月曾发生过"邵祖平污蔑鲁迅事件"。这"×祖平"是不是邵祖平？查《中国近现代人物名号大辞典》，我们发现"祖平"确为邵祖平的名号之一。① 这就可以进一步确定，郭沫若复信的收信人应是"邵祖平"。另外，1979 年第 5 期《文艺报》披露此信时，附有信件的手迹。因信件的提供者和整理者为王廷芳（郭沫若秘书）、张澄寰（郭庶英丈夫）、郭庶英、郭平英，说明披露的手迹稿为郭沫若起草回信的原件，真正寄送给邵祖平先生的信应为抄件。② 尽管信件涂改的地方很多（近二十处），其抬头第一个字也被涂抹，但从笔迹的影底辨识中，明显能够准确判断出此字正是"邵"字。③ 那么，这封信可以确定是郭沫若给"邵祖

---

① 陈玉堂编著《中国近现代人物名号大辞典》（全编增订本），浙江古籍出版社，2005，第733 页。

② 此处很感谢郭沫若研究专家蔡震先生，他在审读论文初稿后，建议我重新思考信件背后的相关内容，这让我进一步判断，此信的手迹是起草稿，郭沫若寄送给邵祖平的信件其实为抄件。此信邵氏后人至今没有公布，很可能已在"文革"中丢失。

③ 王廷芳等整理《沫若书简》，《文艺报》1979 年第 5 期。

平"的回信。

对于邵祖平的相关情况，今人知之不多。包括《20 世纪中华人物名字号辞典》（法律出版社 2000 年 6 月版）、《词学图册（第八册）》（黄山书社 2011 年 8 月版）这样的辞书在内，对他的生平介绍均很简单，《吴宓日记续编 1949—1953》中倒是对他有详细的介绍文字（尽管系注释），为研究提供了线索，这里抄录如下：

> 邵祖平（1898—1969），字潭秋，江西南昌人。江西省立二中毕业，刻苦自学。曾任南京东南大学附中教员，东南大学中文系教授，杭州之江大学中文系讲师，浙江大学中文系副教授、教授。抗战期间，任教中央大学医学院，朝阳法学院，四川大学，金陵女子文理学院，华西大学及西南美专等校。1947 年任重庆大学中文系教授。1952年调四川大学。1956 年调北京中国人民大学新闻系，1957 年被划为右派。1958 年调往西宁青海民族学院，1965 年退休后回杭定居。1969年以藏书被抄没，突发脑溢血逝世。①

但这条注释并没有列出邵氏著作出版的相关记载，与《江西省人物志》编纂委员会整理的邵氏生平状况有一定出入，此处仍做抄录以便对比：

> 邵祖平（1898—1969）　字潭秋，南昌县人。少年博极群书，曾师从国学大师章太炎。1922 年，受聘为《学衡》杂志编辑，执教东南、之江、浙江等大学。1933 年，章太炎在苏州举办国学讲习会，聘他为讲习。次年任铁道部次长曾养甫秘书。京沪沦陷，携家逃难粤、桂、黔、川等地，后在成都任朝阳法学院、四川大学、金陵女子大学、华西大学、西北大学、西南美术专科学校教授。1947 年，任教重庆大学、四川教育学院。1953 年院系调整，邵返四川大学任教。1956年，奉调北京中国人民大学。1958 年，调青海民族学院，退休后寓居杭州，卒葬杭州老东岳法华寺侧。所著《中国观人论》（开明书店1933 年），章太炎撰序中誉为"神骏之姿"。作诗涵茹古今，诗风洗炼逸秀，沉挚奇崛，自成一家，为先辈陈三立、黄季刚、胡先骕等交

---

① 吴宓：《吴宓日记续编 1949—1953》第 1 册，三联书店，2006，第 6 页。

口称赞。著有《培风楼诗存》《续存》（商务印书馆 1932 年版、1946 年版、成都 1938 年木刻版）、《文字学概论》（商务印书馆 1930 年版）、《七绝诗论诗话合编》（中国文化服务社 1943 年版）、《国学导读》（商务印书馆 1947 年版）、《词心笺评》《乐府诗选》（商务印书馆 1949 年版）。①

两则介绍邵氏生平的文字都比较权威，内容对比中却明显地呈现出问题：一是邵祖平来四川（当年的"大四川"概念）的时间，两则生平文字介绍中都是模糊的，这让研究者判断他"在四川住了十二年"有难度；二是邵祖平到底是"1952 年"，还是"1953 年"离开重庆大学前往四川大学的？这两个时间点，对于准确判断信件的写作年份有重要的参考价值。当然，从这通信我们也能够看出，在 20 世纪 50 年代的人民共和国初期岁月里，邵祖平这样的旧派文人曾向时为中国科学院院长的郭沫若写信请求帮助，想调入北京的中国科学院从事专门的学术研究，并认真学习"马列主义"。而这背后的工作调动缘由，或许从这通信的文史考证中可以窥见一些线索。

作者邵祖平教授像（1898~1969）

（左图为郭沫若致"祖平"信手迹，原载《文艺报》1979 年第 5 期；
右图为邵祖平像，来源于《培风楼诗》插页，浙江大学出版社，2000）

---

① 《江西省人物志》编纂委员会编《江西省人物志》，方志出版社，2007，第 439 页。

二　信件的写作时间：一九五二年二月十七日

先回到信件的写作年份这一关键问题上来。此信在 1979 年 5 月首次披露的过程中，提供者及编辑者并没有把信件的写作年份考订出来，特别注明"复信的具体年份尚待查考"①。单演义、鲁歌两位研究者编注的《鲁迅与郭沫若》那本书时也注意到此信，仍旧沿用《文艺报》编者按的说法。②1992 年 12 月结集出版《郭沫若书信集》时，编辑者仍没有标明信件的写作年份，而是以"195×年 2 月 17 日"作了标注，使这通信仍旧有些模糊。这给学术界理解和考辨此信带来了难题。或许，这也是此信没有被研究界注意的重要原因。如何把这通信放置到特定历史环境中加以理解，关键之点实际上就在信件写作年份的确定上。依据信件的内容，本文试着从以下几点线索来做推测。

一、郭沫若提及的"特别在解放以后，觉得空虚得很""科学院无文学研究机构"，说明信件的写作时间在 1950 年至 1955 年之间。理由在于，此信的"解放以后"是 20 世纪 50 年代以来独特的指称词，特指 1949 年10 月 1 日之后，新中国成立才意味着真正的"解放"。而信中提及的"科学院"，全称为"中国科学院"，成立于 1949 年 11 月，郭沫若是首任院长。中国科学院的文学研究机构为"文学研究所"，它的前身为 1953 年 2月 22 日成立的北京大学文学研究所，郑振铎任所长，何其芳、毛星任副所长，最初隶属于北京大学，称为北京大学文学研究所。1955 年 6 月 2 日，北京大学文学研究所拨归中国科学院管理，改称"中国科学院文学研究所"。③ 到底是 1950 年 2 月 17 日，还是 1951 年、1952 年、1953 年、1954年、1955 年的 2 月 17 日？还有待进一步寻找线索查考。

二、"丁玲所主持的研究院，以创作为主，年青人多"，透露出信件的写作年份应该是 1950 年之后。这个"研究院"，最初拟仿照苏联高尔基文学院的模式，筹建并创办"文学研究院"。④ 1950 年 7 月，中央文学研究

---

① 《文艺报》编者按。王廷芳等整理《沫若书简》，《文艺报》1979 年第 5 期。
② 单演义、鲁歌编注《鲁迅与郭沫若》，徐州师范学院学报编辑部 1979 年学报增刊，第339~340 页。
③ 里海、陈辉编《中国科学院 1949—1956》，科学出版社，1957，第 33 页。
④ 康濯：《往事·今朝》，重庆出版社，1992，第 108 页。

所筹备委员会成立。最后定名为"中央文学研究所"，而不是"文学研究院"。该年 12 月 8 日中央人民政府政务院第 61 次会议通过任免的各项名单，丁玲为中央文学研究所主任，张天翼为副主任。① 1951 年 1 月 8 日，中央文学研究所正式开学，郭沫若（政务院副总理，文教委员会主任，全国文联主席，中国科学院院长）、茅盾（文化部部长，全国文协主席，《人民文学》主编）、周扬（中宣部副部长，文化部副部长，全国文联副主席）、丁玲（全国文协副主席，中宣部文艺处处长，《文艺报》主编）、沙可夫（全国文协秘书长）、李伯钊（北京市文联副主席，《说说唱唱》主编）、李广田（清华大学中文系主任）出席了开学典礼。② 1954 年 2 月，中央文学研究所更名为中国作家协会文学讲习所。郭氏理解的"研究院"，正是中央文学研究所。这否定了此信写于 1950、1954、1955 年 2 月 27 日的可能，只能在 1951 年至 1953 年的年份中来确认。

三、"在四川住了十二年并不算长，重庆的偏僻正需要好的教师"，说明到郭沫若起草回信之时，邵祖平已经在四川居住了十二年之久，而且回信的收信地点在重庆，时为当时的六大军区西南区的军政首府所在地。那么，邵祖平是哪年到达成都就显得很重要。而他哪年离开重庆，对信件写作年份的确认就显得非常重要。郭沫若给邵祖平回信之时，邵氏还在重庆大学中文系任教。1952 年下半年的全国高等院校院系调整过程中，重庆大学文科分离，邵氏调往成都的四川大学中文系。查阅四川大学校史、重庆大学校史的院系调整记录文字，它们是相互矛盾的。重庆大学校史明确地记录 1952 年下半年院系调整后，中文系并入四川大学，完成于 1952 年 11 月 19 日前③，但四川大学记录的却是 1953 年上半年重庆大学中文系并入四川大学。④ 如果重庆大学中文系 1952 年下半年并入四川大学，那邵祖平离开重庆的时间在 1952 年下半年（11 月中下旬），信件的写作年份应该在

---

① 《政务会议通过的各项任免名单》，《人民日报》1950 年 12 月 11 日。

② 白原：《记中央文学研究所》，《人民日报》1951 年 1 月 13 日。

③ 重大校史记录是这样陈述的："从 9 月 28 日起，至 11 月 19 日止，仅用一个半月时间，调整搬迁工作即基本结束。这次调整，计共调出教师 133 名，其中教授 44 名，讲师 12 名，助教 66 名。他们被分别调往下列各学校、单位：四川大学 12 人，华西大学 27 人，四川财经学院 4 人，四川化工学院 15 人，西南师范学院 12 人，西南政法学院 26 人，西南财经学院 14 人，重庆土木建筑工程学院 24 人，西南农学院 1 人，西南文教部 2 人，西南卫生部 2 人。"《重庆大学校史》编委会编《重庆大学 1949.10—1994》（下册），重庆大学出版社，1994，第 35 页。

④ 谢和平主编《世纪弦歌百年回响：四川大学校史展》，四川大学出版社，2007，第 147 页。

1952 年。如果重庆大学中文系并入四川大学的时间在 1953 年上半年，那信件的写作年份应该在 1952 年或 1953 年。而《培风楼诗》的邵祖平传略中，提及"京沪沦陷，先生举家内徙，在成渝历任朝阳法学院、四川大学、金陵女子大学、华西大学、西北大学、西南美术专科学校等高等院校教授"①。在"举家内徙"过程中，他的足迹遍于粤、桂、黔等地，考虑处于战争期间，其行程花费时间应该不短。《培风楼诗》的《自序（民国二十八年）》特别说明，这篇"自序"（实为第二篇自序）写于这年腊月的"成都小天竺"②，证明邵氏 1940 年（己卯年）腊月居住在成都小天竺附近。而在己卯年的元旦和初春，两位友人（杨圻、汪兆镛）曾给邵祖平的《培风楼诗》写过"序言"，杨、汪时在广东。杨圻在序言中有这样的介绍："潭秋今将入川，且刊其诗。"③ 说明邵祖平与杨圻的见面时间应该在1941 年元旦前后；汪兆镛在序言中也有邵氏的行踪记录，"今游湘桂，饱览佳山水，又将入蜀"④，落款时间为"己卯年初春"。这样的行踪透露可以明显地看出，邵祖平应在 1941 年春节前（农历己卯年腊月）到达四川的。结合战乱年代的行踪，考虑到一大家子人的行走艰难，从广东经过广西进入贵州，再到达四川，其时间花费应该不短。综合这两种可能性的交集年份，长达十二年之久的 1953 年的可能性可以排除。它到底写于 1951 年，还是 1952 年？

四、"学习马列主义，随处都可，不必北来"一句，成为理解信件写作年份的"关键"。邵祖平作为重庆大学中文系的大学教授（非共产党员干部，重要的统战对象⑤），被要求认真学习"马列主义"，说明此时全国高等学校已经开始进行所谓的"思想改造学习"运动。这场运动最初于1951 年 9 月在京津地区高等学校中进行。该年 10 月 23 日召开的全国政协一届三次会议上，毛泽东明确指出："在我国的文化教育战线和各种知识分子中，根据中央人民政府的方针，广泛地开展了一个自我教育和自我改

---

① 童明伦：《邵祖平传略》，载邵祖平《培风楼诗》，浙江大学出版社，2000，第 1 页。
② 邵氏《培风楼诗》浙江大学出版社 2000 年版，对 1946 年版有删节和修订。落款"成都小天竺"字样在 2000 年版中被删掉，此处参照早期版本。邵祖平：《自序（民国二十八年）》，《培风楼诗》，商务印书馆，1946，第 2 页。
③ 杨圻：《江东云史杨圻序》，载邵祖平《培风楼诗》，浙江大学出版社，2000，第 3 页。
④ 汪兆镛：《罗浮汪兆镛序》，载邵祖平《培风楼诗》，浙江大学出版社，2000，第 4 页。
⑤ 吴宓日记中专门提及邵祖平和刘伯承的私交关系，见 1951 年 8 月 18 日日记。吴宓：《吴宓日记续编 1949—1953》第 1 册，第 192 页。

造的运动，这同样是我国值得庆贺的新气象。"① 郭沫若接着毛泽东的话继续展开其叙述，对全国文教战线提出更为明确的要求："我们必须在整个文化教育战线上，包括教育、科学、艺术、出版各个部门，积极地、大胆地发展这样的思想讨论，以便改造旧思想，确立马克思列宁主义在文化教育工作中的领导地位，巩固并扩大反帝国主义、反封建主义的伟大胜利。"② 1952 年 1 月 5 日，中国人民政治协商会议全国委员会常务委员会第三十四次会议通过《中国人民政治协商会议全国委员会常务委员会关于展开各界人士思想改造的学习运动的决定》，全国性思想改造的学习运动正式拉开帷幕，学习的基本内容中第一点，就是"学习理论，即学习马克思列宁主义的基本理论，学习马克思列宁主义与中国革命相结合的毛泽东思想，以求了解中国革命的前途，取得正确的革命的观点"③。它也被列为1952 年全国教育工作的基本任务，"在今年要特别注意去做，那就是响应毛主席的号召，大力开展全国教育工作者的思想改造运动，有系统地组织对马克思列宁主义与中国革命实践相结合的毛泽东思想的学习"④。这和信件中谈到的"学习马列主义"，显然是一致的。这进一步证明郭沫若回信的写作年份，就是 1952 年。自 1952 年 1 月起，全国高等学校进行思想改造学习的运动正式开始。郭沫若复信时间，只能是在这场运动开展之后写出的。同时，郭沫若这通回信提及关于鲁迅的评价，明显针对的是邵祖平来信内容的回复，说明此时"污蔑鲁迅事件"（1951 年 11 月）对他造成了心理伤害，郭沫若回信中"他（指鲁迅——引者注）自然也有些可訾议处"可与此形成文字对应，郭氏试图以这种话语安慰处于精神困境中的邵祖平。

　　我们还可以从吴宓日记和时在重庆大学中文系工作的张默生先生的情况，来反观前面的推断。作为《学衡》派重要成员的吴宓，此时生活在重庆市区（沙坪坝），和邵祖平有些交往记录。吴宓 1949 年 4 月 29 日到重庆并在重庆大学外文系兼课，这与邵祖平的引荐有密切关系，他在 1952 年 7 月"忠诚老实运动"的交代材料中提及此事，"到相辉、勉仁后，重庆大

---

① 毛泽东：《中国人民政治协商会议第一届全国委员会第三次会议的开会词》，《人民日报》1951 年 10 月 24 日。

② 郭沫若：《关于文化教育工作的报告——一九五一年十月二十五日在中国人民政治协商会议第一届全国委员会第三次会议上的报告》，《人民日报》1951 年 11 月 5 日。

③ 《中国人民政治协商会议全国委员会常务委员会关于展开各界人士思想改造的学习运动的决定》，《建国以来重要文献选编》第三册，中央文献出版社，1992，第 11 页。

④ 《社论：一九五二年全国教育工作的基本任务》，《人民教育》1952 年第 1 期。

学校长（清华校友）张洪沅派外文系主任熊正瑝到北碚，以邵祖平教授为介，邀宓任重大外文系兼任教授，允之"。① 吴宓人民共和国初期日记首次出现邵祖平的名字，是在 1949 年 12 月 17 日，"午饭进白酒。下午收拾行李。平来，赠诗（存，录）。拟和，未成"②。日记整理者对"平"做了注释，特别说明指的是"邵祖平"。之后，吴宓日记中他断断续续记下了和邵祖平（日记中多以"平"字指代）的交往细节。在《吴宓日记续编1949—1953》中，涉及邵祖平的记录多达近百条，其中有关于邵祖平找工作和调动工作的有如下七条，此处抄录如下：

（1）1951 年 6 月 6 日：5：00 平来，示诗（蘋），求介往西北大学。宓殊不悦，陪访儒。（第 149 页）

（2）1951 年 6 月 20 日：9-10 函西北大学岳劼恒、高元白，荐平为西北大学教授，祈询商示复。从平之命也。10：00 偕济波至重大访平，候至正午，仍不归。乃留柬及致西北函，而偕济波至朴宅，赴宓请宴。（第 159 页）

（3）1951 年 7 月 23 日：昨晚接高元白七月九日复函，西北大学不能聘平。（第 177 页）

（4）1951 年 8 月 18 日：平来，述重大中文系新聘钢而摈朴，而平则以刘伯承主席之宠而固位亦。（第 192 页）

（5）1951 年 11 月 24 日：正午……饭后与梓略谈，遂至赘庐访平。盖平以未得为文联古代文艺研究会执委，又不得为会员，甚为愤懑。此实由于何剑熏之龃龉，而平于十一月十六日、二十二日两函责宓不能仗义执言，与熏对抗，或赴诉于文联，云云。按此乌可行！故宓往温慰平。平仍不能心平气和、安分守命，决不为熏所屈，且谓熏志在驱平出重大，熏已潜诉平于文教部，部中派女员潘广文日前来询平以其详，平遂直陈熏之恶上闻。今平既与熏决裂，不得不速为下学年枝栖之计，实不能且不甘续重大教授云云。宓劝以安居忍气，不听。平又述稚荃十月一日在城中寓宅遭受突击检查，信函著作并为翻检，其中往还人之姓名悉抄去，故日前稚荃来此，平已以《稚荃诗

① 吴宓：《吴宓日记续编 1949—1953》第 1 册，第 12 页。
② 吴宓：《吴宓日记续编 1949—1953》第 1 册，第 6 页。

稿》面交其带回去云云。又南京宅已非稚荃所有，退押款甚难筹足云云。宓借取平编选之《晚唐名家诗抄》归读。（第 246~247 页）

（6）1952 年 3 月 28 日：上午平来，知当局不许平妻迁京，前计作罢。（第 316 页）

（7）1952 年 10 月 11 日：接平十月十日函，告将往新乡平原省立师范学院，由邮汇还 1951 年所借宓款十万元，清。借宓书付稚荃读，云云。宓即复一函，介见曾昭正夫妇求存行李。此函寄稚荃与克全面交平收。（第 437 页）

吴宓日记中的线索看起来已很清晰：1951 年 6 月开始，邵祖平有调动工作的打算，最先他考虑的是前往西北大学，曾委托吴宓把他引荐给岳劼恒（时为西北大学教务长①）、高元白（时为西北大学中文系主任②），但高元白复函表示西北大学不打算聘请邵氏；11 月份开始，邵祖平与何剑熏（重庆大学中文系主任）发生的矛盾进一步加剧，导致他有离开重庆大学的打算；1952 年 3 月 28 日，邵祖平会见吴宓告知自己不能迁京的理由，说明在这一段时间里，他都有迁京和离开重庆大学的想法。这也表明，在 1952 年 3 月 28 日之前，邵祖平给北京那边的人写信表达过此意（或许，邵氏不止给郭沫若一人写过信）。郭沫若这通回信，应该与吴宓日记中涉及的邵氏工作调动入京有关联。③ 与邵祖平同在重庆大学中文系教书的张默生教授，1952 年院系调整之后前往四川大学中文系，作为重庆大学中文系老同事，他们两人进入四川大学中文系的时间应该是大体一致的，张默生生平情况中有这样的文字："1950 年 8 月至 1952 年 9 月，专任重庆大学中文系教授。1952 年 10 月至 1966 年 1 月，任四川大学中文系教授兼系主任。"④张默生的公子曾提及张氏在四川大学任教情况，与此处介绍的时间点是吻

① 周川主编《中国近现代高等教育人物辞典》，福建教育出版社，2012，第 404 页。
② 中国语言学会《中国现代语言学家传略》编写组：《中国现代语言学家传略》第 1 卷，河北教育出版社，2004，第 291 页。
③ 至于邵祖平以什么样的渠道给郭沫若写信，我想可能和时在中国科学院工作的胡先骕有一定的关系。胡先骕与邵祖平同为"学衡派"文人，交往颇为密切，胡先骕时任中国科学院植物分类研究所研究员。
④ 《中国社会科学家辞典》（现代卷）编委会编《中国社会科学家辞典》（现代卷），甘肃人民出版社，1986，第 479 页。

合的。这说明，迟至 1952 年 10 月，重庆大学已经完成了"院系调整"①，中文系并入四川大学，邵祖平也应该是在这个时候离开重庆的。那么，吴宓日记中记录的 1952 年 10 月 10 日的函，应该是邵氏离开重庆最后一次和吴宓的信件交待（包括还款），那时在全国高等学校的院系调整过程中，邵氏可以选择前往平原省立师范学院，但最终选择是前往四川大学中文系（很可能与抗战时期他曾在四川大学中文系工作经历有关）。结合信尾的落款日期，我们可以确定，郭沫若给邵祖平信的写作时间，就是"1952 年 2 月 17 日"。

三 "贬鲁"：信件的文史价值与二十世纪五十年代文学史的细节评价

学者金宏宇曾指出，"作家书信的文学史价值首先体现为史料价值"，"作家书信的历史价值更主要地体现在它所具有的文学史料价值上"②。有些文学史料，只能存在于日记或书信之中，而不可能在公开的出版物中呈现，更不可能以此为由头撰写披露信息的文章，这也是文学史料研究者要特别注意的。邵祖平尽管不是五四新文学作家，但他在交往过程中却与很多新文学家有"交集"，比如鲁迅、沙汀、艾芜和何剑熏。这通信札的写作时间确定为"1952 年 2 月 17 日"，为下一步还原它的文史价值奠定了时间基础，它的史料价值可以进一步做出相应论述。

首先，从信札内容中能够看到，郭沫若在人民共和国的初期岁月里（至少在 1954 年之前），其真实心态与之前的大部分传记透露的完全不一样。

信件中郭氏自述，"我自内省，实毫无成就。拿文学来说，没有一篇作品可以满意。拿研究来说，根柢也不踏实。特别在解放以后，觉得空虚得很。政治上不能有所建树，著述研究也完全抛荒了，对着突飞猛进的时代，不免瞠然自失"等说法，的确让人感到很惊讶。此时，作为新中国成立初期重要的统战对象、著名的民主人士、知识分子的典型代表，郭沫若身居要职（中华全国文学艺术界联合会主席，政务院副总理，政务院文教

---

① 《人民日报》1952 年 9 月 24 日刊文，提到重庆大学的院系调整，"西南区的重庆大学改为多科性高等工业学校，同时新设重庆土木建筑学院、重庆化学工业学院等院校"。《全国高等学校院系调整基本完成》，《新华月报》1952 年第 10 期。

② 金宏宇：《中国现代作家书信的文史价值》，《中国现代文学研究丛刊》2016 年第 9 期。

委员会主任，中国科学院院长）。表面上，郭沫若是春光满面、风头十足的，他频频露面于国内重要的媒介（不管是报纸、杂志，还是广播），但是，在繁华热闹的政治光环下，特别是在给邵祖平的回信里，我们却看到了郭沫若的"另一面"：失落且自责。

郭沫若为什么会对自己有"解放以后，觉得空虚得很"的感叹，甚至有"政治上不能有所建树，著述研究也完全抛荒了，对着突飞猛进的时代，不免瞠然自失"的看法？这是不是涉及人民共和国初期文艺战线上的"统一战线"政策？一方面，作为政治家，按照中国传统文人的政治理想与政治抱负，郭氏肯定有他的政治追求和政治期待。否则，不可能有他20世纪20年代的革命行动（赴广东参加北伐运动），也不可能有30年代后期的"别妇抛雏"（接受南京国民政府的政治安排，担任政治部第三厅厅长）的决然态度。骨子里，郭沫若的政治家身份对他的行动有潜在的推进作用，使他在看待新中国的政治上有自己的看法。公开文章里肯定不适合表述这些敏感的政治话题，但在私人性话语很强的书信中，他偶尔也会有不自然的流露。另一方面，作为新政权体制内的高层人士，郭沫若似乎对新中国初期民主人士的政治处境、政治待遇有自己独特的感受。而这种感受，可能还不仅郭沫若这样的人所有，柳亚子等南社成员，甚至宋云彬、常任侠这样的文化人，恐怕都有这样的心态，对这条隐线的相关文史梳理，更有助于学术界理解共和国初期的文化人心态。

其次，邵祖平作为旧派文人（学衡派）和统战对象（知名人士、知识分子），他如何适应新社会（人民共和国这一新政权及执政的中国共产党）对他的思想要求？郭沫若回信反映了这一敏感的思想史问题。

1952年2月之前，有关中国现代文学史的"叙述"，已经逐步形成统一的叙述方式和话语。按照1951年6月教育部有关《中国新文学史》教学大纲的规定，该课程的要求是"运用新观点、新方法，讲述自'五四时代'到现在的中国新文学的发展史，着重各阶段的文艺思想斗争和其发展状况，以及散文、诗歌、戏剧、小说等著名作家和作品的评述"[①]。"学衡派"被部定教学大纲（初稿）的具体实施方案列入新文化运动的"对立

---

① 中央人民政府教育部编印《高等学校课程草案（文法理工学院各系）》，光明日报出版社，1950，第3页。

面"，作为"新文学"重要的反面对手被定性为具有"封建的和买办的思想"①。这种课程的政治文化塑形，本身涉及邵祖平等"学衡派"文人的文化处境及其身份认定。王瑶在《中国新文学史稿》中，对"学衡派"的情况描述如下："一九二一年一月南京出了一种《学衡》杂志，以胡先骕梅光迪吴宓等为主，写了很多攻击新文化与文学革命的文章，这些人都是留学生出身，是标准的封建文化与买办文化相结合的代表，很能援引西方典籍来'护圣卫道'，直接地主张文章应该由摹仿而脱胎，而不应创造。"②吴宓在日记中透露出"学衡派"这一学派对他产生的负面影响。作为后期学衡派中坚力量的邵祖平，当然也不能逃避这一尴尬的文化处境。

而邵祖平在人民共和国初期的西南地区，并没有本分地固守统战政策下的政治身份安排，反而在 1951 年 10 月挑起对鲁迅的贬低性评价，进而引发了一场文化风波，这就是"邵祖平污蔑鲁迅事件"。具体细节有研究者撰述其过程③，不过笔者尤关切的是，为什么此时邵祖平描述日常生活中的鲁迅就变成了"污蔑"鲁迅的行为？当然，邵氏没有区分"生活鲁迅"与"思想鲁迅"之间的本质联系，没有跟着共和国初期思想界对鲁迅的"神化"，显示出他为人坦诚的一面。但这种举动，在此时期已经完全变味，甚至变成敏感的思想问题，还可能被别有用心者上纲上线。而有批评者就指出，邵祖平思想反动的根源，"乃出于封建堡垒《学衡》杂志，平为社员，故其顽固非偶然"④。而这一批判背后看出政治定位对于文化人的潜在影响力，尽管邵祖平是共和国初期西南区文艺战线上的统战对象（吴宓日记透露出邵氏与西南区军政领导人刘伯承的私人关系），但鉴于他思想状况的复杂性，通过这一公开批判事件，至少让邵氏在思想上不得不有所收敛，在言行上更加刻意注意，甚至达到新政权对意识形态塑形的内在要求（尽管他不是主动靠拢）。1952 年邵祖平给郭沫若写信表达进京的想法，一方面显示出他向北京的政治与文化中心靠拢的心理，另一方面也显示出他有意逃避西南区文化界的想法。毕竟他在西南区文化战线上，是

---

① 《〈中国新文学史〉教学大纲（初稿）》，载李何林等《中国新文学史研究》，新建设杂志社，1951，第 7 页。
② 王瑶：《中国新文学史稿》（上册），开明书店，1951，第 35 页。
③ 于强：《共和国成立后第一次公开非议鲁迅事件始末——1951 年邵祖平"污蔑"鲁迅事件探析》，《现代中文学刊》2016 年第 3 期。
④ 吴宓：《吴宓日记续编 1949—1953》第 1 册，第 251 页。

一个重要的"示众对象"。后来在 1957 年反右运动中，他还是因为自己的言行获罪，被定为"右派分子"，最终远调西宁的青海民族学院直至退休。

最后，郭沫若的旧文《庄子与鲁迅》的真实写作意图，值得学界重新反思。这篇文章写于 1940 年 12 月 18 日，文章的写作缘由，原来是郭沫若因为听到青年朋友们议论阅读鲁迅的作品"恐怕非要有注解不行了"[①]。文章认为鲁迅颇受庄子思想的影响，"爱用庄子所独有的词汇，爱引庄子的话，爱取《庄子》书中的故事为题材而从事创作，在文辞上赞美过庄子，在思想上也不免有多少庄子的反映"[②]。但同时，文章还有另一层意思，这就是对鲁迅的"批评"。

在笔者看来，郭沫若阅读鲁迅的作品还是很细致的。在阅读札记中，他先后罗列了鲁迅在语汇、词句、创作题材、文章家、庄子思想上一些值得注意的地方，同时也指出了鲁迅在词句、创作题材、庄子思想理解上存在的明显错误。关于词句，郭沫若认为，"因早年熟读，所以有不少辞句活在记忆里，但晚年丢生，所以有些实在不免'记的不真确'"，并且还说，"《庄子》本是极容易接近的书，鲁迅作文时，虽是自己有些耽心'记不真确'，但也不愿意一查，这儿正表现着鲁迅的坚毅的性格的一面——虽略耽心，却有自信；因要摆脱，率性不翻"[③]。仔细辩读这些话语，明眼人都看得出来他对鲁迅进行的是一种批判。关于对庄子思想的理解，郭沫若还对鲁迅"把庄子认定为纯粹的出世派，纯粹的虚无主义者"提出了自己的观察，认为"庄子并不是纯粹地忘情于人世的人"[④]，表达出他与鲁迅在对庄子看法上的明显差异。关于题材创作，郭沫若对鲁迅历史小说《起死》中庄子人物形象的传达提出批评："还有他（指庄子——引者注）的象貌是瘦长的颈子和无血色的黄瘦面孔——关于这，鲁迅的《起死》里面，描写成'黑瘦面皮'多少是失却根据"[⑤]。

其实，郭沫若写作的关于鲁迅的文章，还有一篇也是批评鲁迅的，这就是《关于"接受文学遗产"》。郭沫若在文中指出，鲁迅《故乡》一文

---

① 郭沫若：《庄子与鲁迅》，载国家出版事业管理局版本图书馆研究室编《鲁迅思想研究资料》（下），内部资料，1977，第 191 页。

② 郭沫若：《庄子与鲁迅》，《鲁迅思想研究资料》（下），第 192 页。

③ 郭沫若：《庄子与鲁迅》，《鲁迅思想研究资料》（下），第 195 页。

④ 郭沫若：《庄子与鲁迅》，《鲁迅思想研究资料》（下），第 201 页。

⑤ 郭沫若：《庄子与鲁迅》，《鲁迅思想研究资料》（下），第 204 页。

中"辛苦恣睢"这一词语遣词不当。① 这可以从侧面看出，在20世纪40年代的文学环境中，郭沫若还能客观地看待鲁迅著作存在的一些瑕疵处。但到了50年代共和国初期的文学语境中，情况却发生了重大变化，神化鲁迅、刻意包装鲁迅成为此时重要的宣传策略，"鲁迅由左翼作家崇敬的著名文学家，上升为官方认可的革命文学权威，成为了文学标杆和价值典范。鲁迅及其作品，作为重要的思想资源，被逐渐神化和意识形态化"②。

在人民共和国初期的文学语境中，郭沫若在公开场合并没有表达他对鲁迅的批评、批判态度。相反，以1949年刘文典和1951年邵祖平（两人均为章氏弟子）为代表的旧派文人，成为时代批判的靶子，他们的真正罪证，正是对正在建构的鲁迅神话的"非议"。这种非议并非从学术层面上予以讨论，而是从日常生活行为中对鲁迅的观察（刘文典与鲁迅曾密切交往一段时间，邵氏夫人为鲁迅20年代的学生）。但是，最终结果却是很尴尬的：刘文典在云南省作为典型个案被公开批判③，而邵祖平在西南区首府所在地的重庆市受到严厉批评，最后两次公开检讨④。

结　语

郭沫若1952年2月17日致信邵祖平，显然是对邵祖平之前（1952年2月2日）信札的回复，这牵涉出两位文化人的心灵沟通，也可以推断出两人此前可能有生活的交集（毕竟1937年郭氏回国之后至1945年8月，大部分的生活地点正是在四川省和陪都重庆，与邵氏的生活地有重合）。郭沫若本身具有深厚的中国古典文学修养，对邵祖平这一类旧派文人并没有表达出当时"新文学"的文学史家们在修史中对"学衡派"文人的憎恶情绪，而是带有惺惺相惜的特殊情感。郭沫若能够在内心深处坦陈自己真实

① 张恩和：《郭沫若对鲁迅运用语言的一个批评》，《踏着鲁迅的脚印——鲁迅研究论集》，社会科学文献出版社，2014，第305页。
② 于强：《共和国成立后第一次公开非议鲁迅事件始末——1951年邵祖平"污蔑"鲁迅事件探析》，《现代中文学刊》2016年第3期。
③ 陈世杰：《文坛拍案（中国文学卷）》，中国经济出版社，2016，第337~346页。
④ 第一次检讨文字公开于1951年12月9日重庆《大公报》，第二次检讨文字公开于1952年1月20日重庆《新华日报》。因《大公报》受众有限，邵氏的检讨带有明显的应景之感，被认为其认罪态度十分"恶劣"。而《新华日报》作为中国共产党西南区机关报，受众完全不一样，邵氏的检讨得以勉强通过。

的内心心态，可以看出，郭氏本身在共和国初期岁月的政治安排中，有他内心的苦衷，导致他有"觉得空虚得很"的感受。

同时，郭沫若能够真实理解"污蔑"鲁迅事件对邵祖平造成的内心伤害。他看到共和国初期的"鲁迅形象"建构背后，对鲁迅作为"人"与作为"神"的有效分离。而他更看中鲁迅作为"人"的一面，所以在回复信札中告知邵氏，十多年前（1940 年）他写作《庄子与鲁迅》的真实意图，表达鲁迅也有"可訾议处"，开导处于困境中的邵祖平，希望他能够以愉快的心情继续在西南地区为中国高等教育服务。至今，鲁迅研究界仍没有真正重视郭沫若写于 20 世纪 40 年代的这篇文章，它的真实意图也被长期埋没。

至于邵祖平为何在 1952 年 2 月 2 日向时任中国科学院院长的郭沫若写信，笔者猜测其中的重要因素，可能与邵氏的好友胡先骕（此时他正在中国科学院工作）有关系，更有可能是他与郭沫若此前已经相熟（如前文所述）。但这只是一种大胆的猜测，有待今后的文史资料梳考来进一步证实。而邵氏好友胡先骕，尽管是植物学界的前辈，在新文化运动时期，也曾对新文化运动的相关观点提出过严厉批评，甚至 20 世纪 30 年代还引发徐志摩对他的"微词"①，人民共和国初期他的相关遭遇，及其在思想改造运动期间的心理，从公开出版的《竺可桢日记》中也有线索可以探寻。而邵祖平 1952 年 11 月没有前往北京工作（也没有去平原省立师范学院）的相关原因，是否与胡先骕的中国科学院思想改造期间的信件透露有关，则有待相关史料进一步披露后再做考证。

初稿于 2017 年 10 月，定稿于 2019 年 10 月，2024 年 6 月再订。

---

① 袁洪权：《徐志摩为何对新诗问题激情"回应"？》，《北京青年报》2015 年 11 月 20 日。

郭沫若《塔》《落叶》《橄榄》版本梳理与汇校分析[*]

赵欣悦[**]

摘　要：1926年郭沫若把1924～1926年在报刊上连载的小说汇集成册出版了《塔》《落叶》《橄榄》三部小说，之后这三部小说不断再版和重编，产生了大量的不同版本，到《沫若文集》出版后版本跨度31年。本文通过版本的梳理，把三部小说所有的篇章出版刊发的情况进行总结归纳，为下一步开展三部小说的汇校工作做好准备，也能为全面开展郭沫若文学著作的汇校打下坚实的基础。

关键词：郭沫若　小说　版本　汇校

1926年是郭沫若最早集中出版小说的一年，这一年分别出版了《塔》《落叶》《橄榄》三部小说，其中《落叶》是单行本，《塔》《橄榄》是小说集，收录了1924～1926年郭沫若在报刊上连载的小说作品。这些小说成稿时正是郭沫若30岁出头，创作背景是郭沫若留学日本最后几年，生活比较困难的时期。尤其搬到福冈住的半年时间里，留学官费已经断供，只领到些归国费，郭沫若入不敷出，希望通过写作补贴部分家庭开支。"这六七个月间要算是我最多产的一段时期。除开上述的一些译著外，我还翻译了屠格涅夫的《新时代》，写了《落叶》《喀尔美萝姑娘》《叶罗提之墓》《万引》《阳春别》，及《橄榄》中除掉《歧路三部曲》的全部。当时的生活纪录大体就留在了《橄榄》里面。"[①]

《塔》初版收入了七篇小说，除《叶罗提之墓》之前未发表，其余六

---

* 本文系四川省教育厅人文社会科学（郭沫若研究）项目"郭沫若《塔》《落叶》《橄榄》汇校（GY2023B08）"成果。

** 赵欣悦，中国社会科学院郭沫若纪念馆副研究馆员。

① 郭沫若：《创造十年续编》，《郭沫若全集·文学编》第12卷，知识产权出版社，2004，177页。

篇小说均已发表过。《落叶》是书信体的情书小说，包括《前言》及四十一封信，之前分 4 次连载。《橄榄》初版收入的《漂流三部曲》《行路难》《山中杂记》（九篇）、《路畔的蔷薇》（六篇），均已发表过。三部小说都有对于爱情、友情、家庭、人生意义等方面的思考，同时也有对社会问题和家国情怀的深刻关注，这种情感具有时代性。正如郭沫若在《塔·序》中写的那样"我把我青春时期的残骸收藏在这个小小的'塔'里。无情的生活一天一天地把我逼到了十字街头，像这样幻美的追寻，异乡的情趣，怀古的幽思，怕没有再来顾我的机会了。

啊，青春哟！我过往了的浪漫时期哟！我在这儿和你告别了！

我悔我把握你得太迟，离别你得太速，但我现在也无法挽留你了。

以后是炎炎的夏日当头。

一九二五年二月十一夜书此。"①

《塔》收入的小说中最早发表的是《Löbenicht 的塔》，时间是 1924 年 11 月 30 日；《橄榄》小说集中最早发表的是《漂流三部曲》中的《歧路》，时间是 1924 年 3 月初旬；《落叶》的最早发表时间是 1925 年 9 月。1926 年《塔》由上海商务印书馆初版，《落叶》《橄榄》由上海创造社出版部初版。《塔》《落叶》《橄榄》这三部小说之后被收入《沫若小说戏曲集》《地下的笑声》中，尤其《地下的笑声》从 1947 年初版到 1957 年共出 7 版，其中上海新文艺出版社新 1 版重印 15 次。②

1957 年《塔》《落叶》《橄榄》全部编入《沫若文集》第五卷中。"本卷收入作者从 1918 年至 1947 年间所作中短篇小说三十八篇。其中大部分曾分别收入《塔》《水平线下》《橄榄》等作品集中；《落叶》《一只手》则刊印过单行本。"③

1926 年出版的郭沫若三部小说《塔》《落叶》《橄榄》是郭沫若比较早的小说作品，具有较强的代表性，在数次的出版更迭中，被不同的小说

① 郭沫若：《塔·序》，上海商务印书馆，1926。

② "这儿把以前写过的一些小说样的东西汇集在一道。有的写在二十多年前，有的写在今年；有的寓言，有的是写实；有的是历史故事，有的是身边杂事，或者可以命名为《五花八门集》吧。……我自己从事文笔活动，将近三十年了。以往的三十年，犹如在暗夜中摸索着走路。也过过一些关，也进过一些塔，行路的确是很艰难的。不过在今天看来，我似乎已经走上了明确的大道了，怎样的大道呢？那就是为人民服务的路。"见郭沫若《地下的笑声·序》，上海海燕书店，1947。

③ 郭沫若：《沫若文集》第 5 卷，人民文学出版社，1957，第五卷说明。

集、著作集收录，被不同的出版机构多次出版，版本众多，而且出版时间跨度大，经历过多个历史重大事件。例如《塔》共出 20 版；《落叶》出版 31 版；《橄榄》共出 10 版，《橄榄》小说集中的《漂流三部曲》《行路难》等还多次以单行本出版（以上版本统计未计《沫若文集》）。这三部小说作品版本包括初刊本、初版本、历次版本、小说集、节选等版本，情况比较复杂，到《沫若文集》出版时，时间跨度 32 年，需要认真梳理。这三部小说在不断再版过程中，很多作品也随着时代变迁和郭沫若自身思想的变化做了修改调整。

《塔》《落叶》《橄榄》初版目次如下（未计《塔》中的《三个叛逆的女性》戏剧三篇：

1.《塔》包括《Löbenicht 的塔》、《鹓雏》（后改名《漆园吏游梁》）、《函谷关》（后改名《柱下史入关》）、《叶罗提之墓》、《万引》、《阳春别》、《喀尔美萝姑娘》。

2.《落叶》包括《前言》及四十一封信。

3.《橄榄》包括《漂流三部曲》（《歧路》《炼狱》《十字架》）、《行路难》、《山中杂记》（《菩提树下》《三诗人之死》《芭蕉花》《铁盔》《鸡雏》《人力以上》《卖书》《曼陀罗花》《红瓜》）、《路畔的蔷薇》（《路畔的蔷薇》《夕暮》《水墨画》《山茶花》《墓》《白发》）。①

《塔》《落叶》《橄榄》版本情况详述如下。

《塔》

《Löbenicht 的塔》最早发表于上海《学艺》杂志第 6 卷第 5 期，中华学艺社出版，1924 年 11 月 30 日。

《万引》最早发表于上海《学艺》杂志第 6 卷第 7 期，中华学艺社出版，1925 年 1 月 31 日。

《阳春别》最早发表于《孤军》第 2 卷第 8 期，上海泰东图书局出版，1924 年 12 月。

《喀尔美萝姑娘》最早发表于《东方杂志》第 22 卷第 4 期，上海商务印书馆出版，1925 年 2 月 25 日。

---

① 《沫若文集》第七卷收入《菩提树下》《芭蕉花》《铁盔》《鸡雏》《卖书》《路畔的蔷薇》（《路畔的蔷薇》《夕暮》《水墨画》《山茶花》《墓》《白发》），剩余其他小说作品均被收入《沫若文集》第 5 卷。

《鹓雏》最早发表于上海《创造周刊》第 9 期，1923 年 7 月 7 日。收入《地下的笑声》时改名《漆园史游梁》。

《函谷关》最早发表于上海《创造周刊》第 15 期，1923 年 8 月 19 日，收入《地下的笑声》时改名《柱下史入关》。

《叶罗提之墓》之前未发表过，文末自注"1924 年 10 月 16 日"，收入在小说戏剧集《塔》中，1926 年 1 月上海商务印书馆出版。

《塔》"中华学艺社文艺丛书（1）"，共 5 版。初版 1926 年 1 月由上海商务印书馆出版，32 开本，竖版版式，正文 325 页。1927 年 1 月 2 版；1930 年 12 月 4 版（署名郭鼎堂）；"中华学艺社文艺丛书（1）新中学文库"1947 年 4 月第 1 版（署名郭鼎堂）。

1926 年《塔》初版封面及封二（插图：关良）

"沫若小说戏曲集第一辑"1 版，1929 年 10 月 1 日上海新兴书店出版，32 开本，正文 138 页。未收《三个叛逆的女性》戏剧三篇。

"沫若小说戏曲集"共 5 版，1930 年 10 月上海光华书局出版；1931 年 3 月再版；1931 年 11 月 3 版；1932 年 9 月 4 版；1934 年 10 月 5 版。未收《三个叛逆的女性》戏剧三篇。

《落叶》

《落叶》分四期 1925 年 9 月 25 日～1925 年 11 月 10 日首先连载于上海

《东方杂志》月刊第 22 卷第 18~21 期。其中《前言》和《第一信》至《第六信》共 7 篇刊发在第 18 期；《第七信》至《第十四信》共 8 篇刊发在第 19 期；《第十五信》至《二十三信》共 9 篇刊发在第 20 期；《第二十四信》至《四十一信》共 18 篇刊发在第 21 期。版式为竖版版式。

《落叶》"落叶丛书第一种"共 5 版由上海创造社出版部出版，初版于 1926 年 4 月 10 日出版，为 48 开本，正文 154 页。之后有 1926 年 6 月 1 日第 2 版；1926 年 9 月 1 日第 3 版；1926 年 11 月 20 日第 4 版；1927 年 6 月 1 日第 5 版。

"创造社丛书第一种"共 3 版，版本全部为 48 开本，正文 154 页。1927 年 9 月 1 日第 6 版；1928 年 2 月 20 日第 7 版；1928 年 4 月 20 日第 8 版，由上海创造社出版部出版。"创作丛书"共 3 版，1929 年 2 月 20 日第 9 版；1929 年 11 月 10 日第 10 版；1930 年 3 月 20 日第 11 版，由上海乐华图书公司出版。

1927 年《落叶》创造社出版部第 5 版封面及书名页（设计：叶灵凤）

"沫若小说戏曲集第二辑"共 2 版，成书扩大为 32 开版本，正文 140 页。1929 年 11 月 1 日第 1 版；1930 年 1 月 6 日第 2 版，由上海新兴书店出版。

"沫若小说戏曲集"共 6 版，32 开版本，正文 140 页。1930 年 10 月第 1 版；1931 年 3 月第 2 版；1931 年 11 月第 3 版；1932 年 10 月第 5 版；1934 年 10 月第 6 版，由上海光华书局出版。

1936 年 4 月《现代小品文选》丛编分册题名："现代小品文选第一集"，第 47~49 页节选《落叶·第一信·九月七日夜》，竖版版式，俊生编，上海仿古书店发行。

《橄榄》

《漂流三部曲》的《歧路》首次刊发在上海《创造周报》第 41 期，1924 年 3 月初旬。《炼狱》首次刊发在上海《创造周报》第 44 期，1924 年 3 月 16 日。《十字架》首次刊发上海《创造周报》第 47 期，1924 年 4 月 5 日。作者文末分别自注写于"二月十七日""三月七日夜""三月十八日"。

《行路难》首次刊发在上海《东方杂志》第 22 卷第 7 期、第 8 期，1925 年 4 月 10 日、25 日，作者文末自注"十月十五日脱稿"。

《山中杂记》中，《菩提树下》作者自注"1924 年 6 月 8 日晨写于日本博多湾畔"，首次刊发在北京《晨报副镌》1925 年 4 月 12 日；《芭蕉花》作者自注"1924 年 8 月 20 日夜，写于福冈"，首次刊发在北京《晨报副镌》，1925 年 4 月 1 日；《三诗人之死》作者自注"1924.8.14. 写于日本博多湾"，首次刊发在北京《晨报副镌》1925 年 3 月 4 日、6 日；《铁盔》作者自注"1924，8，21，晨，写于博多湾上"，首次刊发在北京《晨报副镌》，1925 年 3 月 1 日；《鸡雏》作者自注"1924 年 9 月 10 日写于博多湾畔"，首次刊发在北京《晨报副镌》1925 年 7 月 12 日；《人力以上》作者文末自注"1924 年 9 月 12 日写于古汤温泉场"，首次刊发在北京《晨报副镌》1925 年 4 月 27 日、28 日；《卖书》作者自注"1924 年 9 月 17 日夜侨居于日本九州佐贺县北一小山村中写此"，首次刊发在北京《晨报副镌》1925 年 3 月 20 日；《曼陀罗花》作者文末自注"十月十七日脱稿"，首次刊发在上海《创造月刊》第 1 卷第 4 期，1926 年 6 月 16 日。《红瓜》首次刊发在上海《洪水》第 2 卷第 18 期，1926 年 6 月 1 日。

《路畔的蔷薇》中，《路畔的蔷薇》最初发表于北京《晨报副镌》1924 年 12 月 28 日；《夕暮》最初发表于北京《晨报副镌》1924 年 12 月 29 日；《水墨画》最初发表于北京《晨报副镌》1924 年 12 月 30 日；《山茶花》最初发表于北京《晨报副镌》1924 年 12 月 31 日；《墓》最初发表于北京《晨报副镌》1925 年 1 月 6 日；《白发》最初发表于北京《晨报副镌》1925 年 1 月 7 日。

《橄榄》"创造社丛书第三种"共 7 版，1926 年 9 月 1 日上海创造社出版部初版，32 开本，正文 245 页。1927 年 4 月 1 日 2 版，1927 年 9 月 15 日 3 版，1927 年 10 月 30 日 4 版，1928 年 3 月 20 日 5 版，1928 年 5 月 10 日 6 版，1929 年 2 月 1 日 7 版。

1926 年《橄榄》上海创造社出版部初版封面及书名页（设计：叶灵凤）

1929 年 12 月 1 日上海现代书局 3 版，32 开本，正文 245 页。1930 年 5 月 1 日 4 版，1930 年 10 月 1 日 4 版，1931 年 4 月 1 日 4 版，1933 年 3 月 20 日 6 版，1933 年 9 月 20 日 7 版。

其中《漂流三部曲》1929 年出单行本，"沫若小说戏曲集第三辑" 1 版，1929 年 12 月 1 日上海新兴书店初版，32 开本，正文 161 页。"沫若小说戏曲集" 共 4 版，1930 年 10 月上海光华书局初版，32 开本，161 页。1931 年 3 月 2 版，1931 年 11 月 3 版，1934 年 4 月 4 版。

《行路难》单行本 1 版，即 "东方文库续篇" 版，1923 年 12 月上海商务印书馆初版，48 开本，正文 111 页。

《鹓雏》《函谷关》《歧路》《行路难》收入《沫若自选集》自选集丛书共 1 版，1934 年 1 月上海乐华图书公司初版，32 开本，正文 412 页。

《山中杂记及其他》"沫若小说戏曲集第五、六、七辑" 共 1 版，1929 年 12 月 15 日上海新兴书店初版，32 开本，正文 194 页。"沫若小说戏曲集" 共 3 版，1930 年 10 月上海光华书局初版，32 开本，正文 194 页。改书名《山中杂记》，1931 年 3 月 2 版；1931 年 11 月 3 版。（其中，《残春及其他》中的《牧羊哀话》《残春》《今津纪游》《月蚀》这四篇未收录于《橄榄》中。）

收入《塔》《落叶》《橄榄》的小说集

《沫若小说戏曲集》共 2 版。1930 年 10 月上海光华书局初版（精装）32 开本，正文 1037 页。1932 年 12 月 2 版。

《地下的笑声》收录《塔》《落叶》《橄榄》（除《橄榄》中的《山中杂记》《路畔的蔷薇》和《塔》中《三个叛逆的女性》戏剧三篇）。1947 年 10 月上海海燕书店初版，28 开本，正文 490 页。1949 年 8 月重印；1951 年 5 月 4 版，共 4 版，含重印。1951 年 12 月上海新文艺出版社新 1 版，28 开本，正文 490 页。1952 年 6 月新 2 版，1953 年 2 月新 3 版，1953 年 7 月上海第 2 次重印，1953 年 9 月上海第 3 次重印，1954 年 3 月上海第 4 次重印，1954 年 10 月上海新 1 版第 11 次印刷，1955 年 3 月上海新 1 版第 12 次印刷，1955 年 8 月上海新 1 版第 13 次印刷，1956 年 10 月重印，1957 年 10 月重印，共 3 版 15 次重印。

《沫若文集》1957 年 4 月第 1 版第五卷、第七卷收入《塔》《落叶》《橄榄》，人民文学出版社发行，32 开本。

《塔》《落叶》《橄榄》汇校分析

选择《塔》《落叶》《橄榄》一起汇校，是因为这三部小说是郭沫若同时期的作品，题材都是小说，作品成稿时间集中在 1924～1926 年，并且在同一年即 1926 年初版。《塔》《落叶》《橄榄》作为郭沫若同时期的作品，文中的写作文法、语法、词汇使用，短句、句子编排，语言习惯基本一致，之后不同版本的修订逻辑是一致的。这三部小说作为郭沫若小说作品的代表作，更重要的是历次版本更迭中时间跨度之长，郭沫若的思想也随着时代在变化，这些小说的重修改写也是研究郭沫若的重要资料，这些基础性的研究正是研究郭沫若的重要手段。

校本、底本版本选择

全面收集整理《塔》《落叶》《橄榄》初刊本、初版本、再版本及其后各个版本，其难点是集齐全部三部小说的版本，包括手稿、初刊本、初版本和之后的历次版本，还有各种小说集、著作集。在分类整理的基础上理清不同时期版本的出版情况及变化，选定需要汇校的版本。《塔》《落叶》《橄榄》这三部小说的主要特点之一是不断被重编，由于它们版本数量多，又是郭沫若较早时期的作品，在后来的出版中被收录的情况较为复杂，收集整理起来十分不易。有些篇章被收入不同的集子，比如《塔》的《鹓雏》（后改名《漆园吏游梁》）、《函谷关》（后改名《柱下史入关》）后改名且编入《豕蹄》。如《橄榄》分为《漂流三部曲》《行路难》《山中杂记》《路旁的蔷薇》四个部分，其中《漂流三部曲》《行路难》《山中杂记》都单独出版过。同时这些小说不同时期也被不同的集子收录，如《沫若小说戏曲集》收入了《塔》《落叶》《橄榄》，《地下的笑声》收入了《塔》《落叶》《漂流三部曲》《行路难》。这就意味着三部小说的汇校会有很多重复和反复，因而需要选择既能体现三部小说全貌又不会内容重复过多的版本，而这需要对三部小说作品的版本变迁和内容修改有系统而全面的掌握。汇校这三部小说不同的版本中有过修改的地方，以注释的形式标出异文，形成汇校成果。需要说明的是，戏剧作品不作汇校，如《塔》收录的三部戏剧作品不纳入汇校范围。

　　三部小说校本的选择，初刊本作为最重要的版本历来在汇校研究中被重视。在版本梳理中，这三部小说中的大部分作品最初是在报刊上发表过的，这些最早公开发表的作品最接近原稿，校勘价值大。三部小说的初版本也会作为重要的校本，虽然初刊本和初版本发表出版时间相近，但初版本都是整理成集，以小说的全貌整体出版发行的。当然其中有个别作品没有初刊本，所以初版本也必须作为重要校本。汇校应参考上文三部小说初刊本及初版本，这里不作例举。

　　选择《地下的笑声》（1947年10月上海海燕书店初版）作为参考校本。《地下的笑声》收入的《塔》《落叶》《橄榄》距它们上次出版恰巧都是13年。《地下的笑声》出版时间跨度从解放战争到新中国成立共10年。除了《橄榄》中的《山中杂记》《路畔的蔷薇》，《地下的笑声》收入郭沫若几乎全部的小说作品。这次小说的成集出版郭沫若非常重视，从中也可以看出郭沫若创作小说的心路历程。"有的人说，我的笔调太直不宜于写小说，因此所写的小说也有些不像小说。是不是真正这样，我自己缺乏自知之明。这倒也不是谦虚。一个人要有自知之明，实在不是容易的事。譬如目不自见一样，人也就不能自知。但这也不是绝对的话。今天我们已经有方法让自己的目看见自己，而且看见自己网膜上的盲点；人也有方法把自己客观化而加以认识。这方法是什么呢？并不新奇，请读者读了这书，多加以严厉的批评，那就可以让我自己知道自己了。自己自信尚未衰老，虽然也有人在诅咒我衰老。但我尚有余勇可卖，今后的心力极愿在为人民服务的道路上尽瘁。一九四七年九月二日。"① 尤其 1951 年 12 月上海新文艺出版社新 1 版，作为新中国成立后《地下的笑声》最新版本，值得研究。之后收入到《沫若文集》第五卷的《塔》《落叶》《橄榄》内容的修订都是在《地下的笑声》的基础上进行的。《地下的笑声》在郭沫若小说版本汇校中是一个重要的节点，必须作为重要的参考校本。

底本是《沫若文集》第五卷、第七卷，郭沫若生前最后修改的版本，选择作为汇校底本最为合适。1957 年出版的《沫若文集》对三部小说根据写作时间和分类做了重新排序，虽与初版本目次顺序分类不同，但这不影响小说作品的汇校。② 《沫若文集》出版的时间正是汉字改革，推广普通话、实现汉语规范化的时代。1956 年国务院发布《关于推广普通话的指示》，郭沫若作为中央推广普通话工作委员会副主任，对这次《沫若文集》的修订非常重视。参考底本《郭沫若全集·文学编》第九卷、第十卷。虽然《郭沫若全集》出版是在郭沫若去世之后，但全集与文集基本相同，是编者在原著的基础上做了些完善并校订，且《沫若文集》是繁体字，只有少部分文字使用简化字。《郭沫若全集》相比《沫若文集》版本较新，编辑规范，书籍装帧印刷工艺先进，市面保有量大，受众面广，读者有广泛基础，适合作为参考底本。

三部小说汇校过程中必须做到全面和准确。首先是不能遗漏有过修改的，不能影响汇校的全面性；其次汇校工作必须十分细致，要忠于原文，不能漏校有改动的文字，不能有脱漏错误，把准确性作为汇校的第一标准。在确定体例时要区别印刷错误和作者笔误、作者意愿与编辑修改等不同类型的异文，要分清异文是技术差异还是作者意愿，这十分重要。确定了校本、参考校本、底本、参考底本后，通过汇校以注释的形式列出异文，并最终整理出三部小说《塔》《落叶》《橄榄》汇校本。《塔》《落叶》《橄榄》汇校本以脚注形式进行注释。

郭沫若的文学著作经过不断出版与再版，产生了版本繁多、总量浩大的单行本与文集本。随着时代变迁和郭沫若思想的变化，在著作再版和重

① 郭沫若：《地下的笑声·序》，上海海燕书店，1947。
② "以上各书的小说作品，后来都分别收入作者重新编定的，1947 年出版的小说集《地下的笑声》和 1948 年出版的小说散文集《抱箭集》。现在即根据这两个作品集的初版本。本卷作品都是经过作者修订后编入的。编排次序大体上按照写作时间的先后，同时也结合内容略加分类，将历史小说另外编在一起，排在后面。"郭沫若：《沫若文集》第 5 卷，人民文学出版社，1957，第五卷说明。

编时，作者常常有所修改。有关郭沫若文学著作的汇校成果，多集中在诗集、戏剧、文艺评论等方面，这几个方面得到学术界的长期关注，而郭沫若小说作品的汇校成果目前尚未出现。郭沫若很多小说作品的版本跨度都在30年以上。通过汇校这三部小说作品，可以进一步深入研究郭沫若的思想变化轨迹，并为郭沫若其他著作汇校在校本底本选择、汇校体例等方面提供一定的参考。《塔》《落叶》《橄榄》的汇校，能够完善充实郭沫若文学著作汇校的种类，为下一步全面开展郭沫若小说作品汇校工作做好准备，也能为全面开展郭沫若文学著作的汇校打下坚实的基础。这次是首次对《塔》《落叶》《橄榄》三部小说作品的集中汇校，在研究对象上有开创意义。相对之前的成果，集中汇校郭沫若1926年出版的三部小说《塔》《落叶》《橄榄》任务更为明确，成果形式更为精准，同时也能为之后相关研究提供线索，奠定一定的基础。

史迹寻踪

文学与生计：成绍宗在创造社出版部述评

成 斌[*]

摘 要： 成绍宗作为创造社出版部的"小伙计"之一，往往以配角身份见之于文，后来由于种种原因几乎成为现代文坛的"失踪者"。本文从成绍宗自述文本、创造社同人记述、《申报》文学广告等史料入手，析出其生平著译情况，进而以时间顺序力图还原成绍宗在创造社出版部期间的工作生活、文学创作、文人交游等经历。由于成绍宗兼具创造社同人和出版部会计的双重身份，对其研究可为考察彼时文人生计提供新的视角。

关键词： 新文化运动 文学社团 创造社出版部 成绍宗

一 成绍宗生平著译概述

《中外文学家辞典》称："成绍宗，湖南人，当代中国文学家。成氏为成仿吾之侄。曾参加创造社之文学运动，任创造社出版部经理。"[①] 这则词条反映了时人对成绍宗生平情况的基本认知，但其中有两处偏误流传较广，且具有一定代表性，确有必要在此澄清。

其一是"成氏为成仿吾之侄"说，其二人年龄相差仅六岁，祖居相隔资江两岸，且成仿吾二位兄长（成劭吾、成浚吾）子嗣下落清晰，从族谱资料可知成绍宗并非成仿吾亲侄，而系同宗族叔侄关系[②]，成绍宗加入创造社出版部亦为其自发加入。

---

* 成斌，新疆作家协会会员。
① 顾凤城编《中外文学家辞典》，乐华图书公司，1932，第 320 页。
② 参阅《新化县成氏源流》，载《中华成氏源流宗史》编辑委员会编《中华成氏源流宗史 上》，《中华成氏源流宗史》编辑委员会，2005，第 310~312 页。

其二是"任创造社出版部经理"，尚未见成绍宗曾任创造社出版部经理的明证，或为其会计职司之误读。

成绍宗虽译文不少，但自述文本鲜见，成氏谈及个人经历时，往往写意而不写实，这为研究带来了不少困难。笔者通过多方爬梳史料，初步厘清成绍宗生平著译情况。

成绍宗（1903—1970），生于湖南省新化县，其家在资江畔的山明水秀之乡樵耕度日，早年丧母，后相继在长沙、上海、北京等地求学，颇重乡情。1923 年由上海中法国立通惠工商学校转入北京中法大学西山学院学习。[①] 1926 年春加入创造社出版部，至 1928 年 7 月去职，在创造社出版部工作两年余。此后在上海从事译书工作约十年，出版译著达十余种之多，但其始终视自己为流落在上海"十里洋场"的都会异乡人。[②]

上海沦陷前后，其与妻子徐亦定[③]迁居徐的家乡浙江江山县，担任抗战刊物《号角》编委，从事抗日救亡文艺作品创作。数年后成绍宗夫妇再次迁居抗战名城江西上饶，执教于上饶师范学校。1952 年成绍宗任江西省上饶师范学校代校长、校长等职，1954 年 9 月调南昌师范学校任职，1970 年在南昌病故。[④]

成绍宗的文学成就以在中国译介法语文学著称，其译著选题涉及广泛，涵盖文学名著、儿童文学、科普文学、人物传记、艺术戏剧等多种类别。先后出版译著：

《磨坊文札》（1927，法国都德原著）；

《波儿与薇姑》（1929，法国皮埃尔原著）；

《漫郎摄实戈》（1929，法国普雷沃原著）；

《夜》（1930，法国马丁奈原著）；

《地狱》（1930，法国巴比塞原著）；

---

① 成绍宗早年经历参阅成绍宗文章《故乡》（《青年界》1934 年第 5 卷第 5 期）、《无题》（《青年界》暑期生活特辑，1936 年第 10 卷第 1 期）、《古寺里的学校生活》（《青年界》学校生活之一叶，1935 年第 7 卷第 1 期）等和其同窗好友及合译者张人权的生平。

② 成绍宗：《故乡》，《青年界》1934 年第 5 卷第 5 期，第 5、20、33、57、65、69 页。

③ 徐亦定，又名徐逸庭，剧作家徐葆炎之妹，与郁达夫之妻王映霞为杭州女子师范学校同学，亦即郭沫若长诗《瓶》的主人公，后于 1928 年与成绍宗结为夫妻，与成氏相伴余生。参阅小萍《国内文坛消息》，载《读书月刊》创刊号，汇订本第一卷，上海光华书局，1931，第 245 页。

④ 成绍宗晚年经历参阅徐忠友《郭沫若与江山姑娘徐亦定》，《今日江山》2015 年 3 月 4 日，第 04 版：人文江山。

《新俄短篇小说集》（1930）；

《猫路》（1930，德国苏德曼原著）；

《我的生活》（1930，苏联托洛茨基自传）；

《法国童话集》（1931—1932，共三册）；

《墨索里尼战时日记》（1933，意大利墨索里尼原著）；

《小侦探》（1934，德国埃里希·凯斯特纳原著）；

《音乐史》（1935，法国阿丽丝·迦波特原著）；

《青年化学家》（1936，法国法布尔原著）；

《家畜的故事》（1936，法国法布尔原著）；

《人类征服自然的故事》（1937，苏联伊林原著）。

以上译著中除《磨坊文札》以外，均为成绍宗离开创造社出版部后在上海的十年间所译，可见成绍宗在出版部期间，主要从事会计事务，兼顾翻译和诗文创作。成氏还使用成绍宗、绍宗、绍、宗、君行等署名，在《诗》《创造日》《洪水》《幻洲》《新消息》《青年界》《号角》等刊物发表著述、译作等上百篇。

二　求学京沪（1922 年 6 月～1925 年底）

成绍宗曾先后在长沙、上海、北京等地求学，我们从其零散的自述文章中，可以瞥见成绍宗求学阶段的生活点滴。

1922 年 6 月 24 日的《申报》刊发了署名绍宗的文章《我校捕蝇的结果》，获得乙等酬，然而直至 8 月 1 日作者尚未联系报社领取稿酬。此文疑为成绍宗早期佚文，可知成绍宗离开湖南家乡抵达沪上求学的时间应不迟于 1922 年。1923 年 5 月成绍宗新诗《深夜》《不敢》发表于中国新诗社刊物《诗》第 2 卷第 2 期，这两首短诗可谓是成绍宗初登文坛之作。①

1923 年 10 月 29 日出版的《中华新报·创造日》第 96 期刊出一首署名为"宗"的诗《啊我要创造个新的》，这首诗是成绍宗作品在创造社刊

---

① 《深夜》："当睡神从幸福之世界把我赶回时，寂寞的深夜，只剩了的格嗒格的钟摆声音。"《不敢》："我送给伊一本美丽的诗集，伊低头细看着，我想着吻伊，伊抬头望我微笑。怎的？我又不敢了。"

物上的首次亮相，此诗颇切合"创造"之名。①

1923 年 10 月，成绍宗与张人权、姚某等三人从上海中法国立通惠工商学校转学到北京中法大学，成绍宗应由商科转为文科，先后学习会计和法语，并在西山碧云寺中度过惬意的学校生活。

1924 年 11 月，成绍宗与张人权合译法国鲍多的小说《为他人的生活》发表于《东方杂志》（第 21 卷第 21 号），这是成、张二人首度合译。对于成绍宗等人而言，自学生时代起稿酬便成为其生活来源的一部分，如成绍宗所述："要是谁个家里钱寄来了，或者一篇什么稿子给编辑先生看上了拿到了几个稿费，那就是大家一起高兴。"②

从已知资料来看，这一时期成绍宗介入创造社活动尚浅。但成绍宗青少年时期的成长和求学经历，对其日后的性格养成和创作风格影响深远，可以说他的人生底色在此阶段已经绘就。

三　加入创造社出版部（1926 年春至 1926 年底，上海闸北宝山路三德里）

1926 年初，创造社出版部成立，以此"打破出版界恶习谋社内外优良行之便利"③，其主要业务为发行创造社定期刊物及不定期刊物、"创造社丛书"以及社外委托书籍及刊物。自从出版部成立，"创造社刊物和丛书的出版发行完全从泰东书局摆脱出来，创造社也有了一个稳固的基地"④。总而言之，1926 年上半年创造社出版部在募股筹资和经营发展等多方面均取得了较大成功。

为解决经费问题，创造社出版部计划分期募集股本国币五万元，第一期股本为国币五千元，分为一千股，每股仅五元，加之为股东提供的购书

---

① 宗：《啊我要创造个新的》，《中华新报·创造日》（第 96 期）1923 年 10 月 29 日，见创造社编《创造日汇刊》，1923 年，第 440～442 页。《啊我要创造个新的》全文如下："那树旁躺下的，可是我的身躯？啊，我的身躯！你不见，春风吹绿了枝儿，阳光添了层釉，生命之光漫树流，枝枝笑向碧空舞？啊，我的身躯！你见此新生，你血儿可在沸腾？你魂儿可在轻舞！你生命之火可已燃着？啊我的身躯！啊我的身躯！你这不可改造的物体！我今誓将你弃去。我要创造个新的，如此青春之树所象征。啊，我要创造个新的！"

② 成绍宗：《古寺里的学校生活》，《青年界》1935 第 7 卷第 1 期，第 18 页。

③ 《创造社出版部章程》，载《洪水周年增刊》，1926。

④ 张傲卉、宋彬玉、周毓芳等编撰《成仿吾年谱》，东北师范大学出版社，1994，第 42 页。

订阅优惠，一时间吸引了许多文学青年入股，还得到各界名流的参与支持。① 如郭沫若所说此举"俨如刺中了时代的神经，远近的青年便都翕然响应了"②。截至第一期股票募集结束之日的 1926 年 2 月 28 日，仅"武昌、长沙、上海三地计集得八百六拾二股，凡股东一百三十余人"③。

在接下来的 3 月至 7 月不到 5 个月的时间里，"小小的出版部的营业总额已超过了万元了"④。是年 8 月 1 日编制的《创造社出版部第一次营业报告（自开幕日至七月三十一日）》可谓是"小伙计"们向股东和读者晾晒出的首份业绩单。在《报告》中"小伙计"们的喜悦之情已跃然纸上："几个毫无商业经验而又多半是年青的初出茅庐者来办这新创的事，居然不特未曾失败，反有了相当的成功了。"⑤

这几个"初出茅庐者"应该也包括成绍宗在内。据周全平回忆："出版部最初的小伙计，除了叶灵凤、潘汉年和我（周全平）之外……以后又自动地来了周毓英、柯仲平、成绍宗。"⑥ 可知成绍宗应当至迟于 1926 年春结束北京中法大学的学习后，返沪谋生，并进入位于上海闸北宝山路三德里（鸿兴坊）A 字 11 号的创造社出版部工作。

可是"福兮祸之所伏"，一场危机已悄然而至。8 月 7 日创造社出版部被淞沪警察厅查封，当时在出版部内的叶灵凤、柯仲平、成绍宗、周毓英等四名"小伙计"被捕入狱。事后经同人多方营救，方获得保释，创造社出版部亦启封，这场危机始告平息。当年底出版的《洪水周年增刊》刊出的成绍宗《狱中拉杂记》、周毓英《入狱——三副眼镜和一个到》、叶灵凤《狱中五日记》等回忆文章，从不同侧面记述了四人的五日狱中生活。在《狱中拉杂记》中，23 岁的成绍宗尽管身陷囹圄，但仍然流露出些许玩世不恭。

关于此次风波的起因，周全平在他的"狱外五日记"——《出版部的

① 〔日〕小谷一郎著，王建华译《三德里的"小伙计"——创造社出版部和上海通信图书馆》，载上海鲁迅纪念馆编《上海鲁迅研究》2016 春，上海社会科学院出版社，2016，第 226 页。
② 郭沫若：《创造十年续编》，《沫若文集》第七卷，人民文学出版社，1958。
③ 《创造社出版部启事一》，《创造月刊》第 1 卷第 2 期，1926。
④ 《创造社出版部第一次营业报告（自开幕日至七月三十一日）》，载《洪水周年增刊》，1926。
⑤ 《创造社出版部第一次营业报告（自开幕日至七月三十一日）》，载《洪水周年增刊》，1926。
⑥ 周全平：《忆创造社出版部成立及〈洪水〉半月刊创刊》，《新文学史料》1981 年第 1 期。关于成绍宗加入创造社出版部的时间，周毓英在回忆文章《记后期创造社》（《申报月刊》1945 年复刊第 3 卷第 5 期）中亦持相同说法。

幸不幸二事》中称：8 月 5 日《申报》载文称"昨日成立北伐军行动委员会。……秘书处设于宝山路三德里之创造社内"①。8 月 7 日午饭时分周全平、潘汉年、叶灵凤等人方才获悉此消息，并采取应急措施："一面去（报馆）更正，一面去出版部把银钱要物拿出来"②，可已然来不及。事后周全平反思这件事是出版部不幸中的大幸，一是使其对于友人和敌人的认识更加深进了一层，二是使他们的革命观念更加彻底一些。

10 月，创造社出版部部分成员在上海宝山路三德里 B22 号设立幻社发行部，并出版《幻洲》半月刊和"幻洲丛书"，成绍宗为撰稿人之一。或许幻社门牌号三德里 B22 号之于小刊物《幻洲》，好似创造社出版部门牌号三德里 A11 号之于小刊物《A. 11.》，有一些象征意味在其中。10 月 1日，《幻洲》上部"象牙之塔"创刊号即刊出成绍宗散文《夜哭》。叶灵凤在《编后随笔》有言："或者有人要将他栏入'伤感主义'之内，那只得任之。"

此后成绍宗相继在《幻洲》刊发译诗《悲哀的安哥儿》《欧弗拉底河的夕阳》《露西的恋歌》，在《洪水周年增刊》刊出短文《写给那狂吠的人》及译诗《情人之死》《情人之酒》。这般"伤感"的格调似乎贯穿于成绍宗在创造社出版部期间的著译选题始终，研究者虎闱甚至以"成绍宗译活爱情悲歌"为题，概述了成绍宗的翻译成就。③

由于资料所限，成绍宗究竟于何时成为创造社出版部的会计尚不得而知，但应当不迟于 1927 年元旦郁达夫来沪整理创造社社务之前。

四　整理与反抗（1927 年元旦至 8 月，

上海宝山路三德里）

然而，几个初出茅庐的"小伙计"于 1926 年创造出的红火景象却好景不长。创造社出版部上海总部的"小伙计"与身处广州的创造社中心人物之间的芥蒂日深，这其中自然有沪、穗两地消息不畅的原因，也有创办幻社与《幻洲》的缘故。郁达夫后来在《对于社会的态度》中回忆："他们所出的书和杂志的包装堆栈及印刷的校对等业务杂费，都由创造社负

---

① 周全平：《出版部的幸不幸二事》，《洪水》半月刊 1926 年 9 月第 2 卷第 23、24 期合刊。
② 周全平：《出版部的幸不幸二事》，《洪水》半月刊 1926 年 9 月第 2 卷第 23、24 期合刊。
③ 虎闱：《成绍宗译活爱情悲歌》，载其著《旧书鬼闲事》，上海远东出版社，2009。

担，而这些书和杂志的纯利，全由另一个社来收受的。"① 于是在广州的几位创造社中心人物，推请郁达夫出面赴沪整理社务。

1927 年元旦，郁达夫抵达上海，并随即着手整理出版部，而此时"小伙计"已逐渐离散，加之郁达夫与叶凤灵、成绍宗等"小伙计"龃龉不断，在此背景下郁达夫开始另行招募人员，后文提及的同人戴福年和黄祥光就是在此背景下进入创造社出版部工作的。《洪水》编者在《编辑后》坦言："而实际上，几个同人，都出去作实地的工作去了，剩下来的就只有几个人，在这里保守残垒，重谋复兴。"②

郁达夫的整理措施随之紧锣密鼓地展开，1 月 12 日、13 日《申报》均刊出《创造社出版部启事》，向先前股东发给正式股票，并招募第三期股本，自《洪水》第 25 期始，改由郁达夫主编，内容较前稍有改动。③ 紧接着 1 月 27 日、28 日《申报》均刊登如下两条启事，《幻洲》经售事宜与创造社出版部脱钩，转而委托光华书局。

《幻洲发行部紧要启事》全文如下："本刊自本期起，因某种关系，取消上海创造社出版部之特约总经售，改托上海四马路光华书局为国内外总经售处，所有一切批发预定及更改地址等事，以后请改向该书局接洽，编辑事务仍在上海宝山路三德里 B 廿二号幻洲社。"④

《光华书局经售幻洲启事》全文如下："自即日起，敝局受幻洲发行部之委托，为《幻洲》半月刊国内外总经售处，以后所有关于批发预定及更改定户地址等事，请向上海四马路敝局接洽。"⑤

针对《申报》刊出的《创造社发行幻洲半月刊之内幕》⑥，郁达夫予以回应："《幻洲》本与创造社无关，所有印刷等费，全系由该刊自行筹划，创造社并未代为出资。又周君（全平）赴北京，亦系个人行动，与本社并无金钱关系。"⑦ 在整理社务过程中郁达夫与"小伙计"之间的关系已

---

① 达夫：《对于社会的态度》，《北新》半月刊 1928 年第 2 卷第 19 期。
② 编者：《编辑后》，《洪水》半月刊 1927 年第 8 卷第 25 期。
③ 《创造社出版部启事》，《申报》1927 年 1 月 12、13 日，第 3 页。
④ 《幻洲发行部紧要启事》，《申报》1927 年 1 月 27 日，第 3 页。
⑤ 《光华书局经售幻洲启事》，《申报》1927 年 1 月 28 日，第 5 页。
⑥ 《出版界消息》，《申报》1927 年 1 月 28 日，第 20 页。
⑦ 《创造社启事》，《创造月刊》第 1 卷第 6 期，1927。

十分紧张，郁达夫在日记中称几个"坏小子"仿佛正在设法陷害他。①

然而，从当时印行的创造社刊物来看，郁达夫与"小伙计"之间有龃龉也有协作。3 月，邱韵铎、成绍宗与郁达夫共同创办《新消息》周刊。"《新消息》周刊的使命在于一方面介绍浅谈的文艺。一方面报告我们的消息。"② 郁达夫在代发刊词《创造社出版部的第一周年》提及过去一年由于出书不多加之被封了一次，"结算下来，却只够开销饮食，而一般出资股东的红利，到现在还没有分发。……先出这一张小小的周报，一边奉送给拥护我们的股东，爱读者，及同情者，作一个秀才的人情。"③ 此时创造社出版部的境况，已与半年前发布的《创造社出版部第一次营业报告》有了很大不同。成绍宗还在《新消息》周刊创刊号发表《春的再见》，在第 2 期发表《春之暮》，第 4、5 期合刊发表《沉梦》《别露茜》。

3 月 1 日，成绍宗与张人权合译法国著名作家都德的短篇小说集《磨坊文札》，由上海创造社出版部初版发行，并列为创造社丛书"世界名著选第 2 种"。此种《磨坊文札》是都德的第一部短篇集中译本，包括二十余篇描写法国南方自然景色和风土人情的小说。该书于同年 8 月再版，书中片段还入选同时期文学工具书。

5 月间，戴福年应其表兄郁达夫函召，到创造社出版部工作。戴福年后来在《在创造社出版部》④ 回忆了创造社出版部在宝山路三德里时期的建筑布局、人员分工和生活待遇情况："虽只有一间房子的门面，但房子里厢却很深，最外面是门市部，进去之后是通向楼上的扶梯，再是一个小天井，天井后面是厨房；右面侧紧邻中国济难会。……我去时创造社出版部内已有好几位工作人员了，成仿吾的侄儿成绍宗是会计兼出纳，丘韵铎是校对，还有一位黄祥光，专门管门市部的打包、邮寄。我也被分派在门市部，负责接待顾客，卖书。成绍宗和丘韵铎每月工资 30 元，我和黄祥光

---

① 郁达夫：《新生日记》（1927 年 3 月 28 日），载郁达夫《郁达夫全集》第 12 卷《日记》，浙江文艺出版社，1992，第 149 页。

② 《创造社出版部广告》，《申报》1927 年 3 月 19 日，第 3 页。

③ 郁达夫：《创造社出版部的第一周年》，载吴秀明主编《郁达夫全集》第 10 卷《文论（上）》，浙江大学出版社，2017，第 269 页。

④ 戴福年关于创造社出版部的回忆文章有两种，第一种为《我在创造社出版部》，载浙江省富阳县政协文史资料委员会《富阳文史资料》第 2 辑，1988，第 77～82 页。第二种为《在创造社出版部》，载郁达夫研究学会编《郁达夫研究通讯》第 1 期，1987，第 19～22 页。二文内容几近一致，但后者以时间地点为线索对内容进行了梳理，本文主要引用后者。

每月 20 元。我们住在创造社出版部里，吃饭有创造社出版部集体开伙。达夫兄这时是创造社常务理事，事无巨细，一切都有他主持。"① 可见从业务职能上来讲成绍宗兼会计和出纳于一身。成绍宗每月工资 30 元，当时的书刊售价为《创造月刊》每期 3 角，《洪水》半月刊每期 5 分，② 成绍宗译著《磨坊文札》售价 6 角。

但没承想紧接着另一场风波接踵而至，创造社再次被查。据郁达夫日记 1927 年 8 月 2 日记录："最可恶的，就是司会计的那个人，把出版部的金钱全部拿走了。"③ 这或许是经历过多次被查后，成绍宗身为财务人员紧急转移重要财物，以避免造成更大的经济损失；也或许意味着成绍宗于此时掌握了创造社出版部的经济实权。戴福年的回忆则更为详细，反映了郁达夫与成绍宗的互动情形："八月的一天，天气还相当炎热，成仿吾先生从广州中山大学到上海来。中午时，创造社叫了一桌比较丰盛的酒菜为他洗尘。入席前，社里的人员除我和黄祥光在门市部外，都在楼上谈天。忽然进来一个穿长褂的不速之客。……其实这人是白崇喜（禧）先遣司令部里的一个政工人员，他来的目的是想抓中国济难会的王弼。……大家都开始向外面跑。我和丘韵铎跑向离创造社出版部不远的印刷所，成仿吾、成绍宗、王独清和达夫兄都跑到四马路振华旅馆。……达夫兄就让大家回来，成绍宗起先不肯来，他说这样太危险，达夫兄听了很生气。……达夫兄离开创造社后，出版部的事务就由成仿吾负责。"④

关于主持社务职权的更替情况，郁达夫在《对于社会的态度》有言："成氏（成仿吾）的那位亲族（成绍宗），现在是在管理创造社的全部财产的那位亲族，本来就厌我监督的太严的这位成氏（成绍宗），竟对我很明显的表示了反抗的态度。"⑤ 8 月 15 日《申报》刊出的《郁达夫启事》宣称："今后达夫与创造社完全脱离关系。"⑥ 而时隔十一年后的 1938 年 9

① 戴福年：《在创造社出版部》，载郁达夫研究学会编《郁达夫研究通讯》合订本（第 1 期～第 10 期），2006，第 19 页。
② 《创造社启事》，《申报》1925 年 12 月 19 日，第 3 页。
③ 郁达夫《断篇日记二（1927 年 8 月 1 日至 11 月 8 日）》，载郁达夫《郁达夫全集》第 12 卷《日记》，浙江文艺出版社，1992，第 234 页。
④ 戴福年：《在创造社出版部》，载郁达夫研究学会编《郁达夫研究通讯》合订本（第 1 期～第 10 期），2006，第 19 页。
⑤ 达夫：《对于社会的态度》，《北新》半月刊 1928 年第 2 卷第 19 期。
⑥ 郁达夫：《郁达夫启事》，《申报》1927 年 8 月 15 日，第 1 页。

月，郁达夫在途经浙江江山县时，与迁居此地的成绍宗再度会面，时过境迁，二人关系也有了和解。

其实仔细算来，成绍宗自 1926 年春自发加入创造社出版部，至 1928 年 7 月离开，历时两年余。与此同时，据《成仿吾年谱》记载，成仿吾于 1926 年 2 月 25 日从湖南到上海，3 月 3 日便乘船去广州。1927 年 7 月 30 日返沪，10 月初离上海去日本，12 月中旬从日本回到上海。1928 年 5 月初旬离沪经日本赴欧洲。① 如此计算，成绍宗与成仿吾同在上海创造社的时间不过七八个月。

五 掌握出版部经济实权（1927 年 8 月至 1928 年 5 月，上海北四川路麦拿里）

经历了多次被查风波过后，创造社为安全起见"将出版部搬到北四川路麦拿里。本来以为这样会比宝山路好一点，哪知麦拿里是越界筑路的地方，外国巡捕和中国警察都有权管理。不多时，创造社出版部又经历了一次搜查事件，被拿走了几本书，人倒没有抓走"②。

据《申报》广告记载，7 月 27 日创造社出版部地址尚在宝山路。③ 8 月 22 日称："本部现已迁来北四川路横浜桥北首麦拿里四十一号，照常营业。"④ 数日后的 8 月 29 日下午张若谷由郁达夫引路，造访乔迁后的创造社时见到成绍宗，并将当日情形写入《创造社访问记》："有一位赤着双脚拖了草鞋在室中徘徊踱走的青年，很引起我的注意，后来知道这是成仿吾君的侄儿成绍宗君……我们到了二楼，瞥见有两间布置很精致的书房兼卧室。大约成君等就住在这里的吧？"⑤

值得注意的是这篇《创造社访问记》还述及若干作家的收入情况，言及彼时寻常稿酬通常论每千字几元钱计算，郁达夫自称是时每月平均有二百元钱左右。郁达夫还称张资平每年大约可以抽得版税五千多元钱，鲁迅

① 张傲卉、宋彬玉、周毓芳等编撰《成仿吾年谱》，东北师范大学出版社，1994，第 41～58 页。
② 戴福年：《在创造社出版部》，载郁达夫研究学会编《郁达夫研究通讯》合订本（第 1 期～第 10 期），2006，第 20 页。
③ 《创造社月刊预售》，《申报》1927 年 7 月 27 日，第 3 页。
④ 《创造社出版部迁移新址新书廉价广告》，《申报》1927 年 8 月 22 日，第 4 页。
⑤ 若谷：《创造社访问记》，《申报》1927 年 9 月 13 日，第 22 页。

一年可享版税一万余元。① 而闻者众人对后两者高昂的版税收入表示颇为惊奇。

10 月 22 日《申报》刊出《创造社第一次文学奖金》规定：奖金定额共 400 元，一等奖一名 200 元，二等奖一名 100 元，三等奖两名各 50 元。"得奖各作均由本社出版，版税得抽百分之二十。"② 可见创造社的稿酬及版税标准大抵如此。

不久，黄药眠初到上海，进入创造社出版部担任助理编辑，随后与成仿吾、成绍宗同住了一些时日。助理编辑的职责是将投稿筛选后推荐给成仿吾等人审核，然后去印刷所，并做校对。每月薪水三十元，且包食宿。成仿吾曾对黄药眠说："上海生活费高，当然艰苦一点，但是以后可以翻译一些东西、写些东西出版，这样也就还可以过得去了。"③ 成仿吾的这一席话，有助于研究者理解出版部"小伙计"的工作内容、生活待遇、编务创作等情况。此时与在三德里时期相仿，创造社出版部仍旧对职员"小伙计"提供食宿，支付薪水，若外加著译稿酬，生活状况尚可。

有一次成仿吾召集开《创造》月刊编辑会，散会后的第二天，王独清对张资平说："他们不走，是因为要向仿吾支钱用，迫得仿吾没有办法，下了几张支条给他的侄子（成绍宗）。"④

黄药眠曾与成仿吾、成绍宗同住了一些时日，他在《动荡：我所经历的半个世纪》中的回忆，留下了创造社出版部在迁至北四川路麦拿里后，成绍宗等人工作生活的状况："我同成老（成仿吾）、小成（成绍宗）三个人住楼上的一间，中间放两张办公桌，算是我们工作的地方。前面一间大房，只摆两张大办公桌，是成绍宗的办公的地方。他管财务、杂支。……另外一间楼上的小房是郭沫若的诗《瓶》中的女主角（徐亦定）住的。"⑤ 同时期徐亦定的身份也是"小伙计"即职员。而徐亦定入职出版部应该得益于郁达夫对徐葆炎、徐亦定兄妹的帮助。

1928 年 1 月 1 日，《〈创造周报〉复活了》一文列出《创造周报》特

① 若谷：《创造社访问记》，《申报》1927 年 9 月 13 日，第 22 页。
② 《创造社第一次文学奖金》，《申报》1927 年 10 月 22 日，第 20 页。
③ 黄药眠：《在上海》，载黄药眠《动荡：我所经历的半个世纪》，上海文艺出版社，1987，第 77 页。
④ 张资平：《读〈创造社〉》，载黄人影编《创造社论》，上海光华书局，1932，第 51 页。
⑤ 黄药眠：《在上海》，载黄药眠《动荡：我所经历的半个世纪》，上海文艺出版社，1987，第 77~78 页。

约撰述员名录，鲁迅先生为首名，成绍宗居末尾。① 这是文坛小人物成绍宗与鲁迅先生为数不多的交集之一。

1 月 30 日《申报》刊出于翁《谈书店》云："创造社重兴于十四年秋季，当时出版品，多由光华书局发行。次年春自设书店式的出版部于宝山路三德里，经理似的伙计们周全平叶灵凤辈工作颇力，生意兴隆、门庭如市。五块钱的小股东又招了八百多人，它的脚力自然很大了。后来因内部某种关系，全平北去，灵凤另飞，沦落生涯的郁达夫老先生如今也脱离了。现迁移北四川路营业，因出版的丛书已多而很受现代青年欢迎，营业仍佳。"② 这是创造社出版部成立两年来的境遇变迁的他者之见。

5 月 20 日，《申报》刊出《畸形》半月刊准于五月卅日出版的消息称："社会思潮的澎湃，突破了象牙之殿堂而把这一班文艺界的知识阶级驱逐到十字街头了。在这方向转换的途中，我们能明显地见到有绝对不相妥协的二派；革命与保守的。我们处在这一个时代中，在意识方面已经随着时代前进了，而对于过去的艺术上的成就，还未经过彻底的奥伏赫变（按：即"扬弃"），这就是所谓时代的畸形儿。畸形半月刊，就从这一个时代的胚胎中产生了。"③《畸形》由王敦庆、王启煦、龚冰庐、邱韵铎、成绍宗编辑，创刊号刊有王独清的《致〈畸形〉同人书》和成绍宗的译文《文艺家与乌托邦》（巴比塞作），数年后成绍宗还翻译了巴比塞的《地狱》等多篇小说。

六　鸡鹜争食与浪漫故事（1928 年 5 月至 7 月，上海北四川路虬江路北首 101 号等处）

1928 年 5 月初旬，成仿吾离沪出国前为创造社留下了必要的经费，这对后来"江南书店"和"上海咖啡店"的成立提供了支持。郑伯奇后来感言："这些未雨绸缪的工作应归功于仿吾。"④ 此后主持创造社事务的接力

---

① 《〈创造周报〉复活了》，《创造月刊》第 1 卷第 8 期，1928。
② 于翁：《谈书店》，《申报》1928 年 1 月 30 日，第 17 页。
③ 《〈畸形〉半月刊准于五月卅日出版》，《申报》1928 年 5 月 20 日，第 5 页。
④ 郑伯奇：《创造社后期的革命文学活动》，载史若平编《成仿吾研究资料》，湖南文艺出版社，1988，第 345 页。

棒也交替了下去，由张资平（负责经济）、王独清（负责编辑）和郑伯奇（负责总务）作为常务理事分担创造社的日常工作，而创造社出版部的经济实权实际上则由成绍宗掌握。

有鉴于此，张、王、郑三人与成绍宗关系亲疏不一、错综复杂。郑伯奇称："张资平以前为算版税，曾与成绍宗不和，如今又直接过问会计业务，更为成绍宗所深恶痛绝，两人不免经常闹意见。……只有王独清怂恿他鼓励他。他之所以和成绍宗这样密切，为了向他买好，以便向他通融，胡乱支钱。"① 张资平则称："伯奇常来说，出版部的事务要整理，尤其是会计。"而"绍宗对独清特别好，独清向他要款，即叫即应"②。王独清与成绍宗交往较密，曾为成绍宗译著《夜》（1930，法国马丁奈原著）作序，但他在《创造社》一文中未直接提及成绍宗之名，而是使用"小伙计"与中心人物的称谓。

6 月 16 日的《申报》刊出《创造社出版部迁移申明》称该部迁移至北四川路虬江路北首 101 号。随着处境日益艰难，此后创造社出版部的迁址愈发频繁。据戴福年《在创造社出版部》回忆："门市部先迁移到北四川路虬江路北口靠江湾的一面，房子很小，只有一个书摊的地方；后又搬到南口靠苏州河一面新雅茶室隔壁，和上海大戏院对门。这是一间三层楼的房屋，一楼属创造社门市部，二楼由成仿吾哥哥成浚吾开了个咖啡店，三楼是跳舞厅。堆栈先在四川路永安里，后又搬到内山书店附近的六三花园。私有制版等珍贵的东西都放在堆栈里，大家到堆栈里去时格外小心。"③

此时支持与反对成绍宗的力量似乎势均力敌，相持不下。有一次张、王、郑三人在麦拿里四一号二楼同出版部小伙计成绍宗、邱韵铎、梁预人等开了一次常务会议，意在重新分配职务，结果仍出成绍宗掌管收支。但情况不久就发生了变化。

随着创造社出版部经营状况下滑，挂名不理事者按月应支的分配方式已使财务捉襟见肘、难以为继。成绍宗主张"大家应按照自己的稿费版税

---

① 郑伯奇：《创造社后期的革命文学活动》，载《中国现代文艺资料丛刊》第 2 辑，上海文艺出版社，1962，第 18 页。
② 张资平：《读〈创造社〉》，载黄人影编《创造社论》，上海光华书局，1932，第 54~56 页。
③ 戴福年：《在创造社出版部》，载郁达夫研究学会编《郁达夫研究通讯》合订本（第 1 期~第 10 期），2006，第 21 页。

支款，不可规定某人按月应支多少生活费"，但积习难改，其主张未获主持社务者赞同，他不久后便告去职。事后张资平、王独清①、郑伯奇和成绍宗等当事人次第发声，各抒己见。

张资平在《读〈创造社〉》中称："大概是营业收入减少吧。各人所需的生活费不能按照数支了。问绍宗，绍宗则说大家都支过了。他的意见是：大家应按照自己的稿费版税支款，不可规定某人按月应支多少生活费。……只按月领款，不供给稿件。那末谁吃谁的剩余价值呢？我是赞成绍宗的主张，但是'积习难反'，并王、郑也不能赞成这个办法的。故我不敢提出来说。绍宗嗣后就不能应他们的要求即付款了，于是全体都对绍宗不满意了。"②

笔者发现戴福年的回忆文章《我在创造社出版部》是以往运用较少的资料，却为成绍宗去职事件提供了新的细节材料，据戴福年回忆："成绍宗是会计兼出纳，记得他在六三花园临走的前一天，把张资平请了来说：'我的帐目自认是不错的，你如果有怀疑，不妨即日请会计师来核算，过了今日，我就要走了。'气得张资平本来是大腹便便的，此时的肚子几乎要爆炸了。翌日眼看着他和徐葆炎的妹妹徐亦定（小伙计）远走高飞了。"③ 黄药眠后来称这件事是创造社出版部的"浪漫故事"之一。④ 成绍宗去职后，出版部则由彭康管收支。⑤

7月23日，成绍宗在嘉兴写下致"创造社出版部理事会诸先生"的一封信，告白离职原委，也算是一篇对其去职这桩文坛公案的辩护词。张资平说这封信"可以证明他们当日在创造社之作鸡鹜争食"的情景，成绍宗信的内容如下："虽然身边只有险些给××××拿了去的二百余洋，却也可以乐得安闲活一二日。钱完了可以做工了。会饿死，不必同苍蝇逐臭一般的死钉住出版部这一块肥肉。凭你们说是我舞弊吧。我用却用掉了出版部千余元。如果你们查出来了，敢请你们同××××的八个月千二百元干薪，和如

---

① 王独清：《创造社：我和它的始终与它底总账》，《展开》1930 年第 1 卷第 3 期。

② 张资平：《读〈创造社〉》，载黄人影编《创造社论》，上海光华书局，1932，第 54～56 页。

③ 戴福年：《我在创造社出版部》，载浙江省富阳县政协文史资料委员会《富阳文史资料》第 2 辑，1988，第 80～81 页。

④ "创造社是一向以提倡浪漫主义著名的，所以在出版部，也有浪漫故事先后发生。"参见黄药眠《动荡：我所经历的半个世纪》，上海文艺出版社，1987，第 81 页。

⑤ 史秉慧编《张资平评传》，上海现代书局，1932，第 155 页。

××××先生一般的挂名不理事的五十元大洋一月的理事薪比比，也算在我的薪水上面吧。虽说他们是明支，我的是暗算，有伪君子和真小人之分，然而问起良心来，我倒不必有愧呢。"①

成绍宗信中被隐去的人名，已成为文坛轶事中的难解之谜。这个谜团或许是转引者留给文人的些许体面，从中也不难看出彼时文人生计的艰难与无奈。上述文本中对同一事件的评价各执一词、莫衷一是。其中分歧的产生，不但源自记录者当时处境立场各异，而且与文坛话语权的得失相关，还受到个中人物后来命运沉浮的深刻影响。

七　余论与结语

至此，成绍宗在创造社出版部两年余的生涯宣告结束，随后成绍宗与徐亦定成婚。1929 年 4 月 7 日，鲁迅在《致韦素园》的信中说："创造社于去年已被封。有人说，这是因为他们好赖债，自己去运动出来的。但我想，这怕未必。但无论如何，总不会还账的，因为他们每月薪水，小人物四十，大人物二百。又常有大小人物卷款逃走，自己又不很出书，自然只好用别家的钱了。"②

有学者认为鲁迅信中的"创造社于去年已被封"的"去年"疑指农历。③ 据查 1929 年农历正月初一为 2 月 10 日。与郭沫若在《"创造十年"发端》所言"创造社自 1929 年二月七日遭了封锁"④ 相符。创造社在被查封后，随之开辟第二战场，以江南书局名义继续印行至 1930 年 3 月 4 日方告谢幕。

1933 年，《中国新文学运动史》的"翻译文学"一章写道："近几年在翻译界渐露锋芒的作家，如……成绍宗……等都在翻译的工作上，很是努力，已经博得许多读者的信任。"⑤ 此时而立之年的成绍宗，又以翻译作

---

① 张资平：《读〈创造社〉》，载黄人影编《创造社论》，上海光华书局，1932，第 59~60 页。
② 鲁迅：《致韦素园》，《鲁迅选集》（第 4 卷），人民文学出版社，1995，第 405 页。
③ 参阅北京师范学院中文系《鲁迅书信选注》，北京师范学院中文系，1977，第 37 页。
④ 郭沫若：《"创造十年"发端》，载黄人影编《创造社论》，上海光华书局，1932，第 101 页。
⑤ 王哲甫：《中国新文学运动史》，上海书店出版社，1986，第 264 页。

家的身份与读者见面，并在上海以著译为生度过十年光景，留名于中国翻译文学史。

成绍宗致创造社出版部理事会诸先生的信（见张资平《读〈创造社〉》）

文献辑佚

《苏联五十天》序[*]

郭沫若

一九四五年的夏天，我受到苏联科学院的邀请，去参加第二二〇周年的纪念会，在苏联足足滞留了五十天。我把所见所闻写成日记，作为《苏联纪行》出过单行本。当时把途中经过印度伊兰[①]的情形也纪述进去了。有的朋友认为不必要。罗果夫先生曾把《纪行》翻译成俄文就把途中的纪事删去了，而更名为《苏联五十天》。我今天也就仿照了他的办法，把《纪行》删节了一番，重新改版问世。

这里面所叙述的虽然是三年半前的事了，但我认为依然有可供一读的价值。我们对于苏联，知道得实在太少了。而污蔑苏联的宣传品却是满坑满谷，一曝十寒，我们是容易受蒙蔽的。我是凭着我的耳闻目见在写，而且是凭着了我的良心。有不愿意受蒙蔽的朋友，请来读我这部书，一定会于你们有帮助的。

我们于英语文明浸润得已经太深，而英语文明是已经太老了。今后为了补救我们自己，对于苏联文化，无论自然科学或精神科学，都有加紧吸收的必要。把学英语的时间至少分一半来学习俄文吧。我们要吸收苏联文化的宝藏，是不能不学习这项工具的。

苏联是日新月异的国家，她在以极快的速度进展着。我自己倒有一个很热烈的希望：能在不久的将来再往苏联一次，去看她的战后新五年计划的成就。起码让我再写出一部《苏联五十天》。

一九四八年十二月二十二日

---

[*] 本文系作者为《苏联纪行》删节后"重新改版问世"所作序文。载新中国书局 1949 年 8 月东北（大连）初版本《苏联五十天》。

[①] 伊兰，即伊朗。

作者寄言[*]

郭沫若

屈原这位古代的爱国诗人，我从小时就喜欢他。中国人民两千多年来也都是尊崇他的，在他的死后把端午节和他联系了起来，成为了纪念他的节日。单举这一点也就可以证明。

他的诗歌，在中国文学上的影响也是很长远的。《楚辞》和《诗经》是中国古代诗歌的双璧，而《楚辞》的影响比起《诗经》来要更大。《楚辞》中的重要作品多是屈原的作品，中国历代诗人可以说没有人不受屈原的影响的。他的诗歌的独创性也可以说是古今独步。

我这个剧本虽然写作于一九四二年一月，但它的怀孕期实在更早，是我还在日本读书的学生时代。我在一九二〇年写过一个独幕剧《湘累》，那就是《屈原》剧本的胚胎。那时我还是福冈九州大学的一个医学生。

其后我在日本亡命的时候，一九三五年的春间，我曾经写过一部《屈原研究》，那是我的古代研究在文学方面的一个小结穴。我对于中国的古代有了比较明确的认识，对于屈原也就有了更深切的了解。特别是因为我流亡在日本，这就使得我能够具体地体验屈原流窜生活的滋味和他的爱国情绪。（根据这些研究和体验便终于产生了这个剧本《屈原》。）①

我的剧本被须田祯一氏翻成了日文，我感谢他。听说他的译本曾在日本由前进座的朋友们演出，获得了广大日本人民的同情，我更要为演出者——导演和演员诸氏庆贺。演出的成功不用说是演出者和译者的高贵的劳动的成果。

良好的翻译是创作，有时比原作会更好。凡是从事文学活动的人，这

---

[*] 本文系作者为日文译本《屈原》收入日本岩波书店"岩波文库"撰写的"寄言"，仅以日文本收入"岩波文库"版《屈原》。此中文本根据郭沫若纪念馆馆藏手稿录入，篇题为手稿原题。

① 括号内文字未见于手稿，根据誊录稿补录。

种经验我们大家都是具有的。岩波书店要把须田氏的译本收入《岩波文库》，这也就足以证明须田氏的译笔在日本是达到雅俗共赏的地步了。

本来是我自己在日本的长期生活中所孕育出来的剧本，能够得到日本朋友们的欣赏，那是再愉快也没有的事。同是东方人，我们的民族生活和民族感情是有很多共通的地方。假使说通过《屈原》能够满足日本人民——特别是青年朋友们的爱美的和爱国的情操，这就会保证，我们两国之间传统的优美友谊和文化关联在新的基础之上的增进。

请让我向日本人民、日本青年祝福。

一九五六年五月二十一日于北京

更　正

本刊总第 18 辑第 258 页"文献辑佚"专栏郭沫若《五律·跋陈鹏年〈自书诗卷〉》跋中的"猿老"原作"蝯老"。由此给广大读者带来的不便，本刊深表歉意。

编后记

2024 年是中国社会科学院古代史研究所成立七十周年。因此本刊特邀中国社会科学院古代史研究所学人撰写文章，编为这一本纪念专辑，以志庆贺，同时也作为对第一任老所长郭沫若同志的怀念。

先秦诸子研究是郭沫若 20 世纪 40 年代史学研究的主要方向。其中虽然没有单独对杨朱及其学派进行的“批判”研究，但他在相关研究论著中却多有涉及，且在古代及现代学者对杨朱研究的基础上，提出了不少独特而有见地的观点，《关于郭沫若的杨朱研究考察》梳理、辨析、综合考察了郭沫若的这些论述，让人们能清晰地了解郭沫若对杨朱这一重要学派的评价，对于改变当今已被严重边缘化了的杨朱思想学说及其学派的研究状况，亦不无助益。

王阳明思想在郭沫若留学日本期间曾一度对他颇有影响，《青年郭沫若对于王阳明思想的扬弃》从郭沫若《伟大的精神生活者王阳明》一文的版本变动切入，描述了他从接触王阳明思想，到大为“礼赞”，再到扬弃的过程。这一问题还有待深入研究。

全面抗战爆发后，郭沫若“别妇抛雏”回到国内，投身全民抗战的滚滚洪波之中。在国民政府军事委员会政治部主政第三厅、主持文化工作委员会工作。这基本上囊括了他的全部抗战经历。《郭沫若抗战经历之主持文化工作委员会》依据文献史料，梳理了他从三厅到组建文工会的历史足迹，让我们对于郭沫若的抗战生涯有了更全面的了解和认知。

翻译研究是近些年郭沫若研究关注较多的领域。《从翻译文学革命到革命文学翻译：论创造社期刊对德语文学的译介》将郭沫若的翻译活动扩展到与创造社作家的翻译活动结合在一起，并且是从创造社活动的全过程来进行深入、综合的考察，实际上表达了对于五四新文学中德语文学译介活动在翻译史意义上的思考。

《郭沫若手稿、手迹研究的学术价值与路径方法》从学术研究的角度思考郭沫若手稿、手迹的整理工作，是一个很有意义的课题。郭沫若存世的手稿，特别是手迹非常多，于此，郭沫若研究主要还是从发掘史料的角度，对于单篇文献做释读、整理工作。而留存在郭沫若手稿、手迹中的那些删削、修改的文字，譬如，有的诗作甚至先后有三四个或更多的文本存在，它们并不仅仅是一个成文的写作过程，其中包含了诸多关于郭沫若的创作、思想，关于相应的政治、文化环境的种种历史信息，需要深入开掘。即使是释读郭沫若手稿、手迹的文本，也需要基于对他书写经历、书写特征的了解和研判。现在这方面的疏误实在是太多了。

郭沫若为自己的作品撰写的"序""跋"等，是研究其作品非常重要的文献资料。本辑辑录了两篇集外佚文：一篇是为《苏联五十天》所作"序"，该书是《苏联纪行》删节改版后的版本；一篇是为《屈原》日文译本所作"作者寄言"，仅以日文本收录于日本"岩波文库"版《屈原》。

征稿启事

《郭沫若研究》为中国社会科学院郭沫若纪念馆和中国郭沫若研究会共同主办，刊出相关史料和专题论文，诚向海内外学界长期征求稿件。

1. 约稿对象：海内外知名学者、专业研究人员等。

2. 稿件主题：围绕郭沫若及同时代人进行研究，尤其欢迎新史料和文学、史学、考古学等方面的研究文章。要求选题新颖、论证严密。

3. 稿件篇幅：本刊鼓励就某一主题进行专门、细致的研究，对稿件篇幅不做要求。

4. 文章格式：摘要，篇幅200字左右。关键词，3~6个，以分号隔开。正文，小四号宋体；引文用楷体，句首缩进2个字符。注释与参考文献标引为页下脚注，每页单独编号①②③……。若需标注基金项目请于文章标题后出注＊。作者简介包括姓名、单位、职称等。其他具体格式请参照《历史研究》。

文章一经刊发，将送上样刊和稿酬，静候您的大作。

投稿信箱：gmryjnk@163.com

《郭沫若研究》编辑部

2024年1月30日

图书在版编目（CIP）数据

郭沫若研究. 总第 19 辑 / 赵笑洁，蔡震主编；李斌
副主编. -- 北京：社会科学文献出版社，2024.7
ISBN 978-7-5228-3607-2

Ⅰ.①郭…　Ⅱ.①赵… ②蔡… ③李…　Ⅲ.①郭沫若
（1892-1978）-人物研究-文集　Ⅳ.①K825.6-53

中国国家版本馆 CIP 数据核字（2024）第 087439 号

郭沫若研究（总第 19 辑）

主　　编 / 赵笑洁　蔡　震
副 主 编 / 李　斌

出 版 人 / 冀祥德
组稿编辑 / 周　丽
责任编辑 / 李　淼
责任印制 / 王京美

出　　版 / 社会科学文献出版社·生态文明分社（010）59367143
　　　　　　地址：北京市北三环中路甲 29 号院华龙大厦　邮编：100029
　　　　　　网址：www.ssap.com.cn
发　　行 / 社会科学文献出版社（010）59367028
印　　装 / 三河市东方印刷有限公司

规　　格 / 开　本：787mm×1092mm　1/16
　　　　　　印　张：23　字　数：374 千字
版　　次 / 2024 年 7 月第 1 版　2024 年 7 月第 1 次印刷
书　　号 / ISBN 978-7-5228-3607-2
定　　价 / 128.00 元

读者服务电话：4008918866